江苏省教育科学"十二五"规划重点课题"教师'小课题俱乐部'校本研修方式的创新研究"（批准文号：B-b/2011/02/08）

小课题俱乐部的
至美叙事

李 婷 主编

南京大学出版社

序

《小课题俱乐部的至美叙事》一书就要出版了,这是长平路小学多年研究成果和师生心血的结晶。李婷校长托人送来厚厚一沓书稿,要我写一点读后感。

我曾有幸多次参加长平路小学的课题研究活动,对他们有所了解。"小课题俱乐部"肇始于2008年。当时的目的,主要是为了提高教师参与教学研究、课题研究的积极性和主动性,增强校本研修的针对性、有效性和科学性。2008年,他们创造性地提出并建立了"教师课题俱乐部",提倡教师做"小""实""近""活"的课堂教学研究。10年来,他们通过"小课题""小项目""小团队""小讲坛""小沙龙"等载体推动教师的教学研究和专业发展,取得了显著成效,产生了广泛影响。全校40周岁以下教师参与市、区和校级小课题研究比例达91%,每期南京市级个人课题立项数量始终处于区内第一方阵,其中2008年、2012年、2013年位列全区第一。2008年,学校承办了南京市个人课题经验交流会。2011年,"教师'小课题俱乐部'校本研修方式的创新研究"经专家评审,被批准为江苏省教育科学"十二五"规划重点课题。2015年,学校承办了鼓楼区个人课题展示活动。

"小课题俱乐部"成立之初,他们就有一个宏大和长远的规划——前五年研究教师,后五年携手儿童。因此,在考虑"十三五"学校课题设计和申报的时候,他们在"教师小课题俱乐部"的基础上,又明确提出了"儿童小课题俱乐部"。2016年,"儿童小课题俱乐部提升问题解决能力的实践研究"经专家评审,被批准为江苏省教育科学"十三五"规划重点课题。次年,该课题被列为南京市第一批精品课题培育课题。目前,围绕着"十三五"课题的研究,他们成立多个职能"小部门",开设适宜的"小专题",培养相关的"小技能",创造原生态的"小成果",学生的创新精神、实践能力、学习兴趣、合作意识、责任担当等得到有效提高。

翻看他们厚重的书稿,透过他们一篇篇精彩的讲述,我深切地感受到,经过十多年不懈的实践和探索,"小课题俱乐部"已经成为长平路小学的重要特色。

甚至也可以说，它正在成为鼓楼区、南京市的一张与众不同的教育名片。通过教师和学生的"小课题研究"，学校的教育教学方式、学生的学习成长方式、教师的专业发展方式甚至整个学校的精、气、神和文化，都在发生悄然而深刻的变化，小课题俱乐部筑起了学校师生共同生活、共同成长、共同发展的精神家园，正在引领学校朝着新的梦想坚定前行。

长平路小学创建于1929年，明年将是它的90华诞。这本书的出版发行正逢其时。记得参加一些学校课题结题的时候，我不止一次建议学校和课题组不要因为课题结题了就结束某一方面的研究，而是要沉下心去，咬紧某些重要的、关键的问题不放，作持续的、深入的探索和研究，真正把问题研究清楚、研究深透，真正形成有成效、可推广的经验和成果，真正积累、凝炼起学校的特色和文化，真正让一届一届学生、一代一代教师从中受益。这里，我要给长平路小学提个类似的建议，希望他们把"小课题俱乐部的至美叙事"继续下去、进行到底。因为教师校本研修方式创新、儿童小课题研究、学生创新精神和实践能力培养，等等，都是学校发展、教师发展、学生发展中的重要问题、普遍问题，某种意义上也是永恒问题，都非常值得并且需要花更长时间去作持续、深入的探索和研究。祝愿他们在这些方面取得更为丰硕的成果！期待他们"小课题俱乐部的至美叙事"有精彩续篇！

（金边，《江苏教育研究》杂志社社长，研究员）

目　录

第一篇　"儿童小研究"叙事

第一章　低年段儿童的小研究 ········· 003
　　第一节　低年段儿童小研究的特点 ········· 003
　　第二节　低年段儿童小研究概览 ········· 007
　　第三节　低年段儿童"小研究卡"精彩展示 ········· 016

第二章　中年段儿童的小研究 ········· 032
　　第一节　中年段儿童小研究的特点 ········· 032
　　第二节　中年段儿童小研究概览 ········· 038
　　第三节　中年段儿童"小研究卡"精彩展示 ········· 045

第三章　高年段儿童的小研究 ········· 062
　　第一节　高年段儿童小研究的特点 ········· 062
　　第二节　高年段儿童小研究概览 ········· 066
　　第三节　高年段儿童"小研究卡"精彩展示 ········· 071

第二篇 "教师小研究"叙事

第四章 课程小研究 ··· 091
第一节 我们的"课程小研究" ··· 091
第二节 "课程小研究"过程掠影 ··· 095
第三节 "课程小研究"精彩叙事 ··· 111

第五章 课堂小研究 ··· 127
第一节 我们的"课堂小研究" ··· 127
第二节 "课堂小研究"过程掠影 ··· 136
第三节 "课堂小研究"精彩叙事 ··· 139

第六章 活动小研究 ··· 164
第一节 我们的"活动小研究" ··· 164
第二节 "活动小研究"过程掠影 ··· 173
第三节 "活动小研究"精彩叙事 ··· 177

第三篇 "小课题俱乐部管理叙事"

第七章 小课题的制度管理 ··· 189
第一节 我们的"小课题档案袋" ··· 189
第二节 "小课题"的制度管理 ··· 194
第三节 制度管理促师生研究的精彩叙事 ··· 204

第八章　小课题的过程管理 ········· 212
第一节　我们的"五自管理" ········· 212
第二节　小课题的过程管理 ········· 215
第三节　"过程管理"促师生研究的精彩叙事 ········· 222

第九章　小课题的成果管理 ········· 228
第一节　我们的"八个一成果" ········· 228
第二节　小课题的成果管理 ········· 231
第三节　成果管理促师生研究的精彩叙事 ········· 242

第四篇　小课题俱乐部"理论"叙事

第十章　小课题俱乐部的组织形态
——"学习共同体"的理论观照 ········· 251
第一节　我们一起研究 ········· 251
第二节　"学习共同体"面面观 ········· 255
第三节　学习共同体的校本行动 ········· 259
第四节　小课题俱乐部研学共同体 ········· 265

第十一章　小课题俱乐部的行动方式
——"探究性学习"理论观照 ········· 268
第一节　我们的"探究"故事 ········· 268
第二节　"探究性学习"的理性思考 ········· 277
第三节　探究性学习的教改行动 ········· 282

第十二章　小课题俱乐部的价值取向
　　　　——"问题解决能力"的理论观照 ················· 287
　　第一节　我们的"班级种植区" ················· 287
　　第二节　提高"问题解决"能力的校本行动 ················· 291
　　第三节　小课题俱乐部的"问题解决" ················· 302

第十三章　小课题俱乐部的精神气质
　　　　——"审美科学"的理论观照 ················· 317
　　第一节　我们在追求研究的"美" ················· 317
　　第二节　至美的学校发展效能 ················· 328
　　第三节　至美的校本行动 ················· 337
　　第四节　小课题俱乐部的"至美生活" ················· 346

第十四章　小课题俱乐部的人文情怀
　　　　——"暖认知"的理论观照 ················· 356
　　第一节　让研究"温暖"起来 ················· 356
　　第二节　"暖认知"与学校变革 ················· 358
　　第三节　"暖认知"的研究行动 ················· 369
　　第四节　暖认知理论与小课题俱乐部的关系 ················· 378

参考文献 ················· 384

后　　记 ················· 388

第一篇
"儿童小研究"叙事

长平路小学有了"儿童小研究俱乐部",
俱乐部有许许多多"儿童小研究"的故事——
南京的梧桐树有哪些小秘密?
身边的"长江水"有哪些小学问?
紧邻学校的南京长江大桥给人们带来哪些方便与不便?
一个个小问题、小专题、小课题,从儿童身边的世界中生成。

正像许多哲学家、教育家所云,儿童是天生的小密探。儿童的探索行为,是天生的。同时,也需要我们的保护、尊重与引领。"小研究俱乐部"应需而生,应需而长。

第一章 低年段儿童的小研究

第一节 低年段儿童小研究的特点

一、低年段儿童小研究的选题特点

1. 选题的趣味性

小学低年段儿童的感知活动较少受目的控制,更多是受到兴趣控制,他们感知事物常常跟着兴趣走,因此,在选择低年段儿童小研究的内容时,一定要关注内容的趣味性。借着这些有意思、有意义的小研究,让低年段儿童跨进研究性学习的大门。选题的过程是发现问题、提出问题并确立研究专题的第一步学习活动,是强化儿童问题意识、培养创新精神的起点。教师在选题时,可以在儿童中间广泛地征询,让儿童提出自己感兴趣的内容,再引导儿童筛选出有深入研究价值的、外延广泛的议题作为研究的主题。这样,儿童才会积极地参与其中,成为研究的主人。

2. 选题的生活性

小学低年段儿童的思维以形象思维为主要形式。他们的思维情境性较强、目的性较差,还离不开具体形象的帮助,还很难掌握较抽象的概念。针对低年段儿童的思维特点,低年段儿童小研究选择的内容更多的应该是与儿童生活极为贴近,是看得见摸得着的、比较形象具体的事物或现象。儿童通过自己的眼睛去看、通过自己的手去摸、通过自己的耳朵去听,在此基础上,辅以相应的图片和文字资料,以及教师家长的引导,才能帮助儿童逐步地由感性认识上升到理性认识。

3. 选题的易操作性

低年段儿童还处在身体的生长发育期,这一期间的儿童大脑的发育、肢体的协调能力还没有达到一个很完善的境界,过于复杂的操作模式不仅儿童的能力达不到,还会打击儿童的自信心,消耗儿童刚刚建立起来的兴趣。低年段儿童小研究选择可操作性强、易于操作的选题,更能发挥儿童的主观能动性。让儿童在大自然中,在大街小巷中走走、看看、摸摸、想想、说说,活动活动他们的手脚,做些力所能及的小事,儿童得到的不仅是知识、是道理,还得到了童年的快乐、同学的友情。

二、低年段儿童小研究的过程特点

怎样才能使低年段儿童乐于参与到研究的全过程中去呢?我们应当紧紧围绕"全程参与"做文章。

1. 儿童活动贯穿全程

低年段儿童的心理、行为特点都决定了,小研究的过程应以活动为主要方式,通过各种形式的活动,不断激发儿童探究的兴趣。如:一起走到户外去观察所需研究的事物或现象;相约书店或图书馆,共同查阅所需资料;亲自动手做做相关的种植或进行相关的实验;"比一比谁知道的多""比一比谁的记录最详细"等课题知识小竞赛……围绕小研究开展活动,儿童参与的积极性比较高,其动手动脑操作的特点,有助于儿童思维的开发,同时群体活动又能增强儿童的伙伴意识、互助意识,儿童的身心都能得到愉悦感。

2. 教师支持贯穿全程

低年段儿童小研究必须在教师的全程支持下进行。低年段儿童年龄小,所学知识有限,对于怎样进行小研究更是茫然不解,又何谈规范的过程和结论?因而,教师适时适当的支持就显得尤为重要。在选题阶段,教师应当发挥低年段儿童好奇心强、喜欢提出问题的特点,在归纳整理的基础上充分尊重儿童的意见。而在制定研究方案时,则应发挥教师的主导作用,帮助儿童一起确定研究的时间、方式、小组的分工、研究成果的体现,等等。实施和汇报交流的过程,只要时间上允许,教师都应当参与其中,做好组织和协调工作。

3. 家长配合贯穿全程

低年段儿童小研究离不开家长的大力支持和协助。需要既有积极性又有责任心的家长担负起组织和管理的职责,保障儿童的安全,同时也能在知识层面给予一定的指导。不仅如此,儿童在利用手机、电脑等现代通讯设备与同学沟通交流时,也需要家长的从旁协助。只有得到家长的全程帮助,低年段儿童小研究才能开展得更加顺利。

三、低年段儿童小研究成果特点

1. 带有显著的年龄特征

在整个小学阶段,与其他中高年级学生相比,低年段儿童的年龄特征是最为显著的,无论是在心理上还是在行为上都带有低年段儿童的特点:观察事物往往只注意整体,比较笼统,不够精确,思维主要凭借具体形象的材料进行,分析、推理等抽象逻辑的思维初步发展。评价时只看优点,容易受成人的左右,很少能顾及客观外界与自我的关系。因此,低年段儿童小研究的成果显现出碎片化、形象化、问题化的特点。研究成果多以图片、资料为主,往往缺少理性的梳理和内在的联系,缺少完整性、连贯性,后续的问题缺乏深入性。

2. 偏重于感性的认识

由于低年段儿童的思维特点是以感性认识为主的,因此,低年段儿童小研究的成果也更多的是以感性的形式展现,如:相关事物现象的图片、参与活动拍摄的照片、网上搜集到的相关资料的截图、讨论交流的对话记录,等等。低年段儿童天真活泼,他们的语言表达没有任何的修饰和遮掩,也没有深思熟虑后的理性发言,更多的是生活中最常见、最真实、带着最本真的情感的话语。这样的研究成果虽然缺乏一定的认知高度,却是最值得肯定和赞赏的。

3. 激趣是主要的目标

俗话说"兴趣是最好的老师"。在低年段儿童中开展小研究,目的并不是追求多么有价值、有意义的成果,更重要的是激发儿童进行小研究的兴趣,培养儿童参与小研究的意识,让儿童在研究过程中体会到成长与收获的快乐。所以,低年段儿童小研究的成果还是以"激趣"为主要目标,让儿童能够感受到,通过自己的辛勤付出,认识了一个新事物、掌握了一个新技能,在与小朋友的交流中有了新话题,有了值得骄傲的新资本,还能提出更多有趣的问题。这样的体验,会给儿童带来更多的快乐,更能激起他们继续参与小研究的兴趣,形成这样一个良性循环的机制,更有利于低年段儿童小研究活动在校园内的开展。

四、低年段儿童小研究注意事项

在低年段做儿童小研究,既要关注人人体验的"全程参与",又要关注微不足道的"细末之处"。关注细节,就是为儿童积累良好的研究方法、养成良好的研究习惯奠基,就是为保护儿童独立思考、尊重个性思维提供支持。具体说来有三点要格外关注:

1. 实践过程中的分工与合作

儿童在进行小研究的过程中,许多内容是需要通过合作才能完成的。低年段儿童受心理和生理特点影响,与他人合作的能力不强。在研究之初,需要教师、家长在分工、合作研究等方面的指导。在分组时,可以采取自愿结组与老师搭配相结合的方式进行。毕竟,儿童年龄小,培养他们的研究兴趣、提高他们发现问题、提出问题的能力,呵护他们的好奇心,是小研究承载的很重要的一项任务,而在这个过程中儿童也必将不断学会与人沟通和交流,提高与人合作的能力。教师不可操之过急,不应期望通过一次研究就能达到多个目标。

2. 交流中的统一认识与个性呈现

儿童的潜能是无限的,鼓励儿童在小研究过程中用自己的方式呈现整个研究过程,这也是相信儿童的人格、尊重儿童的创造的一种表现。"一千个读者眼里有一千个哈姆雷特",儿童做了同样一个课题的研究,但每个人会有不同的体会与收获,尤其是在低年段,学生年龄小,知识发展水平不均衡,对世界的认识还处在摸索阶段,这样的特点就更加明显。但在注意到这一点的同时,我们还应当注意到小研究的规范性和科学性,特别是在小研究的总结阶段,教师应当适当地统一儿童对事物的认识,站在理性的高度,总结研究的成果,提高儿童的认知水平。

3. 研究中的教材开发与学科整合

低年段儿童小研究应当充分挖掘课本中的学习资源,将课内的学习与课外的研究有机结合起来,从而达到以课外促进课内、以课内发展课外的目的。以北师大版教材为例,每册教材中都安排了"数学好玩"的内容,即课标中的"综合与实践"。在实际教学中,可以根据需要从不同角度充分挖掘,使教材的"有限"作用得以拓展延伸。

低年段儿童小研究还可以注意学科资源的整合，充分发挥各个学科的自身优势，将学科融合为课程，进行新课程的开发，丰富儿童学习的方式。如：语文学科和科学学科的有机整合，将课文中学到的动植物内容与相应的科学知识结合起来，研究动植物的生活习性；将语文学科与品德社会学科结合起来，结合课文中对学生道德情感的教育，开展公民法制教育实践课程研究；将美术学科与学校文化建设有机结合，让儿童参与到校园文化环境的设计和建设中来。

这样的小研究设计更具有综合性，它打破了学科本位的藩篱，能促进儿童主动寻找不同学科之间的联系，努力沟通现象背后问题要素间的关系，学会综合运用所学知识去解决复杂问题。

（本节编写：秦雯）

第二节　低年段儿童小研究概览

1. 小研究一览表

序号	学科	小研究名称	小研究组成员	指导教师
1	语文	树为什么会落叶？	邓棨乙、吴乐馨、纪雨萱、周欣语、朱法羽、谭景鹏	江　园
2	语文	"树"字的由来	徐玉喆、孙妍、包小夏、曾婧茹、谢璐阳、樊馨羽	江　园
3	数学	南京路边的树	于殊阳、范天瑞、刘梓辰、薛景文	侯晓瑾
4	数学	奇特的树	王京、杨雨萱、陈雨嫣、方欣茹	侯晓瑾
5	语文	形态各异的树叶	戚泽熙、王雅琪、王雅涵、毛锌桐、侯淑杰、朱奕洁	刘　慧
6	语文	文学中的树	姜洋、王钟昊、王浩然、刘雨欣、何瑞谦、王恒睿	刘　慧
7	体育	树叶只有绿色的吗？	郁东城、贡子恒、许浩峰、张震恺、顾浩轩	杨志彬
8	体育	树为什么会穿上白裙？	张砚清、刘明泽、兰亚轩、肖源、阚景宸	杨志彬

续 表

序号	学科	小研究名称	小研究组成员	指导教师
9	数学	为什么树有年轮呢？	汪予希、臧妍、朱晴空、杨婉晴	侯晓瑾
10	数学	为什么有的树不结果子？	王思琦、郑舒瑜、来泽峰、靳欣然	侯晓瑾
11	语文	为什么树能提供新鲜的空气？	刘品萱、张欣雨、江承恩、董以勋、罗淑瑶	江园
12	语文	为什么树砍了还会再长？	罗紫涵、张浩翔、崔子豪、于珂昕、王雪儿	江园
13	体育	树的寿命	程泓康、尚景涵、季婉昕、王丽雅	杨志彬
14	体育	树木的作用	林子涵、苏启轩、刘鑫宇、唐睿琦	杨志彬

2. 典型小研究概述

南京路边的树

梧桐树是南京最有名的行道树，于是，孩子们选择最为熟悉的它作为研究的对象。法国梧桐是什么样的树？南京的法国梧桐树是谁种下的？为什么这些树可以长那么高？法国梧桐树在春天时为什么会掉毛絮絮？孩子们提出了这些质疑。在后续的研究中，孩子们进行了细致的分工：查阅收集文字资料、图片资料，整理编辑汇总，组织网上讨论。虽然还只是一年级的孩子，但做起事来还真是有模有样。

通过研究，孩子们了解了法国梧桐名字的来历、形态上的特点，还知道了南京的梧桐树与中华民国临时大总统孙中山有着密切的关系！南京梧桐树的发展与市民的支持是分不开的。夏天，这些梧桐树为人们遮阴蔽日，秋天，它又用绚丽的色彩为南京增添了一抹亮丽的色彩。

随着研究的深入，孩子们进一步了解了梧桐树为什么会成为"行道树之王"，也由此更深入地认识了梧桐树的生长特点及其作用。在研究中，孩子们还针对梧桐树最大的缺点，也是让许多南京人深恶痛绝的一点——掉"毛毛"，提出了追问：有什么方法能让梧桐树不掉"毛毛"？

课题的研究使孩子们更加了解了南京，了解了南京的历史和文化，让孩子们爱上了南京。

奇特的树

树是生活中最常见的植物，也是品种最为丰富的植物，银杏、油松、红松、黑胡桃、合欢、桑树、垂柳、刺槐、银桦……真是说也说不完、数也数不清。因而，它也激起了小朋友们探究的愿望。在一(2)班小朋友研究的小课题《奇特的树》中，孩子们提出了这样一些问题：世界上有哪些奇特的树？食人树是如何吞噬食物的？面包树的果实可以吃吗？为什么猴面包树被人们称为"生命之树"？橡胶树产生的乳胶有什么用呢？孩子们想象着如果这些生活在沙漠或者雨林中的树木，能够出现在我们生活的城市里，那么我们的生活将会发生哪些神奇的变化呢？

带着这份好奇，孩子们分工查阅和收集相关资料，每一个孩子都是那样专注与投入。运用手机、电脑上网查阅资料，找来相关的物品进行研究，课余时间被

孩子们充分地利用起来。食人树、面包树、猴面包树、橡胶树的秘密被孩子们一一揭开：食人树有13科20属600多种，最大肉食植物是马来王猪笼草，会捕食小型哺乳动物，传说中的食肉植物，其体型庞大得能够杀死甚至吞噬一个人类或其他大型动物。猴面包树树冠巨大，树杈千奇百怪，酷似树根，树形壮观，果实巨大如足球，甘甜汁多，是猴子、猩猩、大象等动物最喜欢的食物；橡胶树是一种神奇的热带落叶乔木，原产于亚马孙河流域，当地印第安人发现，橡胶树被利器划过时，会有一股乳白色液体流出，液体凝固后可以防水、耐腐，且有弹力，后来，橡胶树种被哥伦布等人带回欧洲，在工业革命中发挥了巨大作用。

这些知识又引发了孩子们进一步的思考：食人树、食人花与捕人藤三者之间存在怎样的联系？面包树和猴面包树有什么区别？有文章说橡胶林改善了海南热带森林的生态环境，可是又有调查表明我国云南西双版纳因为过多种植橡胶树破坏了生态平衡，这又是为什么呢？大自然的生态平衡需要谁来守护呢？相信在下一步探究中，孩子们一定会有更多的收获。

树为什么会穿上白裙？

每到入冬，园林工人总是会给路旁的行道树"穿"上白裙，这是为什么呢？这一现象引起了二(1)班小朋友的注意，于是，他们把"树为什么会穿上白裙？"作为自己研究的小课题。他们围绕"白裙"提出了许多有价值的问题：为什么大树要涂上"白色"？所有的树都会涂上"白色"吗？"白色"是什么？"白色"有什么作用？不涂"白色的东西"又会有什么后果呢？为什么有的"白色"涂得厚厚的，有的"白色"涂得薄一些呢？对于这些问题，他们也有自己的一些思考：穿上白裙是为了像我们人类一样漂亮；穿上"白裙"是为了保暖；为什么不让树穿上"红裙"

"蓝裙""绿裙"而是"白裙"呢;也可以任意地给树涂上五颜六色的"裙子",让它们变成一道道美丽的风景线。

为了便于研究探讨,小组成员建立了一个 QQ 群,在群内提示研究中的注意事项、约定活动的时间地点、确立下一步的研究工作等。他们在网上查阅收集文字和图片资料,到街头与园林工人交谈、拍摄树木照片,到相关工厂了解"白色"材料的成分……

在一次次辛勤付出后,他们也有了丰硕的成果:"穿"白裙可以杀菌、杀虫、防虫,防冻害和日灼,避免早春霜害,方便晚间行路;"穿"白裙的时间是 11 月下旬到翌年 2 月中旬;"白裙"的位置在树的 1.2~1.5 米处,重点是树干根茎和树干南面;"白裙"的种类有以防冻害为目的的涂白剂,以防虫害为目的的涂白剂,以防病害为目的的涂白剂,防虫杀菌抗寒的综合性涂白剂。孩子们还知道了哪些树种是适合"穿"白裙的,给树木"穿"白裙前还应做好准备工作。

在研究中,他们还发现了一些与树木知识有关的书籍:《花草树木怎么过冬》《树木和森林》《十万个为什么》,并把这些书籍对同学们做了推荐。不过,他们也在研究过程中发现,有的树即使涂了涂白剂还是会被虫咬。这也使得他们在思考:还有没有更好的涂白剂,能使大树不会被虫子咬?孩子们一定会就着这个问题继续探究下去的。

文学中的树

树在真实的生活中,树也在美妙的语言文字中。孩子们研究的目光由"看得见摸得着"的真实的树,伸向了文学作品中用精彩的文字描绘出来的树。二(3)班的小朋友想到了:哪些文学作品中对树木进行了独特的描写?不同的文学作品表达树木的方式有何不同?

他们同样在开始研究之前创立了微信群,讨论关于书籍的要求和想法,交流在书中找到的关于树的段落,探讨自己阅读后的体会。为了增加感性认识,他们还进行了实地考察,观察各种各样的树,也简单地了解了树木的生长。他们阅读了大量书籍,在一篇篇文章中寻找树的踪影,了解作者是怎样来表现这些树的特点的。

金波所著的《追踪小绿人》中写到"还有那几棵红棕树,叶子红得像燃烧的火苗",让孩子们了解到红棕树的叶子像火一样红;唐朝杜甫《腊日》中写道"侵陵雪色还萱草,漏泄春光有柳条",让孩子们知道了柳树是报春的使者;《中国经典童话》的一篇童话中描写"一棵小梧桐树,他非常粗心,常常丢东西",树的形象又活化了,成了一个粗心马虎的孩子;《作文大全》里的"校园里的梧桐树",又让孩子们认识梧桐树的样子和梧桐树一年四季的变化;战国时期伟大诗人屈原的《九章·橘颂》中"绿叶素荣,纷其可喜兮。曾枝剡棘,圆果抟兮。青黄杂糅,文章烂兮。精色内白,类任道兮"让孩子们感受到了橘树的俊逸动人的外表美;《动物植物大百科》里介绍的树木就更多了,孩子们通过这样的说明文了解了很多树木的生长过程……这样的文学作品还有许许多多,孩子们研究的路是那样漫长而又充满了奇妙的体验,这样的感受是课堂不能给予的。

通过小课题的研究,孩子们不仅对树木有了更多的了解,也在这样的实践课程中丰富了语文知识：长篇童话中运用比喻的手法把红棕叶子比作像燃烧的火苗；古诗中运用拟人的手法把纤细的柳枝随风起舞的样子写得栩栩如生；经典短篇童话中用第三人称的方式告诉小朋友们秋天大树的树叶是要凋落的；作文使用记叙的方式，描写简单易懂；而文言文就比较难理解了，需要一一解读才能理解每一句的意思；百科全书里面一些实际的图文很有趣，有些树木让小朋友们吃惊不已，特别能提高小朋友阅读的兴趣；不同的书对于树木花草的描写是不同的，有些会根据情景、根据小朋友年龄特点来恰当地表达。

小课题的研究不仅没有影响孩子们的学习，反而对他们的语文能力提高起到了促进作用，可谓是意外的收获。

树为什么会落叶

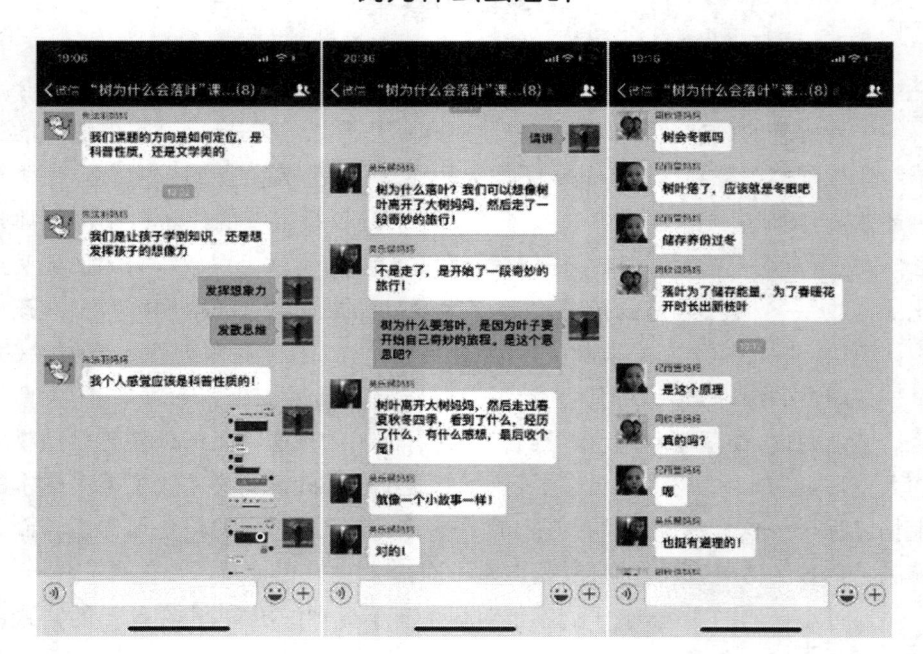

每到秋天树叶便会从枝头飘飘悠悠地落下来,它们在空中盘旋飞舞,就像一群快乐的小精灵。地上积满了厚厚的落叶,就像秋姑娘给大地铺上了一张软软的地毯。这样的景象也引起了小朋友的好奇心:树年纪大了,叶子自然掉落了吗?树落叶是要存储养分过冬吗?快过新年了,大树想换新衣服了吗?树叶要离开大树出去看看吗?小朋友的问题带着童真,也带着不解与困惑。在老师和家长的带领下,他们开始了自己的发现之旅。

线上,他们通过微信群保持聊天沟通,家长询问孩子意见,听取孩子心里的想法,而家长只是记录者;线下,他们开展休息日聚会,约定在学校附近的狮子山公园、绣球公园见面,一边沿路观察树叶的飘落情况,一边展开讨论:为什么有的树春天会落叶,有的树冬天会落叶,还有的一直不落叶呢?为什么同一棵树有的树叶会落,有的不会落呢?肯定是因为有的树叶完成自己的工作就想去玩呢。肯定是因为有的树叶喜欢玩耍,有的就喜欢待在树妈妈怀里睡觉。有的树叶愿意照顾大树妈妈,有的树叶志在四方。而且树叶肯定有自己喜欢的季节,有的喜欢春天出门,有的想在冬天旅行。掉在草地上的树叶和小草是好朋友,它们肯定会说很多悄悄话。小朋友的世界里,落叶也变得这样有思想、有个性,真是有趣极了。

虽然真相往往是残酷的,它会打破想象的美好,但正确的科学原理还是应当让孩子们认识到的。在后续询问科学老师和在网上、图书馆查阅资料后,孩子们

才真正认识到：在冬天来临之际，树木为了自我保护需要休眠，而越冬休眠的树木本身也需要养分，为了调节自己的体内平衡，很多树都需要落叶，减少水分、养分的损耗，储蓄能量，等到条件适宜再重新萌发；而一些松柏之类的树木因为叶片像针尖一样，损耗水分养分特别少，所以能保持常绿。

孩子们在研究落叶的同时，也做了一回保护环境小卫士，自觉捡拾落叶，装入袋子，最后放在保洁车里。保洁员阿姨还不停夸奖小伙伴们爱护环境呢！孩子们表示，这样的活动既开心又长知识，大家一起讨论一个话题真是太有意思了。以后看到落叶都会留心观察，看它从哪棵树掉落，看它掉落过程，看它落在哪里……

落叶这次旅行完毕后会去哪里呢？是等待着下次的旅途，还是回归大自然母亲的怀抱？孩子们又定下了下一次活动的主题。

(本节编写：秦雯)

第三节　低年段儿童"小研究卡"精彩展示

一、主动关注　发现身边的问题

1. 树叶只有绿色的吗？

我的课题	树叶只有绿色的吗？
我的伙伴	贡子恒、许浩峰、张震恺、顾浩轩
我的质疑	小组成员对"树叶只有绿色的吗？"课题提出自己的想法： 1. 是所有的树叶都是绿色的吗？ 2. 树叶为什么是绿色？不是蓝色、彩虹色？ 3. 绿色的树叶也会变色？
我的设想	通过小组成员讨论，提出了下面的想法： 1. 叶子之所以是绿色，是不是因为叶子中有什么让叶子一定是绿色的？ 2. 不是绿色的叶子，是不是就没有这种东西？如果没有这样东西叶子又会是什么颜色？

续 表

我的探索	**第一阶段：** 完成时间：2月25日前 ★ 小组成员领取任务：寒假期间，分别去寻找不同颜色的叶子。   ★ 做好树叶标本，记录树叶的特征，比较树叶的颜色。    **第二阶段：** 完成时间：2月25日 ★ 资料收集、整理：通过网上、书上查找资料，了解树叶颜色形成的原因。 ★ 小组讨论 1）我们生活的周围，大部分的叶子颜色都是绿色的，可是为什么叶子天生就是绿色的呢？天生的绿叶还会变颜色吗？还有没有别的颜色的树叶呢？ 2）用不同颜色的水彩笔在叶子上画，水彩笔的颜色与叶子的绿色会产生变化。如果颜色发生变化，那是不是说绿色的颜料就是绿色的树叶做的呢？ 3）把叶子泡在水中，叶子天然的颜色遇到水会怎么样呢？

续　表

我的发现	1. 通过寻找不同颜色的叶子，我和小组成员发现虽然大部分叶子的颜色是天生绿色的，但也有长出来就是红色、黄绿相间色的叶子。 2. 有些绿色的叶子会随着季节的变换改变颜色。比如枫叶，到了秋天就会变得火红火红的，这在语文课本《火红的枫叶》中也提到了；比如银杏树叶，到了秋天会变得黄灿灿的。 **优质解答** 植物叶子中含有叶绿体，叶绿体里面含有叶绿素，叶绿素主要吸收蓝橙光和黄紫光，吸收绿色光最少，因此阳光照射叶绿素之后其他颜色的光被吸收了，返回了绿色的光再反射到人眼所以人看到的大多数植物是绿色的。 3. 好多天生就是绿色的叶子，是因为树叶中有一种东西叫叶绿素，春天到了太阳的光很充足，照在大树上，叶子中的叶绿素吸收光线中的黄光、蓝光，吸收绿光最少，所以叶绿素的溶液呈现绿色。 4. 而叶绿素含有的花青素，胡萝卜素，会影响叶子最终的颜色。 5. 通过小实验，我发现叶子的绿色和水彩笔的颜色，可以混合成新的颜色。 6. 通过小实验，我发现叶子泡在水中，颜色是不会化开的，但如果是水彩笔画出来的颜色泡在水中，是会化开的。也就是说，颜料中绿色与树叶的绿色不是同一种东西。

我的收获	★ 通过和小伙伴一起找资料、查资料，我知道了树叶的颜色是由于叶子中的叶绿素中的很多小色素形成的，谁是老大，谁就能决定叶子的颜色。所以，**叶子不是只有绿色的**。 ★ 在找资料的过程中，我学会了用 SIRI 问问题，这是一个很棒的人工智能小软件，她懂的比我多。
我的推荐	为了做这个小课题，我在书店找资料时发现了一本书叫《亲子阅读：世界上的植物》，向大家推荐这本书。这本书告诉了我很多很多与植物有关的、各种有意思的小知识，而且里面有很多图片资料，让我就像亲眼见到一样。 在我还没有能力去到其他很远的地方的时候，读书成为我了解这个神奇世界的最好途径。
我的追问	1. 为什么叶子能与画笔的颜色产生新的颜色，却不能像画笔的颜色一样在水中溶化？ 2. 为什么叶绿素吸收的绿光最少，却长成了绿色？ 3. 胡萝卜素与胡萝卜有关系吗？ 4. 我们能不能改变叶子的颜色，让这个世界变得更美丽？

2. 树为什么会落叶？

我的课题	树为什么会落叶？
我的伙伴	邓秉乙、吴乐馨、纪雨萱、周欣语、朱法羽、谭景鹏
我的质疑	小组成员们对树为什么会落叶展开想象，提出各自看法： 1. 树年纪大了，叶子自然掉落了吗？（纪雨萱、谭景鹏） 2. 树落叶是要存储养分过冬吗？（周欣语、朱法羽） 3. 快过新年了，大树想换新衣服了吗？（邓秉乙） 4. 树叶要离开大树出去看看吗？（吴乐馨）
我的设想	春夏秋冬，每时每刻都有树叶飘落，大的、小的、绿的、黄的。可能树叶想以飘落的方式告诉我们：除了吸收阳光雨露，照顾大树妈妈，它们也有着属于自己的旅程。它们是否也想以自己的方式去看看这个世界呢？

续表

我的探索	1. 线上微信群保持聊天沟通 家长询问孩子意见，主要表达孩子心里的想法、感受，家长只是记录者。 2. 线下聚会开展起来 微信群里约定休息日在学校附近的狮子山公园见面，讨论研究。研讨会开始，先来张合影。 沿路观察树叶的飘落情况后，孩子们开始展开想象，讨论起来。 **纪雨萱、谭景鹏**：为什么有些树年纪越大，掉的树叶反而比较少呢？有的小树反而树叶都掉光了呢？ **周欣语、朱法语**：对啊。不是所有的树都要储存养分过冬吗？ **邓秭乙**：肯定是因为有的树叶完成自己的工作就想自己去玩呢。 **吴乐馨**：对哦，就像我们做完作业就可以玩了。那会不会是树叶有些季节存储养分，到有些季节才掉落呢？ **邓秭乙**：那为什么有的树春天会落叶，有的又在冬天落叶，有的又不落叶呢？为什么同一棵树有的树叶会落，有的又不会落呢？ **朱法羽**：而且并不是最大片的树叶就一定会落下。 **谭景鹏**：有的小小片就掉下来了。 **邓秭乙**：肯定是因为有的树叶喜欢到处玩，有的就喜欢待在树妈妈怀里睡觉。

续 表

我的探索	**周欣语**：有的树叶照顾大树妈妈，有的树叶有自己想去的地方。 **吴乐馨**：而且树叶肯定有自己喜欢的季节，有的喜欢春天出门，有的想在冬天旅行。 **纪雨萱**：喜欢春天的树叶一定是喜欢春风和细雨，喜欢冬天的树叶一定非常坚强。 **邓秋乙**：那掉在草地上的树叶肯定和小草是好朋友。它们肯定在说话。 **朱法羽**：随风飘的树叶肯定想去更远的地方。 **周欣语**：还有的树叶喜欢陪着小鱼一起去玩。 **谭景鹏**：我也要像它们一样，去看看世界。 **大家**：我们都来捡一些落叶吧。 **结论**：当树叶还在树上的时候，它们努力照顾妈妈。但是它们也喜欢自己去旅行，去交朋友，去看看世界。 孩子们在研究落叶的同时也做了回保护环境小卫士，自觉捡拾落叶，装入袋子，最后放在保洁车里。保洁员阿姨还不停夸奖小伙伴们爱护环境呢！ 3. 整理这些天的收获 回家收集照片素材，整理文字，形成初稿。
我的发现	有的树叶很年轻（很小很绿）就想落下来去旅行，有的很老了也不愿意离开大树妈妈。有的树叶选择冬天落下；有的一年四季都不落下；有的喜欢随风飘行；有的喜欢落在小河里；有的喜欢飘落在草地上；有的喜欢落在石板上。原来树叶也和我们人类一样，拥有自己的个性、自己的想法，也想追寻属于自己的经历和体验。有的树叶也许比较内向，喜欢赖在家里，储存养分照顾大树妈妈，在妈妈的怀抱里感受春、夏、秋、冬，静静地体会白天和黑夜、阳光与雨露。有的树叶也许性格比较外向，喜欢出门看看，感受清风，轻吻大地，与小草、小溪为伴，随遇而安。其实从树叶长出的那一刻起，就开启了它丰富多彩的一生，而从树叶选择飘落的那一刻起，就已经注定了一段奇妙的旅程。

我的 收获	同学们的聚会既开心又长知识,大家一起讨论一个话题真是太有意思了。以后看到落叶我们都会留心观察,看它从哪棵树掉落,看它掉落过程,看它落在哪里,我就知道它想在哪里旅行啦!
我的 推荐	多在户外观察,感受大自然的奇妙。世间万物都有生命,尊重每一个生命的个性和选择。
我的 追问	落叶这次旅行完毕后会去哪里呢?是等待着下次的旅途,还是回归大自然母亲的怀抱?

3. 奇特的树

我的 课题	奇特的树
我的 伙伴	王京、方欣茹、杨雨萱、陈雨嫣
我的 质疑	1. 世界上有哪些奇特的树? 2. 食人树如何吞噬食物? 3. 面包树的果实可以吃吗? 4. 为什么猴面包树被人们称为"生命之树"? 5. 橡胶树产生的乳胶有什么用呢?
我的 设想	如果我们的城市中有这些奇特的树,我们的生活将会发生翻天覆地的变化。

续 表

我的探索	第一阶段:小组分工搜集资料 方欣茹、杨雨萱:查阅和收集各种奇特的树的相关资料。 陈语嫣:查阅和收集相应树的图片。 王京:整理编辑汇总文字和图片,给小组成员分工及组织同学们进行网上讨论。     第二阶段:整理资料 **1. 食人树** 食人树广义指地球上的食肉类植物,有 13 科 20 属 600 多种。 已知的最大肉食植物是马来王猪笼草,会捕食小型哺乳动物。同时食人树指不同传说中的食肉植物,其体型庞大得能够杀死甚至吞噬一个人类或其他大型动物。纵使有着各种不能肯定的有关报告记载,目前为止没有此类植物的具体存在证据,因此这种植物的存在暂时还是个谜。  

我的探索	**2. 面包树** 　　桑科常绿乔木，高 10~15 米；树皮灰褐色，粗厚。叶大，互生，厚革质，卵形至卵状椭圆形，两面无毛，表面深绿色，有光泽，背面浅绿色，全缘；叶柄长 8~12 厘米；托叶大，披针形或宽披针形，黄绿色，被灰色或褐色平贴柔毛。花序单生叶腋，雄花序长圆筒形至长椭圆形或棒状，黄色；雄花花被管状，被毛，上部 2 裂，裂片披针形，花药椭圆形，花柱长，聚花果倒卵圆形或近球形，绿色至黄色，表面具圆形瘤状凸起，成熟褐色至黑色，柔软，内面为乳白色肉质花被组成；核果椭圆形至圆锥形。  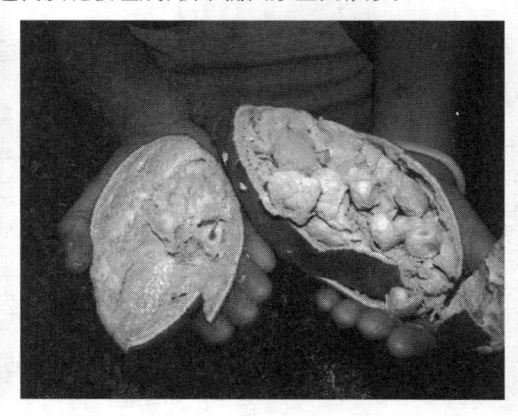 **3. 猴面包树** 　　猴面包树又叫波巴布树、猢狲木或酸瓠树，是大型落叶乔木，主干短，分枝多。猴面包树树冠巨大，树杈千奇百怪，酷似树根，树形壮观，果实巨大如足球，甘甜汁多，是猴子、猩猩、大象等动物最喜欢的食物。当它果实成熟时，猴子就成群结队而来，爬上树去摘果子吃，"猴面包树"的称呼由此而来。 

我的探索	**4. 橡胶树** 海南岛是中国最大的橡胶树种植基地，然而出产天然橡胶的橡胶树学名叫巴西橡胶树，是一种神奇的热带落叶乔木，原产于亚马逊河流域。地理大发现之前，当地印第安人发现，橡胶树被利器划过时，会有一股乳白色液体流出，液体凝固后可以防水、耐腐，且有弹力。后来，橡胶树被哥伦布等人带回欧洲，后来在工业革命中发挥了巨大作用。19世纪末，欧洲人又将橡胶树大面积移植到现在的马来西亚、印度尼西亚、斯里兰卡、泰国、越南等地。清光绪五年（1879年），一个叫何麟书的年轻人登上开往马来亚的帆船。到了异国，他平生第一次认识了橡胶树。几年后，他萌生了一个大胆的想法——把橡胶树移植到家乡的海南岛。1906年他把橡胶树带回了中国，20世纪50年代天然橡胶是我国稀缺的战略物资。从那时起，国家开始集中大批人力、物力，计划在海南大规模种植橡胶树。 **第三阶段：交流总结** 各自谈一谈在收集整理资料过程中的想法。
我的发现	1. 世界上能吃动物的植物约520多种，但绝大多数只能吃些细小的昆虫。 2. 面包树还是各种物品的原材料。用面包树做的小船是萨摩亚人最主要的交通工具；用面包树建的房子，可以住上50年；萨摩亚人甚至用树皮做绳子和各种生活用品。 3. 猴面包树不仅可以储存水分，果实还可以食用。 4. 橡胶树的经济寿命大约三十多年，断胶后的树木可以用来搭桥、建房、造纸。
我的收获	世界上有很多种奇特的树，在收集资料的过程中，我们了解了这些树的样子、特征、生长环境……增长了很多知识。
我的推荐	如果有机会，大家可以实地去看看这些树，或者自己上网看一看有关这些奇特的树的图片和视频，相信大家一定会大开眼界。
我的追问	1. 食人树、食人花与捕人藤之间存在怎样的联系？ 2. 面包树和猴面包树有什么区别？ 3. 橡胶林改善了海南热带森林的生态环境，可是又有调查表明我国云南西双版纳因为过多地种植橡胶树破坏了生态平衡，那这又是为什么呢？大自然的生态平衡需要谁来守护呢？

二、主动探究 发现事物的本来面目

1. 形态各异的树叶

我的课题	形态各异的树叶
我的伙伴	王雅涵、毛锌桐、戚泽熙、侯淑杰、朱奕洁
我的质疑	为什么每片树叶的形状都不一样呢?
我的设想	因为树妈妈都是不一样的,所以它们的孩子也不一样!和伙伴们一同观察不同的植物的叶子都有什么不同,是不是树木不一样,叶子基本都有不一样的形状?
我的探索	一、收集资料 收集有关树叶的知识: 　　我们在家长的帮助下,利用网络和课外书籍,收集相关知识,可浏览"中国环境网"、"中国自然科学网"等相关网站。了解树叶的各种形状、颜色变化的原因、作用、叶贴画、叶子的文化等知识。 　　收集不同形状的树叶:

续 表

我的探索	二、整理资料 1. 整理文字，获取信息后，我们通过读书笔记、手抄报的形式及时整理，保存这些信息，以便今后查阅。  2. 我们利用一部分实物资料，发挥想象，制作一些图案精美的叶贴画。 三、总结交流 1. 相互交流，说说各自体验的机会，我们和其他小组交流过程中的酸甜苦辣，并谈谈自己活动后的收获。 2. 总结反思，对研究情况简单总结，思考还没有解决的问题及交流过程中产生的新问题，再做探讨，以便以后研究。  

续 表

我的发现	不同植物的叶子是不同的,甚至同一棵树的树叶都不完全一样!而且冬天也有很多的形状各异的绿色树叶!
我的收获	不同的叶子,有的是形状不同,有的是颜色不同,有的是纹路不同……
我的推荐	多种多样的手工制作树叶样本:
我的追问	人们常说这个世界上没有两片一模一样的树叶!是真的吗?

三、主动反思　发现成长的自我

1. "树"字的由来

我的课题	"树"字的由来
我的伙伴	徐玉喆、樊馨羽、谢璐阳、孙妍、包小夏、曾婧茹
我的质疑	1. 老师告诉过我们中国的字是由象形字演变过来的,为什么"树"这个字不像一棵大树呢? 2. 为什么有的树开花,有的树不开花? 3. 世界上有各种各样的树,为什么"树"字就这一个? 4. 听了仓颉造字的故事,他是怎么造"树"这个字的呢? 5. 象形字的时候,为什么没把"树"像山、火、水一样画一棵大的树的样子,而是画了"木、豆、手"来形容"树"? 6. "树"这个字演变到现在,为什么中间的"豆"没有了,改成了"又";右边的"手"却用"寸"来代替?
我的设想	1. "树"字肯定和木头有关系,这个字会不会也像我们书本上的"山"、"水"等一样,通过一定的规律演变而来。 2. "树"这个字是不是有各种各样的写法和读音。 3. 学校发给我们的字典里是不是能找到答案。 4. 社区里有多种树,尤其是有果实的树,让小朋友可以看到,也可以吃到。 5. 曾婧茹的老家有很多山,她回去的时候看见山上有很多树,会不会有什么发现。
我的探索	1. 我们首先查找了学校发的《新华字典》,找到了树的意思有两个。 2. 我们小组成员一起活动,看见了各种不同的树。 3. 一起到家门口的阅江楼观察树木的生长。 4. 查找不同的字典多找一些不同时期"树"的字对比一下,比如繁体字、象形字。必要时请爸爸妈妈帮忙。

续 表

我的发现	1. 我们发的《新华字典》里"树"的意思有两种:(1) 木本植物。(2) 立,建立。 2. 树的繁体字的写法:樹。繁体字"樹"是由"木"、"土"、"豆"、"寸"构成。那就是说:种子(豆)埋在土下面,一寸一寸地长成树木。  3. 我发现有的树叶子的形状像"又","树"字中间是一个"又"。 4. 仓颉造字只是一个故事,并不是所有的字都是仓颉造出来的,我们现在学的字是一步一步演变过来的,叫简化字。 5. 最古老的树:银杏树。平均最高的树:澳洲杏仁桉。 6. 世界上最大的树:雷曼将军树。  7. 世界上最毒的树:金皮树。 

续　表

我的收获	1. 无论多高大的树都是一点一点长起来的。 2. 我们大概知道了"树"字的由来，它的意思。 3. 中国的字是由象形字演变一步一步演变过来的,就像"树"这个字一开始描绘的就像树的样子。 4. 字体的种类很多,我们现在学习的字是简化字,这种字写起来很方便。
我的推荐	1. 有关字的问题应该多查字典,我们查了《新华字典》。 2. 推荐我们团队曾婧茹看过的《外公是棵樱桃树》,孙妍看的《行道树》《一棵会开花的树》。 3. 如果你想种一棵大树,那么你一定要有一颗种子。 4. 城里的孩子如果想看美丽的大树应该到山里去看看。 5. 研究问题要多和同学讨论,六个人比一个人的力量大。
我的追问	1. 树都是长在土里么？水里和空中有没有？ 2. 一颗豆子一样小的种子怎么长成这么大的树？

（本节编写：李长燕）

第二章　中年段儿童的小研究

第一节　中年段儿童小研究的特点

一、中年段儿童小研究的特点

（一）内容上贴近生活实际

1. 选取身边的事物作为研究内容

中年段儿童小研究活动强调实践性学习，注重知识的获取和技能的掌握与情感教育相结合，陶冶情操，培养兴趣。因此，儿童的研究内容主要来源于儿童生活实践经验，以日常生活中的问题选取研究内容，建立与生活目的的联系，使儿童产生情趣，这是维系学习的原动力。选取研究内容时，就应当使课程与儿童的生活和社会实际相关联，缩小与儿童的距离，为儿童的知行统一搭起一座桥梁，使它们得以沟通。对于中年段儿童来说，他们所认知的世界正在逐步建立完善，因此，研究内容不宜太深太难，越贴近生活越好。

例如：以"水"和相关内容为主题的研究，其本身涉及儿童日常生活中接触非常多的事物，同时，又是中年段科学课学习内容的延伸。在儿童对水的自然属性已经有了一定了解的基础上，进一步拓展了对其在环保、文化等诸多方面价值的了解；在研究方法上，还渗透了对观察、测量、比较等了解事物的方法的实践锻炼，是个很好的研究主题。

2. 研究新鲜事物

小研究活动要贴近生活和社会，我们不能将儿童圈于学校，而要以儿童的活动和交往为线索,有选择地了解新鲜事物,开阔儿童视野,引领儿童走出校门,走进社会,用自己的眼睛观察这个变化的世界,用心感受这个神奇的世界。因此,活动的组织形式要根据时空的特点,或班级、或小组,因地制宜,因"效"制宜。要通过各种生活体验活动,满足儿童的天性,让儿童在活动中获得快乐和愉悦的同时获得发展。

例如:中年段儿童在科学课上接触到养蚕的学习内容,儿童们非常喜欢。因为大部分儿童对饲养小动物都很感兴趣,针对这一特点,围绕养蚕或别的小动物并开展的小研究,儿童就非常愿意去做。同样,与电子产品、动漫、科学探秘相关的研究主题,也非常受欢迎。

3. 在儿童生活中进行研究

生活是最好的老师!生活知识包罗万象,它可使幼童成长为学生,可把学生熏陶为学者。生活课堂,使每一位在其怀里成长的儿童都享有积极的受教育的机会。理论联系实际是小研究活动的最大特点。当今世界的社会现象千变万化,儿童生活在充满各种信息的社会里,适当引入一些社会热点问题会激发儿童的学习兴趣,有助于目标的有效达成。

学校和现实生活中的各种生活事件随时发生,如校内新闻、社会热点、城市变化,等等,教师要注意把握时机,抓住教育的切入点、结合点,针对儿童的思想和具体表现找准时机,然后结合研究内容和儿童实际情况,有目的地渗透,使儿童随时随地受到教育,从而促进生活世界和科学世界的统一、生活与发展的统一。

(二) 形式上变化多样寓研于乐

教育家乌申斯基说:"没有任何兴趣和仅靠强迫维持学习,会扼杀学生的学习热情,这种'学习'是不会维持长久的。"英国教育家斯宾塞也明确指出:"快乐学习能使学生自学不辍,并得到精神满足。"由此可见,是否寓教于乐,以乐促学,使儿童快乐地投入小研究,直接关系到研究质量和效率的高低。寓教于乐,以乐促学,给儿童创造一种快乐、轻松、有趣、生动、民主的研究气氛,将使教育收到事半功倍的效果。

寓教于乐的基本含义就是教师善用教学中的各种因素来引发儿童怀着快乐情绪进行学习。不能把"寓研于乐"简单地理解为只是在教学中营造一种快乐的气氛,或者用某种教辅手段,使学生在枯燥乏味的学习之外暂时得一时欢娱,而应该把它作为一种教育思想始终贯穿在整个教学过程当中。"寓研于乐"的"研"是做小研究,"乐"是乐趣、兴趣、意趣、情趣,即把小研究活动放到对儿童的潜能和学习原动力上,让儿童最大可能地感受到研究过程的乐趣,努力提高儿童的文化素养,促进其知、情、意的全面发展。教师在教学中要真正做到"寓研于乐",以情施教,情知交融,涉及教师教学观、学生观、方法论等方面的根本转变,也需要学校指导思想的变革。在小研究中,突出"乐",是以人的全面发展为目的,将兴趣、成功、审美、创造、理解、尊重和依赖贯穿于小研究之中,使师生获得小研究的愉快体验,身心得到和谐发展。

在小研究的形式上可以运用情景模拟、职业角色体验、现场操作、成果展示等新的方式。例如:小研究"游山玩水"中让儿童以一个小导游的身份,对某地的景点进行导览介绍而开展的前期调查和资料整理活动,进行职业体验。

(三) 强调人际交往和分工合作

中年段是儿童人际交往能力和价值判断初步形成的阶段,良好的人际交往环境和人际关系能使儿童心情舒畅、身心愉悦,培养儿童乐观豁达的品格,使儿童在当前乃至今后的生活中都能积极主动地适应环境,应对各种问题。因而,中年段儿童交往的能力水平是非常重要的,更应该有教师的精心培养和训练。

中年段儿童小研究的小组合作学习模式必然注重以下几个方面的培养:

1. 在小研究活动中培养生生间的人际交往能力

现在的儿童基本上都是独生子女,在家里是饭来张口、衣来伸手,自我管理能力较弱,更不会主动为他人着想。我们在小研究中把儿童组建成小组,让儿童在小组的小环境里学习、交流、互助、成长,让他们在小组的这个小环境里感悟大世界。

每个小研究团队都要组建小组,明确职责;加强培训,强化意识;共同参与,自主管理。在组建小组后,让组内所有儿童参与小组的建设,推选组长,构想组名、提出口号、设计组徽,同时组长组织小组成员制订小组研究计划、小组活动安排、小组学期或阶段工作总结。在整个参与的过程中,小组所有成员集思广益、发挥团体智慧,让组内人人有分工、人人有事做、人人能管理。儿童参与了整个过程,自己制定的规则也会认真遵守,在不知不觉中大家已经融入了小组这个"小社会",为以后儿童迈入社会生活奠定了基础。

2. 在小研究活动中培养师生间的人际交往能力

其一是构建师生和谐的人际关系。师生之间的交往活动,实际上是人际感情的交流,爱心构建"双向信任"的桥梁。在小研究过程中,教师要做到心胸豁达、关心关爱每一位儿童,同时能设身处地地为儿童着想,对儿童保持积极相待的态度;努力为儿童提供展示的平台,让每一个儿童都有展示的机会、展示的空间、能力的训练。同时在与儿童交流的过程中,做到和谐、自然、默契,通过自身健康的情绪去感染儿童。在儿童遇到困难时,主动帮一帮、拉一拉、扶一扶,让儿童不畏惧困难,能克服困难;在儿童取得成功时,及时赞赏、及时鼓励,让儿童感受到成功的喜悦、成功的快乐,尽量使师生之间在情感上保持协调和融洽。

其二是教给儿童交往技巧和能力。有的儿童常常有这样的困惑:想和别人友好相处,但是不知道怎样才能赢得大家的喜爱;朋友之间闹矛盾了,不知道怎样调和;被别人误会了,不知道怎样澄清事实……这就牵涉到一个交往技巧的问题,随着人际交往范围的扩大和社会阅历的丰富,人们能逐渐领悟到一些交往技巧并善加运用。但中年段儿童没有什么人际交往经验,所以在小组合作学习中要教给儿童一些基本的人际交往技巧,如学会结交新朋友、学会倾听和交谈、学会赞美和感谢、学会拒绝以及消除误会。

二、中年段儿童小研究的价值

(一)小研究活动能帮助儿童掌握知识,提高学习效率

小研究活动不受课程、教材的束缚,它可以运用报刊、广播、电视、电影、课外书籍等传播信息的工具,通过各种灵活多样的活动形式,帮助儿童吸收新的知识。

1. 巩固知识并将其运用于实践

丰富的研究活动,可以使儿童在课堂内所学的知识得到巩固、加深和提高。例如"透明的水都一样吗?"这个小研究,有助于中年段儿童掌握"水"和"液体"这两个概念的区别。

2. 有助于扩大知识的视野

小研究活动能发展儿童对政治、科学、文学、艺术、体育的兴趣和才能。例如"水字的'前世'与'今生'"这个小研究,不仅让儿童掌握了"水"这个字的字形字

义,还能够让儿童了解汉字的发展历程。

3. 加深理解和记忆

小研究活动不仅能让儿童了解和掌握时事知识,而且能加深对课堂知识的理解和记忆。例如"一起来读《水先生》"这个小研究,让孩子为《水先生》一书做导读,这就要求孩子自己能先读通、读懂这本书,对孩子的阅读理解能力和写作能力的提高有着一定的促进作用。

每一次参与小研究活动,儿童都要通过上网、阅读科普书籍、报刊,或向专业人员咨询等多种途径,获取相关知识,并且亲身实践,使儿童养成了主动积极的学习态度,掌握了良好的学习方式。在这个过程中,既培养了儿童动手操作、观察实验的能力,也培养了儿童积极思维、驾驭知识的综合能力。实践活动的全过程,包含着对旧知识的应用巩固、延伸和对新知识的渴求探索,是儿童主动学习的过程,也极大地提高了教学质量。

(二) 小研究活动能丰富儿童的精神生活

小研究活动不局限于学科知识的逻辑结构,也不局限于课堂儿童的实践和活动,让儿童走出教室,步入自然,融入现代生活,为儿童的自主探究与实践开辟了巨大的空间。小研究活动作为我校的校本课程,与生活息息相关,能教会儿童许多生活中的知识,让儿童真正做到走向自然、走向社会、走向生活,让儿童自主选择自己生活、学习中的问题开展探究和实践活动,在实践的过程中体验快乐,获得经验,学会生活、学会交往、学会学习、学会做人。例如在有的小研究中,需要儿童进行现场采访,这对于羞于和陌生人交流的孩子来说就是一个极好的锻炼机会,这个机会在课堂学习中是很难得到的。通过这样的研究活动,儿童可以学会交往,学会交流,积累社会生活的各种经验。

小研究活动与社会生活相联系,既是现代社会发展的要求,也是现代教育思想指导下的产物。要让儿童跟上时代的步伐,就必须把学校教育和社会生活密切联系起来。小研究活动"贴近生活和社会",目的就是让儿童参与社会生活,使儿童所拥有的经验尽量丰富,在"现代"中不知不觉渗入"未来",以改变过去那种与社会生活相脱离的教育灌输。

(三) 小研究活动能促进儿童良好个性的发展

个性是人的心理倾向、心理过程的特点、个性心理特征以及心理状态等多层次的有机综合的比较稳定的心理结构,主要体现为兴趣、态度、情感、品德、价值观和相应的行为方式。从课堂教育的同步化标准化可知,课堂活动侧重在儿童共性的培养,"应试教育"严重阻碍了儿童良好个性的发展。实现人的个性的积极、自由、和谐的发展,是人生的一大追求和人的完善的一个重要标志。因此,我们的教育要面向未来,要使儿童学会生存、学会做人,就一定要重视儿童个性的培养和发展。在小研究活动中,儿童自己创造问题情境,有助于儿童学习兴趣的激发。

  小研究活动能引导儿童正确认识自己,合理地评价自己和他人,欣赏并悦纳自我,树立自信心;培养集中注意的能力、观察力和多角度思维能力,勤于思考,激发学习的兴趣,养成良好的自我检查学习习惯;学会尊重、赞美、坦诚待人,初步掌握人际交往的技巧,在班队活动中善于和更多的同学交往,了解合作的意义,树立合作意识;认识情绪,初步学会调节自己的心境;学会休闲,提高儿童自理能力和自我保护意识。小研究活动还必须经由团队合作才能完成,一个团队的运作磨合过程,就是儿童彼此认识、熟悉、接纳、配合的过程,在这个过程中,儿童在人际交往中的各种行为都会得到反馈,并影响到团队成员对他的态度。儿童会通过实践学会如何与人相处,如何与人合作。

  小研究活动还带来了一系列的变化:融洽了师生关系,调动了儿童的积极性。在小研究活动中,师生的角色不同于传统课堂的单一性,在共同探讨问题、共同操作实践活动中,培养了儿童与教师的相互合作精神,师生交流机会增多了,彼此间相互了解、相互沟通,从而保证了研究活动继续开展及相关学科教学的顺利进行,提高了儿童的素质,也提高了教学质量。

  总之,积极组织儿童广泛开展小研究活动,对于增长儿童的知识和能力,丰富儿童的精神生活和全面发展儿童的良好个性,都有着重要的作用,同时对班级管理和集体教育以及儿童进行自我教育,也都有着极其重要的意义。

(本节编写:胡祥海)

第二节 中年段儿童小研究概览

一、小研究一览表

这是我校 2017—2018 年度寒假期间中年级儿童小研究部分目录。

序号	指导教师	学科	组员姓名	小课题名称
1	刘 君	语文	恽忻怡、叶伊伊、王郑渲、王浩宇、欧阳宇涵、丁梓恒	游山玩"水"
2	刘 君	语文	张茂琳、张子宸、宋瑾超、唐诗语、胡可欣、谢俊杰	透明的水都是一样的吗?
3	田 田	信息技术	刘子轩、姚培杰、蒋文君、孙苏宁	"水"字的"前世"与"今生"
4	张 园	语文	李欣桐、李欣妍、孔维楷、陈铄、石鲁航、王梓豪	一起来读《水先生》
5	尹文文	数学	孙英桐、杨子乐、刘雨辰、贺圣娜、陈思源、徐文豪	口水的秘密
6	张 园	语文	徐紫荑、徐铭宸、王静娴、刘籽杰、张瑞阳、陈筱晓	什么样的水适合儿童喝?
7	成 莉	语文	张韵宜、高冉、丁心怡、高颉、苏畅	神奇的泡泡水
8	焦华明	数学	王伊菲	了不起的水滴
9	尹文文	数学	杨安怡、俞思源、陈恕、田杨	节约家庭用水小妙招

二、典型小研究概述

（一）游山玩"水"

1. 选题思路

学校中年段小研究主题是"问水"。水与儿童的生活息息相关,联系非常紧密,关于水的研究课题有很多,大部分是从水的自然属性入手的,而我们的研究小组的成员都很喜欢旅游,于是另辟蹊径,选择了与"水"相关的旅游景点作为研究主题,一来贴合大家的兴趣,大家很乐于参与;二来研究过程就如同在做旅游攻略,研究出来的成果也能为外出旅游提供参考。

2. 研究方法和过程

(1) 提出问题

研究小组从身边发现问题,提出了:"中国有哪些值得游玩的'水'?"又结合旅游经历,围绕"见闻"这一线索提出了:"关于一些名川大河的历史故事有哪些?"最后把小课题与生活实践相结合:"怎样游玩一些'水'景点?"

(2) 研究设想

一是通过调查和比较,选出一些国内优秀的玩"水"景点,并做出推荐;二是选择一个著名的与水有关的旅游景点——西湖,收集整理相关的有趣故事;三是以一个比较熟悉的景点为例——南京秦淮河,尝试制作一份游玩攻略。

(3) 过程和方法

研究小组采用的研究方法主要是文献调查和实地考察。

首先,通过网络和课外书籍收集了许多"水"景点的知识,并且按照河—湖—江—海的线索进行了分类和整理,重点研究了南京秦淮河、杭州西湖、桂林漓江、青岛黄海这四个与水有关的旅游景点,做好了研究记录。其次,在收集来的资料中选取了与西湖相关的有趣故事制作了《西湖和苏轼》故事集。最后,采用实地考察和文献调查的方法制作了《夜游秦淮河》游览攻略。

(4) 发现与收获

研究小组通过研究发现各地的水体有着不同的特点并探究了其原因,并通过进一步调查发现:水中含有矿物质及颜色不同的藻类,因不同藻类有选择性地吸收不同颜色的光,导致各地的水各具特色,展现出不同的颜色;由于地球自转、地势、水下特殊地貌及海洋洋流造就了水不同的状态:时而平静,时而波涛汹涌,等等。

(5) 研究拓展

研究小组根据研究的经过和感受,又提出了一些新的研究问题,例如:"国外有哪些美丽的'水'景点?""它们和中国著名大川河流有什么不同?""世界十大河流之首'尼罗河'有什么奇闻轶事?"等等。

3. 展示方法

课题研究卡、《西湖和苏轼》故事集、《夜游秦淮河》游览攻略。

（二）"水"字的"前世"与"今生"

1. 选题思路

研究小组选择从研究"水"这个字着手展开研究。这是对"水"这个大研究主题的合理拓展，也是小课题研究和语文学科教学的有效整合。

2. 研究方法和过程

（1）提出问题

研究小组以"水"字在汉字中的发展沿革为线索，围绕"水"以及与水有关的字词，提出了"最早的'水'字出现在什么时期？"、"'水'有几种写法（'水'共有多少种字形）？""'水'为什么有那么多写法？""人们为什么用'水'字来表示水？""古时候有'水'字旁的字？""有多少汉字跟水有关？"等问题。

（2）研究设想

其一是通过采访调查，了解人们对"水"字发展沿革的了解程度，以此作为研究的方向；其二是通过对第一步调查得到数据的分析，确定研究的方向，即从古至今，"水"字写法的演变；其三是通过多种方法收集和整理资料，整理出"水"字写法的发展过程。

（3）过程和方法

研究小组采用的研究方法主要是问卷调查和文献调查。

研究小组首先在家乐福超市，随机选择调查对象，通过填写问卷的方式调查人们对水字发展过程的了解情况。调查样本为 30 份，调查问卷的问题是："你对'水'字了解吗？""你知道最早的'水'字出现在何时？""你知道'水'字最初是怎样写的？""你知道'水'字为什么演变成这样吗？"

研究小组对问卷调查的结果进行了整理，并制作了统计表（如下表）和统计图（略）。

调查题目	了解	不太了解	不了解
你对"水"字了解吗？	20	9	1
你知道最早的"水"字出现在何时？	9	1	20
你知道"水"字最初是怎样写的？	15	0	15
你知道"水"字为什么演变成这样吗？	14	0	16

分析结果显示：人们对最早的"水"字出现在什么时候了解得最少；对"水"

字的写法知道的也不多。所以,研究小组决定从"水"字演变、"水"字的写法、含有"水"字的成语等五个方面来进行研究。

接下来,研究小组通过在网络和书籍上收集资料,调查了上述问题(部分资料如下)。

| 甲骨文 | 金文 | 小篆 | 楷体 |

(4)发现与收获

研究小组通过研究发现:大部分人都了解"水"这个字,但是能深入理解的不多;最早的"水"出现在新石器时代,是一种象形文字;"水"字的写法其实是非常多的;"水"字在不同的词语中,所表达的意思也是不同的。

另外,研究小组还在研究中全方位学习、认识了汉字,既有趣,又能学到知识。

(5)研究拓展

研究小组在研究过程中发现几本好书,有助于大家了解汉字的发展,值得推荐:《中国书法全集》《汉字学简论》《甲骨文》。研究小组提出了如下追问:"含有'水'字的诗句及其寓意。""为什么'水'字在生活中不单单表示我们喝的水,在不同的词语中可以代表不同的意思,这是怎么形成的?"

3.展示方法

课题研究卡、调查报告、水字书写和演变图片集。

(三)透明的水都是一样的吗?

1.选题思路

随着我国工业化、城市化的日益发展,人民的生活水平日益提高,水污染和饮水安全的问题逐渐进入人们的视角。对于孩子而言,往往对干净的水的认知就是"无色"和"透明",但是否看上去无色透明的水就一定可以饮用,或者适合饮用呢?研究小组从饮水健康的角度切入,围绕这个问题进行了研究。这个研究选题与生活联系紧密,同时涉及一些物理、化学和健康知识,有一定研究价值。

2.研究方法和过程

(1)提出问题

研究小组首先提出的问题是:透明的水有哪些?确定研究对象。第二个问题是：都是无色透明的水，它们为什么名称不同，成分有什么差别？确定了研究角度。第三个问题是：哪一种水最适合我们饮用？确定了研究的价值方向。

(2) 研究设想

根据已有的生活经验和已经学过的科学知识，研究小组可以确定，虽然同为无色透明的水，但其成分肯定是不一样的，所以要弄清无色透明的水到底有什么区别，关键是弄清其成分。弄清了水的成分之后，就可以进一步分析出这种水对人体的影响，是否适合饮用。所以研究小组确立的第一个研究方向就是各种水的成分，第二个研究方向是不同成分的水对人体健康的影响。

(3) 过程和方法

研究小组采用的研究方法主要是文献调查和实验研究。

首先，收集了几种无色透明的水：白开水、矿泉水、苏打水、纯净水等作为研究对象。

然后，使用 pH 试纸进行测试，了解各种水的酸碱性，并通过百度、知乎等网络搜集各种水在成分上的差异。搜集了常用生活饮用水水质与国家卫生标准比较数据、饮用水来源及生产工艺流程图等资料。

最后，对收集到的证据进行整理和分析，得出研究结论：蒸馏水的 pH 值为 5，百岁山天然矿泉水 pH 值为 7，农夫山泉饮用天然水 pH 值为 6，怡宝饮用纯净水 pH 值为 6，白开水 pH 值为 6。这些水都可以饮用，但对身体的影响是有差别的。

(4) 发现与收获

研究小组通过网上查资料和与试纸测试做比对，发现蒸馏水是通过蒸馏法把水加热沸腾呈汽化状态，将蒸汽凝结而成的，它含有水分子。净化水口感有点甜，过滤掉有害物质，可以放心饮用。蒸馏水属于纯净水范畴，不含任何矿物质和微量元素，也不导电，如果长期饮用，会危害健康。

透明的水成分是不一样的，有的含矿物质和微量元素，有的不含；有的饮用对人体有益，有的却不能。虽然测试的这些水都可以饮用，但要根据不同的年龄、身体状况，选择合适自己身体的水饮用。男女老少都可以喝纯净水，但不可以长期饮用；矿泉水并不适合肾结石患者，建议他们喝无矿物质的纯净水！老人和孩子最好喝自家煮沸的白开水或冷却后的凉开水，它经过高温消毒，所含矿物质和微量元素对身体有益。

(5) 研究拓展

研究小组根据研究结论，提出了一些有意思的设想，希望有一天能够生产出一款男女老少都能喝并有益身体健康的饮用水。

3. 展示方法

课题研究卡、研究简报。

（四）一起来读《水先生》

1. 选题思路

《水先生》是一套介绍水的系列图书，比较全面又浅显易懂地介绍了关于水的各方面知识。研究小组在选题的时候发现了这套图书，觉得非常有用，于是就干脆以《水先生》为研究对象，制作一套导读材料并向同学们推荐这套书。

2. 研究方法和过程

（1）提出问题

研究小组在生活中经常会遇到一些"小知识"，比方说"隔夜的茶不能喝"、"隔夜的菜不能吃"，等等。顺着这个思路拓展开来，研究小组自然而然就提出了"隔夜的水到底能不能喝？"这个疑问。"隔夜茶"和"隔夜菜"因为化学变化的原因，确实会出现一些不利于人体健康的化学物质，这是已经得到科学家证实的事情，而隔夜水会不会也发生某些变化，从而危害我们的健康呢？研究小组觉得应该弄清楚这个问题。

（2）研究设想

研究小组试图通过阅读书籍，收集资料，解开关于水的各种疑问。

（3）过程和方法

研究小组采用的研究方法主要是文献调查。

首先，研究小组分头阅读《水先生》系列图书，分头收集关于水的各方面知识，并进行整理。

接着，研究小组交流各自找到的资料，并对资料进行筛选和归类。将不同类别的资料分配给不同小组成员，由该成员进行汇总加工。

最后，研究小组根据各成员的分工，按照收集到的资料的类别，制作读书推荐卡。

（4）发现与收获

课题小组通过研究发现水的用处有：维持生命、清洗衣物、水力发电、工业用水、种植业、养殖业。水的化学成分和物理特性：水是由氢、氧两种元素组成的无机物，在常温常压下为无色无味透明液体，被称为人类生命的源泉。水是地球上最常见的物质之一，是包括无机化合、人类在内所有生命生存的重要资源，也是生物体最重要的组成部分。地球水资源概况：目前仍然有许多国家缺水，如科威特、土库曼斯坦、埃及、巴林、毛里塔尼亚、苏丹、匈牙利、孟加拉国、摩尔多瓦、尼日尔等。上述国家中，排名前五的国家都是位于中东、非洲撒哈拉和中亚的沙漠荒原国家，所以我们在今后的生活中要节约用水，因为地球上的水已经所剩不多了。

（5）研究拓展

研究小组根据研究的经过和感受，又提出了一些新的研究问题，例如：假如地球上没有了没受过污染的水，怎么办？人类是创造新的水源，还是只能等待灭亡？沿着这个问题延伸下去，就是水资源保护等环保方面的研究了。研究小组还向同学们推荐阅读《水先生》系列书籍。

3. 展示方法

课题研究卡、阅读推荐卡、读书简报。

（五）口水的秘密

1. 选题思路

在科学课上研究小组了解到，人体内含有的水分大约占到体重的60%~70%，孩子体内的水分含量比老人要多。既然身体里有那么多水分，为什么不研究一下它们呢？研究小组通过初步调查发现，人的身体里的水分主要以血液、唾液、汗液、消化液、细胞液等形式存在，可以从中挑选一种来研究，最终，研究小组挑选了比较容易得到的唾液作为研究对象。

2. 研究方法和过程

（1）提出问题

研究小组搜集了关于唾液的许多问题，其中有一个问题大家最感兴趣，这个问题就是"唾液到底卫不卫生"。因为有些淘气的同学偶尔也会吐口水，老师说这很不卫生；有时候我们说话或者大笑的时候，口水也会不小心溅到他人的身上，这会不会对别人造成危害呢？基于以上思考，研究小组觉得要弄清楚这个问题。

（2）研究设想

研究小组认为因为唾液是人体产生的，所以提出了"唾液应该是卫生无害的"这一假设。接下来就是要通过观察、实验和查阅资料，收集证据，验证自己的假设。

（3）过程和方法

研究小组采用的研究方法主要是实验观察和文献调查。

首先，研究小组通过查找并学习网络资料和书籍，初步了解唾液的成分，以及唾液与健康方面的关系,并把收集到的资料编制成资料卡。

接着,研究小组根据资料,学习使用显微镜,并使用显微镜对唾液进行观察。直接去看看唾液里面有什么,和资料中说的是否一样？研究小组还特意对刚吐出来的唾液和放置了一会儿的唾液进行了观察对比,看看两者是否会有不同。

最后,研究小组根据各自的分工,根据收集到的资料和观察记录,制作研究简报。

（4）发现与收获

研究小组通过研究发现水的用处有:唾液是维持人体生命活动的重要物质之一,它无色无味,是一种无色且稀薄的液体,是在口腔里混合而成的消化液。唾液本身是不会对身体健康有影响的,唾液与细菌的集合体——痰才是不卫生的。唾液本身无害,而且对身体有用,但也不能乱吐口水,因为这是不文明的行为,是违反公德良俗的行为。

（5）研究拓展

研究小组根据研究结果,认为随处吐痰是一种很不卫生的行为,希望能找到一种方法,改变人们的这种坏习惯。

3. 展示方法

课题研究卡、研究简报。

（本节编写:胡祥海）

第三节　中年段儿童"小研究卡"精彩展示

一、中年段儿童小研究卡精彩展示

1. 什么样的水适合儿童喝？

我的课题	什么样的水适合儿童喝？
我的伙伴	徐铭宸、徐紫荑、王静娴、张瑞阳、陈筱晓、刘籽杰
我的质疑	喝什么样的水才是最解渴的？

续　表

我的设想	口渴时去超市购买碳酸饮料、果汁、矿泉水、茶饮和自家的白开水进行对比。 1. 我们组建了一个微信群，在网上进行什么样的水适合儿童喝的相关问题的讨论。 2. 我们先到超市进行成分对比。

续　表

我的 设想	3. 小组分工： （1）徐铭宸收集资料； （2）徐紫奭记录； （3）陈筱晓纸杯、碳酸饮料、果汁、矿泉水、茶饮； （4）刘籽杰、张瑞阳网上收集各种水的酸碱度资料； （5）王静娴现场拍照。 
我的 探索	1. 口渴时和小伙伴们分别饮用碳酸饮料、运动饮料、矿泉水、茶饮、白开水。 2. 反复在炉上沸腾的水——千滚水。 3. 蒸馒头时剩下的水——蒸锅水。

续　表

我的探索	4. 长时间贮存不动的水——死水。 时间：2018年2月22日 地点：刘籽杰家 通过观察和品尝实验——在口渴时喝什么样的水最适合。 **儿童适合喝什么样的水** | 序号	品名	pH值	人体pH值 7.3-7.4	成分	优劣性
---	---	---	---	---	---
1	矿泉水（昆仑山）	8.32	>	矿物质含量高（成人标准）	增加肾脏负担
2	凉白开（25-30度）	8	>	水的密度，导电率等理化性能改变，生物活性比自然水高4-5倍	易被人体吸收，促进新陈代谢，改善免疫功能。
3	汇源果汁	6.59	<	水，糖，色素，香精，各种食品添加剂	易生龋齿，肥胖症，营养不良
4	功能饮料	2.87	<	咖啡因	会使血压升高，可能带来心悸、血糖高。
5	可乐	2.0-3.0	<	二氧化碳，磷酸	引起腹胀，影响食欲，导致肠胃功能紊乱，腐蚀牙齿影响钙吸收。	 注：健康水七大标准中：1、无污染，不含对人体有害，有毒及有异味的物质 　　　　　　　　　　　2、pH值呈弱碱性
我的发现	矿泉水和白开水可以缓解口渴现象，补充失去的水分。
我的收获	通过实践了解，白开水进入人体后，可以立即发挥新陈代谢作用，输送养分。煮沸后自然冷却的白开水，最容易通过细胞膜，促进新陈代谢，增进免疫功能，提高机体抗病能力。碳酸饮料偏酸性，并含有添加的蔗糖或其他糖类，果汁类、饮料中含有天然果糖、葡萄糖。经常喝这类饮料会影响食欲，还会增加孩子患龋齿的危险。经常过多饮用软饮料，会引起肥胖。

续 表

我的推荐	不反复蒸煮的白开水,是最适合儿童喝的水。
我的追问	白开水、矿泉水的好坏与什么有关?

2."水"字的"前世"与"今生"

我们的课题	"水"字的"前世"与"今生"
我们的伙伴	刘子轩、姚焙杰、蒋文君、孙苏宁
我们的分工	姚焙杰:负责采访调查和资料整理 刘子轩:负责数据分析和资料收集 两人合作:填写表格
我们的质疑	1. 最早的"水"字出现在什么时期? 2. "水"有几种写法?("水"共有多少种字形) 3. "水"为什么有那么多写法? 4. 人们为什么用"水"字来表示水? 5. 古时候有"水"字旁的字? 6. 有多少汉字跟水有关?
我们的设想	1. 通过采访调查,得到人们对"水"字的了解程度。 2. 通过数据分析找准研究方向。设想的研究方向:从古至今,"水"字写法的演变。 3. 通过多种方法收集和整理资料,并得出结论。
我们的探索	**第一阶段**:调查人们对"水"字的了解 2018年2月6日—2月12日 **研究方法**:问卷调查法 2月12日,小队队员在家乐福超市对路人进行问卷调查,调查表数量为30份。

续 表

我们的探索	**问卷调查** 课题：水字的前世与今生 1、你对"水"字了解吗？ 　了解 ☑　不太了解 □　不了解 □ 2、你知道最早的"水"字出现在什么时候？ 　知道 □　　不知道 □ 3、你知道"水"字有几种写法吗？ 　10种 ☑　11种 □　12种 □ 4、你知道"水"字最初是怎样写的？ 　知道 □　　不知道 □ 5、你知道"水"字为什么要演变成这样吗？ 　知道 □　　不知道 □ 6、你知道多少跟"水"字有关的成语。 　0-3 □　4-7 ☑　8-10 □　10个以上 □ 7、你知道多少汉字与"水"字有关，请写几个。 　　　　　　 谢谢您的配合 **第二阶段**：分析数据，找准研究方向 2018年2月13日 研究方法：数据分析法 1. 队员们对填写好的问卷调查表进行数据统计，再进行分问卷调查并统计结果。 | 调查题目 | 了解 | 不太了解 | 不了解 | |---|---|---|---| | 你对"水"字了解吗？ | 20 | 9 | 1 | | 你知道最早的"水"字出现在什么时候？ | 9 | 1 | 20 | | 你知道"水"字最初是怎样写的？ | 15 | 0 | 15 | | 你知道"水"字为什么演变成这样吗？ | 14 | 0 | 16 | **调查人们对"水"字的了解** （柱状图：横轴为"了解""不太了解""不了解"，纵轴0—30） ■ 1.你对"水"字了解吗？ ■ 2.你知道最早的"水"字出现在什么时候？ ■ 3.你知道"水"字最初是怎样写的？ ■ 4.你知道"水"字为什么演变成这样吗？

调查题目	了解	不太了解	不了解
你对"水"字了解吗？	20	9	1
你知道最早的"水"字出现在什么时候？	9	1	20
你知道"水"字最初是怎样写的？	15	0	15
你知道"水"字为什么演变成这样吗？	14	0	16

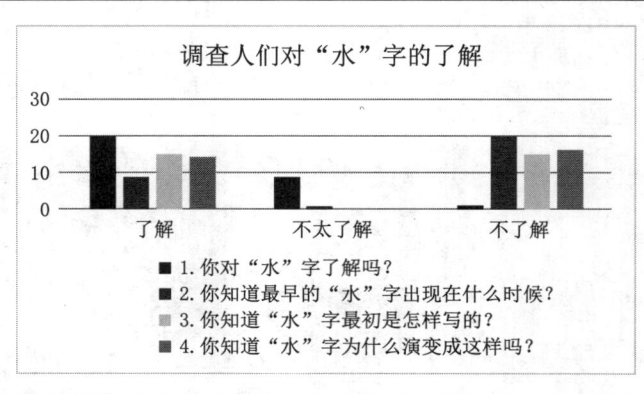

续表

我们的探索	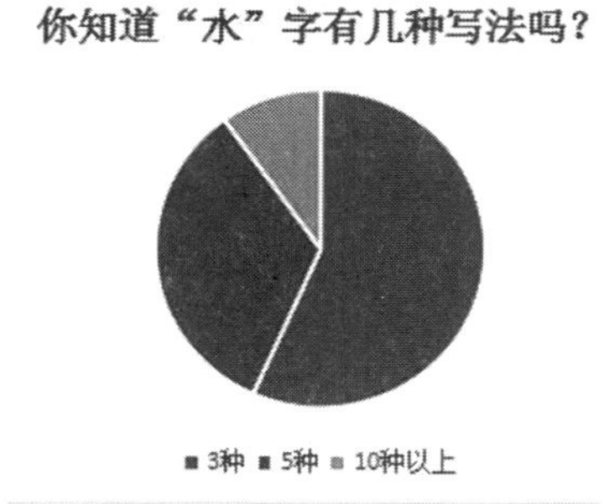 **你知道"水"字有几种写法吗？** **你知道多少跟"水"字有关的成语** ■3种 ■5种 ■10种以上　　■3个 ■5个 ■10个 ■12个 ■12个以上 | 调查题目	3种	5种	10种以上 | |---|---|---|---| | 你知道"水"字有几种写法吗？ | 17 | 10 | 3 | | 调查题目 | 3个 | 5个 | 10个 | 12个 | 12个以上 | |---|---|---|---|---|---| | 你知道多少跟"水"字有关的成语 | 2 | 20 | 4 | 3 | 1 | 2. 得出分析结果，确定研究方向 　　分析结果显示：人们对最早的"水"字出现在什么时候了解的最少；对"水"字的写法知道的也不多。 　　所以，我们决定从"水"字演变、"水"字的写法、含有"水"字的成语等五个方面来进行研究。 **第三阶段：查找资料** 2018年2月14日—20日 研究方法：收集资料、分析资料、整理资料 1. 收集资料：上网收集有关资料以及去图书馆进行相关资料查阅。 2. 我们查到了以下资料： （1）"水"字也有作用 　　当我们喝水时，"水"只有一种解释：一种纯净无色的能解渴的液体。其化学分子式为H_2O。但是"水"字本身也是有妙用的，它的解释如下： 　　① 假货，赝品。这一用法很多人都知道。因为很多人都喜欢玩电器特别是手机。手机流通领域会频繁使用"水货"一词，和正品"行货"对称。

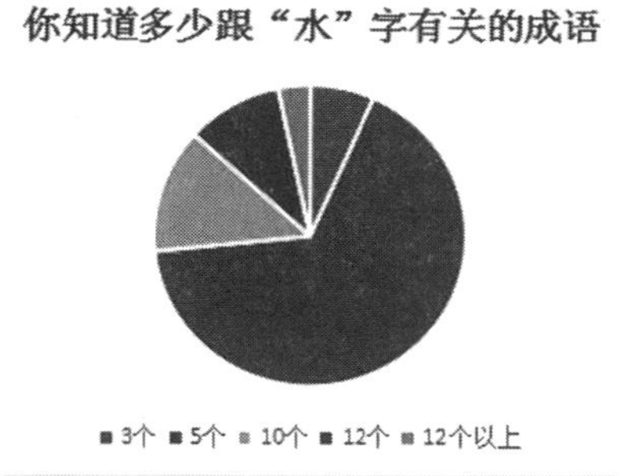

续 表

我们的探索	② 虚假。和假货、赝品用法稍异。如"水得很"、"水分大"、"这人水得很",都是表示不实在,有虚假成分。 ③ 气色美。如赞美女孩时,人们会说"水汪汪的"、"水灵"。 ④ 口水,唾液,延伸为废话。如网络发帖被戏称"灌水",指打口水仗,引申意义是废话。 ⑤ 时间。孔子站在河岸上说:逝者如斯夫?不舍昼夜。意思说时光就像这水一样狂泻飞流,不分白天黑夜,一个劲流。 (2)最早的"水"字出现在什么时候? 中国是世界上文明发生最早的国家之一。在被发现的新石器时代的一些陶器上已经有类似文字的图形。中国文字——汉字是迄今依然被采用的世界上绝无仅有的象形文字。传说夏代早已具有文字,但没有考古发现。但是商、周的甲骨文和金文大量存在。中国文字的最早形态是出于简单象形的,比如"日"、"月"、"水"、"雨"、"木"、"犬",等等,与代表的内容形式相近。这种类型的文字大量出现在商代的甲骨文上。 (3)"水"有几种写法? ① 甲骨文写法: | J24048 | J24049 | J24050 | J24051 | J24052 | J24053 | | J24054 | J24055 | J24056 | J24057 | J24058 | J24059 | ② 金文编里面的"水"字的字形: | B15482 | B15483 | B15484 | B15485 | ③ 六书通里面的"水"字的字形: | L34599 | L34600 | L34601 | L15408 | L15409 | L15410 | | L15411 | L15412 | L15413 | L15414 | L15415 | L15416 |

续　表

我们的探索	④ 说文解字里面"水"字的写法：  ⑤ "水"字的甲骨文、金文、小篆、楷体横向比较：  甲骨文　　金文　　小篆　　楷体 ⑥ "水"字的异体字写法：  ⑦ "水"字的民间花鸟字写法：  ⑧ "水"字在书法上的不同写法： 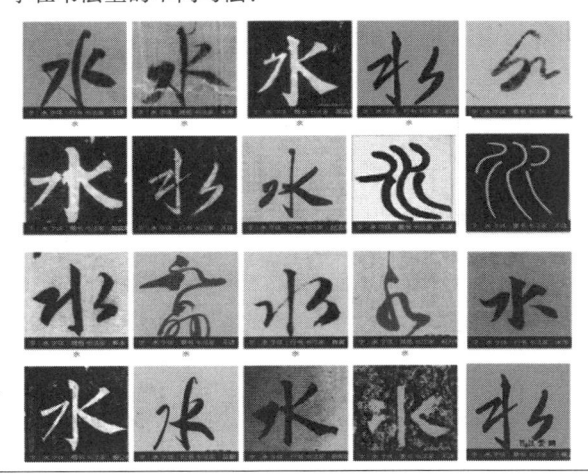

我们的探索	（4）"水"字的演变 水，甲骨文像峭壁上落下的液滴。有的甲骨文像崎岖凹凸的岩壁两边液体向下流泻飞溅的样子。有的甲骨文像山涧。造字本义：从山岩或峭壁上飞溅而下的山泉。金文承续甲骨文字形。有的金文将甲骨文字形中崎岖岩壁的形象淡化为流动的曲线。篆文承续金文字形。隶书变形较大，将篆文表示岩壁的折线简化成一竖，将篆文的四点液滴形状连写，泉流的象形特征由此消失。在甲骨文中，动态的流水一般写作纵向的，静止或漫流的水通常写作横向的（参见"昔"* 、"益"*）。在造字时代，水流的源头叫"泉"；石壁上飞溅的山泉叫"水"；由山泉汇成的水叫"涧"；山涧在地面汇成的清流叫"溪"；众多小溪汇成的水流叫"川"；众多川流汇成的大川叫"河"，最大的河叫"江"。 字源演变： 甲骨文　金文　小篆　楷体 字形对比： 中国大陆宋体　中国台湾细明体　中国香港明体　日本明朝体　韩国明朝体　旧字形 "水"字的演变 字源演变： 甲骨文　金文　小篆　楷体 字形对比： 中国大陆　中国台湾　中国香港　日本　韩国　旧字形

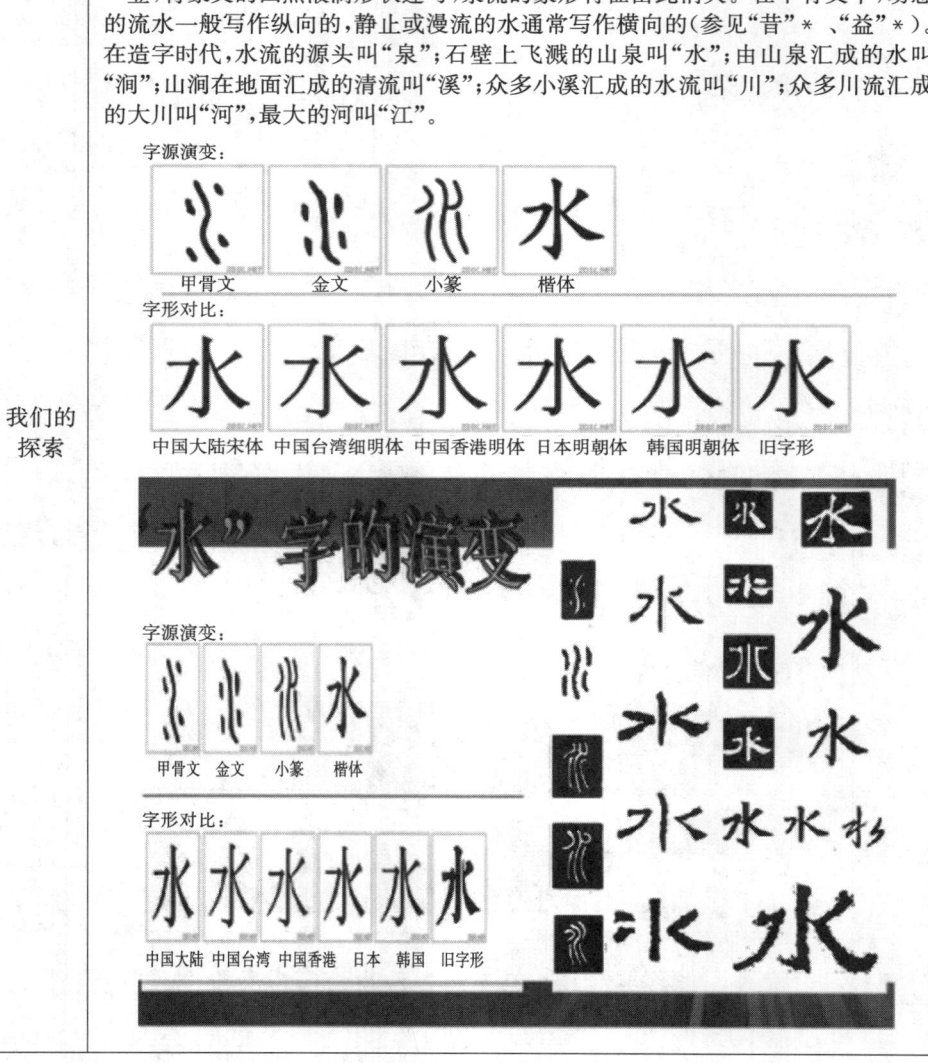

续 表

我们的探索	(5) 与"水"字有关的俗语
	风起水涌 冰清水冷 杯水之敬 杯水粒粟 出山泉水 尺山寸水 尺水丈波 游山玩水 鱼水相投 远水救不了近火 宿水餐风 逆水行舟 水远山遥 水中捉月 顺水推舟 顺水放船 汤里来,水里去 以水洗血 引水入墙 置水之情 遇水迭桥 趁水和泥 连汤带水 借水行舟 流水高山 火热水深 浆水不交 混水摸鱼 画水镂冰 水火之中 水激则旱,矢激则远 水阔山高 剩水残山 水底捞针 水火不辞 水磨工夫 势如水火 水寒水冷 山长水阔 山眉水眼 清汤寡水 千山万水 清水无大鱼 判若水火 山遥水远 盛水不漏 水漫金山 水落River漕 水宿山行 水流云散 水尽山穷 河同水密 蛟龙失水 滴水难消 饮水栖衡 重山复水 自相水火 走花溜水 沾泥带水 顺水顺风 水泄不通 饮水辨源 以石投水 油光水滑 反水不收 风宿水飡 风餐水宿 登临临水 拖泥带水 江水不犯河水 观山玩水 借水推船 冷水浇背 水火不兼容 水火兵虫 水底捞月 水菜不交 山穷水断 如蹈水火 山穷水绝 水宿风餐 水火不避 水里纳瓜 水来伸手,饭来张口 冷水浇头 救民于水火 滚瓜流水 涸鱼得水 火耕水种 登山涉水 饭蔬饮水 滴水不漏 饮水食菽 以水救水 以水投石 以水投水 拖人下水 以水济水 远水不解近渴 秤薪量水 洪水横流 水底摸月 水剩花残 水穷山尽 山崩水竭 如水赴壑 如水投石 置水不漏 拖人落水
	勺水一脔 名山胜水 山长水远 山肤水豢 水秀山明 水米无干 水佩风裳 水清无鱼 交淡若水 绿水青山 覆水不收 淡水交情 裁云剪水 斗水活鳞 流水无情 流水朝宗 廉泉让水 清尘浊水 穷山恶水 水碧山青 流水桃花 流水游龙 河水不犯井水 风行水上 臣心如水 杯水车薪 悬河泻水 桃花潭水 饮水啜菽 饮水曲肱 鱼水深情 鱼水相欢 云心水性 秀水明山 显山露水 杯水之谢 悲歌易水 簟纹如水 归之若水 陆詟水栗 疏水箪瓢 如鱼似水 清水衙门 盘水加剑 水陆毕陈 水软山温 水火无交 水涨船高 水枯石烂 水流花谢 水流湿,火就燥 水洁冰清 水晶灯笼 水火无情 水光山色 如石投水 流水落花 斗升之水 残山剩水 冰寒于水 水性杨花 水则载舟,水则覆舟 水中著盐 顺水人情 桃花流水 顺水行舟 似水如鱼 悬河注水 遇水架桥 置水之清 孟方水方 鱼大水小 饮水知源 行云流水 蛟龙戏水 救民水火 涸鲋得水 煎水作冰 模山范水 山高水险 山水相连 水到鱼行 水流花落 水米无交 水母目虾 水尽鹅飞 君子之接如水

续表

我们的发现	1. 大部分人都了解"水"这个字,但是对这个字再深入的理解就不多了。 2. 最早的"水"出现在新石器时代,是一种象形文字。 3. "水"字的写法其实是非常多的。 4. "水"字在不同的词语中,所表达的意思也是不同的。不单表示我们喝的水和河流。
我们的收获	通过观察在视觉上看到水的字源,通过符号来印刻在脑海水字的演变,通过发展来学习水的来历,通过本意学习水字的由来全方位学习汉字、认识汉字,有趣又能学到知识。 (甲骨文)→(金文)→(楚系文字)→(小篆)→(楷书) ☆【水】读作[Shuǐ],<甲骨文>像"一条弯曲的河道",对应字母"S"。最初表示"河道中的水流",逐渐表示"各种弯曲的轨道"(赛车道/滑雪道/过山车道),最终表示"一切沿顺轨道而行的现象和事物"(游泳/抛锚/S形摆动)。 识字秘诀:大多数水流是"从高到低/从上到下"竖直流动的(自来水),此时单用【丿】就足以表示;但有的"河道"、"滑雪道"、"赛车道"和"弯折水管中的水流"是弯曲的"S形",此时就要把【丿】变弯曲,用两个【曲折符号】">"和"〈"表示"循环往复的曲线轨迹"。
我们的推荐	经过这次研究,我们推荐三本书分别是:    推荐一下网站: ttps://wenku.baidu.com/ 百度文库 http://www.nwmc.cn/ 中国水利博物馆
我们的追问	1.含有"水"字的诗句及其寓意。 2.为什么"水"字在生活中不单单表示我们喝的水,在不同的词语中可以代表不同的意思,这是怎么形成的?

3. 一起来读《水先生》

我的课题	一起来读《水先生》
我的伙伴	李欣妍、李欣桐、王梓豪、孔维楷、陈烁、石鲁航

续表

我的质疑	隔夜的水到底能不能喝？
我的设想	假如太空里也有水存在的话，那宇航员去太空的时候就不用带水了。
我的探索	水的用处有： 1. 维持生命。 2. 清洗衣物。 3. 水力发电。 4. 工业用水。 5. 种植业。 6. 养殖业。

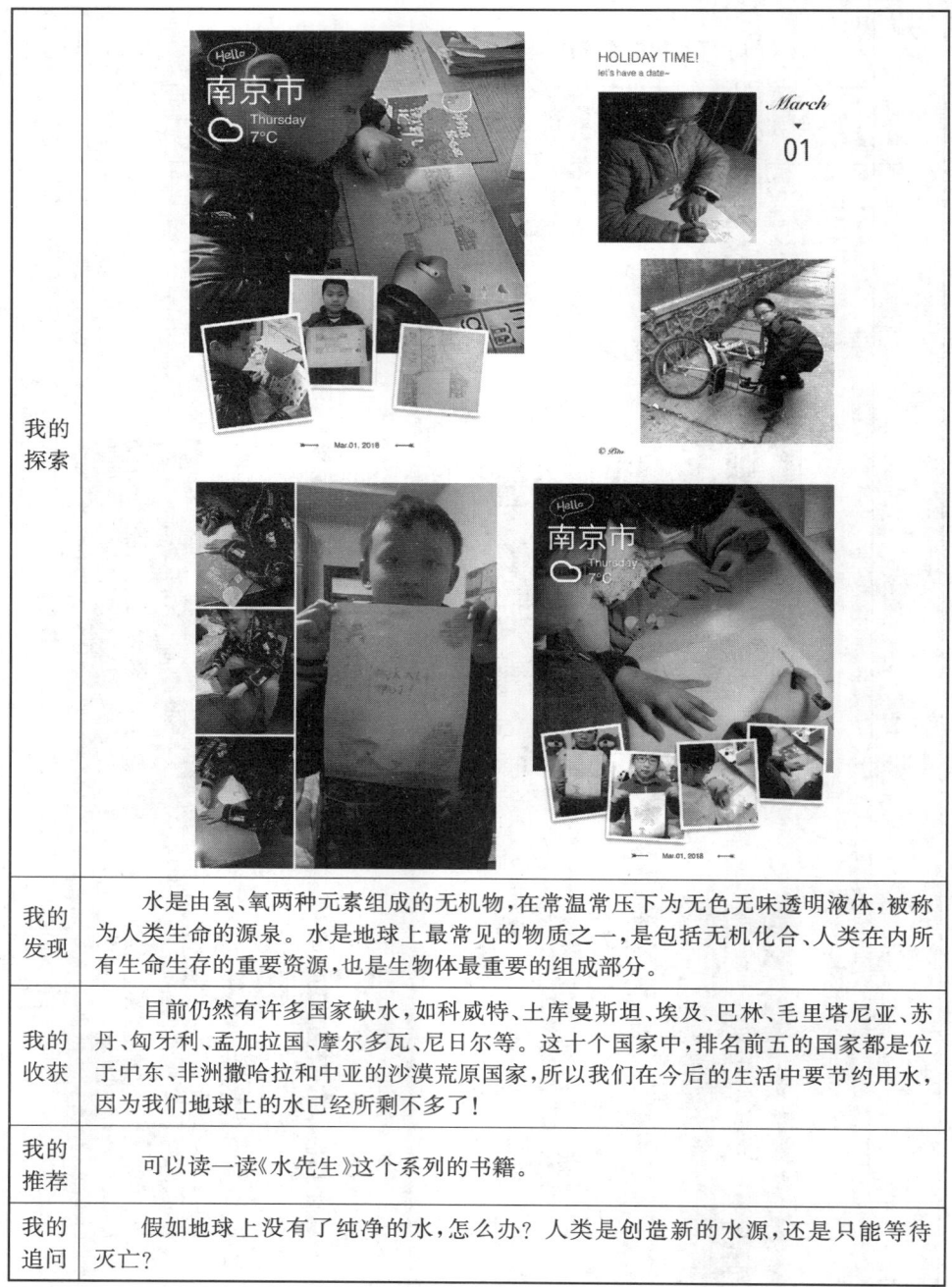

续　表

我的探索	
我的发现	水是由氢、氧两种元素组成的无机物,在常温常压下为无色无味透明液体,被称为人类生命的源泉。水是地球上最常见的物质之一,是包括无机化合、人类在内所有生命生存的重要资源,也是生物体最重要的组成部分。
我的收获	目前仍然有许多国家缺水,如科威特、土库曼斯坦、埃及、巴林、毛里塔尼亚、苏丹、匈牙利、孟加拉国、摩尔多瓦、尼日尔等。这十个国家中,排名前五的国家都是位于中东、非洲撒哈拉和中亚的沙漠荒原国家,所以我们在今后的生活中要节约用水,因为我们地球上的水已经所剩不多了!
我的推荐	可以读一读《水先生》这个系列的书籍。
我的追问	假如地球上没有了纯净的水,怎么办?人类是创造新的水源,还是只能等待灭亡?

4. 神奇的泡泡水

我的课题	神奇的泡泡水				
活动时间	2018-8-19	活动地点	乐基广场	参与人	三(1)班张韵宜 三(2)班高冉 三(4)班丁心怡、高颉、苏畅
我(们)搜集查阅的资料	**泡泡水制作配方：** 1. 胶水＋水＋洗洁精(1:3:2) 2. 2份洗涤剂＋6份水＋1份甘油 3. 肥皂＋热水＋彩色墨水(增加色彩) 4. 液体香皂＋甘油＋6份水 5. 胶水＋洗洁精＋水(1:2:3) 6. 1杯水＋1/3洗洁精＋半勺白糖 7. 2份洗洁精＋6份水＋4份甘油＋2份洗发水＋2份沐浴露 8. 洗衣粉＋甘油＋洗洁精＋胶水＋水(1:4:1:4) **原理：** 1. 洗衣粉和洗洁精是最基本的原料，增加黏稠度。 2. 甘油吸湿性强，凝固点低，减缓了水的蒸发速度，减缓泡泡消失。 3. 胶水具有黏性，使泡泡不易破，增加其坚强度。				
我(们)印象最深的内容	1. 我们在活动过程中发现，我们无论使用圆形工具吹泡泡，还是使用方形工具吹泡泡，或者使用不规则形状的工具吹泡泡，无论用什么工具，我们吹出来的泡泡最终都会是圆形的。 **这是为什么呢？** 2. 我们在活动过程中发现，我们往高处吹泡泡，往上方吹泡泡，可是不管我们吹的有多高，泡泡飞到上空后，最终都会降落下来。 **这是为什么呢？** 3. 我们在活动过程中发现，无论我们吹的泡泡有多大，或者有多小，只要我们小手轻轻触碰，泡泡立刻消失无踪。 **这是为什么呢？** 4. 我们在活动过程中发现，吹出来的泡泡居然会是五颜六色的。 **这是为什么呢？**				

续表

活动照片	
我的收获	这次有趣的实践活动，激发了我们的兴趣，让我们对神奇的泡泡水充满了好奇。带着各种疑问，我们通过上网查找相关资料，获得了新的知识和认知。 　　**1. 泡泡最终都会是圆形的原因**：这是物体表面张力所造成的，由于肥皂泡本身具有张力，当气体进入肥皂泡后，会对肥皂泡产生压力作用，而这种压力作用在各个方向上都是一样的，于是肥皂泡就被撑成了圆形。 　　**2. 泡泡先升后降的原因**：泡泡里的气体是我们吹进去的，我们呼出来的气体一般总是比空气热些，热空气比较轻，所以肥皂泡泡会上升。不过，肥皂泡泡的壁很薄，泡泡里的热空气很容易散失热量，所以就下降了。 　　**3. 手触碰泡泡消失的原因**：用手触碰泡泡时，手的水分吸引泡泡上的水分子，破坏了泡泡的表面张力，所以就会破开。 　　**4. 五颜六色泡泡的原因**：泡泡水本身是无色、透明的，就像一张透明的玻璃纸。阳光是由红、黄、蓝、绿、青、蓝、紫 7 种单色光组成的，阳光在肥皂膜的正面和背面都会产生反射，呈现色彩斑斓的图案和五颜六色的表面。

5. 了不起的水滴

我的课题	了不起的水滴					
活动时间	2018-8-25	活动地点	家	参与人		班级：四(1) 姓名：王伊菲
我(们)搜集查阅的资料	自来水龙头在没有关紧的情况下，一个小时能流淌多少水资源？ 查阅网上资料： (https://zhidao.baidu.com/question/554586214712615372.html)					

续 表

我(们)印象最深的内容	为了找出答案,我动手做了实验。我拿了一个空杯子放在水池里,杯口对准水龙头,把水龙头轻轻拧开一点点,让水滴一滴一滴地滴进矿泉水瓶里,观察一个小时究竟可以滴下多少水。 　　因为好奇,大概半小时样子,我看了一下水杯,都已经滴了半杯多了,当时我真的很惊讶,没想到一滴这么不起眼的小水滴,居然在这么短的时间内,能聚集这么多水。又过了二十多分钟,还没到一个小时呢,水杯已经灌满啦!因为不知道这么多水到底有多少,我拿了一个600毫升的饮料瓶,把杯子里的水都倒进瓶子里。结果发现倒进去的水居然占了瓶子五分之四这么多,也就是接近500毫升的水了,真的是太不可思议了!
活动照片	
我的收获	通过这次的实验,我发现我们真的不能小瞧这不起眼的小水滴,一滴水确实很不显眼,但是无数滴水的力量真的是无穷大的。在做这个实验之前,我以为就这么一滴一滴的水想要灌满一杯水肯定要好久好久,却没想到短短不到一个小时的时间就灌满了。同时我又想到有的人在用过水龙头以后没有及时拧紧,让水滴这么一直滴着,以前觉得没什么,这么小的水滴也浪费不了多少水。可是经过这次实验,我改变了原来的想法,如果没有及时关紧滴水的水龙头,任由它这么流淌着,那得浪费多少水资源啊! 　　我国是一个缺水国家,在日常生活中,我们一拧水龙头,水就源源不断地流出来,可能丝毫感觉不到水的危机。但事实上,我们赖以生存的水正日益短缺。目前,全世界还有超过10亿的人口用不上清洁的水,因此,每年有310万人因饮用不洁水患病而死亡。 　　水,并不是取之不尽、用之不竭的,一滴水,微不足道,但是,不停地滴起来,数量就很可观了。所以,节约用水,人人有责!今后我要先从自己做起,用完水一定要拧紧水龙头,而且要督促别人,如果看见没有拧紧水龙头的现象,一定要上前及时关紧,避免浪费水源。让大家都从我做起,从小事做起,从现在开始,节约用水!

(本节编写:李长燕)

第三章 高年段儿童的小研究

第一节 高年段儿童小研究的特点

一、高年段儿童小研究的特点

小学高年段儿童小研究是指在教师指导和帮助下,从自身学习、生活、自然、社会中自主选择和确定研究主题,并围绕这个主题模拟科学研究的基本规范与过程,以此来进行学习、体验,发展实践能力的一种课程形式。小研究的"小"主要有三层含义:一是研究者年龄小;二是要求研究内容的切入点小,尽量选择贴近儿童学习、生活的现实问题作为研究对象;三是研究的难度应适当,对研究成果不应有过高的要求。儿童小研究这种课程形式完全承载了综合实践活动课程理念,是当前可优先选择的一种实施模式。儿童小研究是提升儿童学习能力、提高教学质量的重要途径。

高年段儿童小研究活动一般有以下四个特点。

(一)题目选定的特点

选定题目是小研究的关键。题目决定了研究的深度、广度、意义、内容和过程。选题不可盲目草率,一般的思路是发现问题——查找资料——分析问题——确定课题。小研究选题的特点是热中求冷,同中求异,小题大做。选题主要有以下几个基本途径:

1. 从学习或生活的困惑中选题

小研究的目的是解决学习或生活中存在的各种具体问题。儿童天天置身于学习现场，这是问题的原发地，比如：如何提高小组合作学习的效率；怎样提高作业的效率；如何让学习活动既开放又有序；如何合理安排值日，等等。儿童可以从自己感到不满意或需要改进的地方去选题，长期积累，挖掘出值得研究的问题来建立自己的"问题库"。

面对诸多的实际问题时，儿童究竟该选哪一个问题作为小研究的主题进行研究？这要从值得研究的问题的价值和紧迫性方面考虑。当问题成为困难时，儿童需要分析问题的主要表现与原因是什么。继而查阅资料、学习借鉴他人的经验，寻求解决问题的办法。这样，儿童关注、追踪、分析某个问题，这个问题就可以成为课题。如部分儿童不能独立完成作业的问题，儿童也可以展开研究，让儿童自己的问题自己解决，这样就可以形成一个研究主题，促成独立完成作业的策略研究。

2. 在日常交流中发现选题

儿童有自己的小世界，他们之间的接触与交流是小课题的来源之一。交流可以开阔视野，让儿童更多地了解学习中的各种情况。这样，儿童自身没有意识到的问题可能会被激发出来，逐步形成小课题。例如：尊老爱幼是学校教育中的重要议题，在班队会中儿童产生了思维的碰撞，部分有共同爱好的儿童就自发组织了小研究团队，进行了"爱心桥：争做敬老院小助手"的研究。

3. 在读书学习中反思出选题

在阅读学习中，最为关键的是儿童要时时注意结合自己的学习进程进行有针对性的思考，对自己学习中的相关问题或经验进行解读和分析，使有价值的问题或经验在练习、解读中逐渐清晰起来。例如：儿童在学习了课文《水》之后，认识到水对人类的重要性，产生了研究水的冲动，在老师的指导下确立了小课题"一起来读《水先生》"。

4. 从学生的反应中寻觅选题

教师指导儿童从同伴的反应中寻找问题，通过指导儿童观察同伴的言行、与同伴交流，更好地发现儿童现实的需要，解决学习生活中的问题，同时，挖掘一些教师意想不到的但有研究价值的小课题。例如，金川河是我校旁边的一条臭水河，给沿途上学的儿童带来了烦恼。在环保课程中，儿童学习了习总书记"绿水青山就是金山银山"的环保理念，于是，便有了"我是保护金川河小卫士"的小研究。

5. 从已有成果的应用研究中归纳选题

研究的取向主要是将他人研究的成果应用于自身的学习、生活。这类选题由于是学习他人的成果后,在学习、生活中具体实施,比较适合刚开始研究的儿童。一般要从儿童自身感兴趣的他人成果中选题,但必须注意可操作性。例如:儿童去中山陵进行社会实践活动,那里有桥的世界,既有桥的知识介绍,还有各种各样的桥。教师在儿童的游玩体验中,引导儿童进行了"我做桥梁设计师"的小研究。

6. 总结经验形成选题

儿童结合自己的兴趣,对自我教育教学经验进行分析及总结,在教师指导下进行较系统化的梳理和理性分析,这有助于帮助儿童发现自己,促进儿童个性化发展,形成自我教育特色。这类小研究一般适合已经具有一定研究经验的儿童去研究。例如:港珠澳大桥是世界上最长的跨海大桥,是我国科技及工程建设的集大成者,儿童对它产生了浓厚的兴趣,在老师的指导下,儿童进行了"探秘港珠澳大桥"的小研究。

(二)方案制定的特点

确定研究内容以后,首先要在教师的指导下进行选题论证,即对选题的意义、选题的内容、选题的现状、选题的效益以及选题的可行性等进行分析研究。然后确定研究的目标、过程、内容和方法(形成假设),写出研究方案。小研究活动,儿童不一定要撰写详细、规范的研究方案,但一定要明确自己的研究目标和内容,明确研究的过程和方法,必须有一个清晰的、具体的研究思路。

研究方案一般包括以下内容:(1)小研究的名称;(2)小研究的作用;(3)小研究的内容;(4)小研究的方法;(5)小研究的步骤;(6)小研究的结论;(7)研究组成员及其分工(含指导教师);(8)需要的条件支持及其他条件要求。

(三)研究过程的特点

实施小研究的过程,是课题研究的核心部分。儿童不但要明确研究的途径,更要注意小研究的方法。小研究的方法很多,这里特别强调资料研究法、案例研究法和行动研究法。高年段儿童小研究的核心是行动,行动是研究方案付诸实践的过程,是一个寻找问题解决方法的过程。研究过程要充实、切实,及时搜集、整理、保存原始资料,这将成为小研究组撰写研究成果最生动有力的素材。要特别注重研究过程中一些有意义的细节,对细节的反思与改善,可以提升儿童的研究水平。要注意边学习边研究、边研究边学习,反复修正。儿童小研究要注意淡化形式、注重实效。立足于学生团队共同的特点、兴趣和爱好,着眼于解决问题,改变思维方式,转变行为方式,服务于学生综合实践活动,服务于学生研究能力的发展。要注意学生团队的合作与交流,指导教师要关注进程,进行必要的引领。同时,要注重研究操作的个性化,鼓励儿童根据自身条件,选择、运用适合自己的方法和策略去开展研究。

(四) 成果表达的特点

结题论文(报告)是研究过程和结果的总结性文件。撰写结题论文是提升研究成果的重要手段。小研究成果表达方式很多,例如研究小论文、小叙事、日志、案例报告、经验总结等。这些方式便于操作,与儿童学习生活相辅相成,能很好地解决学习与生活的矛盾,是儿童学习活动的重要载体。在讲述成果的过程中,儿童可以产生新体会、新发现、新认识,进行新思考。

二、高年段儿童小研究的价值

小学高年段儿童小研究是落实国家《课程标准》的重要举措。国家《课程标准》指出,综合实践活动课程是一门跨学科的综合性、实践性、活动化课程。设置综合实践活动课程的目的,是改变基础教育课程结构过于偏向学科课程的倾向,增加儿童体验、操作、探究的机会,让儿童能够综合运用学科知识分析和解决现实问题,培养儿童的创新精神、实践能力和社会责任感。综合实践活动课程的目标以儿童综合素养的发展为导向,课程开发强调面向儿童的完整生活世界,课程实施注重开放生成和儿童的主动实践,课程评价主张多元评价和综合考察。

小学高年段儿童小研究也是全面落实课程目标的重要策略,是落实"情感态度价值观"和"知识目标""能力目标""方法目标"三个方面内容的有力手段,在学校层面实现课程目标的具体化。儿童通过亲身实践的研究活动获取直接经验,养成科学精神和科学态度,掌握基本的科学方法,将提高综合运用所学知识解决实际问题的能力。

(本节编写:解兴华)

第二节　高年段儿童小研究概览

1. 小研究一览表

序号	学科	课题名称	课题组成员	指导教师
1	综合实践	探访我身边的桥——南京长江大桥	陈天赐、戴婉伊、刘颜、王赫、王耀燃	李长燕
2	信息	我用扑克来搭桥	王衡、刘颜、刘士豪、魏子璇、刘雅卓、李皓轩	李长燕
3	综合实践	关于长江大桥封闭维修期间我校江北师生上下学方式研究	龚琬晴、程路捷、李梦圆、李佳熙、时雪雅、张海鹏	胥　玥
4	综合实践	长江大桥整修原因及大桥改造后的畅想	杨曜硕、刘天吉、陈昕、戴云萱、钟可佳、赵雨涵	胥　玥
5	美术	我做桥梁设计师	常昕瑞、刘添怡、顾宁、张富宁、陈哲楷、华天赐	朱　玲
6	综合实践	探秘港珠澳大桥	史腾飞、杨欣悦、严妙淇、苏子宸、倪玉萍、张煊皙	丁一丹
7	综合实践	我是保护金川河小卫士	岑子萱、胡晶婷、朱欣怡、李祖扬	丁一丹
8	体育	爱心桥：争做敬老院小助手	孙易凡、杨子墨、蒋悦、吴长硕	沈维文
9	体育	我是名桥小读者	孟家宇、孟芯宇、邹茜	沈维文
10	综合实践	多姿多彩的桥	单励琳、孟储源、朱妍	李　颖

2. 典型小研究概述

关于长江大桥封闭维修期间我校江北师生上下学方式研究

　　长平路小学就在长江大桥脚下，很多同学、老师、家长都会通过长江大桥来往于浦口与下关两地。可是，2016年10月28日22:00，为南京服务了整整48载的南京长江大桥全面封闭，进行为期约27个月的维修改造。于是，问题来了，地铁、公交、轮渡、隧道和二桥,哪个更适合我们每天过江呢?

首先,研究小组成员通过上网查阅资料以及翻阅报纸新闻,更加深入地了解了南京长江大桥的建造历史、封闭维修的原因,以及封桥后南京市民的出行路线等。

接着,小研究组成员通过在网上一起讨论以及部分成员集中讨论,提出设想:通过对校内部分住在桥北的师生及学校周边路人进行调查,了解几种出行方式的利弊。

然后,在家长的许可和陪同下,进行出行路线方便程度、所需时间的验证。

最后,小研究组成员向师生宣传了研究成果,帮助大家合理选择出行方式。

经过一系列的资料搜集,研究组成员更加深刻地认识了南京长江大桥的建造历史,从前不太了解的解放初期的生活风貌,从前视而不见的大桥的栏杆、路灯、桥头堡,从前不太关注的大桥结构、封桥原因,以及封桥后的路线攻略,都让成员们有了大收获。

而在问卷调查中,他们初步了解了大桥封闭后人们的出行方式和出行现状,对封桥后人们的出行情况有了新的认识和规划。他们学着分析交通路况、设计出行路线,在统计和构思的过程中,研究组成员的集体凝聚力更强了,胆子也更大了。

"实践是检验真理的唯一标准"。在亲身验证设计路线图的过程中,研究组成员得到的不仅是过江的最佳方案,更是一种精神——要亲自实践,要善于合作,要勇往直前!

长江大桥整修原因及大桥改造后的畅想

南京长江大桥位于南京市鼓楼区老下关和浦口区桥北之间,是长江上第一座由中国自行设计和建造的双层式铁路、公路两用桥梁,在中国桥梁史乃至世界桥梁史上具有重要意义,是20世纪60年代中国经济建设的重要成就、中国桥梁建设的重要里程碑,具有极大的经济意义、政治意义和战略意义,有"争气桥"之称。长江大桥是南京的标志性建筑、江苏的文化符号、共和国的辉煌,也是中国著名景点,被列为新金陵四十八景。

研究组成员发现长江大桥为南京人服务了很多年,很多人对大桥都充满了感情,所以对整修一新的长江大桥充满了期待。于是,他们围绕长江大桥为什么要整修、改造后的大桥对我们有什么帮助,展开了研究之旅。研究组就研究方向、具体策划、活动的协调与组织、活动摄影、街头访问、调查问卷的整理统计校对、后期制作等,进行了组内分工。各项研究工作在老师的指导和家长的支持下,有条不紊地开展起来。

在研究中,他们追溯长江大桥建造历史,进行实地考察,采访相关人员,并进行问卷调查,让大家更加了解长江大桥的前世今生。小研究者们还联系家里能利用无人机进行航拍的家长,帮助他们进行了空中的"实地考察",记录维修进程。

实践出真知。通过调查、采访、研究,小研究者们对长江大桥的历史有了真切的了解,对 20 世纪 60 年代我国克服困难自行建造这样一座双层长江大桥的敬佩之情油然而生。他们还了解到长江大桥已经建造了将近 50 年,长年的风吹雨淋及汽车的碾压,对桥面的损害极大,不仅有安全隐患,也影响了两岸交通的顺利通行,因而,南京市政府决定对长江大桥进行全面的整修。对于长江大桥的整修,政府没有半点马虎,耗费了巨资,同时,大桥的维修中还运用了许多最新的科技和设计。大桥短暂的"离别",虽给南京人带来了一时的不便,但修葺一新的大桥将会以崭新的面貌带给大家更优质的服务与贡献。

在研究过程中，研究组成员主动与人沟通，积极设计研究计划，带着问题去探究，及时调整研究方案和研究进程，各方面的能力都得到了有效提升，同时意志品质也得到了充分的锻炼。

我做桥梁设计师

改革开放以来，我国公路建设事业迅猛发展，尤其是高速公路建设，从无到有，从有到优，现已建成 8700 km。作为公路建设重要组成部分的桥梁建设也得到了相应发展，跨越大江（河）、海峡（湾）的桥梁也相继修建。一般公路和高等级公路上的中、小桥，立交桥，形式多样，工程质量不断提高，为公路运输提供了安全、舒适的服务。同时，各式各样的桥梁也成为地球上一道道美丽的风景线。

研究组每个成员对"我做桥梁设计师"这个选题都提出了自己想法：为什么桥的颜色都是灰色的？怎样设计能让大桥更美观？桥梁设计中应注意的安全隐患问题有哪些？等等。

针对以上问题，小组成员首先建立了一个微信群，在网上开始讨论有关做桥梁设计师的相关问题。小组成员还按照各自分工在网上查找了世界各地不同的桥梁图片；去图书馆查阅有关桥梁设计的书；一起去长江大桥博物馆参观，得到建桥的相关资料及宝贵的图片；去桥梁实地参观一下，零距离感受真实的桥梁；手工制作一幅设想的桥梁设计图……在研究中，小组成员们了解到桥的制造要耗费大量的人力财力和物力，要历经数年甚至十几年的时间。为了建造一座桥，从设计师、工程师到施工人员都要付出很多心血和汗水。每座桥梁都是由一个团队设计而成的。一名合格的桥梁设计师，要具备很强的专业知识、地质勘查能力和组织能力。设计师的桥梁设计必须首先考虑实用性，然后考虑美观性，等等。这一切，都让研究小组的成员认识到，做一个桥梁设计师并不是那么容易的事,这也进一步激发了他们学习知识的兴趣和动力。

我是保护金川河小卫士

金川河是一条穿越南京主城的通江河,它就从学校旁边穿流而过。金川河是一条污染严重的河道,近几年来,南京各级政府都在花大力气整治金川河污染,但都是好景不长。小研究组的成员敏锐地意识到这是一个很好的研究课题。

研究伊始,每个小组成员对"我是保护金川河小卫士"这个课题提出自己的想法:河水为什么会这么黑?如何让河水一直清澈?水资源是如何被污染的?如何保护水资源?保护方案从哪些方面入手?成员们通过在网上一起讨论以及部分成员集中讨论,提出自己的设想:金川河能不能养鱼养虾?绿藻问题如何解决?如何制定赏罚制度,有效遏制居民对金川河的生活污染?

研究小组成员按照各自分工,网上查找了关于金川河路线和金川河治理的新闻,查阅了有关金川河年年治理、污染问题为什么一直存在的资料,以及金川河的污染源等。

小组成员还到金川河泵站观察水质,实地采集水样,实地了解政府为整治污染河道采取的有效措施,如:公布水环境物联网监测站和举报电话,有专门的人负责打捞金川河上的杂物,设立了河长责任制等。

通过研究,小研究组成员深刻认识到整治河道污染,人人有责。他们提出了治理金川河污染的一些方法:可以借

鉴莱茵河的经验,要求相关区域签订合作公约,奠定共同治理的合作基础;可以借鉴韩国汉江和英国泰晤士河的经验,进一步完善水污染治理法律;充分考虑水环境保护、水资源管理和水污染防治三者的历史依存关系,坚持水资源开发利用和水环境管理监督职能应完全分开的原则。

随着研究活动的深入开展,研究组成员充分感受到研究需要合作精神、吃苦精神、奉献精神。他们也深刻认识到一个城市、一个国家的环境保护是关系到每个人切身利益的大事,每个人都应该树立环保意识、主人公意识,主动为保护环境作出自己的贡献。

（本节编写：解兴华）

第三节　高年段儿童"小研究卡"精彩展示

1. 多姿多彩的桥

我的课题	多姿多彩的桥					
活动时间	2018-7-29	活动地点	白云亭图书馆	参与人	班级：五(4) 姓名：单励琳　孟储源　朱　妍	
我(们)搜集查阅的资料	1. 桥的种类 https://wemda.so.com/q/1365404879065766? src=130 2. 中国的四大古桥 https://baike.so.co,/doc/6673074－68896918.html 3. 中国现代十大著名的桥梁 https://www.sohu.com/a/163457207_99966118 4. 南京最美的15座桥 https://www.sohu.com/a/236123122_349968 5. 地球上最怪异的十大桥梁 https://jingyan.baidu.com/article/a3aad71aef97adb1fa009665_html					
我(们)印象最深的内容	在研究过程中,让我印象最深的就是亲身体验。爸爸妈妈带我游玩芜湖马仁奇峰,这里最壮观的景色就是山中的玻璃栈道和玻璃桥。当我站在"飞龙在天"高空玻璃桥上的时候,整个人都被惊呆了。这座玻璃桥连接着两座山峰,桥体是用一块块透明玻璃修建的,每天吸引着无数的游人前来观赏。这些可都是玻璃呀,竟然能承受住这么多的游人,真是太神奇了! 设计者和建造者令人佩服。					

续　表

活动照片	
我(们)的收获	这次的小课题研究,让我们认识了形形色色的桥,真是令我大开眼界!就让我用图表来展示我的收获吧! **多姿多彩的桥** | 种类	特点	举例(以南京为例)
---	---	---
拱桥	形如拱门,具有观赏性,一般多在江南水乡或公园等风景区可见	阅江楼的醒狮桥、白鹭洲公园的玩月桥……
高架立交桥	建立在高处,造型美观纵横交错,四通八达	赛虹桥立交、大桥南路高架桥……
公路桥或公铁两用桥	道路宽阔,专为公路车辆和行人通行而建,也可为铁路车辆通行	南京长江大桥、长江二桥……	

2. 我做桥梁设计师

我的课题	我做桥梁设计师

续表

我的伙伴	常昕瑞、刘添怡、顾宁、张富宁、陈哲楷、华天赐
我的质疑	每个小组成员对"我做桥梁设计师"这个课题提出自己的想法： 1. 能在大海与城市之间建一座桥梁吗？——常昕瑞 2. 怎样才能使桥梁更加坚固、安全？——刘添怡 3. 为什么桥的颜色都是灰色建筑？——顾宁 4. 怎样设计能让大桥更美观？——张富宁 5. 设计什么样式的桥梁？——陈哲楷 6. 桥梁设计中应注意哪些安全隐患问题？——华天赐
我的设想	我们组的成员通过在网上一起讨论以及部分成员集中讨论，提出的设想： 1. 在海中建一座跨海大桥连接城市与岛屿。 2. 这座桥可以通汽车也可以通火车、轻轨，桥面的两边各设一条景观人行道，也可以骑自行车，供游人停留欣赏大海美丽的风景。如果我和同学们一起在跨海大桥上骑着单车，听海的声音，是多么美妙的一件事！ 3. 把每个小组成员取的名字合并就成了我们设计的桥梁名。
我的探索	第一阶段： 完成时间：2018年2月4日—2018年2月5日 （一）小组成员建立一个微信群并网上开始讨论有关"我做桥梁设计师"的相关问题

续　表

我的探索	（二）小组分工： 组长常昕瑞通过小组微信群分工如下： 常昕瑞：整理编辑文字、手工设计桥梁图纸并给小组成员分工，组织同学们参加实践活动并一起进行网上讨论。 顾宁、刘添怡：查阅和收集世界各地桥梁的相关资料及数据。 陈哲楷、华天赐：查阅和收集世界各地桥梁图片。 张富宁：参观博物馆时记录笔记和现场拍照。 第二阶段： 完成时间：2018年2月5日—2月6日 （一）资料搜集 1. 小组成员按照各自分工上网查找了世界各地不同的桥梁图片。  福斯湾悬臂钢桁架桥　位于英国的苏格兰东海岸，为19世纪末期世界上最大的双线铁路，悬臂钢桁架桥。也是世界上最早采用平炉钢建造的桥梁。该桥于1883年开工，1889年竣工，至今仍在通火车，并且仍保持着悬臂钢桁架中跨度的第二位。  卢沟桥（公元1188-1192年）跨北京永定河，桥全长212.2m，共11孔，净跨不等。桥面上石栏杆共269段，各望柱头上，雕刻有石狮。金代原物简单统一，自后历朝改换，制作精良，趣味横生。卢沟桥也记证了1937年日军侵华的一段历史。   上海南浦大桥　双塔双索面斜拉桥，主跨423m，是振兴上海开发浦东的起步工程，同时也揭开了我国现代斜拉桥建设发展的序幕。迄今为止在世界上跨度超过400m的斜拉桥排行榜上，我国总数已占近1/4。  诺曼底桥　位于法国西北部诺曼底半岛的塞纳河口上的大跨度复合斜拉桥。主孔865m，梁体采用预应力三室单箱梁，1976年建成，破当时斜拉桥跨径的世界记录。  加尔德桥　位于法国南部忘坶附近，是古罗马时代保存至今的最大桥梁。该桥悬道路与水道相结合的两用桥。这种古代桥梁的功能是不能与现代桥梁相媲美的，但它们的文化价值和艺术魅力却是永恒的。  金门大桥（Golden Gate Bridge）跨美国旧金山海湾的公路悬索桥，该桥建成于1937年，主跨1280.2m，钢板加劲梁。在同类桥型中称冠世界27年。1987年旧金山7级地震，该桥无损害。也就安然地过了它非同寻常的50岁生日。

续　表

	2. 网上查阅资料，去图书馆查阅有关桥梁设计的书。 
我的探索	海上造桥原理：如果水流不急，水也不深，可以用围堰，有人工围堰，也可以用钢围堰，在大海上肯定是用钢围堰，还要做水上施工平台，水下基础多是打钢管桩，然后在里面下钻机，进行钻孔，再进行水下砼的浇筑。深水桥梁的基础，一般采用钻孔灌注桩，深水区水上钻孔，用船钻机固定在船上，船则由巨锚加缆索固定，根据测量定好钻孔位置后，沉入钢质护筒，起到定位和隔离海水作用，然后下入钻孔钻具，进行钻孔成孔，成孔的过程一般采用泥浆护壁，成孔后下钢筋笼，水下灌注混凝土，形成高桩，再进行高桩承台施工，水上桥墩就成了！ 看来做一个设计师并不是那么容易的事，不仅要有想法和创意，还要对施工方面有所了解，进行现场地质查看等，还要有大量的数据支撑！ 3. 小组成员查阅资料，现场讨论方案。   4. 小组成员经过激烈的讨论后，决定将大桥命名为：**海虹跨岛未来之星大桥**。

续 表

我的探索	第三阶段：完成时间：2018年2月7日下午2—5点 （一）实践考察 1. 小组成员们一起去长江大桥博物馆参观，得到建桥的相关资料及宝贵的图片。  2. 找一座桥实地去参观一下，零距离去感受一下真实的桥梁。  3. 手工制作一幅设想的桥梁设计图。 

续　表

	4. 查阅了世界各地桥梁设计师们的作品并作出相关数据统计。					
我的探索	世界各地名桥名称	桥的主要结构	桥的长度	投入资金	建　于	设计师
	明石海峡大桥（日本）	三跨三铰加劲桥梁式吊桥	39.11千米	5000亿日元	1988—1998	法国埃菲尔集团
	米洛大桥（法国）	海峡公路桥	2.46千米	3.9亿欧元	2001—2004	福斯特爵士
	青马大桥（中国）	行车、铁路两用吊桥	2.16千米	71.44亿港币	1992—1997	香港万隆公司
	费雷泽诺桥（美国）	双层大桥	4.176千米		1959—1964	Amman-Whiney
	金门大桥（美国）	海峡悬索桥	2.00千米	3550万美元	1933—1937	约瑟夫·斯特劳斯
	南京长江大桥（中国）	双层式公铁路两用桥	6.772千米	2.8758亿人民币	1960—1968	梅旸春主持

我的发现	1. 桥的制造要耗费大量的人力财力和物力,要历经数年甚至十几年的时间。为了建造一座桥,从设计师、建筑师到施工人员都要付出很多心血和汗水! 2. 众人拾柴火焰高,人多力量大,要有团队精神。基本上一座桥梁都是由一个团队设计而成的。 3. 作为一名合格的桥梁设计师,要具备很强的专业知识、地质勘查能力和组织能力。 4. 设计师设计出来的桥梁必须首先具有实用性,然后才考虑美观性。 5. 南京长江大桥从确定方案到建成通车花了11年之久,是一个长期的过程。我们还知道了要在江上或海上建桥首先要测量海底/江底状况,还要在海上/江上灌注混凝土桥基,最后设计建造适合的桥梁海上/江上部分力学结构。
我的收获	1. 我们参观了醒狮桥。桥栏杆上有一双生龙活现的狮子,于是我们猜到它为什么叫醒狮桥了。 2. 我们参观了"大桥下"文化微博馆,知道了几个杰出的桥梁设计师和工程师。知道了杨旸春、李国豪、方秦汉等中国杰出的桥梁专家,也是南京长江大桥的主要设计师! 3. 我们知道设计图纸和正式施工之间是有很大差别的。 4. 我们的成员具有执行力,有合作精神,通过这次小课题研究,我知道了小组配合要有默契。

续 表

我的推荐	1. 世界上著名的大桥： 杭州湾跨海大桥、石门大桥、青马大桥、海沧大桥、伦敦塔桥、金门大桥等。 2. 推荐一本书：《闻名世界的雄壮大桥》。
我的追问	1. 可以在海底建隧道公路吗？ 2. 能在大桥上建绿化带吗？ 3. 能在大海上建一座大转盘吗？

3. 我是保护金川河小卫士

我的课题	我是保护金川河小卫士
我的伙伴	岑子萱、胡晶婷、朱欣怡、李祖扬
我的质疑	每个小组成员对"我是保护金川河小卫士"这个课题提出自己的想法： 1. 河水为什么会这么绿？如何让河水一直清澈？ 2. 水资源是如何被污染的？ 3. 如何保护水资源？ 4. 保护方案应从哪些方面入手？
我的设想	我们组的成员通过在网上一起讨论以及部分成员集中讨论，提出的设想： 1. 想一个办法，有效合理地整治金川河的水污染。 2. 金川河能不能养鱼养虾，把绿藻问题解决了？ 3. 提出赏罚制度，有效遏制居民对金川河的生活污染。

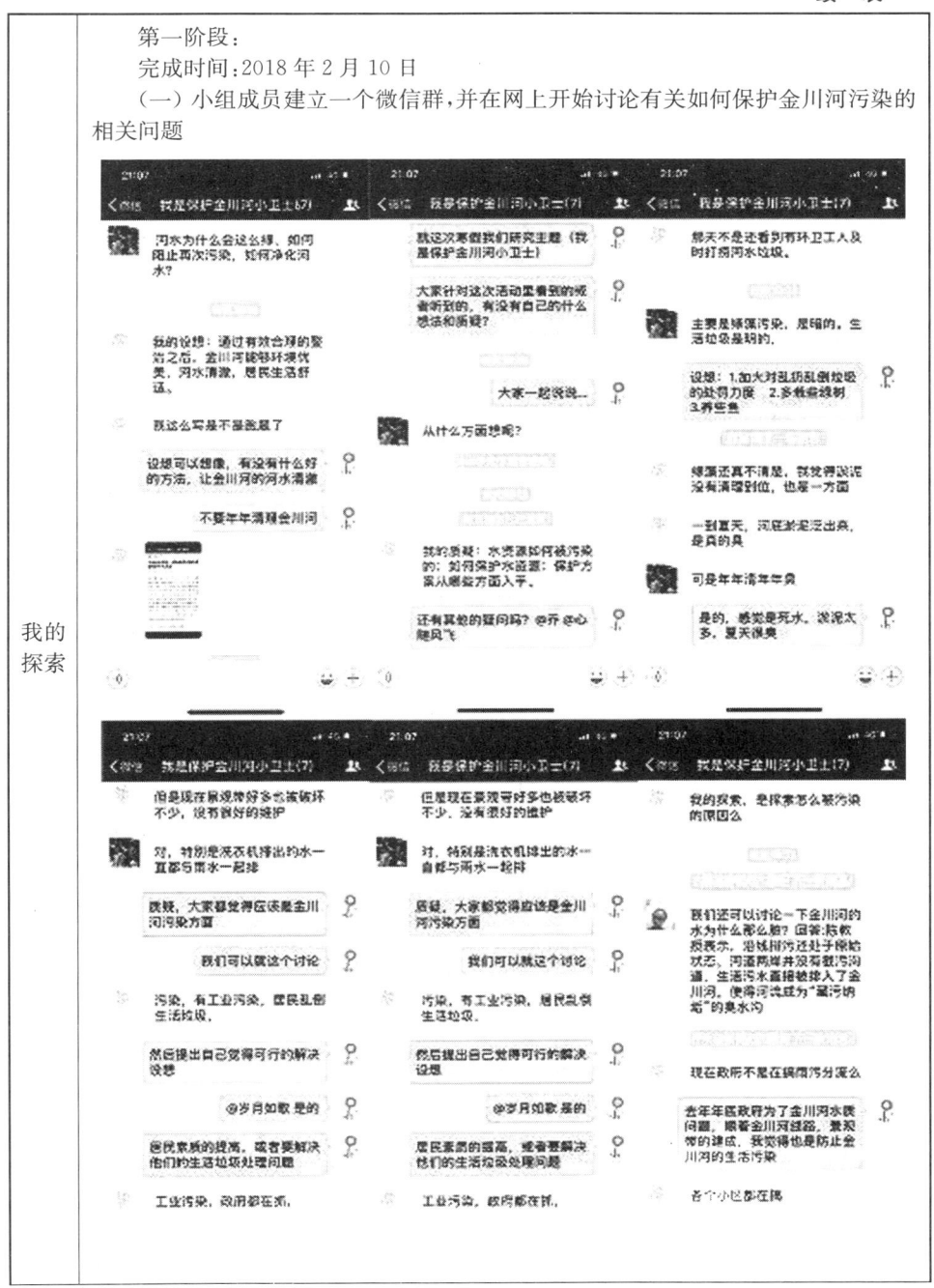

续 表

我的探索	第一阶段： 完成时间：2018年2月10日 （一）小组成员建立一个微信群，并在网上开始讨论有关如何保护金川河污染的相关问题

	续 表
我的探索	(二)小组分工: 组长岑子萱通过小组微信群分工如下: 朱欣怡:整理编辑关于金川河污染及治理的相关新闻 李祖扬:准备杯子、绳子、试纸 胡晶婷:参观考察金川河时记录笔记 岑子萱:现场拍照 第二阶段: 完成时间:2018 年 2 月 11 日 (一)资料搜集 　　1.小组成员按照各自分工上网查找了关于金川河路线和金川河治理好后的新闻  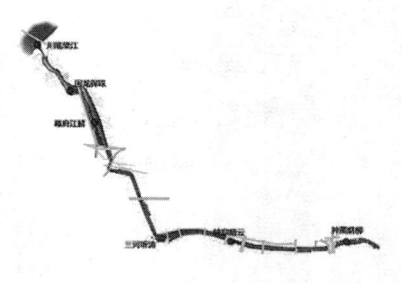 　　2.上网查阅资料,金川河年年治理,污染问题为什么一直都是存在的呢?有哪些污染源?   　　南京金川河是一条穿越南京主城的通江河,近几年来,南京各级政府都在花大力气整治金川河污染。今年下半年,金川河再次开始整治。不过近日有附近居民向记者反映,金川河清淤不彻底,一段河道依然能看到淤泥。 　　居民投诉的河段位于西瓜圃桥附近。昨天上午 9 点左右,江苏广电融媒体新闻中心的记者来到现场查看,一群正在晨练的老人围了上来,声称河道整治不彻底,河底的淤泥仍然很厚。

续 表

| 我的探索 | 现代快报 5 月 10 日南京电　南京的金川河怎么红了？最近，网上出现一张"红脸"金川河的照片，让不少网友感到诧异。《现代快报》记者赶到现场看到，金川河这一段水体的确有成片成片发红的现象。据了解，这是大量小红虫"集会"造成的。附近的市民早已见怪不怪，甚至有人打捞红虫去喂金鱼。那么，小红虫为什么会大量出现？这两天，南京市鼓楼区的金川河，多处水面上漂浮着一层红色颗粒，远远望去水面呈鲜红色。天热的时候，面积会扩大。有人用纱网捞这种红色的颗粒，《现代快报》记者看到，原来这种红色的物体是红虫，懂行的人管它叫"鱼虫"或者"水蚤"，可以用来制作喂金鱼的饵料。据知情市民透露，水体发红就是这种红虫在作怪。红虫大量繁殖结成一体，水面就呈现红色。远远望去，河的大部分水体是深绿色的，沿着河堤，一片片的红色小颗粒不规则地分布着。除了这些红色的颗粒物，河里还有其他的污染物，散发着阵阵恶臭。据南京生物学专家倪明分析，小红虫大量"集会"主要是水体污染造成的。据他介绍，红虫是摇蚊的幼虫，喜欢栖息在水底腐殖物丰富的水域。正常情况下，水里有红虫的天敌，红虫不会爆发；人为污染水体杀死了红虫的天敌，比如鱼类、蜻蜓幼虫等，而且造成水体富营养化，红虫就会爆发。倪明建议，要减少水污染，让水体恢复自然。
市政正在排查污染管线
"小红虫大量出现的现象，已经有很多年。"在不少市民的印象里，"金川河曾是南京出了名的臭水沟"，几年来政府先后投入大量资金整治。据报道，2009 年之前，治理金川河的费用加起来有近 20 亿元。近几年来，金川河又经历了一次全面整治。付出这么多，金川河污染的"病"究竟治得怎么样了？

红色废水污染物来源是在金川河附近郭家山 29 号 720 厂的一个宿舍当中，有一个个体经营者，从 28 号晚上 8 点钟开始，他就将 100 多瓶废弃的写真机的墨水倒入附近一个市政雨水的排水井中，这个红色墨水每瓶 1000 多毫升，导致整个金川河造成大面积的污染，到现在我们终于松了一口气，排除了工业污染的可能，环保部门对肇事者的违法行为和造成的危害已经予以立案查处。 |

续 表

我的探索	第三阶段： 完成时间：2018年2月13日上午9点—12点 （一）实践考察 1. 小组成员首先来到金川河泵站。  2. 实地采集水样，观察水质。   3. 接着来到金川河最后一站——川底望江。 

续表

我的探索	4. 和金川河对比，水质污染更严重，生活垃圾很多。  
我的发现	1. 政府在各个金川河网点设置水环境物联网监测站和举报电话。  2. 有专门的人负责打捞金川河上的杂物。 

续 表

我的收获	1. 我们参观了金川河泵站。 2. 我们参观了金川河终点站——川底望江，发现了从起点到终点，金川河的河水污染更严重。 3. 我们知道了保护金川河水的重要性。 4. 我们还知道政府也在努力地让金川河水变得更清更美，设有专门的水质检测部门，有专职工作人员打捞杂物。 5. 我们的成员具有很强的执行力，有合作精神，能听从安排，成员之间积极配合共同完成课题。这次小课题研究让我知道了小组配合要有默契，这次活动还增强了同学之间的友谊。
我的推荐	借鉴国内外的案例，可以从以下方面着手解决我国水污染治理问题： 首先，改革国家对地方的考核机制。对地方主要以经济增长指标为考核依据的模式转化为将环境污染管理作为重要的指标纳入地方政府官员政绩考核体系。 其次，制定相应的法律法规。一是借鉴"流域管理和区域管理相结合"的模式。可以借鉴莱茵河的经验，要求相关区域签订合作公约，奠定共同治理的合作基础；国家对合作公约的基本原则进行规定，充分体现"政府调控、市场推进、注重协调"的原则。二是借鉴韩国汉江和英国泰晤士河的经验，进一步完善水污染治理法律，要在现有的24种水资源保护标准的基础上，进一步出台《河川法》《水质环境保护法》等法规和条例。充分考虑水环境保护、水资源管理和水污染防治三者的历史依存关系，坚持水资源开发利用和水环境管理监督职能应完全分开的原则。 最后，开辟水污染治理的多种融资模式。可以采用如下方式：增加政府环境保护投入，必要的时候，借鉴英国泰晤士河的经验，由政府投资建设污水处理厂；学习南京秦淮河的经验，运用项目法人制，或者借鉴BOT模式，让相关公司运用项目融资；逐步推行全成本水价政策，加快征收城镇污水处理费，为鼓励水污染治理设施的投资建设运营，对经营水污染治理的企业实行税前还贷还债，或者免征营业税；鼓励企业利用证券市场进行回报融资，投资建设和运营城市污水处理厂；对国内目前不能生产的水污染治理设备和监测仪器等进口产品，采取减征进口关税等政策措施。另外，环保部门官员还可通过提供不同技术或其他手法替代方面信息，如污水回收再利用技术、水净化技术等，减少排污的成本，给企业创造效益。北京高牌店污水处理厂就是利用水源热泵系统，以污水为水源，合理利用出水流量和温差进行制冷、供热，而不影响二级出水的后续回用，这种技术既高效又经济，可在污水处理厂中直接推广，在类似场所（如冷却水池、湖泊、水库等处）也可应用，具有良好的市场前景。
我的追问	1. 保护金川河，政府部门还有哪些措施？ 2. 未来金川河的规划又是怎么样的？ 3. 能不能把金川河景观带商业化，责任到人？

4. 我是名桥小读者

我的课题	我是名桥小读者

续　表

我的伙伴	孟家宇、孟芯宇、邹茜
我的质疑	我叫孟家宇，上一年级时，参加南京市市级机关一次活动，有机会去石臼湖大桥的建造工地，那时就对桥有了情怀。今年学校组织学生小课题研究活动里有"我是名桥小读者"，我就积极报名参加。我叫上姐姐孟芯宇和同学邹茜去读"桥"。
我的设想	中国是桥的故乡，自古就有"桥的国度"之称，遍布在神州大地的桥编织成四通八达的交通网络，连接着祖国的四面八方。中国桥梁的建筑艺术，有不少是世界桥梁史上的创举，充分显示了中国劳动人民的非凡智慧。我们可以通过各种方法去了解名桥，每人可以从自己喜欢的角度去了解名桥的特点，来反映中国劳动人民的伟大智慧。
我的探索	2月8日下午我和孟芯宇一同来到南京鼓楼区建宁街道滨江花园，参观社区的"大桥下文化"微博馆。展览馆虽然很小，但让我们感触很深！ 社区的办公楼上有醒目的大桥符号，楼梯间里的墙壁上也满是关于大桥的介绍。我们一进去，就仿佛置身于建造南京长江大桥的那个时代。 进入四楼的展览厅，映入眼帘的是反映大桥的展品和写满墙的大桥图片及介绍。展柜都设计成了桥墩的模样，让我们仿佛进入建设大桥的现场。 有一个展览间，墙壁上映着建设者的手印，下面展出当时建桥用的工具，看着一件件展品，将我们带入了那个时代。 当时国家为了建好大桥，曾花十万美元请外国建桥师华德尔。然而，他却说："南京造大桥，不可能。"但这并没有打垮中国人民的信心。由我们敬爱的周总理亲自审定方案，人们迎难而上，自行研制特种钢材、建桥新工艺、新技术，达到全世界先进水平。经过梅旸春、李国豪、方秦汉等人8年的不懈努力，终于建成了长江上第一座双层双线铁路、公路两用桥。

续 表

我的探索	大桥是我们中华民族智慧和汗水的结晶！我们带着中国人的自豪依依不舍地离开微博馆……   邹茜找了卢沟桥的资料,她对桥上的狮子感兴趣。  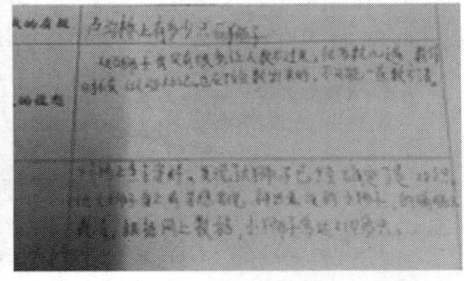
我的发现	我们读"桥"就是读桥梁文化。 　　首先是桥具有实用功能。桥是路的延伸,给人们带来交通的便利,没有桥,人们就失去了接应,失去了贯通。 　　其次是因为桥具有艺术功能。桥能融入环境、美化环境,一座著名的桥梁肯定是一个地方亮丽的风景线。长江大桥是南京的标志性建筑、江苏的文化符号、共和国的辉煌,也是中国著名景点,被列为新金陵四十八景。 　　再次是桥还有着丰厚的文化底蕴。 　　1. 卢沟桥歇后语:卢沟桥上的石狮子——(数不清)。它是华北最长的古代石桥。在《马可·波罗游记》中它被形容为一座瑰丽的石桥,后来外国人都称它为"马可波罗桥"。所以名桥有丰富的文化内涵。 　　2. 桥梁工艺设计师在桥梁上创造雕塑艺术的奇葩。工艺师们按照民俗文化的需要设计各式桥饰艺术作品。卢沟桥的石狮石雕,至今仍让人赞不绝口。 　　3. 与桥有关的历史事件、历史人物也会给桥文化赋以特定的内涵。卢沟桥有"七七事变"揭开抗战序幕的政治文化;南京长江大桥是中国桥梁建设的重要里程碑,具有极大的经济意义、政治意义和战略意义,有"争气桥"之称。

续　表

我的 收获	大数据里看中国,一桥飞架南北,天堑变通途。一座座技术先进、姿态各异的桥梁建成通车,跨越江河湖海,连通深沟峡谷,使交通节点的连接更加紧密,极大地方便了周边居民的出行生活,为区域经济社会发展铺通了坦途,彰显了我国综合国力和科技进步。 全球大跨度桥梁,我国占比超50%。 世界最高十座大桥,我国拥有8座。 公路桥梁,我国共有80.5万座。
我的 推荐	中国建设史上里程最长、投资最多、施工难度最大的跨海桥梁——港珠澳大桥,成为世界上最长的跨海大桥。 港珠澳大桥被誉为交通工程的"珠穆朗玛峰",被外媒称为"新世界七大奇迹"之一。 从读"桥"就能感到中国的伟大!

5. 爱心桥:争做敬老院小助手

我的 课题	爱心桥:争做敬老院小助手
我的 伙伴	孙易凡、杨子墨、蒋悦、吴长硕
我的 质疑	"老吾老以及人之老",现在社会人口老龄化,越来越多的老人需要关爱。
我的 设想	爱心是火焰,没有它,将会变成黑夜。在我看来,若世界上没有爱,或许这个世界将是冷漠无情,毫无温暖可言。我们应该让这个世界充满爱心,让它更加美丽。只要我们有爱心、同情心、感恩的心,我们就可以筑一座坚固的爱心桥。
我的 探索	2月7日上午我和几个伙伴一同来到翰瑞老年人服务中心看望老人。我们和老人们聊天,做一些力所能及的事,看着爷爷奶奶们的笑脸,我们也很开心,希望以后能经常去陪伴他们。多关爱关爱老人,让他们不再孤单一人。

续 表

我的发现	在和老人们聊天的过程中我们了解到老人们大多子女都很忙，因为没时间照顾老人，所以把老人送到敬老院，同时也因为敬老院的条件设施都很好，所以子女大概可以放心了。老人的孩子们都不常来，所以老人们看到我们也很开心，很乐意跟我们聊天，对于我们的到来也很感动。其实老人是很寂寞孤独的，封闭自己和孤独感是危害老年人身心健康的重要因素，是引起老人抑郁症和老年痴呆的原因之一。聊天是一种最经济实惠又非常有益于身心健康的活动，对防治抑郁症和痴呆均有益处。我们要经常跟老人进行思想和感情的交流，他们才会感觉到愉快。 　　社会人口老龄化数据图：
我的收获	慰问敬老院的孤寡老人，给他们送去一份关爱和温暖，让他们感受到社会大家庭的温暖。这次的活动，使我们的身心更加明朗，明白阳光是不吝啬每个角落的。给老人们送去一份关爱和温暖，帮助他们做一些力所能及的事。 　　我们还做了小报，将经历和体会分享给更多的小伙伴。
我的推荐	呼吁我们每一个人从身边的小事做起，奉献自己的一份爱心，让我们的社会变得更加和谐。

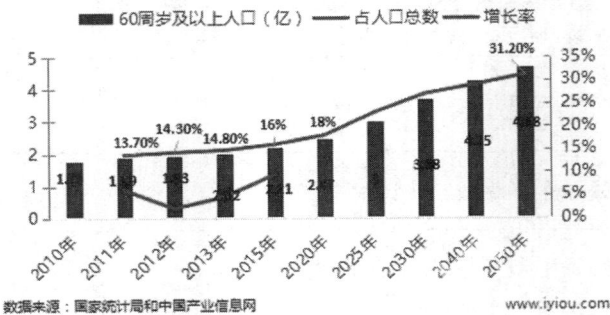

(本节编写：李长燕)

第二篇
"教师小研究"叙事

儿童在做小研究,教师也在做小研究。

长平路小学有个"儿童小研究俱乐部",还有个与"儿童小课题俱乐部"相约相长的"教师小研究俱乐部"。二者整合而成了长平路小学有很高美誉度的"小课题俱乐部"。

课程追问……

课堂追问……

活动追问……

教育教学中的一个又一个小问题,不断地引领老师们去探究、去研究、去变革、去创新。让追问成为习惯,让学习成为习惯,让研究成为习惯。小课题俱乐部推动着教师专业素养的不断提升!

第四章 课程小研究

第一节 我们的"课程小研究"

一、课程小研究课题一览

新课程改革涉及了教师教育教学生活的各个方面,不断向教师提出研修的新问题,开展"课程小研究"活动,增强了教师的研究意识,激发了教师的研究热情,使得我校教师的研修活动充满活力和生机。经过长期的研究积累,我校教师在有关课程的个人课题研究方面取得了长足的进步与发展,详见下表。

序号	课题名称	级别	承担者/主持人	结题时间
1	巧用纸塑造型变革语文教学的实践研究	南京市	范佩蓉	2008-07
2	网络环境下主题型"语文综合性学习"的课例研究	南京市	戴敏	2010-12
3	绘本导读促说的课例研究	南京市	张弦	2011-12
4	小学高年级数学教学"做中学"的误区与对策研究	南京市	丁邦建	2013-12
5	小学生跨文化英语"礼节性交际"口语失误的成因与对策研究	南京市	徐品芳	2012-12
6	小学足球队"兴趣、技能与意志"同育的个案研究	南京市	杨志彬	已经结题
7	国际视野比较下小学生足球活动开展的策略研究	南京市	杨志彬 胡祥海	正在研究
8	小学"纸塑造型"校本课程开发与实施的研究	南京市	朱玲	2010-12

续　表

序号	课题名称	级别	承担者/主持人	结题时间
9	小学中年级心育小练笔指导策略	南京市	虞敏文	2011-12
10	疏导"社交焦虑"儿童阳光交往的个案研究	南京市	田　田	已经结题
11	基于OECD理念的小学综合实践活动课程的课例研究	南京市	丁一丹	已经结题
12	"名桥美韵"校本课程	校级	丁一丹	2013-03
13	每日诵读校本课程	校级	秦　雯	正在研究
14	科学模型小制作校本课程	校级	龚雅瑜	正在研究
15	机器人校本课程	校级	李长燕	正在研究
16	汉字真好玩	校级	李　慧	正在研究
17	横扫天下之二维码	校级	胥　玥	正在研究

二、典型课题概述

课程与课程资源存在着十分密切的关系。没有课程资源就没有课程可言，没有课程资源的广泛支持，再美好的课程设想也很难转化成实际的教育成果。教学是课程实施的主要途径，所以教学活动的资源是课程资源的重要组成部分，而且是更为细节的部分。课程资源无处不在、无时不有，在不同教育情境下的课程资源状况可能存在着相当大的差别。

我校教师在个人课题的研究中，站在课程的角度，对课程实施有着不同的理解与问题，我们选择一些有代表性的实施研究做概述如下：

1. **丁一丹**老师通过调查，了解了我校综合实践活动课程的教学现状，分析我校小学综合实践活动课程的误区，并归纳其成因。她着重研究"基于核心素养理念创新综合实践活动"的基本认识。认识"核心素养"和"创新综合实践活动"的基本内涵，研究两者之间的关系等，以及探讨在综合实践活动中"创设怎样的生活情境"、"采取何种方式验证"、"运用何种评价方式"等更为合适。同时，探索了如何基于"核心素养"深化综合实践课程，通过教学实践中的课例研究，选择学生感兴趣的内容，进行活动设计，及时跟踪梳理学生在实践活动中遇到的问题，及时组织讨论、合作、研究，从课前设计——课中实施——课后总结——案例反思,提升学生能力。从而成功申报了南京市第九期个人小课题——"基于OECD理念的小学综合实践活动课程的课例研究"。

丁老师的课程小研究以综合实践课程为抓手,以跨学科素养和生活素养的培养为目标,通过培养学生的合作和交往素养、数字或信息素养、公民素养,以及创造性与批判性思维、问题解决、技术创新能力等素养,在活动中增添更多的知识性、趣味性、思想性,凸显让学生在玩中学的过程中培养创新精神与实践能力的重点。

2. **田田**老师在心育课程领域独辟蹊径。她选择了几个有同伴交往焦急忧虑行为特征的小学低年段儿童,开展跟踪个案研究,探索疏导儿童克服社交焦虑的技术方法,探索从个别到一般的"与同伴阳光交往"的辅导策略,通过科学、真情、耐心的疏导,引导儿童开展积极向上、活泼的同伴交往,达到转化小学低年段儿童在同伴交往中出现焦虑行为的目的。与此同时,促进各类儿童阳光交往,促进教师专业化成长。由此,她成功申报了南京市第九期个人小课题——"疏导'社交焦虑'儿童阳光交往的个案研究"。

田老师的课程小研究,针对现今小学低年段儿童在同伴交往中出现的交往障碍、人际关系不和谐、社交退缩、沉默寡言、自我意识扭曲等行为特征,进一步研究造成儿童在同伴交往中产生社交焦虑的主要成因,初步形成儿童交往能力的便捷评价方法,不断树立教师群体的新型教育理念,探索出可操作的转化符合"社交焦虑"特征儿童行为的有效策略,从而增强了辅导策略对个案儿童由"社交焦虑"向"阳光交往"转化的心理治疗作用。

3. **丁邦建**老师在我校开展数学思维小课程研究时,在小学高年级数学课堂教学中,针对小学生动手操作活动中出现的弊端,梳理出"做中学"的误区,结合对课堂教学课例的反思,总结出小学高年级数学课"做中学"误区形成的主要原因,找出有效对策,提高"做中学"的效果,同时成功申报南京市教育科学规划第六期个人课题研究——"小学高年级数学教学'做中学'的误区与对策研究"。

丁老师的课程小研究,以"做中学"为抓手,让儿童在"做数学"的过程中,手巧脑灵,以动手操作、实践探究为学习主要方式,从中发现数学的特点,认识数学的价值,了解数学的特性,总结数学的规律,寻求问题解决动态生成的有效实施。使学生在学习数学思维小课程的同时,动手实践能力和感悟数学能力得到提高,促进了学生数学素养的提升。

所以,他的课程小研究有利于探究出让学生终身受益的动手实践能力及创新思维的培养策略;有利于教师创造性地开展实践和理论相结合的课堂教学探索,调动学生主体作用的发挥,深化课程改革;有利于培养学生的数学思想方法、发散性思维和想象力,对扎实提高数学课堂教学效率具有可行的现实意义。

4. **杨志彬**等老师通过对世界足球强国校园足球发展的文献研究,调查并梳理我区部分小学足球活动的常见问题与主要成因,通过组织小学生积极参加足球活动与班校足球队训赛,探索小学生足球兴趣、志向、技能与意志同培养的规律,探索了国际视野比较下优化我校足球活动普及与提高的基本途径、校本样式与重点策略,以促进广大学生喜欢校园足球,积极参加阳光体育锻炼身心为主的多项综合素质的相应提升,并为高一级足球队输送足球好苗子。

他们又通过国际视野比较下足球进课堂教学设计与实施的课例研究,创编足球校本学材,培养教师(体育为主)"振兴我国足球,求真务实做起"的精神,提升体育教师课堂导学与课后训练足球及其专业化成长水平,促进相关教师及家长的积极配合,促进我校足球特色学校水平的进一步提升。

在此基础上他们成功申报了南京市教育科学"十三五"规划课题——"国际视野比较下小学生足球活动开展的策略研究"。在课程小研究中他们借鉴世界足球强国与后崛起国家的先进经验,在创编《世界足球巨星童年故事绘本》与《足球强国小学生训练高招绘本》的基础上,寻找新的突破点,在"振兴最薄弱大球(足球)"项目中,在国际前瞻视野比较下,以小学生足球活动的创新开展策略为切入点进行深入探索,注重学生各种智力与非智力因素培养的有机结合,充分挖掘学生的潜能,使小学生在足球合作活动与个人适性成长中有更多收益,提高训练水平,培养高水平足球新苗,为小学足球实验学校提供学习足球强国的校本样式,既求实,又创新。

同时,杨志彬老师成功申报立项了南京市第九期个人小课题——"小学足球队'兴趣、技能与意志'同育的个案研究",较好地印证了《体育与健康课程标准》中所突出强调的要尊重教师和学生对教学内容的选择性,注重教学评价的多样性,使课程有利于激发学生的运动兴趣,使学生养成坚持体育锻炼的习惯,形成勇敢顽强和坚韧不拔的意志品质,促进学生在身体、心理和社会适应能力等方面的健康、和谐发展,从而为提高国民整体健康水平发挥重要作用。

(本节编写:丁邦建)

第二节 "课程小研究"过程掠影

一、"课程小研究"读书会

教师们一开始对"课程""课程管理"等都不甚了解。在校领导的带领下,由教科室牵头,组织教师进行网上搜索、阅读有关课程方面的文献资料,在学校网站上建立了课程的文献资源库,并提出了具体要求:每位教师至少找到一篇有关课程、校本课程理论的文章或段落进行深入学习。之后学校召开了读书会。会上,老师们介绍了自己对课程理论、校本课程理论的认识。通过读书会,老师们了解了什么是课程,什么是校本课程,校本课程建设要做哪些事。

课程是指学校学生应学习的学科总和及其进程与安排。广义的课程是指学校为实现培养目标而选择的教育内容及其进程的总和,包括学校老师所教授的各门学科和有目的、有计划的教育活动。狭义的课程是指某一门学科。

课程作为素质教育的核心要素,应集中体现一所学校教育价值的取向,但同时它又制约着教育的活动方式,而且直接影响到学生的发展和整体教育质量的提高。

《基础教育课程改革纲要》提出,要"周期性地对学校课程执行的情况、课程实施中的问题进行分析评估,调整课程内容、改进教学管理,形成课程不断革新的机制"。发现问题、分析问题、解决问题,是课程发展的必然要求。

校本课程应"以学校为本""以学校为基础"。华东师范大学教育学博士郑金洲在《走向校本》中这样解释:所谓校本,一是为了学校,二是在学校中,三是基于学校。为了学校,是指要以改进学校实践、解决学校所面临的问题为指向;在学校中,是指要树立这样一种观念,即学校自身的问题,要由学校中的人来解决,要经过学校校长、教师的共同探讨、分析来解决,所形成的解决问题的诸种方案要在学校中加以有效实施。

刘旭东、张宁娟和马丽等人编著的《校本课程与课程资源开发》一书指出,校本课程的出现在国际上有三种看法:

其一认为,校本课程的历史几乎和学校教育的历史一样悠久,在古代,学校的课程在较大范围内和一定程度上是由学校自己决定的,那时在课程中占主导地位的是校本课程(这是从校本课程的存在形式来考察的)。

第二种看法认为,校本课程的思想源自20世纪70年代的西方发达国家,认为校本课程实质上是一个以学校为基地进行课程开发的民主决策的过程,即校长、教师、课程专家、学生以及家长和社区人士共同参与学校课程计划的制订、实施和评价的活动(这是从校本课程的思想产生来看的)。

最后一种观点认为,校本课程真正出现在1973年爱尔兰阿尔斯特大学召开的"校本课程开发"国际研讨会上(这是以校本课程概念的出现为依据的)。

学校实施课程管理可以提升教师专业水平,因为任何课程改革都需要教师有思想、理念和能力,单凭行政命令无法完成改革,没有教师的专业发展就没有课程发展,因为课程改革最重要的是要通过教师把一个好的课程构想转换成学生的实际经验。课程管理应该吸纳教师参与决策,为了使其发挥作用,应从以下几方面加以努力:

第一,权力的开放——在课程发展中赋予教师充分参与的权力。

第二,角色的转换——教师角色由单一化向多元化转变。

第三,知识的建构——在教师教育中注重对课程知识的建构。

第四,职责的履行——让教师由课程外围走进课程中心,成为真正的课程发展研究者。

第五,多方的合作——加强一线教师与课程专家、学者的合作。

第六,学校的支持——给教师参与课程发展以更广阔的空间。

作为学校课程管理者,要采取各种措施,通过多种途径,帮助教师积极选择、优化、利用和开发校内外各类课程资源,建立多渠道、多样化的课程资源系统和课程资源库,为教师的课程开发提供条件,为教师创造性地实施课程搭建平台。要帮助教师形成浓厚的课程资源开发与利用的意识,并培养他们的课程资源开发能力,使教师能够善于从身边发现有益的课程资源,作为个性化课程实施的基础。

学校实施课程管理可以增强课程适应程度。一套正式课程或是学校的非正式课程,无论经过多么精心的设计,都必须经由教师的规划、安排与运作,以及学生的亲身体验,才有可能达成该课程预期的教育效果。课程管理应为提高课程的适应性创造有利条件,并提供必要的组织和制度保障,从而让教师充分理解课程意图和目标,增进师生之间交流,以及提倡个性化、创造性的教学。另外,学校的课程管理决定着校本课程开发的水平,它也是衡量课程适应性程度的重要指标。

同时,我们又学习借鉴兄弟学校做校本课程的经验,比如:

南京市紫竹苑小学组织编写的《综合实践活动课程教师指导用书》具有很强的现实意义。它为本校指导综合实践活动的教师们提供了一份珍贵的教材,是编者和作者们长期研究、辛勤劳动的体现。在学校"全人教育"办学理念的指导下,本书内容主要包含了课程实施方案,从家政与生活、乡土与文化、自然与社会、生涯与学习四个领域精选了16个活动主题编写了完整的案例,围绕综合实践活动的12种课型编写了12篇专项活动指导案例,使教师指导学生在综合实践活动的选题、实施和展示以及具体的专项活动指导中都能找到样本。

这些指导案例密切联系了学生自身生活和社会生活,是综合运用各种知识、技能的课程形态。该书具有很强的可操作性。通过对它的学习,将有效推动我校综合实践活动课程的发展,为学生综合素质的提高作出更大的贡献。

二、"课程小研究"专家访谈

自创办小课题俱乐部以来,我们在引领和服务教师学习蜕变中,本着"为教师成长提供服务、让教师体验成长的快乐、让教师享受职业幸福"的愿景,着力激发教师的内在动力,基于教师的现实问题和内在需求,建立专家顾问组,这些教(科)研顾问有的每周或隔周来,有的每月或者隔月来,还有的不定期来进行指导。

老师们原以为校本课程研究很遥远,但经过专家们的指点交流,开展"校本课程小研究",对校本课程有了新的认识。

校本课程强调课程决策的分权化与以学生为中心的课程设计。与国家课程不同,校本课程的开发主体是学校的校长和教师,他们更了解学生的实际,了解学生的家庭情况和社会文化背景,最熟悉学生的不同兴趣、爱好和特长,能够把这些信息反映在校本课程里面。因此,校本课程能够回应学生的个别需求,提高学生的学习动机,为学生提供更具有适切性的课程。

比如:"国际视野比较下小学生足球活动开展的策略研究"的研究初期,杨老师认为这只是针对足球兴趣和技能提升的研究,经过专家点拨,认识到这是上升到校本课程建设的研究,故申请确立足球课程为我校的校本课程,拟通过足球课程来探索在国际视野比较下小学生足球活动开展的途径、样式与策略,重点解决我校足球活动单一、足球队员力量薄弱、学生参与面不够广、家长支持率不够高的问题;达到学生足球意识与兴趣、技能、志向与意志的融合提升,加快足球新苗培养步伐,促进学生积极参与阳光体育锻炼、德智体全面发展;促进教师专业化成长步伐加快,体育教学活动多彩化;促进我校足球传统特色的进一步发展。

在国际视野比较下开展足球活动的主要途径、校本样式与重点策略,带动小学生自身其他方面的和谐发展,为足球活动的普及与足球后备人才的提高探索一条校本新路径——通过足球而选择的教育内容及其进程的总和就是我校的校本课程。

三、"课程小研究"典型引路

我们熟知:校本课程强调的是,在具体实施国家和地方课程的前提下,通过对本校学生的需求进行科学评估,充分利用当地社区和学校的课程资源而开发多样性的、可供学生选择的课程。因此,依托校本培训这个平台,小课题俱乐部关注的是校本课程的开发。

为全面贯彻《国家基础教育课程改革纲要》精神,落实新的国家课程计划,依据我校的至美教育理念——"从小做起,至善至美",推进素质教育的实施,培养学生的兴趣特长、创新思维习惯和实践能力,培养学生分析和解决问题的能力以及团结协作和社会活动的能力,培养学生对桥文化的兴趣,让学生了解南京的名桥,培养学生爱学校、爱家乡、爱祖国的感情,全面提高学生的素质,由丁一丹老师牵头执笔,制定开发了校本课程"名桥美韵"。我们制定了校本课程"名桥美韵"的开发和实施方案。

长平路小学校本课程"名桥美韵"开发和实施方案

为全面贯彻《国家基础教育课程改革纲要》精神,落实新的国家课程计划,推进素质教育的实施,培养学生的兴趣特长、创新思维习惯和实践能力,培养学生分析和解决问题的能力以及团结协作和社会活动的能力,培养学生对桥文化的兴趣,让学生了解南京的名桥,培养学生爱学校、爱家乡、爱祖国的感情,全面提高学生的素质,制定"名校美韵"校本课程开发方案如下:

一、研究目标

（一）课程目标
1. 进一步检验校本课程的合理性、科学性和适应性。
2. 强化办学特色。

（二）学生目标
1. 培养学生对桥文化的兴趣。
2. 拓展学生的知识领域，培养创新精神和实践能力。
3. 提高学生爱家乡的桥、爱南京的意识和审美能力，陶冶情操，增进身心健康。
4. 培养学生的科学态度和精神，学习和掌握对南京名桥的专题案例研究的基本知识、基本技能、方法。
5. 培养学生的团结协作和社会活动能力，使学生热爱学校生活，适应社会。

（三）教师目标
1. 培养教师为学生发展服务的教育意识。
2. 激发学生的潜能，鼓励他们积极参加学校课程开发的实验、研究，与老师一起编写、开发"**名桥美韵**"这一校本课程。
3. 鼓励教师在科研中求发展、在科研中求创新、在科研中求成长。
4. 发挥教师在校本教材编写和教科研及教学中的主导作用。

二、教学原则

校本课程与其他课程一样，都是由学生全员参加的学校教育活动，在遵循一般教学原则的同时，还要考虑到其自身的特点和规律。在教学上应注意以下原则：

1. **兴趣性原则。**新课程强调以人为本的基本理念，强调倡导学生形成积极主动的态度，学会学习，形成正确的价值观和世界观，这就要求教师应从学生的兴趣出发，尊重学生的需求，突显学生在教育中的主体地位。因此在五、六年级每学期的开学初对各年级学生进行调查，选出学生最感兴趣的也是学生居住地南京的名桥作为学生自己的研究课题，以此作为课程开发与实施的重要依据。

2. **合作性原则。**成立学生编写合作小组，合作学习、合作编写校本教材。

3. **实践性原则。**新一轮课程改革注重改变以前学科偏重书本知识、结论性知识的现状，强调学生实践能力、创新精神的形成，重视学生在实践中获得积极情感的体验，我们开发和实施的"**名桥美韵**"这一校本课程正好可以实现这一理念，让学生通过课程学习，进一步深入自然与社会，在动手实践中发现问题、提出问题，并在查阅资料的过程中解决相应的问题。

4. 灵活性原则。教学内容、方法应以学生的实际情况而定,教师应从学生的能力、效果等差异出发,因材施教,灵活地做内容形式上的调整,使全体学生都得到发展。

5. 创新性原则。在实践活动中激活学生的思维,引导学生在实践中创新,在创新中进行实践活动。

三、总体框架

依据我校"至美教育"的办学理念、教育教学资源状况、教师特长和学生需要,为校本课程设置了主题型总体框架。(附后)

四、教学形式

作为一门以学生实践为主的课程,它的教育方式势必要打破固有的教学模式,教师要尽可能给学生更大的自主活动余地以及更多的相互交流的机会。在教学上应采用以下形式:

1. 讲座式:如讲座、上课等。

2. 集体活动式:如社会实践、小组合作交流、办摄影展览等。

五、课时安排

校本课程每周1课时,每学期10周左右。

六、教学评价

1. 学生评价

教师根据每个学生参加学习的态度进行评价,可分为"优秀""良好""一般""较差"记录,作为"优秀学生"评比条件。本课程不采用书面考试或考查的方式,但要作考勤评价记录。学生成果可通过社会实践、资料编写等形式展示,编写自己研究或熟悉的南京名桥,成绩优秀者可将其成果记入学生学籍档案内。

2. 教师评价

(1) 教师教学必须有计划、有进度、有教案,有考勤评价记录。

(2) 教师应按学校整体教学计划的要求,达到规定的课时与教学目标。

(3) 教师应保存学生的作品、资料及在活动、竞赛中取得的成绩资料。

(4) 教务处通过听课、查阅资料、调查访问等形式,每学期对教师考核,并记入业务档案。

七、开发保障

随着现代化建设的发展和素质教育的深化,校本课程的内容和形式将越来越丰富多样。在职教师能否适应与承担新课程的教学任务,已成为提高校本课程教学质量的关键。

1. 学校成立校本课程领导小组。

2. 大力扶植教师开发校本课程,根据学校的实际情况,尽可能地满足校本课程开发的需要。如场地安排、设施添置、资料购买、教师培训与对外交流等。

八、教材建设

为满足学生的需要,培养学生的创造精神和实践能力,校本课程的教材必不可少,老师以丰富的传统文化资料为基础,参考有关资料,自己动手编写教材,学校资助教材的刊印,保证校本课程的可持续发展。

附录:

"名桥美韵"活动主题框架

主题内容	单元总目标(阶段目标)	评价
主题一:和桥做朋友	单元总目标: 1. 尝试利用文献资料研究桥。 2. 初步学会文献收集、整理的基本方法。	
第一阶段:认识桥朋友	阶段目标: 1. 初步认识桥在生活中的应用。 2. 观察不同的桥,了解桥的基本结构。 3. 小组列出需要运用查资料来解决的问题,分析问题,明确文献查阅的方向。	**水平1:** 在查找与记录上需要较多的帮助。 **水平2:** 学生能够查找到所需的文献资料,但在分辨文献资料的有效性时缺少方向感,有记录意识。 **水平3:** 学生能够在大量的文献中分辨出与问题相关的信息,记录有条理,并能注明出处。
第二阶段:学会查资料	阶段目标: 1. 在范例学习中,经历文献研究的基本过程,归纳查资料的基本步骤。 2. 学会用一种以上的方法记录查找到的资料。 3. 学会用引号表明引用,以及做旁注的基本方法。 4. 能在众多的信息中分辨所需要的信息。 5. 能在文献资料的基础上生成新的问题,形成自己的观点,尝试对文献进行综合分析。	
第三阶段:桥梁交流会	阶段目标: 1. 能够通过资料的查找与分析形成自己的观点。 2. 能够区分他人的观点和自己的观点。 3. 学会利用公共图书馆。	

续　表

主题内容	单元总目标（阶段目标）	评价
主题二： **参观南京名桥**	单元总目标： 1. 能带着问题有目的地参观访问南京的桥。 2. 了解南京的桥的历史文化意义和价值。 3. 运用多种方式介绍南京的桥。	
第一阶段：带着目的参观	阶段目标： 1. 利用老师提供的景观导游图、观光宣传影片等资料，形成对南京的桥的初步了解和认知。 2. 结合自身经验，提出自己希望研究的问题，明确参观的目的。 3. 围绕研究的问题，收集资料，提出假设。 4. 确定参观重点，准备采访的问题。	**水平1**：在参观和访问中需要较多帮助。 **水平2**：学生可以在参观活动中，提出一些问题，也可以清晰地与老师、同学交流自己的参观成果，做简要记录，但缺乏独立分析思考。 **水平3**：学生能围绕主题提出问题，并能做详细记录，条理清晰，表达清楚。有自己的观点。
第二阶段：参观进行时	阶段目标： 1. 经历参观访问过程，能进行有重点的记录。 2. 能回顾行前的问题与假设，整理参观后的记录及感想，形成自己的看法或观点。	
第三阶段：参观成果交流	阶段目标： 1. 分享参观活动成果。 2. 反思成功与不足之处，归纳参观的方法。 3. 运用所学，策划日常参观活动，使参观变得更有目的和意义。 4. 能运用小报、影展、绘画或演讲等多种方式呈现参观访问的结果，介绍南京的桥文化。	

续　表

主题内容	单元总目标(阶段目标)	评价
主题三：校门口的人行天桥	单元总目标： 1. 经历问卷调查的基本过程，学会问卷调查的基本方法。 2. 尝试撰写问卷调查研究报告。 3. 学会对一个想法或观点进行论证。	
第一阶段：人行天桥的新发现	阶段目标： 1. 关注校门口人行天桥的现状，表达自己的观点和困惑。 2. 能够通过观察和资料分析，提出感兴趣的问题。 3. 能利用思维导图，对问题进行分析，发现问题之间的联系，确定需要通过问卷调查的方式研究的问题。	水平1：在进行问卷调查时需要较多的帮助。 水平2：学生能够通过范例比较，了解调查问卷的基本结构，但调查问题没能围绕主题，缺少方向感，有记录意识。 水平3：学生能够明确调查的具体内容和对象，模仿范例，练习问卷设计，反应灵敏，记录有条理。
第二阶段：尝试进行问卷调查	阶段目标： 1. 通过教师设计与实施问卷的过程示例，了解问卷调查法的要点及基本流程。 2. 通过范例比较，了解调查问卷的基本结构。 3. 明确调查的具体内容和对象，模仿范例，练习问卷设计。	
第三阶段：用事实说话	阶段目标： 1. 能够根据调查计划，在校门口范围内开展调查，收集不少于30个问卷样本。 2. 能够运用已掌握的数学知识统计问卷调查数据，并能用柱状图呈现数据结果。 3. 能够利用调查数据，对一个想法或观点加以论证，得出初步的调查结果。 4. 能根据调查结果，分析问题的现状，并提出建议或应对策略。 5. 能够撰写调查目的、调查过程、数据分析、基本结论等，并附问卷样卷的研究报告。	

续 表

主题内容	单元总目标(阶段目标)	评价
主题四:小小桥梁工程师	单元总目标: 1. 能绘制简单的图纸,并能依据图纸进行制作。 2. 了解材料的性质,能对材料进行必要的处理,并能正确使用简单的制作工具。 3. 能根据测试结果分析制作问题并调整,直至完成制作。	水平 1:能基本完成桥梁的绘图和制作,但在活动过程中需要老师、同学的过多帮助。
第一阶段:我的桥梁我做主	阶段目标: 1. 清楚地知道制作桥梁的任务,能围绕自制桥梁提出需要解决的问题和困难。 2. 能回顾各学科涉及的相关内容的学习经历。 3. 能将复杂的任务分解成较简单具体的子任务,并能分析它们之间的相互联系。	水平 2:能完成在活动过程中工具和材料的使用,完成学习过程中的桥梁使用记录单,但在设计图纸时缺乏目标要求,对工具和材料的选择依赖别人。
第二阶段:设计桥梁我能行	阶段目标: 1. 通过拆解、观察,感知作品的主要组件及制作材料。 2. 能根据制作需要,模仿绘制简单的图纸(包括材料、制作步骤和简单图例)。	
第三阶段:大家一起来制作	阶段目标: 1. 在制作中,了解材料的属性及加工处理方法,了解制作工具的使用。 2. 能选择适当的材料,依据图纸尺寸处理材料,运用简单的工具进行制作。 3. 能对制作情况依据图纸进行及时的反思与调整。	水平 3:能熟练完成活动过程中工具和材料的选择与使用,在学习过程中完成生成的小组制作问题单、记录单以及包含目标要求的图纸。
第四阶段:小小桥梁比试会	阶段目标: 1. 体验桥过车、桥载人的实验过程,归纳基本原理和技巧。 2. 能根据测试结果分析失败原因,进一步调整并完成比试活动。 3. 能分享制作、实验的经验与感受。	

续　表

主题内容	单元总目标(阶段目标)	评价
主题五:玩转桥梁——**桥梁游戏项目设计与实施**	单元总目标: 1. 能够围绕桥梁游戏活动项目,分组进行活动项目的设计与实施。 2. 能遵守已协商好的各项任务分工与安排,并切实完成分内工作。	**水平1:** 在桥梁游戏项目设计与实施中需要较多帮助。
第一阶段:我的活动我设计	阶段目标: 1. 明确项目设计的任务,将任务分解成具体的几项工作,并能对具体的工作进行简单的排序。 2. 能够围绕主要工作,提出问题和困难。 3. 能够和小组同学一起设计一项以桥为主题的集体活动项目。	**水平2:** 学生能够分组进行活动项目的设计与实施,没有进行协商各项任务的分工与安排。不能表达清楚自己的感受。
第二阶段:细致紧张的筹备	阶段目标: 1. 能够分组按照项目设计要求制订工作计划,开展筹备工作并填写小组工作计划有关部分。 2. 能够通过小组协商,承担活动项目的部分工作。	**水平3:** 学生能围绕主题分组进行活动项目的设计与实施,合作融洽。能表达在小组活动中自己的角色表现及感受。
第三阶段:小小桥梁游戏会	阶段目标: 1. 能够在教师的帮助下,在全体同学积极参与下,实施游戏活动项目。 2. 能表达在小组活动中自己的角色表现及感受。	

续 表

主题内容	单元总目标（阶段目标）	评价
主题六:"名桥节"来了	单元总目标： 1. 学会制订活动计划。 2. 具备参与团队自治活动的知识和能力,并能综合评估自己的能力。 3. 熟悉并尝试调度各种社会资源及支持系统,帮助自己及他人。 4. 在团队活动汇总,了解规则的制定,充分理解规则并严格按规则执行。	**水平 1：**在制订计划和参与团队自治活动中需要较多的帮助。 **水平 2：**学生能够查找到所需的相关信息,但在整理信息时,缺少方向性,有设计规划意识。 **水平 3：**学生能够在大量的信息中分辨出与问题相关的信息,通过合作完成一份完整的活动计划。
第一阶段:期待中的"名桥节"	阶段目标： 1. 能分享对桥的学习看法与期待,以及想和同学一起做的有意义的事。 2. 能根据共同收集的各种学校节日活动的信息,列出"名桥节"活动的基本要素。	
第二阶段:让期待成真	阶段目标： 1. 能够从时间、地点、条件、人员分工、具体活动任务等方面设计学校"名桥节"。 2. 能和全班同学一起共同商讨完成一份完整的活动计划。	
第三阶段:难忘的"名桥节"	阶段目标： 1. 熟悉并尝试调度各种社会资源及支持系统,尽力完成负责筹备的工作。 2. 能和全班同学共同实践事先计划好的活动,并以多种方式记录活动的过程,整理活动成果。 3. 能与家长（或学弟学妹）分享规划和举办"名桥节"的感受。	

续表

主题内容	单元总目标(阶段目标)	评价
主题七：**名桥小传记**（编辑一本关于桥的书）	单元总目标： 1. 通过观察、参观或访问，了解一本书的基本结构和编辑出版过程。 2. 围绕主题，收集、整理信息，经历用书籍的形式发布信息的过程。 3. 能遵守活动分工并负责完成分内工作。	
第一阶段：桥史知多少	阶段目标： 1. 明确本主题目标任务。能根据要求确定访谈对象。 2. 初步体验历史研究的方法。	**水平1**：在搜集资料、调查采访、小组合作等方面需要较多的帮助。
第二阶段：熟悉而陌生的"桥"书	阶段目标： 1. 了解书籍的基本结构。 2. 知道编辑一本书的基本步骤及主要工作流程。	**水平2**：学生能够通过观察、参观或访问查找到所需的相关信息，但缺少针对性，有合作意识。
第三阶段：我们编写桥的书	阶段目标： 1. 能确定小组编辑工作计划及分工，明确主要工作流程。 2. 能围绕本组主题收集信息，并按书籍编辑的需要整理信息。 3. 能小组分工合作完成本组所承担章节的文字编写、插图选取、审读校对、封面绘制、排版誊写(印制)等编辑工作。	**水平3**：能确定小组编辑工作计划及分工，明确主要工作流程。通过合作完成一本"桥"书。
第四阶段：我为长小留桥书	阶段目标： 1. 能围绕本组主题收集信息，并按书籍编辑的需要整理信息。 2. 能小组分工合作完成本组所承担章节的文字编写、插图选取、审读校对、封面绘制、排版誊写(印制)等编辑工作。 3. 在完成任务的过程中，能定期与小组成员协商，检查完成任务的进度，决定相关调整。 4. 完成书稿的编辑装订，经历赠书仪式。 5. 能说出在小组活动中自己的角色，以及自己的表现与体会。	

续表

主题内容	单元总目标(阶段目标)	评价
主题八:桥梁连接你我他	单元总目标: 1. 体验服务他人的充实与愉悦,能领悟帮助他人就是帮助自己的道理。 2. 能体会关心他人的意义,并学习照顾他人的态度与方法。 3. 探讨适合小学生能做的校园、社区服务工作,并进行实践体验。	水平 1:在调查采访、小组合作等方面需要较多的帮助。
第一阶段:搭建心灵桥	阶段目标: 1. 了解帮助或服务他人对个人和社会环境可能带来的影响,搭建心灵之桥。 2. 能够在老师的安排下,选择力所能及的服务项目。 3. 能规划服务的事项与时间,订立服务规则。 4. 小组设计并演示服务过程,学习服务工作的方法和技巧。	水平 2:能够在老师的安排下,选择力所能及的服务项目,组员合作完成一项服务工作,缺乏反思意识。
第二阶段:我们来服务	阶段目标: 1. 能与组员合作完成一项服务工作。 2. 能征询被服务者的意见和需求,分享接受别人服务和自己服务别人的感受。 3. 能反思活动过程中的困难和解决方法。	水平 3:能与组员合作完成服务工作,分享服务之后的感受,反思活动过程中的困难和解决方法。
第三阶段:爱心桥 人间情	阶段目标: 1. 在整个服务过程中,能做到"施者真诚,受者实惠"。 2. 能够按服务计划,落实服务行动,完成服务项目。 3. 乐于与同学交流服务他人的感受。 4. 能够至少坚持一周时间的"日行一善"活动。	

四、"课程小研究"分享

起初,老师们在校本课程实施方面存在以下问题:

第一,概念模糊。许多人对于校本课程开发的意义何在、校本课程发展需要确立什么样的教育理念以及课程的运行机制和条件、如何具体实施校本课程开发、如何建立校本课程的评价体系等却知之甚少,知之不深。

第二，定位过低。我国课程发展仍然是在"自上而下"的课程管理模式下进行的，因此，校本课程只是国家课程和地方课程的重要补充，并且从各类课程在课时上的比例看，学校的课程自主权是非常有限的，而包括课程标准、课程计划乃至教材在内的国家课程仍然是学校课程的主体。

第三，能力薄弱。教师的课程意识与课程开发能力薄弱，在影响校本课程实施的众多因素中，教师课程专业能力的发展是具有决定性的因素，换句话说，教师是发展校本课程的主体或主角。

第四，偏于技术。缺乏文化的重建，忽视了学校文化的创新。

针对老师们存在的问题，我校小课题俱乐部从2012年10月开始，陆续开展异彩纷呈的分享活动，加速校本课程的开发。

一是关注反思。定期在教师论坛和沙龙中汇报交流读书笔记与教学反思，老师们在反思中往往能够总结经验，找出不足，提出新的设想。

比如："国际视野比较下小学生足球活动开展的策略研究"在研究初期，老师们只是注重了足球技能的训练，继而关注足球游戏儿童化，经过这样的反复交流，又经专家指引，老师们认为足球活动开展还应加上接受足球文化的熏陶、增进对足球名人故事的了解，从而增强学生的足球意识与兴趣，促使技能、志向与意志的融合提升，加快足球新苗培养步伐，促进学生积极参与阳光体育锻炼，进而德智体全面发展；经过交流分享，老师们又展开了"国际视野比较下"的研究取向。因此，在分析学校外部和内部环境的基础上，针对本校、某年级或某班级的学生群体，优化编制、实施和评价各环节，从而形成了本校的校本课程。

二是关注磨课。反复的研讨和交流，使教师们关注课程实施的每一个细节，珍惜每一节课，心中常念常想着学生们的学习感受，也使教师们注重学习，善于沟通，贴近学生，钻研教材，优化了教学。

三是团队互助。各小团队针对学科教学中的问题，先进行团队研究（类似集体备课），启发教师要有问题意识、清楚自己教育教学的优势和劣势、明确自己在团队中的责任（如有关材料的查阅者、与其他团队交流的代表者、某个活动的演示者，等等），保证了成员间进行促进式的互动，并在互动过程中挖掘并调整内隐的实践性知识，促进团队成员共同成长。

五、"课程小研究"评价

课程评价是课程编制的一个重要环节，包括对课程目标、课程设计、课程实施的过程与结果,以及教材、课程政策等方面的诊断与分析。由于校本课程所具有的特殊属性,校本课程评价在具有一般课程评价特点的同时,又具有其自身的独特性。

课程评价是一个价值判断的过程。价值判断要求在事实描述的基础上,体现评价者的价值观念和主观愿望。不同的评价主体因其自身的需要和观念的不同对同一事物或活动会产生不同的判断。

课程评价的方式是多样的。它既可以是定量的方法,也可以是定性的方法,教育测试或测量只是其中的一种方法,并不代表课程评价的全部。

课程评价的对象包括"课程的计划、实施、结果等"诸种课程要素。所以,课程评价对象的范围很广,既包括课程计划本身,也包括参与课程实施的教师、学生、学校,还包括课程活动的结果,即学生和教师的发展。

校本课程的评价包括两个方面:

第一,对课程开发实施者的评价。主要应从以下几方面进行:一是学生选择的人数;二是学生实际接受的效果;三是领导与教师听课后的评价;四是学生问卷调查的结果;五是教师采取的授课方式及运用现代教育技术的情况。我校校本课程开发委员会从以上几个方面入手,研究各个方面分别应占多大的权重,最后把几个方面的因素综合起来考虑,形成对课程开发者的最终评价。

第二,对学生的评价。校本课程中对学生的评价主要采取学分制。学分的给定应考虑三方面的因素:一是学生学习该课程的学时总量,不同的学时给不同的分数;二是学生在学习过程中的表现,如态度、积极性、参与状况等,由任课教师综合考核后给出一定的分值;三是学习的客观效果,教师可采取适当的方式进行考核。我们认为,三方面因素中要以学生参与学习的学时量的考核为主,以过程与结果为辅,因此我校最终的学分给定是把三方面的因素综合起来考虑的。

对于老师来说,课程目标是帮助理解课程内容的纲要指导与进行教学设计的参考依据。对于学生来说,课程目标就是能力发展的指标,年段不同,能力发展的层次也不同,什么年段的孩子就应该用适合这个年段的目标要求去进行评价。所以说,课程目标是师生课程实施效果的共同评价依据。

在不断的课程实践中,我校教师的教学观念和行为都发生了很大的变化:首先是强调了学生的个性差异和个性发展;其次是教学活动更加注重对话、交流和沟通,让学生在探索——发现、体验——表达的架构下进行学习;再次是突出了学生的主体作用,强调在教学中要充分调动学生学习的自主性、能动性和创造性,主张教学应当引导学生主动地发挥潜能;最后是教师的角色产生了变化,过去,教师扮演的是"传道、授业、解惑"的角色,教师成了真理的拥有者和传播者,随着校本课程的研究实施,教师的课程意识日益增强,其角色也开始发生积极的变化,教师不仅仅是课程的实施者,逐渐成为课程的研究者、设计者和评价者。真正体现了课程是为了儿童的学习,为了儿童的发展而开发。

例如,我们在实施校本课程"名桥美韵"时,进行了阶段调控与及时反馈,采用以下方法:

1. 每月常规会诊。每月一次讨论学生对校本课程的反应情况,同时交流老师在教学过程的得失与经验,并且能够根据教学中所反映出来的一些问题进行阶段性的计划调整。

2. 定期专题会诊。一个单元的教学,或者说相对集中的一些教学内容教学结束以后,进行一次教学内容的可行性专题分析会诊。对我们所选择的教材是否符合学生的需要、兴趣与教学目标,进行一次讨论与交流。

3. 定时交互听课。听课,是一种最好的交流方法,老师彼此之间互相听课,可以更多地了解学生的反应,了解教材内容对学生的适应程度,为我们正确选择教材内容起到一个方向指引的作用。

4. 及时进行总结。对每一个阶段进行的教学,作为实验老师要及时总结自己在教学过程中所得到的成功经验与失败教训。对校本课程的实施与最后的教学效果,我们要再次进行评价。一方面是对教材与课程进行评价,另一方面是对学生学习校本课程的教学过程进行评价。我们遵循一点:多元化与多样化相结合的方法。

(本节编写:丁邦建)

第三节 "课程小研究"精彩叙事

叙事一:写字真好玩

【案例背景】

汉字的书写不仅是识字能力的培养,也是对孩子注意力专注的培养和文化内涵的渗透。《义务教育语文课程标准(2011年版)》(以下简称《课程标准》)中"教学建议"部分对写字教学提出了明确具体的要求——"每个学段都要指导学生写好汉字。"同时提出:"按照规范要求认真写好汉字是教学的基本要求,练字的过程也是学生性情、态度、审美趣味养成的过程。"(在1—3学段)"要在每天的语文课中安排10分钟,在教师指导下随堂练习,做到天天练"。李慧老师意在聚焦"玩"字,实行"好玩的"写字教学,从而激发学生的写字兴趣,提高写字效率。李慧老师在写字教学的实践中,逐步开发出自己的"写字小课程",下面是她进行写字教学实践的案例分享。

【案例描述】

一、写前准备要好玩

《课程标准》中指出:"写字教学要重视对学生写字姿势的指导,引导学生掌握基本的书写技能,养成良好的书写习惯。"叶圣陶先生说过"教育的重点在'育',所谓'育',就是培养良好的习惯"。从这个意义上也可以说,要指导学生写一手端端正正的字,也就是要培养学生良好的写字习惯。每当教学写字时,都会告诉孩子们"提笔便是练字时",因此适当的写前准备一定要做充分。但这并不是单纯枯燥地要求他们做到"身体坐正、握笔正确",而是通过一些好玩的韵律操或儿歌等形式来做好准备。

1. 写前练习手指操

写字教学开始前,我们都会跟着音乐先做手指操。在手指操的练习中,孩子们在愉快的情绪中学习写字,进而形成良好的写字习惯。而手指操音乐的伴奏,进一步丰富了写字教学的内容。每次写字前,孩子们特别开心并认真地练着手指操,做着标准的写字姿势,训练有序。孩子们在这样轻松愉悦的环境中,更加愿意并乐于学习写字。

2. 儿歌配合调整姿势

练习完手指操,放松身体和手指之后,开始写字前,需要开始调整坐姿和握笔姿势。而这时又可以配以好玩顺口的儿歌来促使动作更好地完成,比如调整坐姿时,孩子们异口同声地说:头正、肩平、臂开、身直、足安,每说一步便做到一步,之后再调整:眼离书本一尺远,胸离桌边一拳宽,手离笔尖有一寸。孩子们说着唱着,跟着做着,情绪很快调动起来。最后下笔前再调整握笔姿势,孩子们嘴里唱着:老大老二对对齐,中间留条小缝隙,老三下面来帮忙,老四老五往里藏,笔杆落在骨头上。欢快好玩的儿歌声中,孩子们已经做好了准备。在这样充分的准备之下,还怕写不好字吗?

二、写字游戏多好玩

对于低年级的孩子来说,游戏、猜谜、编顺口溜和讲故事总是深受学生喜爱的活动,能够很好地调动学生的积极性,引起学生的注意和思考,使学生处于主动学习的状态。汉字具有象形表意的特征,从汉字的外在形体出发,结合语境能探究汉字的字理字源。

1. 编故事

如学习城市简称歌时,学生对于城市的简称可以利用各种方法和城市的全称联系到一起。比如"山东"和"山西"的简称——"鲁"和"晋",可以这样将两个字编在一块儿方便记忆:"晋"字当中有个日,也就是太阳,在下面,那么太阳落在下面也就是太阳西下落在山的西面,当然"晋"就是"山西"了;而"鲁"这个字虽然日也在下面,可以这样来看,太阳正准备升起来,中间那条横就是地平线,太阳慢慢升起越过地平线升上天,那么太阳升起的方向就是山的东面,也就是说"鲁"对应的就是"山东"了。这样放在一起,孩子们一下子就记住了两个城市的简称。

2."结对子"和"抢座位"

这种玩法适合"音近字混淆"易错的字。由于学生储存的词汇量不足,一些读音相近的同音字使用时容易混淆,在词语搭配上容易出现张冠李戴的情况。如辨别"办"和"半",我们可采取这样的游戏方法。

教师首先引导学生通过字形结合字义来区分这两个字:"办事"的"办"意为办理、做事,中间一个"力",就是做事的时候需要付出努力,花力气来完成,两边各有一点,就好像做事花了力气很累流出了汗。"一半"的"半"意为二分之一,字形上看有两横两点,正好被中间一竖一切两半。接着发下练习纸,让学生同桌合作,利用工具书,进行"结对子"组词活动,找到词语对子最多的那组学生,上台进行实物投影展示,与全班交流。

然后可以进行"抢座位"填字游戏:星期天早晨,太阳才露出(　)边脸,我和爸爸妈妈就准备出门(　)事了。我们在路边等了(　)天,都没有等到一辆出租车,不知道怎么(　)才好。又过了一会,终于来了一辆出租车,司机是一位年过(　)百的大叔,听了我们着急要去的地方,爽快地说道:"这好(　),正好经过,上车吧,收你们(　)价!"今天可真是愉快的一天呀!

三、写字如"光"真好玩

古人造字时,把自己的道德标准、历史文化也融入了构字之中。教学生字时,还可以根据汉字的字理或组合规律,将汉字整理为一颗散发光芒的"汉字光球"来让学生练习,以此渗透汉字文化,激发兴趣。

如"日字光球",可以设计一颗发散四条光线、表示四种不同含义又有主题联系的"日字光球"字串来练习。① "日"的形近字,共两字:月、曰;② 在"日"的身上加一笔构成的新字,共9字:甲、由、白、田、目、旧、且、申、电;③ "日"做偏旁的字:早、星、是、时、旺等;④ 含有"日"的成语:日月如梭、日积月累、风和日丽、日新月异等。

四、写字会秀才好玩

这种玩法比较适合相同偏旁位于不同汉字内的不同位置的生字学习。如含有"车"的字的练习,就可以这么玩——

首先出示 , 认识古代的车,接着出示车的象形字 , 联系古文字,引导学生想象古文字中车厢、车辕、车轮俱全,形象逼真。再联想到现代字"车",车轮在现代字里基本已经找不到原型了,但学生又想象出两个车轮并成一个独轮,就好像中间那一竖。认识了"车"字以后,开始玩走秀游戏——

师:今天我们的 T 台上走来了一位新的模特,它就是"车"。现在"车"已经穿戴整齐,朝我们走来啦!

生:现在朝我们走来的是"轮",右边也读"lún",车轮,轮子。

生:现在"车"换了件衣服,变成了"轨",右边的"九"就像轨道一样有直有弯,长长的伸向远方。

生:"车"字再换新衣变成了"转",同"轮"一样左形右声,把东西转移到另一个地方,就好像右边的竖折折,转来转去。

生:"车"又换了一件衣服,变成了"输"。现在它长得和"偷"比较像,"输"就是用车用船把东西运走。

生:最后"车"变成了"载",这次换了一件特大号的衣服,自己躲在衣服底下,衣服太重把自己都压扁了一样,就是用车把东西装走,而且装得很多,都超出车子了。

学生在对字的形体上有了美的认识,产生强烈的书写愿望,写字时能够更加地投入,边写边想象,感受到汉字的韵味。

叙事二:二维码:助力纸塑造型创新出彩
——以校本综合课程"名桥美韵"的教学为例

【案例背景】

随着信息时代的到来,网络已成为学生进行研究性学习的重要工具,是学生获取信息的主要渠道之一。二维码作为一种新兴事物,因其广泛的社交功能、便捷的使用方法,很快融入了我们的生活。胥玥老师将二维码技术与我们的校本综合课程——"名桥美韵"的研究性学习有机"整合",引导学生利用二维码,解决新知建构和创新能力养成上的难点问题,借助二维码的力量,培养学生对信息的收集、整理、传输和表达的技能,更让他们学会了分享与展示,并逐步开发成校本课程"名桥美韵"的子课程"横扫天下之二维码",下面是胥老师的案例分享。

【案例描述】

2000年10月25日,陈至立在全国中小学信息技术教育工作会议上指出:"把信息及时与学科教学有机地结合起来,从根本上改变传统教和学的观念以及相应的学习目标、方法和评价手段",要"积极探索应用信息技术培养学生创新精神和实践能力的方法和途径"。针对五年级学生的年段特点和认知水平,结合《江苏省义务教育综合实践活动课程纲要》中强调的"回归生活、超越学科中心、鼓励动手实践、重视合作探究"的理念,本人以"扑克桥"作为活动的主题,请学生利用30张扑克牌和一卷胶带,制作一座完整的扑克桥(包括桥面和桥墩),要求:桥面长度不少于25 cm,宽度不少于3 cm,桥墩间距为20 cm。

[片段一] 炫酷二维码,激发搜集资料的意愿

在心理学中,兴趣被定义为个体因与活动相互作用而产生的一种积极的心理状态。学生刚接受任务时,无不信心满满,甚至有同学提出要"单打独斗",一人承担制作扑克桥的任务。可是,尝试的结果却不尽如人意,很多同学的扑克桥不合要求,更多的是徒劳无功。这时,大家才恍然大悟——搜集相关资料必不可少!

那么问题来了,即便分工,面对每位组员、每个小组搜集的海量资料,怎样才能做到快捷有效地交流呢?

打印?NO!太不环保了!

PPT展示?NO!太费时了!

炫酷的二维码是个好选择!

二维码作为新生事物,应用极为广泛,它可以存为电子图片,可以很方便地通过互联网、彩信等方式传播,只要利用手机,大家都可以实时交流关于制作扑克桥的资料了!

我们根据每组的意愿,分别请五个小组就形状、结构、桥的种类、扑克的连接、前人的研究成果这几个方面来搜集资料。

有同学在大组交流时这样说道：

> 我们把搜集来的关于形状的资料存储在二维码里，设计制作时随时扫、随时看，很方便。

> 本以为做扑克桥很简单，可动手才发现很难，因为要求只能用30张牌做桥，我们把注意力都放在如何让桥面更坚固上了，结果没有多余的材料做桥墩，这直接导致扑克桥不符合要求。

> 我们也知道要查资料再做更容易成功，可是网络太大，我太渺小，不知从哪儿下手才好。

> 二维码真是"神器"！我们组将搜集来的承重力知识全部归类，二维码一扫，一目了然，我们还能扫其他小组的二维码，快速了解桥的种类、不同结构建筑物的承重原理等，别提多酷了！

[**点评**] 作为素质教育的亮点课程，在综合实践活动过程中，学生并非直接性学习知识，而是"做中学"和"研中学"，是"抛锚式"的学习，是真实情境中的任务型综合学习，这是一种涵育素养、强调实践、重视过程、辅导方法的教育和教学。从最初的制作失败中，学生们自然而然地想找到解决问题的办法，在这种内驱力的指引下，大家的研究热情异常高涨。学生们通过课前体验，切身体会到搜集资料的重要性，并通过二维码集中整理、归类资料，使组内、组间的交流沟通更顺畅，为下一步研究做足了准备。

[片段二] 便捷二维码，传递沟通交流的素材

"文化是习得的，首先是一种特殊的生活方式的符号特质"。二维码能做备份应用，方便又顺应潮流。用手机轻轻一扫，各组的资料纷纷映入眼帘。各小组

完成"小组合作学习卡"就更方便啦！在交流时,大家各抒己见,在"试误"中学会反思,在反思中改进设计,再将小组的最终想法上传至网络,以二维码的形式备份应用。

生1：我是第一小组的资料员。通过扫二维码进入咱们的资料库可以了解到,三角形是很稳定的形状,很多建筑物都会应用它(请看图),所以,用在我们的扑克桥中一定很好,波浪形是由多个三角形构成的,用波浪形做桥面,桥上就有很多的三角形了。

生2：我是第一小组的制作员。感谢第三小组提供的关于结构的资料,我扫了他们的二维码。他们组的资料显示,大到长江大桥的桥墩,小到学校的走廊护栏都运用了圆柱形结构。可是,摆放很有讲究,它们都是垂直的！

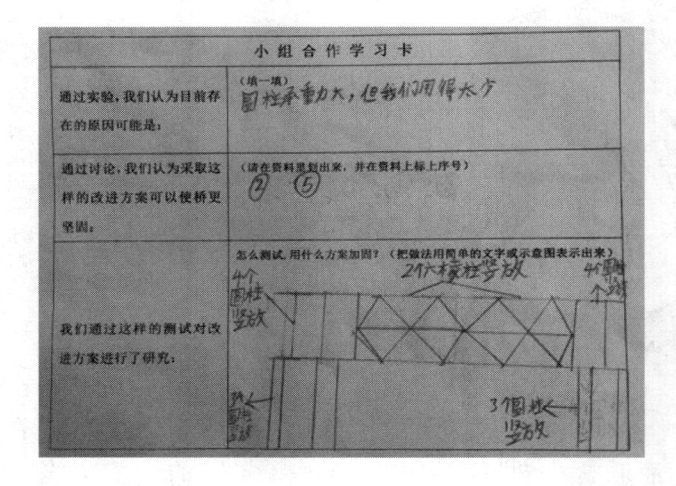

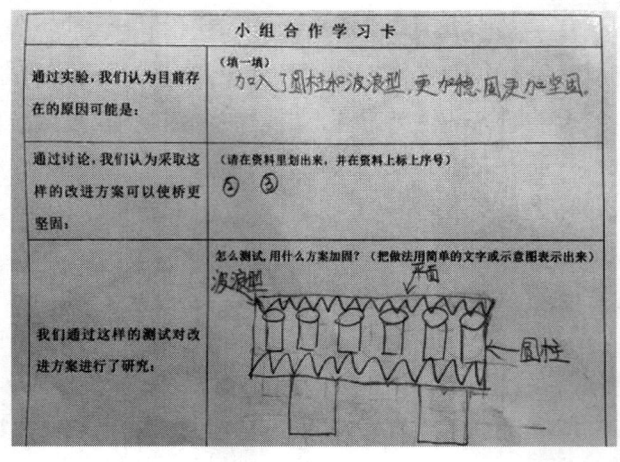

生3：所以，我和他先尝试做了两个圆柱形实验。水平摆放的圆柱形放了两个勾码就变形了，而垂直摆放的圆柱形放了一整盒勾码仍然纹丝不动。所以，我们认为扑克桥里要垂直摆放圆柱形。幸亏扫了第三小组的二维码，对我们的帮助太大了！

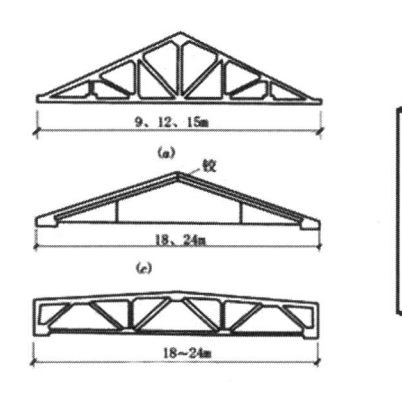

师：二维码的作用可真大！图文并茂、分类清晰，再加上咱们动手实践，果然非同凡响！

…… ……

[点评] 人人都是学习者。二维码为学生制造主动选择和分析的机会，当学生主动行动、乐于行动，并在行动中切实地选择、分析、内化时，教师的指导与学生接触到的材料就会成为学生沟通交流的素材。活动中，通过组与组之间互扫二维码，大家的信息得到及时的交流，思维得以碰撞，就提升了自主思维的认知力和判别力，增强了行为的针对性和有效性。

[片段三] 加密二维码，保证设计制作的安全

"一千个读者心中就有一千个哈姆雷特"，每一个行为主体对相同的事物现象都应产生不同的思维见解，这就是"求异性"。二维码是能加密的，它就像一把钥匙，像防伪标识，保证小组研究成果的秘密性。我们鼓励学生在设计扑克桥时，保证一定的机密性，以二维码的形式，实现组内人员的交流沟通。果然，每组的设计各有特点，有理有据，可谓百花齐放，千帆竞发。

生1：无论是数学课的学习还是生活中的发现都告诉我们，三角形是很牢固

的形状。于是,我们采用了扇形,它由很多个三角形组成,我们猜测,它非常牢固。那么,怎么把它用到我们的扑克桥上呢?我们进行了一系列的尝试。

生 2:我们进行了对比实验。首先,我们用两张扑克牌,折成折数相同的两个扇形,一个水平摆放,一个垂直摆放,通过手指轻轻地压,不难发现,垂直摆放的扇形更坚固。于是,我们决定,我们的扑克桥要用到垂直摆放的扇形。

生 3:后来,我们又想到,扇形的折数会不会也影响承重呢?于是,我们分别用一张扑克牌,一张折 8 下,一张折 16 下,都垂直摆放,实验发现,折 16 下的扇形不仅牢固,还更容易变换出我们想要的形状,所以,我们的扑克桥将使用折数较多的扇形。

[点评] 不管前人的理论学说是多么的有道理,后辈们在理解的同时还要加以自我的求异批判,当你能够充分证明这点时,那便成为你自己的东西,否则批判性思维的求异性便成了无本之木、无源之水。每组的组员都能在已有理论经验和制作"扑克零件"的小小尝试中,总结经验得失,最终敲定扑克桥的设计,十分了不起。就如《综合实践活动指导纲要(试行)》指出的那样,"每一个学生的个性发展都具有独特性、具体性,每一个学生都有自己的需要、兴趣和特长,都有自己的认知方式和学习方式,综合实践活动为每一个学生个性的充分发展创造了空间"。

[片段四] 海量二维码,展示创新桥梁的风采

二维码的容量很大,可以用图像点阵存储大量的数据。如,把一个系列的纸塑活动集锦存储在一起,大家可以借助专业软件阅读。这也使得学生在共享学习资源、过程之外,也能交流成果。无论是失败还是成功的扑克桥作品,都能在这个平台上展示,从而互相出谋划策、互相借鉴修正,甚至是利用这样一个数据库,做好研究性学习的组织管理工作。把教师与学生、学生与学生、专家与学生之间的讨论、访问、实验等过程和

成果都记录下来，便于师生的评价。(如图，这是小组成员共同讨论设计图纸的记录)

这是 A 组同学制作的扑克桥，来听听组员的制作反思吧：

> 我们扫了其他小组的二维码，深入了解后发现，我们的失误在于桥面下方的平面结构，圆柱固然牢固，但桥承受的力量全部集中在平面上，自然不牢固啊！

> 我们通过观察，发现生活中有很多的建筑物用到了圆柱形和三角形，比如说长江大桥的桥墩用到了圆柱形、凉亭的房顶用到了三角形结构……我们又通过查阅资料，发现垂直摆放的圆柱形更能承受重力，我们的扑克桥就用到了垂直摆放的圆柱形和三棱柱。可万万没想到，还没放几个钩码，桥就"软"了，太让人失望了！

下面是 B 组的扑克桥，他们的二维码被"扫一扫"的次数最多，来听一听他们的设计理念吧！

> 我们也扫了其他小组的二维码，看了很多不一样的设计，我们博取众家之长，用了垂直摆放的圆柱和三棱柱，不过，如果你扫了我们组的二维码一定会发现，我们有个制胜秘方——把三棱柱捆成一团，其中两个大柱子的一半建于桥墩的正上方，这个位置可以有效地分担承受的重力。

[**点评**] 小小的二维码，富含着极大的信息量。儿童成长的公式就是"成长＝经验＋反思"。这种教学方式能让学生实践独立思考，然后和大家进行交流，这为他们收放自如地在全班面前分享新收获奠定了基础。通过扫二维码互相比较，B 组的"拿来主义"让他们省了很多的工夫，使自己的制作更加完善，而 A 组也在 B 组的二维码中了解到"桥墩位置决定成败"的制胜关键。组员们把小组的制作过程和实验心得一一"存进"二维码里，利用二维码平台，将研究成果

展示给大家,形象、直观、丰富、新颖,有利于学生开展研究性学习,有利于培养学生的探索精神。

参考文献

[1] 陈至立.抓住机遇,加快发展,在中小学大力普及信息技术教育——在全国中小学信息及时教育工作会议上的报告[N].2000-10-25.

[2] 江苏省教育厅研制并签发.江苏省义务教育综合实践活动课程纲要(2014年版)[S].南京:江苏省教育厅,2014.

[3] [英]鲍尔德温.文化研究导论[M].陶东风,译.北京:高等教育出版社,2005.

[4] 陶行知.创造宣言[M].北京:人民教育出版社,1992.

备注说明:本案例系南京市第九期个人课题"纸塑造型'小制作'与'微视频'有机融合的案例研究"(编号:Ax0011)的阶段性成果。

叙事三:网络资源让"纸塑造型"趣效生辉

纸塑造型是孩子们着迷的活动课程,在制作过程中孩子会体会到创造的快乐,会看到一些普通的材料经过一番剪、折、粘、贴奇迹般地"活"了起来。手工制作还能促进眼和手的互相配合,加强神经系统发育完善。所以说孩子的手工活动培养是思考力的基本训练,越是培养美感,越能创造他们的聪明才智。朱玲老师据此开发了校本小课程"纸塑造型",以下是她的研究分享。

如何利用先进网络平台为手工制作活动助力。

1. 主题图片搜索开拓纸塑创意思路

美术的学习讲究"眼高手才能高",海量的优秀作品欣赏可以拓宽学生的眼界和思维,而现在孩子学习任务重,写完各项作业后已经无力再去书店或是图书馆翻阅大量手工书籍,所以有目的地在网络平台中检索相应主题的纸塑手工图片,节省了时间,提高了学习效率。

例如,在制作芭比连衣裙时,玲玲表现出了畏难情绪,当她和妈妈在网络中搜索到各种纸塑裙子图片资料的时候,学习兴趣便浓厚起来,原来生活中爷爷奶奶翻阅的一张报纸甚至我们不经意间丢弃的一根包扎带都能作为制作裙子的材料。

在网络中搜索图片资料时,可以下载喜欢的图片,并把它们按照制作材料分

类或按照难易程度排序,在图片的欣赏和分类的过程中定位自己制作的形式与风格,从制作的材料到裙子的造型,甚至最后的作品展示,网络图片都能刺激孩子无限的创意灵感,加之亲子合作,定能碰撞出更多的创意火花。

2. 网购纸材巧变"有米之炊"

俗语说:"巧妇难为无米之炊",孩子们对于手工的热爱超出成人的想象,但若没有材料或是材料单一,那么久而久之孩子们的兴趣就被磨灭,更可怕的是创意失能,我想这些一定是家长不愿看到的。家长工作繁忙,今天孩子要瓦楞纸,明天孩子要模卡纸,大后天又要别的材料,难以满足孩子"日新月异"的需求,所以家长自然而然会拒绝孩子的要求。可是万能的"淘宝"真的给我们准备了只有你想不到,没有你买不到的纸塑材料,在做纸塑手工活动中,每个孩子的创意不同,选择的材料自然也大相径庭,但家长们可以足不出户就满足孩子们的需求。

在学校举办的纸塑活动中,孩子们网购了常见的蜡光纸、卡纸、瓦楞纸,就连做模型用的模型卡纸和厚度不一的加厚牛皮卡纸也能根据自己所需要的厚度尺寸信息准确购买,所以纸塑作品最后呈现百花齐放的态势。

3. 二维码扫描优化纸塑评议形式

二维码作为一种新兴事物,因其广泛的社交功能、便捷的使用方法,很快融入了我们的生活,不仅可以通过二维码分享网址、文字、名片,还可以把立体作品图片做成二维码,分享之后只要别人拿手机扫描,就能看到这张图片。在美术课上,孩子们用超轻黏土制作的立体作品生动有趣,但携带和传看都不方便,若将作品拍成照片传到网络中,给自己的作品加上二维码,那么每一个孩子就可以回家用手机通过"扫一扫"的形式看到班级甚至全年级同学的作品,作品中还可以附上文字说明,让作品的欣赏更加详细深入。

生:大家好,我是×(×)班的某某,我和妈妈一起完成了纸塑灯罩作品,当成品出来后,我们打开灯的那一霎间,眼前一亮,好美!真的好有成就感,连妈妈都喜欢上和我一起做手工了。这次做的纸塑灯罩作品,让我更加喜欢上做手工,也认识到做手工思路很重要,一个作品要做出来,首先要在心里想好该怎么做,先把步骤写在纸上然后一步步地做下去,这样才省了很多不必要的浪费!现在这个纸塑的灯罩装饰品正挂在我的书架上,有时我会开上一会,在色彩斑斓的灯罩笼罩下,五彩的灯光亮起,五光十色,真美!

喜欢我的作品，就请扫描作品右下角的二维码，为我的作品点赞或是提出好建议，谢谢！

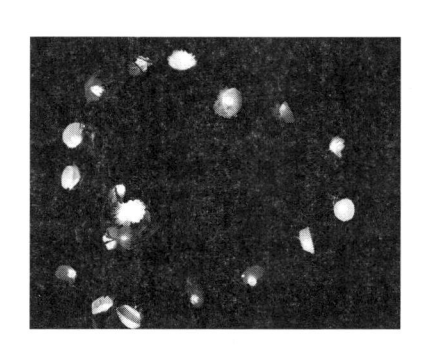

二维码制作过程如下：
（1）准备好作品图片，电脑要联网。
（2）进入二维码生成器网站，点击图片。

在网页上面的菜单栏中选择图片。

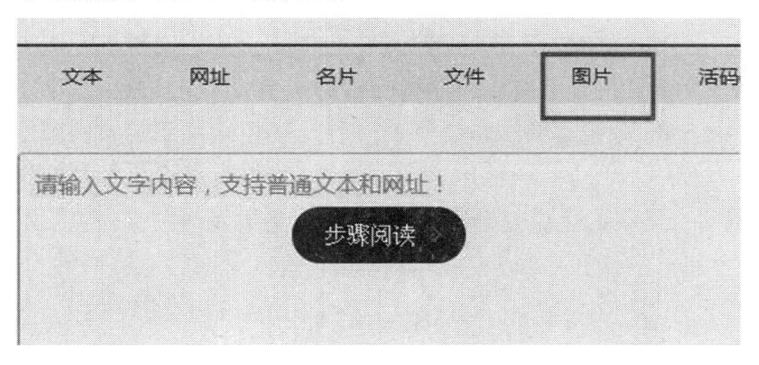

（3）上传作品图片，美术作品不建议压缩。

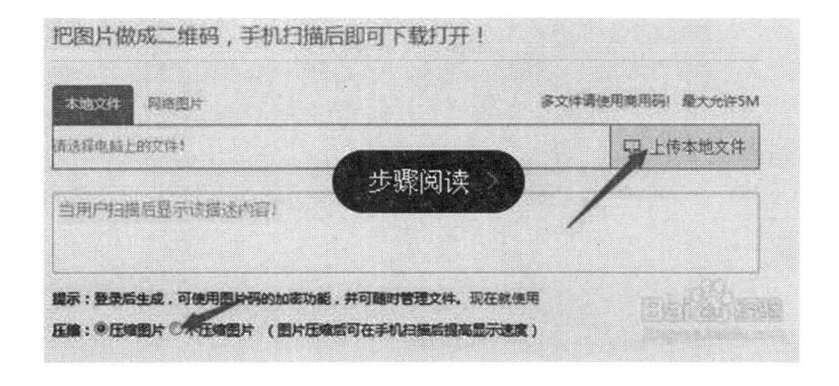

（4）输入图片的说明文字。然后点生成二维码。

（5）生成后，用手机扫一扫就能看到清晰的美术作品和详细的作品介绍了。

二维码给学生制造了主动选择和分析的机会，当学生主动行动、乐于行动，并在行动中选择、分析、内化时，教师的指导与学生接触到的材料就会成为学生沟通交流的素材。活动中，互扫二维码，学生在同学、家长与老师的指导下改进作品，在网络二维码的生生互动中，大家的信息得到及时的交流，思维得以碰撞，提升了自主思维的认知力和判别力，增强了行为的针对性和有效性。

参考文献

[1][英]戴维·路易斯.提高孩子智力的诀窍[M].曹燕萍,译.成都:四川少年儿童出版社,1992.

[2]方明.陶行知教育名篇[M].北京:教育科学出版社,2005.

[3]顾明远.核心素养:课程改革原动力[J].人民教育,2015(13).

注：本文是我校承担的南京市教育科学"十二五"规划课题"网络环境下小学生纸塑造型创新的实践研究"（编号：L/2015/335）的阶段性成果。

（本节编写：田田）

第五章　课堂小研究

第一节　我们的"课堂小研究"

一、小研究概述

1. 情境语文

情境教学是现在被广泛提及的教学方式之一，中外关于情境教学的理论与实践模式层出不穷，情境教学以其不断的理论和实践创新，在当今的教育领域显现出充足的活力和表现力。在我国，情境教学取得长足发展的阵地，是在语文教育中。自20世纪70年代末，李吉林老师在她的小学语文教学实践中提出情境教学的概念，到今天，我国的语文情境教学已经走过了40个年头，虽然语文教学流派不断涌现，但以我国传统语文教育为根基的情境教学仍有许多需要和值得挖掘的东西。

2. 活动数学

"活动数学"是指以学生参与数学活动为主要特征的一种教学实践方法。"活动数学"要求教师通过数学知识问题化、问题解决活动化，把数学知识转化为数学活动（包括思维活动和实践活动）；通过组织学生参与数学活动来解决数学问题，获取数学的基本活动经验、基础知识、基本技能和基本思想，全面提升学生的数学素养。

3. 文化英语

借用英语这一载体，学习者融入真实文化场景，通过参与课堂讨论，实现语言与文化两个层面的输出。通过教师对中国文化诸多方面全景式的展示和讲解,学习者深入浅出地梳理出中国文化的核心内容,领悟中华传统文化的丰富内涵,增强跨文化意识,提高思辨能力。

4. 美德育心

《中共中央国务院关于深化教育改革,全面推进素质教育的决定》明确指出要"加强学生的心理健康教育,培养学生坚韧不拔的意志,艰苦奋斗的精神,增强青少年适应社会生活的能力"。加强对中小学生进行心理健康教育是时代的呼唤、现实的需要,也是摆在广大教育工作者面前的一项全新的课题。

5. 快乐足球

在我国大力推行"阳光体育、快乐足球"背景下,小学体育将迎来一个崭新的时代。随着素质教育的深入开展、体育新课标的实施,学校体育教学活动形式和内容也越来越丰富。如何将足球活动融入学校的日常教学中,在各个年级利用何种形式广泛地、全面地推进足球文化建设,这一系列的问题都促使我们要马上行动起来,展开课题研究,进行课堂实践活动,为校园足球文化在小学的推广尽绵薄之力。

6. 造型艺术

以校本教材"纸塑造型"的开发为契机,在综合实践课程中进行纸塑作品的研究,培养了同学们的学习兴趣,提高了同学们的动手能力,提供给同学们一个创意无限的智慧大舞台,培养了同学们的空间思维能力和观察想象力。

有关"课堂之问"的市级"个人课题"汇总表

期号	课题名称	研究者
第二期	小班化语文课堂教学中小组合作学习与独立学习相结合的策略研究	方 铁
第三期	网络环境下主题型"语文综合性学习"的课例研究	戴 敏
第三期	小学阅读课堂词语教学的常见误区与有效对策	丁一丹
第三期	高年级语文"记事类导读促写"的课例研究	陈 静
第三期	小学中年级"紧扣课文重点词句,促进学生阅读感悟"课例研究	秦 雯
第三期	小学中年级数学"创设情境、化解难点"的课例研究	潘 宁
第三期	小学高年级学生数学预习的常见错误及有效对策	王俊峰

续表

期号	课题名称	研究者
第四期	小学语文教学中借助文本留白激活阅读教学的课例研究	方 轶
第四期	小学高年级"任务型"生活英语教学的课例研究	唐 洁
第四期	小学高年级生活作文心理活动细节指导有效策略的研究	张 园
第五期	小学低年级语文"巧用插图导读促说"的课例研究	李 慧
第六期	小学五年级数学教学"做中学"的指导策略研究	丁邦建
第六期	二年级概念教学中整合其他学科资源化解难点的课例研究	焦华明
第七期	以"悟"为核心小学低年级"听说读写"增效的课例研究	李 慧
第七期	小学低年级语文朗读教学的薄弱成因及研究	汤 莉
第八期	小学高年级生活作文心理活动细节指导的有效策略	张 园
第八期	小学语文阅读教学中开展有效师生对话课例研究	陈 阳
第九期	指导低年段小学生"绘本导读促说"的微课例研究	缪 莉
第九期	小学生数学自主验算能力培养的方法研究	李 颖
第九期	优化"具象思维",增效英语单元复习的案例研究	唐 洁
第九期	指导小学生信息技术"同伴互助学习"的实践研究	李长燕
第九期	小学数学教学渗透"数学思想方法"的微课例研究	丁邦建
第九期	指导小学生"精练""实用"语文课堂笔记的策略研究	虞敏文
第十期	导读非连续性文本提升小学生语用能力的案例研究	秦 雯

有关"课堂之问"的校级"个人课题"汇总表

序号	课题名称	研究者
1	"扣词句,深读悟"的课例研究	秦 雯
2	小学低年级"巧用插图导读促说"的课例研究	李 慧
3	高年级语文"记事类导读促写"的课例研究	陈 静
4	基于网络的五年级语文主题型"综合性学习"课例研究	戴 敏
5	小学高年级学生课外阅读常见误区及有效对策的实践研究	胥 玥
6	小语三年级"结合学生资源,优化阅读教学"的策略研究	刘 君
7	小学生课内外阅读衔接的案例研究——以长小某教学班为例的研究	徐 倩
8	小学低年级语文"字词句说写链"的微型课例研究	汤 莉

续 表

序号	课题名称	研究者
9	小学低年级"图式导说"激趣增效的案例研究	倪 巍
10	小学阅读课堂词语教学的常见误区及其有效对策	丁一丹
11	一年级趣味识字教学增效课堂的策略研究	李 萍
12	二年级概念教学中整合其他学科资源化解难点的课例研究	焦华明
13	小学低年级数学"链接生活、激趣增效"教学的片段研究	侯晓瑾
14	基于数学模型思想情境创设的教学课例研究	潘 宁
15	小学四年级数学计算题常错类型及成因研究	尹文文
16	小学高年级数学"创设生活情境,结合生活实践"的课例研究	翁 璟
17	"品社"课小学生"怕问忌探"的成因及对策研究	李 婷
18	在科学教学中培养小学生收集和分析信息的课例研究	胡祥海
19	信息课小组合作学习组织与运行的研究	李长燕
20	小学品社课"精设问题,有效对话"的误区与策略研究	李 婷
21	小学数学教学渗透"数学思想方法"的课例研究	丁邦建
22	小学英语教学中同伴互助策略的研究	唐 洁
23	基于核心素养的小学综合实践活动的课例研究	丁一丹
24	小学生"生活作文心理活动细节"的指导策略研究	张 园
25	以"悟"为核心小学低年级"听说读写"增效的课例研究	李 慧
26	小语阅读课"巧用方框留白,生成美丽细节"的策略研究	胥 玥
27	"画星星"——基于儿童立场的 Logo 语言教学一课研究	王苏明
28	巧用纸塑造型增效小学语文教学的实践研究	范佩蓉
29	指导小学生健美操训练的策略研究	刘 静
30	小学低年级绘本导读促说的课例研究	张 弦
31	小学语文阅读教学中开展有效的师生对话的策略研究	陈 阳
32	小学生数学自主验算能力的培养策略	李 颖
33	中年级小学生"课外阅读卡"的设计与使用的实践研究	刘 慧
34	小学低年级语文朗读教学的薄弱成因及对策研究	汤 莉
35	小学数学"错点"变"亮点"增效教学的细节研究	孙兴旺
36	小学语文阅读课堂中多媒体运用的常见误区和有效对策	魏良红

续 表

序号	课题名称	研究者
37	给汉字一个情境——主题情境的创设对科学认读教学的功能性研究	刘 君
38	指导小学生信息技术课堂"伙伴互助"学习的实践研究	李长燕
39	小学低年级语文儿歌教学的策略研究	缪 莉
40	小学低年级学生写字教学有效性策略研究	孙 星
41	汉字造字规律在小学教学中有效应用的研究	刘 栋
42	小学科学课孕育核心素养之发展学生思维能力的课例研究	胡祥海
43	体育课培养小学生"安全防护意识"的方法研究	沈维文
44	高年级小语课文拓展性阅读的案例研究	秦 雯
45	小学英语教师课堂教学用语水平发展的策略研究	陈 静
46	小学生"数学错题集"的有效利用	胡 薇
47	一年级数学错题资源利用研究	侯晓瑾
48	小学高年级学生数学预习的常见错误及有效对策	王俊峰

二、典型课题分享

1. 小学五年级数学教学"做中学"的指导策略研究

本课题是在新课程理念的指导下,依据《数学学习理论》,在小学五年级数学课堂教学中,针对转化小学生操作动手能力培养的弊端,通过梳理出"做中学"的误区,结合对课堂教学课例的反思,从而总结出小学五年级数学课"做中学"误区形成的主要原因,找出"做中学"的指导策略,提高"做中学"的效果,让学生以动手操作、实践探究为主要学习方式,寻求问题解决动态生成的有效实施,促使学生动手实践能力得到提高,发现探悟数学学习的方法,旨在培养小学生体验、感悟数学的智能与情感,促进数学素养及数学教学质量的提升。

2. "品社"课小学生"怕问忌探"的成因及对策研究

本课题研究是在新课程理念的指导下,基于培养小学生上课"会问乐探"的能力,从反面切入,结合自己担任的品德与社会课教学工作,通过调查、归类,总结出小学生在品德与社会课"问题探究"式教学中"怕问忌探"行为表现特点的常见误区,分析其形成的内心深处的主要诱因及其他原因,为研制有的放矢的对策提供依据，促进"品社课"乃至其他课"问题探究"式教学的深入实施，有利于进一步培养小学生的探究创新精神与实践综合能力，有利于小学生良好道德品质的形成和日常行为规范的养成。

3. 小学中年级数学作业常见错例分析研究

本课题是在现代先进教育理论的指导下，依据《数学课程标准》的要求，在小学数学教学实践中，针对学生出现的易错题型的类型以及成因，找出提高学生做题正确率的途径及方法，旨在达到有效提高每位学生的综合素质，推动其个性化优势及其特质不断主动健康发展，推动教师智慧指导学生的计算技能为重点的专业化成长与数学课堂教学效益不断提升的目的。

4. 小学语文阅读教学中开展有效的师生对话的策略研究

本课题是在《义务教育语文课程标准（2011 年版）》以及现代教育理论的指导下，结合本人长期在中高年级执教经验，以"阅读教学中开展师生有效对话"为切入点和突破口，考察小学阅读教学中师生对话的现状，并对其存在的弊端和解决途径进行研究，探索出教学中师生开展有效对话的策略，摒弃虚假对话和形式对话，提高师生对话的实效性，以促进小学语文阅读教学走向高效。同时通过"有效对话"策略的探索，促进学生语文能力的提高以及教师专业素养的提升。

5. 以"悟"为核心小学低年级"听说读写"增效的课例研究

本课题是在现代先进教育理论的指导下，依据《语文课程标准》的要求，在小学语文教学实践中，以感悟为中心，探索将"听""说""读""写"有机结合在一起，使之彼此之间相互影响、相互促进，从而最终构成一个和谐发展的整体的途径及方法，实现"接收"与"表达"二者之间的和谐共生，旨在达到有效提高每位学生的听说读写能力为重点的语文素养及综合素质，推动其个性化优势及其特质不断主动健康发展，推动教师智慧指导听说读写技能为重点的专业化成长与语文课堂教学效益不断提升的目的。

6. 小学英语教学中同伴互助策略的研究

本课题是在新课程理念的指导下，依据《义务教育英语课程标准（一）（2011 年版）》的要求，积极探索小学生英语教学中同伴互助策略的研究，旨在激发学生的英语学习兴趣，培养学生良好的英语学习习惯，提高学生英语学习的能力和学习效率。通过同伴互助促进小学生的英语学习，促进教师导学水平与专业化成长的相应提升。

7. 小学阅读课堂词语教学的常见误区及其有效对策

本课题研究是在新课程理念的指导下,依据《全日制九年义务教育语文课程标准(实验稿)》的要求,为落实小学语文教学是"指导学生正确地理解和运用祖国语文"这一根本任务,作为教师将尝试去探讨如何挖掘教材、学生乃至教师自身的潜力,来努力达到这一目标。让学生用自己的感官和心灵去触摸语言文字,用自己的情感体验去观照语言文字,做到朴实、扎实、灵动、有趣的词语教学。

8. 小学低年级"巧用插图导读促说"的课例研究

本课题研究是在新课程理念的指导下,依据《全日制九年义务教育语文课程标准(实验稿)》的要求,探索基于"插图"所具有的趣味、直观、情节、连贯、启思等功能,采用课堂教学案例研究的形式,以语文课文的"插图"为载体,通过"导读"促说的方式,切实促进低年级小学生"看图阅读、领悟乐说"的能力以及其语文素养与综合素质的相应提升,同时促进语文教学质量的相应提升。

9. 中年级小学生"课外阅读卡"设计与使用的实践研究

本课题研究是在新课程理念的指导下,依据《全日制九年义务教育语文课程标准(实验稿)》的要求,积极探索中年级小学生"课外阅读记录卡"设计与使用的实践研究,旨在激发学生的课外阅读兴趣,强化课内外阅读的衔接,培养学生课外阅读的良好习惯,提高学生课外阅读的质量。促进小学生"以阅读能力为主"的语文素养的相应提升。

10. 小学高年级学生课外阅读常见误区及有效对策的实践研究

本课题旨在发现小学高年级学生在课外阅读时出现的常见误区,通过调查研究的方式找出学生产生读书误区的主要原因,教师及时调整教育手法,再通过有效的指导、引导,帮助其走出误区,从而激发学生的阅读兴趣,提高他们的阅读能力,扩大阅读量,使学生能够更加积极、主动、愉悦地投入到课外阅读中,真正做到乐读、想读、会读。

11. 二年级概念教学中整合其他学科资源化解难点的课例研究

本课题在现代先进教育理念的指导下,依据《数学课程标准》的要求,在小学数学课堂教学中,选择特定具体的教学内容,积极探索小学数学与其他学科整合的有效途径,深入寻求"从个别(即典型课例)到一般"的"整合"规律。旨在根据学生的认识规律研究数学教学与其他学科整合的问题,打破传统的学科限制,允许在数学课程内容中研究与数学有关的其他问题,同时从这些学科的问题中找到应用数学的广阔途径,理解数学的丰富内涵,吸收丰富的营养,进而使学生获得对数学理解的同时,在思维能力、情感态度、价值观等多方面得到进步和发展。另外,通过数学教学中整合其他学科资源可以向学生展示丰富的、典型的具体经验和感性材料,突出观察点,揭示现象的本质,揭示事物的内在联系,减少学生观察上的困难,引导学生深入思考,恰到好处地突出教学重点,攻克教学难点,提高学生学习兴趣,使课堂教学得到优化。

12. "扣词句,深读悟"的课例研究

本课题的主旨是:在现代先进教育理念与《语文课程标准》的指导下,在小学中年级语文课堂阅读教学中,教师指导学生牢牢抓住体现本篇课文内容与中心的主要词语与句子,促进学生细读、品读文本,有所感触而领悟内涵,体会思想感情,提高阅读能力,滋润生命成长;在此基础上,通过对该篇课文的教前设计、教中实施、教后总结,进行较为深入、主题突出(指"紧扣……词句,促进……感悟")的教学案例研究及反思,从而达到抓点带面、深化阅读教学、提高学生语文素养与课堂教学效果的目的。

13. "画星星"——基于儿童立场的 Logo 语言教学一课研究

本课题在教育理论的指导下,依据《江苏省义务教育阶段信息技术课程指导纲要》的要求,在小学信息技术 Logo 语言模块的教学实践中,从儿童立场出发,以《画星星》一课为例,拟从"三种"问题出发,探究基于儿童立场的 Logo 语言教学策略在教学实践中的应用方法。

14. 高年级语文"记事类导读促写"的课例研究

本课题旨在在新课程理念的指导下,在小学高年级语文教学中,探索教师指导学生细读、品读、研读"记事类"的某篇课文,引导学生领会、感悟、迁移、运用,进而促进其同类文章撰写能力的提升,并深入寻求"从典型个别课例到记事类别"的课文"导读促写"的教学规律,以促进小学生以读写为主的语文素养、教师教学多种能力与语文(重点是阅读与写作)教学质量的相应提升。

15. 基于网络的五年级语文主题型"综合性学习"课例研究

本课题在现代先进教育理论的指导下,依据语文课程标准的要求,在小学五年级语文教学中,选择"围绕某一健康向上的中心思想",以语文学科为依托,积极开发并利用校园网或互联网的资源优势,以活动为主要形式,探索走向综合性、开放性、实践性、生活化、个性化的"网络环境下主题型语文综合性学习"课堂教学,从其课前设计、课中实施,到课后反思进行典型的精致化研究,以便对改进同类课型有所借鉴,旨在促进学生在感兴趣的自主活动中全面提高语文素养,培养学生主动探究、团结合作、勇于创新的精神。

16. 小语三年级"结合学生资源,优化阅读教学"的策略研究

本课题拟在新课标理念的指引下,在小学中年级语文阅读常态教学中,结合学生可利用的资源,探索教师在阅读教学中升华个体感悟,寻求最佳导学方式、方法,从而唤醒学生对语言文字的体会,升华个人感悟,提高其对阅读的兴趣以及自我感悟,达到有效生成精彩、闪光环节的活力语文课堂状态,旨在激趣增效课堂教学。

17. 小学语文批注式阅读教学的误区与对策研究

本课题在现代先进教育理论的指导下,依据《语文课程标准》的要求,在小学语文教学实践中,以批注式教学为中心,探索将"听""说""读""写"有机结合在一起,使之彼此之间相互影响、相互促进,最终构成一个和谐发展的整体的途径及方法,从而实现"感悟"与"表达"二者之间的和谐共生,旨在达到有效提高每位学生的批注能力为重点的语文素养及综合素质,推动其个性化优势及其特质得到不断主动健康发展,推动教师智慧指导学生批注式阅读技能为重点的专业化成长与语文课堂教学效益不断提升的目的。

18. 小学四年级数学计算题常错类型及成因研究

新课程标准中要求学生在计算方面达到"熟练""正确""会"三个层次。而我们的学生在做计算题时往往会出现这样或是那样的错误,造成计算题正确率不高。根据这一现状,本课题以小学四年级学生为例,从几个方面研究造成学生计算出错的主要原因,进而改进教师的教学,使学生避免一些常犯的错误,从而具备扎实的计算能力。

19. 小学生"生活作文心理活动细节"的指导策略研究

本课题在新课程理念和生活教育理论的指导下,针对小学高年级学生作文内容单调、虚假、说套话、缺乏真情实感的现象,教师注重生活作文心理活动细节描写的指导,有助于学生掌握描写心理活动的写作方法,学会表达思想,写出有真情实感的作文。从而激起学生写作动机,使他们乐写、想写,从动机走向目的,并促进学生的自我心理调节、自我心理监护、自我心理反思等能力的提升,进而充分发挥自我心理教育的作用。

20. 小学高年级学生数学预习的常见错误及有效对策

依据《数学课程标准》的要求：人人学有价值的数学，数学教学活动必须建立在学生的旧知与先前的经验基础上，针对学生课前预先自学数学环节中的"数学不用预习""不会预习""预习就是做题"等常见错误认识与做法，分析形成的原因，探索"明确数学预习的认识、优化数学预习的方法、培养数学预习的习惯、提高数学预习的能力"等各种有效应对的良好策略，旨在促进小学生数学预习水平、多项数学素养与数学教学质量的相应提升。

（本节编写：潘宁）

第二节 "课堂小研究"过程掠影

一、正能量的读书交流会

读书交流会是一种拓宽视野和宏观思维，交流知识，提升生活质量的活动；是让有共同兴趣爱好的人体会在生活、工作中学习，在思维运转中成长，在彼此交流中精进的平台。我校举办的读书会是让学校中有共同兴趣爱好的老师，每隔两周产生一次高质量的思维碰撞的活动。

要举办好读书交流会，首先要明确举办的意义和目的。教学是一种高度创造性的劳动，是教师们永远说不完的话题。教学是教师心目中最高雅的艺术。因此，从教学实践着眼，围绕典型教学案例深入剖析、研究问题，在思想碰撞中升华教育思想和专业能力，是教师读书交流的重要内容。教师要走出发展的"高原期"，要树立终身学习的理念，既要学习教育理论，又要掌握教育技能，还要发展合作意识。合作不仅仅是一种学习方式，也是现代教师素养的一种表现，合作能改变教师彼此之间的孤立与封闭现状，形成平等、合作的共同体，创设交流、合作、研究的氛围。

例如，我校 L 老师在承办读书交流会时的精彩片段。

世界级的心理学大师理查德·怀斯曼在《正能量》一书中提到：正能量是指一切予以人向上和希望，促使人不断追求，让生活变得圆满幸福的动力和情感。

分清"正能量"和"负能量",能把学生的负能量转化成正能量的教育才是成功的教育。在教育教学中,许多老师往往分不清什么是正能量、什么是负能量。在教育中,教师经常利用不适当奖励作为鼓励学生的方式,其实这样的奖励恰恰是一种负能量。艾尔菲·科恩在其《用奖励来处罚》一书中,通过大量的证据分类说明了不适当的奖励的负面作用,认为它甚至阻挡了正面能量流向我们。这种奖励说的是庸俗的物质奖励。在教育中教师需要做的是让孩子体会到学习的兴趣,兴趣是最好的老师,引发兴趣也是激发正能量的最好方式。尹建莉老师在《好妈妈胜过好老师》一书中提到:应该让儿童感觉到阅读是件有趣的事情,除了有趣没有任何其他目的。恰是这种"没有任何其他目的",才能让孩子喜爱这项活动。同时教师也要有欣赏的眼光,欣赏优点的同时正确看待孩子的缺点,你看他总是用"像牛顿一样"的眼光,他就会真的越来越像牛顿。

在言传身教中传递。陶行知说:"修身伦理一类的学问,最应注意的,在乎实行。"知行一致,教育的能量将叠加裂变,不令而行。说一套做一套,言行不一,教育就会成为空壳和摆设,成为一文不值的敝屣,形成恶风,伤害教育,毁败人生。当代心理学大师詹姆斯通过研究人的行为发现:人们微笑从来不是因为他们快乐;相反,人们感到快乐是因为他们在微笑。而积极的行为更能传递内心的正能量。小学阶段,学生的模仿能力强,教师是学生模仿的对象。教师的一言一行都会对孩子的行为活动产生直接的影响。俗话说,什么样的学生,才会有什么样的老师。学生的某些行为就是教师的影子。如果老师能做到走得直、行得正、坐得端,那么学生也会仿效。在平时的教学和班级管理中,教育者要做到言传身教,只有向学生传递这些正面的、积极的言语和行为,学生才能做到言行一致。

正能量是教育之利器,也是教育之魅力所在。具有正能量的教师把"积极向上的种子"播撒在所有学生的心中,如沸水中的茶叶绽放,既温润了自身,又在沸水中释放脉脉清香,感染、启迪、陶冶了更多的人,让教育的正能量不断传递出去,温暖一个又一个孩子的心灵,使他们成为一道道最美丽的风景。

读书交流会中体现出教师的主体性、交往性、实践性,在活动中体现出和谐与平等,在交流中体现出真诚与真实,从活动中沉淀教师的思想,发展教师的专业,从而实现教师在实践中研究、在研究中探索、在探索中传递,真正达到共享、共赢、共发展的团队目标。

二、接地气的专家引领

教师的专业化发展,既需要内部动力,也需要外部动力,两种动力的结合才会建构完美。提供学习机会是给教师最大的福利。自创办小课题俱乐部以来,我们在引领和服务教师学习蜕变中,本着"为教师成长提供服务、让教师体验成长快乐、让教师享受职业幸福"的美好初衷,着力发展教师的内在动力:基于教师现实问题、内在需求,建立专家顾问组,既有不定期来校的专家,也有每周或隔周或每月来一次的教(科)研顾问。为了让教师与专家零距离接触、与名师面对面交流、与新秀无保留切磋,第一,我们聘请专家、本集团名师及省市区科研教研专家开设专题讲座,答疑解惑;第二,通过举办名师工作室"每月一课""教学开放日"等活动,教师与专家、顾问一起"问诊"课堂;第三,我们积极邀请进修学校教研员、专家与本校青年教师结成师徒,为教师发展提供专业支持;第四,在小课题俱乐部中,建立"领头雁"小团队(骨干教师导师制),重视随堂听课、评课,并与教师面对面进行课堂教学研究,增强与教师的信息交流和沟通,促进教师间的以老带新、互助互学,实现全体教师的共同发展。

三、超实用的经验分享

成立小课题俱乐部,其目的是为了提高全校教师的教育教学理论水平和综合素质,促进教师的专业成长及教育观念的转变,激发教师的学习热情和参与研究的兴趣,增强教师驾驭教材的能力和运用现代教育理论的意识,使教师能充分运用现代化教育手段进行教育教学活动,实现教师角色的转变和课堂教学的优化。

要实现教师角色的转变,经验分享是助推教师成长的有效手段。我们每学期开展"经验交流分享"活动,老师们把根据自己研究的小课题撰写的论文与全校教师进行交流分享,展开思维的碰撞。研讨活动激发了教师进一步探索研究的内驱力,有效地点燃了全校教师自主研究的热情。我校还经常举行小团队经验交流分享,组织小课题小团队教师交流团队建设经验和小课题研究心得,使每个小团队之间交流经验,课题成果得以共享和推广,从而也使小团队中的每位教师都体验到成功感,增强投身教科研的信心。

例如:Y 主任分享了她教科研成长之路。

Y 主任以"问题 觉悟 成长——一个青年教师的科研成长之路"为题,从自己成长的视角,将科研方法、论文撰写与课题研究恰到好处地融于一处。"课题研究是论文的前提,论文是课题研究的结晶。"这是 Y 主任开篇提出的对课题研究与论文撰写两者关系的定位和理解。在讲座中,她围绕"好文章是'逼'出来的""好论文是'做'出来的""好思想是'借'出来的""好想法是'悟'出来的"四个观点,以她近几年来参加市级个人小课题的历程,讲述了如何从平时的教学中捕捉写作的"点",展开构思,提升思想。整个讲座过程,在 Y 主任娓娓道来的故事式叙述中,青年老师们感受到了振奋的力量以及灵动的智慧。老师们既感知了 Y 主任在科研方面的悟性与灵性,更感受到她对科研的有心、用心与专心。老师们听得极为认真,记得尤其仔细。

一个小时的讲座,给老师们的启发良多。相信只要有执着的精神,善于从教学中发现问题、研究问题,那么就自然铸成了我们的课题研究活动。而科研论文,也就是水到渠成的事了!

(本节编写:潘宁)

第三节 "课堂小研究"精彩叙事

弹好"算理弦",唱响"验算曲"
——以"稍复杂的分数实际问题"教学为例

【案例背景】

本学期,我在校外研修听到一节三(上)的"解决问题的策略"一课,执教老师在让学生自主探索验算这一环节时耗时很多,效率不高。由此可见,现在小学生普遍对于实际问题验算的意识不强、方法不会。的确,在小学数学教学中,学生在处理验算环节时多抱着畏繁应付的态度,验算时存在"重算法轻算理""重计算轻验算"的现象。从近几年的教材编写来看,课标更重视学生实际问题的回顾与反思过程,对学生的实际问题的自主验算提出了具体的要求。但在实际教学中,教师通常注重例题提出的验算要求,对验算方法很少进行深入探究,在之后的练习中往往会淡化验算这一环节,因而导致学生验算意识薄弱、验算能力不强。究竟如何提高小学生自主验算实际问题的能力,我以六年级"稍复杂的分数实际问题"为例展开了探索。

【案例回顾】

说出算理,自主探索验算

1. 师出示例题:岭南小学六年级有 45 个同学参加学校运动会,其中男运动员占 $\frac{5}{9}$。女运动员有多少人?

提问:想一想,这个分数实际问题能用一步列式解决吗?

揭题:这就是我们今天学习的稍复杂的分数乘法实际问题。

2. 学生借助线段图,分析数量关系式,自主探索解法,全班汇报交流,师相应板书数量关系式,形成下列板书:

总人数−男生人数=女生人数	总人数×女生分率=女生人数	每份人数×女生份数=女生人数
$45-45\times\frac{5}{9}$ $=45-25$ $=20$(人)	$45\times(1-\frac{5}{9})$ $=45\times\frac{4}{9}$ $=20$(人)	$45\div9\times(9-5)$ $=5\times4$ $=20$(人)

3. 比一比这几种解法之间有什么共同之处?

生:我认为第 2 种和第 3 种是类似的, $45\times\frac{5}{9}=45\div9\times4$,这两种方法都是先算每份有多少人。

师:说得真棒!理解得真透彻!

4. 师:同学们,我们通过自主思考全班交流解答了这个问题,那这道题我们做对了吗?你有方法进行验算吗?

自己想一想,写一写,和同伴说一说这么验算的道理。

生1:我认为这道题我们做对了,因为我们用了 3 种不同的方法解决问题,都算出女生有 20 人,所以我认为答案是正确的。

师:没错,一题多解的确是验算实际问题的一种方法。像这样,其中的一种解法作为解答,其余几种解法就作为验算方法,师相应贴图补充板书:

$$45-45\times\frac{5}{9}$$
$$=45-25$$
$$=20(人)$$

验算1：$45\times\left(1-\frac{5}{9}\right)$
$$=45\times\frac{4}{9}$$
$$=20(人)$$

验算2：$45\div9\times(9-5)$
$$=5\times4$$
$$=20(人)$$

5.师：谁来结合题目和线段图具体解释一下这两种验算思路？要说清这么算的道理哦！

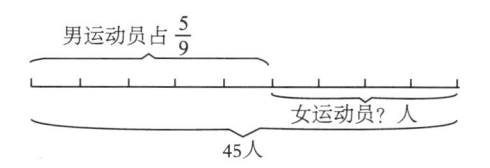

男运动员占 $\frac{5}{9}$

女运动员？人

45人

生2：我认为从线段图中可以直接看出女生人数占 $\frac{4}{9}$，再用总人数乘 $\frac{4}{9}$ 就是女生人数。计算出女生人数是 20 人，和原来解法计算结果一样，说明是正确的。

师再问：你们听明白了吗？那这第2种验算思路呢？

生3：从线段图中可以知道总人数45人平均分成9份，每份是5人，男生占9份中的5份，女生占4份。可以先求一份有多少人，再乘4，答案也是20人。

师：说得很好，思路很清晰。

交流方法，比较异同验算

1.师追问：但这几种方法是集合了全班同学的智慧，可能不是所有的实际问题我们都能想出多种方法来验算，想一想还有没有其他的验算方法呢？

师指出：通常，我们可以把算出的结果女生20人当作条件去检验题目中原来的条件，来验算解答结果是否正确。试试看，再和你的同伴交流一下验算思路。

生独立探究验算方法，师巡视指导。

2.师：谁来分享你的验算方法？其余同学仔细听，看看有没有补充。

（展台展示）

生1：我先计算出女生分率，再用女生人数除以女生分率看看结果是否等于总人数45人。

验算 3：$1-\dfrac{5}{9}=\dfrac{4}{9}$

$20\div\dfrac{4}{9}=20\times\dfrac{9}{4}=45$（人）

生 2：我先用总人数减去女生人数求出男生人数，再看看男生是否占 $\dfrac{5}{9}$。

验算 4：$45-20=25$（人）

$25\div45=\dfrac{5}{9}$

生 3：我先根据总人数和女生人数求出男生人数，再看看男、女生人数的比是否是 5：4。

验算 5：$45-20=25$（人）

$25：20=5：4=\dfrac{5}{4}$

3. 师：回顾一下这么多验算方法，你能说说我们该怎么验算实际问题吗？

生 1：可以想出另一种方法解答，看两种方法的解答结果是否一样。

生 2：如果我们想不出第 2 种解法，我们也可以把解答结果当作已知条件，代回原题去检验已知的一个原始条件。

师：说得真好，我们也可以把解答结果代回原题去检验中间条件。

拉动思维，助力快速验算

我练习

印刷厂两天用纸 $\dfrac{4}{5}$ 吨，其中 $\dfrac{3}{8}$ 是第一天用的。第二天用了多少吨？

$\dfrac{4}{5}-\dfrac{4}{5}\times\dfrac{3}{8}$

$=\dfrac{4}{5}-\dfrac{3}{10}$

$=\dfrac{1}{2}$（吨）

检验一下解答结果是否正确？

答：第二天用了 $\dfrac{1}{2}$ 吨。

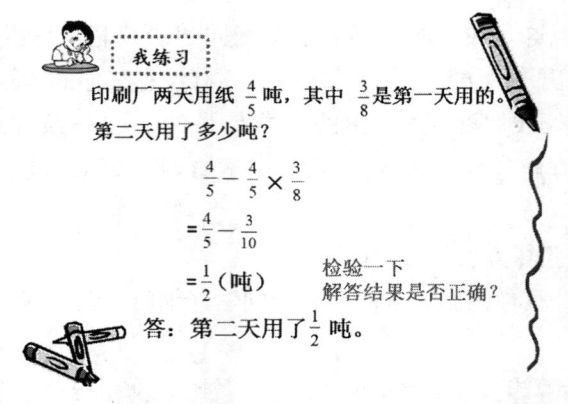

学生在解决稍复杂的实际问题时，淡化验算步骤导致错误率较高。怎样丰富学生验算的方法与思路，提高学生解决复杂实际问题的正确率？笔者将实验班分为几个小组,实施提高验算能力的教学案例,引导学生自主探索交流比较实际问题的验算方法,以提高学生自主验算的意识,丰富验算方法,发展验算能力,提高学生解决问题的能力。笔者围绕课堂实践的研究过程、成果及反思开始撰写课题报告《小学生数学问题验算的方法与思路的研究》,该课题中的教育案例已纳入本校承担的江苏省教育科学"十三五"规划重点课题"儿童'小课题俱乐部'提升问题解决能力的实践研究"并作为其阶段性成果。

1. 师谈话:同学们,其实一个完整的问题解决过程一定要有验算步骤,就像我们的计算需要验算一样,它是检验一个实际问题是否正确解答的重要保证,是一个必不可少的环节。如何验算实际问题你学会了吗?接下来我们来巩固一下。

2. 师出示课件并提问:这题的解答过程和结果是否正确,你会验算吗?试试看。

3. 学生分组独立验算,同伴交流后,全班展台汇报。

一组代表:

【换算法——稍复杂的分数实际问题的解法】

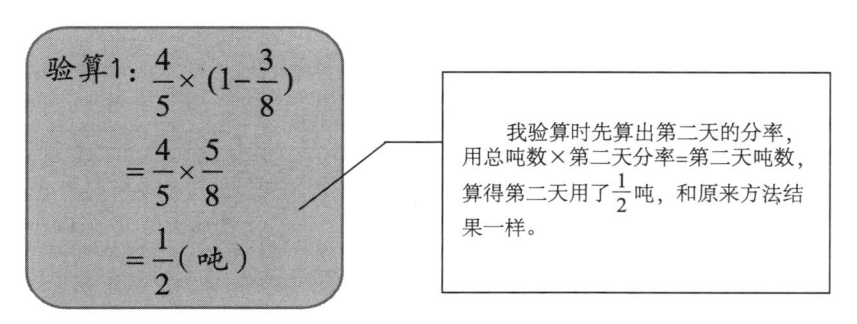

验算1:
$$\frac{4}{5} \times (1 - \frac{3}{8})$$
$$= \frac{4}{5} \times \frac{5}{8}$$
$$= \frac{1}{2}(吨)$$

我验算时先算出第二天的分率,用总吨数×第二天分率=第二天吨数,算得第二天用了$\frac{1}{2}$吨,和原来方法结果一样。

二组代表:

【换算法——归一】

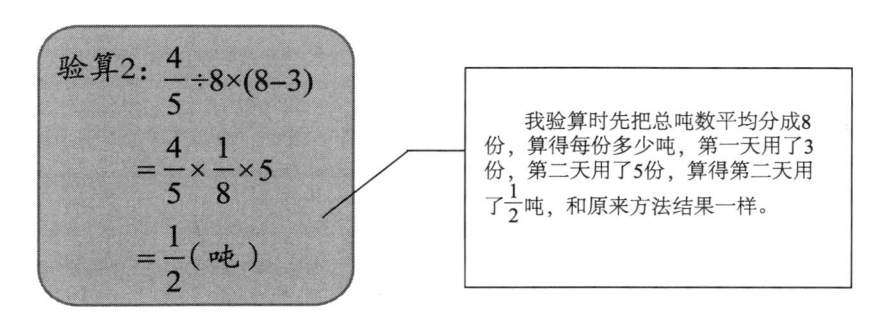

验算2:
$$\frac{4}{5} \div 8 \times (8-3)$$
$$= \frac{4}{5} \times \frac{1}{8} \times 5$$
$$= \frac{1}{2}(吨)$$

我验算时先把总吨数平均分成8份,算得每份多少吨,第一天用了3份,第二天用了5份,算得第二天用了$\frac{1}{2}$吨,和原来方法结果一样。

三组代表:
【还原法——倒推】

验算3:
$$\frac{4}{5}-\frac{1}{2}=\frac{8}{10}-\frac{5}{10}=\frac{3}{10}(吨)$$
$$\frac{3}{10}÷\frac{4}{5}=\frac{3}{10}×\frac{5}{4}=\frac{3}{8}$$

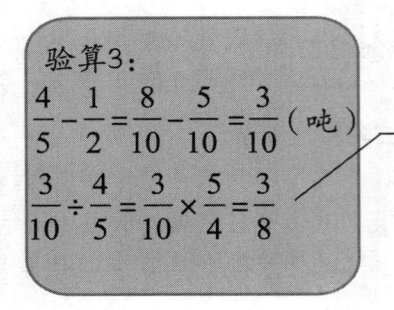

我验算时先用总吨数减去算得的第二天用了$\frac{1}{2}$吨,得到第一天用了$\frac{3}{10}$吨,再算算第一天的分率是不是$\frac{3}{8}$。

四组代表:
【还原法——倒推】

验算4:
$$1-\frac{3}{8}=\frac{5}{8}$$
$$\frac{1}{2}÷\frac{5}{8}=\frac{1}{2}×\frac{8}{5}=\frac{4}{5}(吨)$$

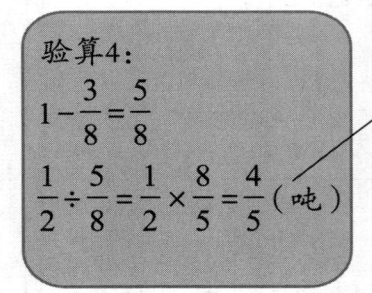

我验算时先算出第二天的分率,再用第二天用了的$\frac{1}{2}$吨除以对应分率,看看结果是不是总吨数$\frac{4}{5}$吨。

五组代表:
【换算法——列方程法】

验算5:
解:设第二天用了x吨。
$$x+\frac{3}{8}×\frac{4}{5}=\frac{4}{5}$$
$$x=\frac{4}{5}-\frac{3}{10}$$
$$x=\frac{1}{2}$$
答:第二天用了$\frac{1}{2}$吨。

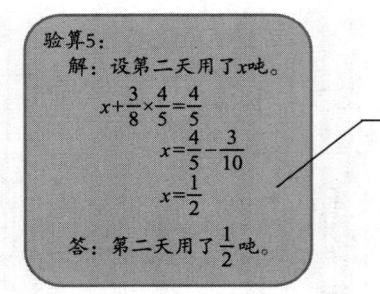

我验算时先设第二天用了x吨,再根据第一天和第二天一共用了$\frac{4}{5}$吨列出方程,然后解方程,解出$x=\frac{1}{2}$。

六组代表：
【自我纠错法】

验算6：
$$\frac{4}{5}-\frac{3}{8}=\frac{1}{40}（吨）？？？$$

我验算时算出了第二天用了 $\frac{1}{40}$ 吨，和题中解法不一样，我在想是哪里出了错？后来我和小组内同学讨论，发现我采用的验算方法出错，不能用总量去减第一天分率，没有意义。后来我调换了验算方法，和一组代表一样，检验算出同样的结果 $\frac{1}{2}$ 吨。

师：比一比这些验算方法，你能把它们分分类吗？

生：有些小组是再用一种方法解答来验算，而有些小组是把第二天的吨数当作已知条件代回原题检验原条件是否正确。

师：看来同学们对实际问题的验算方法掌握得真不错，希望同学们今后解决问题时能更严谨细致，运用学过的验算方法去自主验算，不单是计算题，更包括解决实际问题。

师：我们交流了这么多验算的思路与方法，你有什么体会？

生1：我看一道题目就有这么多种思路来验算，真让我感受到数学思维的奇妙。

生2：我认为验算这个步骤的确很有必要，感受到了它的作用，它能帮我们检验一道题目的结果是否正确，像我原来做错了，通过验算，自己发现问题并及时改正了。

……

【案例反思】

1. 问题驱动：提高学生解决实际问题自主验算的意识

验算是解决数学问题的最后一步，是一个不可缺少的环节，掌握验算的方法，养成验算的习惯是学好数学的重要条件之一。因此在小学数学的教材中安排了一定的教学内容，如：加减法的验算、乘除法的验算、方程的验算、实际问题的验算，但在平时的教学中老师对加减法的验算、乘除法的验算、方程的验算比较重视，而对实际问题的验算比较轻视，但这并非实际问题的验算不重要，从新教材的编写也能看出《课标》对学生实际问题检验能力提出了要求。其实，笔者认为让学生掌握实际问题的验算方法更有价值,实际问题的验算对学生理解各数量之间的互逆关系、辩证关系有很大的帮助,对培养学生思维的灵活性、严密性有很大的促进作用,对学生的数学素养提高和良好数学习惯的养成更有不可代替的作用。因此,教师要努力提高学生验算实际问题的意识,让学生在实践中体会到验算的价值,主动验算、灵活验算,发展学生的思维能力和解决问题能力。

2. 小组讨论:引导学生掌握问题解决验算的多种方法

《标准》中课程目标提出"学生能回顾解决问题的过程,初步判断结果的合理性"。因此,教师要适时引导学生掌握不同类型问题的验算方法,特别是问题解决的验算方法,这是提高学生解决实际问题能力的重要环节,又是培养验算习惯、发展验算能力的重要举措。教学中,教师不仅要重视学生掌握了哪些验算的方法,更要注重教学形式。学生的思维都处在相近的水平,同伴的讲解更容易接受与理解。实践证明,学生之间的合作有时比教师的教学更有效,有效的小组合作学习,可以在小组成员间形成包容、开放的学习氛围,使小组成员相互促进、相互激励,提高学习效率。实际问题的验算一般包括估算、换算、还原、假设等方法。

估算是看看所得答案是否与实际问题或题意相符,其特点是省时快捷。如:有的同学算出汽车的平均时速为 90 千米,求出一块菜地的面积为 400 平方米,解出汽油桶高 15 米,还有算出平均数的值是小于各个数中最小的一个或超出各个数中最大的一个,等等,这些答案估一估就知道不符合实际了。估算是一种高效率的验算方法,要提倡学生广泛应用。

换算就是换另外的解法再做一遍,看看两次答案是否相同。其特点是准确,但不是所有实际问题都能采用。还原法是把答案当作已知代入原题,原题中一个已知当问题,看看解答后能否还原出来。(这两种方法的示例详见前文)

假设法是假设做出的答案正确,并把解答代入题中验算。如与已知条件相矛盾,证明答案是错的,反之则正确。这两种方法对实际问题的检验运用较为广泛。

实际问题的验算方法多种多样,同一道题也不止一种验算方法,学会它,掌握它,优选合适的方法更重要。教师要丰富学生对实际问题验算方法的认知,引导学生灵活选择最优验算方法进行快速验算,在验算中体会到其价值,同时教师也要注意对实际问题验算要求的连续性和持久性,从而促使学生对实际问题的验算方法灵活掌握、主动应用。

3. 列小课题：通过算理拉动学生问题解决验算的思维

何为算理？顾名思义，算理就是计算过程中的道理，是指解决问题过程中的思维方式，是解决为什么这样算的问题。数学家弗赖登塔尔指出："反思是重要的思维活动，它是思维活动的核心和动力。"实际问题的验算环节是反思问题是否正确解决的重要体现，它对学生算理的掌握与理解程度提出了较高的要求，因此教师要根据不同题型引导学生切实从算理出发，选择最优的方法验算实际问题，从而提升学生的思维能力。

学生运用换算法验算实际问题时要求学生具备一题多解的思维能力，用换算法验算实际问题是提高学生解题能力、训练思维变通性的最佳方法。学生运用还原法验算实际问题时，教师要注重培养学生的逆向推理思维，这要求学生结合算理，一步步还原，明确每一步在算什么。

在实际问题的验算中，分析数量关系的过程更是学生发展数学逻辑思维能力的重要体现，在教学时，可以先通过提问引导学生说验算的思路与步骤，再放手让学生说验算的正向或逆向推理过程，发展学生的正向与逆向思维。

我们数学教师要注重学生问题解决能力的培养，重视学生对问题解决过程的回顾、反思与验算过程，让学生切实体会到验算的价值所在，高效地进行自主验算，提高解决问题的能力，发展学生的思维。这就需要我们教师要真正地并长期地在课堂教学中引导学生弹好"算理弦"，使学生唱响美妙的"验算曲"！

参考文献

[1] 义务教育数学课程标准(2011年版)[S].北京:北京师范大学出版社,2012.

[2] 杨后宝.注重例题反思 优化思维品质[J].高中数学教与学,2012(19).

[3] 曹文.注重算理教学 培养逻辑思维能力[J].中学生数学,2013(5).

注：本案例是本校承担的江苏省教育科学"十三五"规划重点课题"儿童'小课题俱乐部'提升问题解决能力的实践研究"（编号：B-b/2016/02/172）的阶段性成果。

（作者：李颖）

网络购票,乘上高速列车回家过年
——以非连续性文本《12306网上订火车票流程详解》的导学为例

【案例背景】

《义务教育语文课程标准(2011年版)》指出:语文课程要拓宽语文学习和运用的领域,注重跨学科的学习和现代科技手段的运用,使学生在不同内容和方法的相互交叉、渗透、整合中开阔视野,提高学习效率,初步养成现代社会所需要的语文素养。因此,语文学习不能局限于课本内容的学习,还应当加强与其他学科、与生活的联系,拓宽学用语文的天地。

而非连续性文本阅读正是来源于社会生活的需要,其最终目的不仅仅指向学生课内知识的学习、考试成绩的提高,更重要的是培养学生终身可持续发展能力、有效参与社会生活的能力,是为学生今后走向社会、走向生活服务的。

结合生活实际需要,引导学生阅读生活中的非连续性文本,既可以扩大学生的阅读面,也可以促进学生生活能力的提高。

【案例描述】

随着现代科学技术的迅猛发展,社会生活也随之走上了信息化、智能化的高速路。过去,外出旅游、逢年过节走亲访友、打工者春节返乡需要坐火车,都必须提前很多天到火车站或火车票代购点买票。因为人多车少,这购票的队伍是越排越长,往往是排了几个小时的队,等到了售票窗口却被告知所想购买的车次车票早已售罄。于是,只有摇头叹息,重新安排行程,其中的艰难真是难以言说。现在,铁路部门的运力大幅提升,普通快车、特快列车、动车、高铁,让人们出行的脚步越来越快。不仅如此,购票的方式也更加灵活快捷,人工售票、自助售票、人工代售、电话订票、网上购票,这些购票方式让售票大厅里的"长龙"减了不少。

其中,最为方便也越来越为大多数人所接受的便是网络购票了。不仅可以足不出户、网上支付,还可以网上选座。小学生作为现代社会中的一员,他们的生活也受到了现代生活的影响:不少孩子是随着父母跨省市读书,节假日需要返乡;许多家庭的经济条件较好,寒暑假孩子经常会随着父母外出旅游……因此,他们也需要掌握现代生活的手段,方便自己的生活。

笔者借非连续性文本《12306网上订火车票流程详解》的导学,希望以此来引导学生关注社会生活,提升学生通过阅读解决实际生活中的出行问题的能力。

巧设情境,爱当问题"小探长"

捷克著名教育家夸美纽斯在《大教学论》中写道:"一切知识都是从感官开始的。"教师有目的地引入或创设具有一定情绪色彩的、以形象为主体的生动具体的场景,可以引起学生积极的、健康的情感体验,提高学生对学习的积极性,使学习活动成为学生主动进行的、快乐的事情。在阅读活动中,我设立了帮助保洁大爷购买火车票的情境引入了非连续性文本的学习,以此来激发学生阅读文本的兴趣。

情境一:
又是一年春节到了,可是社区保洁员王大爷却高兴不起来。王大爷老家在陕西宝鸡,他出来打工已经十几年了。这十几年来他一直想回家看看,可由于各种原因都没有成行。今年,他终于可以回家看看了,可是他却为怎样回家犯了愁。你们能为王大爷出出主意吗?

生1:王大爷可以坐飞机,坐飞机一两个小时就可以到家了。

生2:王大爷可以坐长途汽车,坐飞机要提前两个多小时去机场,下飞机后还要乘很长时间车才能到家。

生3:王大爷可以坐火车,虽然比坐飞机慢,但火车站在市区,乘车方便,也比长途汽车快多了。

师:同学们,你们都很爱动脑筋。不过王大爷的年纪大了,经济条件也不好。根据他的实际情况再讨论讨论,采用哪种交通方式回家最合适。

学生经过讨论后,最终决定王大爷还是坐火车回家最合适。教师据此进一步设置情境引导。

情境二:
现在买火车票的方式很多,你能为王大爷提供一下购票的方式吗?

生1:可以去火车站的人工售票大厅买票。

生2:可以在售票大厅的自助售票机上买票。

生3:可以打电话给铁路售票部门买票。

生4:可以在电脑上通过网络购票。

为了将学生引入文本的学习,教师还需进一步以情境将学生带入学习中。

情境三:
　　快过年了,社区的卫生保洁任务很重,王大爷实在没时间去火车站购票。打电话吧,虽然王大爷在南京生活了十几年,可家乡的口音总没法改变,在电话中别人也听不懂他的需求。网络购票吧,他没电脑,也不会操作。你能在家里,通过网络来帮助王大爷购票吗?

　　学生表达了帮助的愿望后,教师借此出示阅读活动文本《12306网上订火车票流程详解》,引导学生共同进入学习,帮助学生依据文本阅读掌握网络购票的方式。
　　"欢快活泼的课堂气氛是取得优良教学效果的重要条件,学生情感高涨和欢欣鼓舞之时往往是知识内化和深化之时。"情境的设置,提高了学生参与阅读的积极性,学生带着一定的阅读目的进行阅读,阅读的效率也就更高。学生根据已有的知识和生活经验,大胆提出各种假想。教师在学生假想的基础上,结合自己的教学目标进一步引导。这样的情境教学,让学生更多地参与活动,有更多的机会去思考、去发现,对发展学生的创造性思维和探索精神有一定的积极作用。

细读文本,学当阅读"小能人"

　　"文本是由一个个静态的语言符号组成的,但语言符号却如同一个个沉睡的生命体,等着读者去激发它、唤醒它。"作为阅读活动的主体——学生,只有在与文本积极、投入、深入的对话过程中,才能达到理解文本内容、用好文本内容的目的。要想让学生真正地掌握网络购票的方式,教师必须让学生明白只有真正、完全地读懂文本,才能够达到帮助他人的目的。

　　师:仔细阅读"网上购票步骤",从相关介绍中,你了解了网购火车票需要注意哪些事项?
　　生1:一定要选对网站,注意网址后缀是cn,千万不能上了"钓鱼网站"。
　　生2:在网站上注册激活成功后,要再次登录网站后进入"我的12306"才能开始车票的预订。
　　生3:完成订单确认后,需要在规定时间内完成网上支付,不然,会被视为自动放弃。
　　……
　　学生通过讨论了解了网上购票的具体方式和注意事项后,教师顺势而导,继续与情境结合,引导学生边读边思、边思边学。

师:帮助王大爷买票,是用王大爷的身份信息注册,还是用自己的身份信息注册呢?

学生再往下阅读后,从注意事项中可以了解到,自己注册成功后,是可以帮助王大爷买票的,而不是必须用王大爷的身份信息注册。教师因势利导,让学生继续关注注意事项。

生1:如果王大爷下车的宝鸡站不具备二代居民身份证检票条件的话,王大爷就必须在上车前换取纸质车票。

生2:帮王大爷购票的时候需要知道王大爷准确的姓名和身份证号码,还要帮王大爷先进行"实名认证"。

……

网上购票步骤

第1步
登录www.12306.cn网站。网站首页面提示,"为保障您顺畅购票,请下载安装根证书。"下载安装完毕后,返回首页。注意哦,这个网址后缀是cn,不是com。

第2步
点击购票,用户注册。首次进行网上购票的市民,需要按照页面的提示逐一填写用户名、密码、语音查询密码、姓名、身份证件类型、身份证号、电话号码、电子邮箱地址等基础信息。提交信息表后,系统提示您登录邮箱完成注册激活。

第3步
车票查询。激活后,再登录该网站则可以直接输入用户名和密码,进入"我的12306"。

第4步
车票预订。页面中立即出现订票信息,要求您选择始发站、终到站、发车日期等。输入了购票要求,系统随之列出了所乘的列车余票信息表。

第5步
确认订单。系统要求再次输入姓名、证件号、电话号码等信息进行确认。

第6步
网上支付。所乘座位确定后、订单确认后,订票页面提示需要在规定时间内完成网上支付,否则将视为自动放弃。您可以选择相应的网上银行在线支付,支付成功后,网上订票才算成功。

第7步
办理换票。网上订购成功之后,要到火车站售票大厅的窗口、票务代售点窗口办理换票。

肖川在《成为有思想的教师》一文中说:"有思想的教师,会对学生的心灵丰满和精神充实有一种自觉而又自然的引领。"在教学中,教师精心设计学生与文本间的对话,使学生通过"读"与"悟",深入体会语言文字所表达的意思,从中感悟出实际生活中所需掌握的技巧和本领。学生在对购票的步骤和注意事项进行了详细的阅读后,就能初步地掌握网上购票的方法,从而达成帮助王大爷买票的初衷。

志愿服务,争做购票"小达人"

"兴趣的源泉还在于把知识加以运用,使学生体验到一种理智高于事实和现象的'权力感'。"苏霍姆林斯基带领孩子们在课堂上学习了土壤与树木的关系,又把孩子们带到田地里观察土壤的剖切面,种植草根看它们成活、发芽,使孩子们体验到一种无可比拟的人类自豪感:我们是事实和现象的驾驭者,在我们的手里,知识变成了力量。所以,我也希望学生们通过亲身体验网络购票的过程,去感受"知识是一种使人变得崇高起来的力量"。

师：今年的除夕是 1 月 27 日，王大爷想赶回老家和家人一起吃个年夜饭、放个鞭炮。但王大爷的家不在宝鸡市区，下了火车，还要再坐两个多小时汽车才能到家。你能登录 12306 网站，根据网站提供的车次、时间、价格，帮王大爷买一张合适的火车票吗？

在帮助学生了解了以字母"K、T、Z"开头的车次意义之后，教师让学生自由选择车次，并思考选择的理由，以便进行下一步的讨论。

生 1：我给选择的是 Z40，因为这趟车坐车时间最短，王大爷可以选择硬座，比坐硬卧少用 120 元钱呢。

生 2：我觉得 Z40 不好，虽然它用时最少，但乘车时间是晚上 22：59，时间太晚。我建议王大爷坐 T116，乘车时间是 19：03，下车时间是第二天上午10：12，王大爷再坐两个小时汽车，正好还可以赶回家吃中饭。乘车用时也只多了一个小时二十四分钟。

生 3：我认为哪趟车都可以，因为到站时间都在 7：00 到 12：44 之间，都不影响王大爷回家吃年夜饭。但我建议王大爷买硬卧，因为每趟车都要在火车上过夜，王大爷年龄大了，晚上睡不好觉影响身体。虽然硬卧多了 120 元，但身体健康才是无价之宝。

教师还可以进一步引导学生发挥所学知识和本领,去帮助身边需要帮助的人群。

师:在你的身边,还有哪些需要帮助的人呢?你愿意帮助他们解决购票难的问题吗?

生1:我想帮助建筑工地上打工的建筑工人。

生2:我想联合雏鹰小队的同学,与社区服务站联系,利用社区的资源帮助不会进行网络购票的人。

……

"语文课程是实践性课程,应着重培养学生的语文实践能力,而培养这种能力的主要途径也应是语文实践。"学生在替王大爷购票的实践活动中,不仅学会了阅读非连续性文本,训练了自己的思维能力、口头表达能力,而且增长了生活实践能力。"工具性与人文性的统一,是语文课程的基本特点",语文学习还应当完成"提升学生的综合素养,为学好其他课程打下基础;为学生形成正确的世界观、人生观、价值观,形成良好个性和健全人格打下基础;为学生的全面发展和终身发展打下基础"的任务。学生作为小小志愿者,义务帮助身边需要帮助的弱势群体,使他们从小就建立群体意识、合作意识,树立乐于助人、服务他人的思想,从而帮助学生形成正确的世界观、人生观、价值观。

翻转阅读,合作探究"小课题"

英国大文豪萧伯纳曾言:"如果你有一个思想,我有一个思想,彼此交换就有两个甚至更多思想。"通过非连续性文本的拓展阅读,让学生以小组为单位围绕一个主题展开探究,可以让学生在相互的合作、交流中,产生思维的火花,从而提升解决实际问题的能力。

师:围绕"网络购票",还有哪些值得阅读、探讨、实践的问题?有相同兴趣的同学可以组成一个小组共同研究,并且把你们的研究成果以自己喜欢的方式展现出来。

教师引导学生将提出的问题转化成小课题,根据学生的兴趣进行分组,再教给学生课题研究的一些方法,让学生利用课余时间进行自主阅读和研究,教师则在学生遇到困难时予以指点,并定期汇报、总结、展示研究的成果。

学生经过一段时间的研究后,初步呈现出了一些成果,对网络购票有了更全面的认识,动手实际操作的能力提升了,也学会了自己去解决生活中的问题。

汇报一

生1：我们组研究了网络购票在生活中的运用。通过询问、调查、上网我们了解到，网络购票已不局限在交通出行方面了，它深入我们生活的各个方面。我们还做了一个示意图呢！

生2：前不久我们家去上海迪斯尼乐园游玩就是在网上订的酒店和门票，比现场买便宜了不少呢！芜湖的方特、广州的长隆游乐场也都可以。

生3：还有网约滴滴快车，到哪儿都很方便。

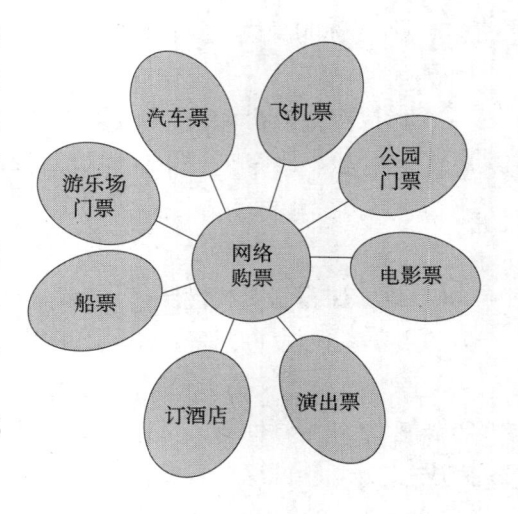

汇报二

生4：我们组研究的是"网络购票"的利与弊。我们阅读了一些相关的文章列了表格进行了比较。

文章	网络购票的益处	网络购票的不足
《网络购票还是请上12306》	12306官网购票，乘客意外险仅3元保险	其它网站强行搭售保险，队信息泄露、银行卡
《火车票网购"一票难求"电商纷纷觊觎车票代售业务》	金额高，不相绑，自由选择，方便快捷，可以抢票	系统崩溃影响购票，验证码是眼，网络亏号泄露隐私
《"网络购票"所带来的心酸》	简单快捷，加快了信息的脚步	农民工人心酸、无助，买不到票式只能是站票
《教你网购火车票卧铺位自己选》	可以自己选择铺位	有时老人和需要的人无法保证睡在下铺

汇报三

生5：我们组研究的是网上购票的付款形式，用微信、支付宝、银行卡都十分快捷方便，手指点点就可以付款，不用带现金，既安全又节省时间。现在还有了二维码，扫一扫，更方便了。

师：同学们的研究都很有成效，如果你们能把研究的成果传授给更多的同学、亲友、邻居或者那些有需要的人，让他们出行更加方便、快捷，会更有意义。

教师将非连续性文本的阅读深化为儿童小课题的研究，翻转了阅读的形式，让学生学会了深入地研究问题，学会了合作交流，学会了在实践中找寻解决问题的方法，提升了解决实际问题的能力，继而带动学生整体的和谐发展，使学生终身受益，同时，也真正落实了将核心素养转化为学生自身的基本素质和能力的要求。

【案例反思】

1. 讲求实用，让生活与非连续性文本阅读"水乳交融"

叶圣陶的"生活本源论"指出："语文学习得跟整个生活打成一片。"教师在传授语文知识、训练语文能力的过程中，有机、适时地引入生活的"源头活水"，让语文学习拥抱广阔的生活，在语文的教学实践中，让学生真正领悟到：语文就是生活，生活造就语文。因此，教师在引导学生阅读非连续性文本时，除了注意依托教材向生活拓展，将课堂教学向生活实践延伸外，还应注意开发生活中的资源，组织综合性学习，开展非连续性文本读用实践活动，引导学生将视线从课内投向生活。通过模拟生活场景、创设生活中的具体任务为情境，进行具体方法、策略的运用实践,促进书本知识向生活能力的转化,使得非连续性文本阅读与生活"水乳交融"。

在本课例中,笔者就是关注到了"网络购票"这一与学生生活密切相关的内容,关注到了社会中弱势群体的需求,引导学生就这一内容,阅读了与此相关的非连续性文本,促使学生去关心社会,关心社会生活,并在阅读的过程中提升了阅读的能力。如果说生活是水,是江河,是海洋,那么,语文阅读就应该是乳汁,让生活变得更有营养;是鱼虾,让生活更加有滋有味;是海轮,让生活走向更加广阔的天地。只有发挥了语文学习的实用性,让生活与阅读真正做到"水乳交融",语文课程才真正成为实践性课程。

2. 教授方法,让学生在非连续性文本阅读中"如鱼得水"

语文特级教师陆志平在《关于非连续性文本问题的思考》中指出:"非连续性文本的教学要点:首要是改变线性思维方式,要用多元思维的方式去处理非连续性文本的教学问题;重点提取核心信息,让学生理清信息关联;针对不同的表达方式教会学生阅读。"学生只有真正掌握了非连续性文本的阅读方法,学会了提取信息、整理信息、运用信息,才能真正提高阅读的效率,从而进一步解决生活中的实际问题。"授人以鱼,不如授人以渔;授人以渔,不如授人以欲。"学生有了"钓鱼"的欲望与兴趣,掌握了"钓鱼"的方法,那么"鱼"也就不难钓到了。

为了让学生能得到阅读之法,在本课例的实施过程中,笔者注意了情境的创设,以此激发学生阅读的兴趣;再引导学生细读网络购票流程,使学生从中提取了关于购票的重点信息,进而通过购票实践,使学生在实践过程中学会运用相关的信息。学生在网络购票的阅读实践中,不仅迅速把握了阅读的重点,从众多的信息中迅速抓住了关键,充分地表达了自己的观点,而且体验和掌握了阅读非连续性文本的方法,从而在非连续性文本阅读中"如鱼得水"。

3. 志愿服务,让学生结缘非连续性文本学会"友善助人"

新课标在教学建议中强调了在语文学习中要重视"培养学生正确的思想观念、科学的思维方式、高尚的道德情操、健康的审美情趣和积极的人生态度……应该根据语文学科的特点,注重熏陶感染,潜移默化,把这些内容渗透于日常的教学过程之中"。借助非连续性文本中与社会生活相关联的内容的学习,引导学生用所学到的知识、本领,为社会中需要得到帮助的人进行志愿服务,既能培养学生乐于助人、服务他人、关心弱势群体的意识,又可以使学生在这样的志愿活动中,实践和验证在非连续性文本中学到的知识,提升学生阅读非连续性文本的能力和解决实际问题的能力,真正是做到了"一举两得"。

在本课例中,笔者在学生阅读了"网络购票"相关文本的基础上,再让学生以帮助王大爷购票的形式进行了志愿服务实践,就有利于学生把在非连续性文本阅读中学到的网络购票方法,通过购票的实践活动,内化为自己内心深处的一种生活技能。同时,在这一过程中,也让学生认识到,像王大爷这样需要帮助的弱势群体在社会生活中是普遍存在的,我们应该在生活中主动关心他们、帮助他们,使他们感受到我国和谐社会这个大家庭的温暖,而我们在帮助王大爷这样的人的过程中,也能感受到快乐,实现人生的价值。这样的语文实践活动,使学生不知不觉地受到了"友善助人"的教育,也学会了"友善助人",真正发挥了语文学习的情感、态度、价值观的正确导向作用。

参考文献

[1] 中华人民共和国教育部.义务教育语文课程标准(2011年版)[S].北京:北京师范大学出版社,2012.

[2] [捷克] 夸美纽斯.大教学论[M].傅任敢,译.北京:教育科学出版社,1999.

[3] 李吉林.李吉林情境教学理论与实践[M].北京:人民教育出版社,1996.

[4] 郑志刚.给学生搭个平台——关于显性开掘文本隐性资源的思考与感悟[J].辅导员(教学研究),2010(7/8).

[5] 肖川.成为有思想的教师[J].人民教育,2005(3/4).

[6] [苏联] 苏霍姆林斯基.给教师的建议[M].杜殿坤,译.北京:教育科学出版社,1984.

[10] 任云桦.论语文感悟学习的基本特征[J].上海教育科研,2005(7).

[11] 叶圣陶.叶圣陶语文教育论集[M].北京:教育科学出版社,2015.

[12] 陆志平.关于非连续性文本问题的思考[J].语文教学通讯(小学),2013(5).

(作者:秦雯)

捕捉思维火花，合作成就精彩
——以 Unit 8　At Christmas(Grammar time & Fun time) 我的两轮异构教学为例

【案例背景】

2014年12月，我有幸参加了送教活动，教学内容是五年级Unit 8　At Christmas Grammar time板块和Fun time板块。在试教的过程中，我发现学生们对所教内容缺乏兴趣，课堂上没有学生互动，成了我一个人的独角戏，学生没有语言表达的机会，语用能力也没有得到提高。解决的钥匙在哪呢？为此我咨询了××名师和多位有经验的教师，请他们提出建议。我特别喜爱的××名师启发了我"融研于学"的思想，让我重新审视我的课堂。于是我结合我的课题"小学英语教学中同伴互助策略的研究"，以生为本，以合作学习为目标，设计出了与学生生活相联系的语言实践活动。在送教时我的课深受学生们的喜爱，学生互助合作，产生了很好的教学效果，获得听课教师的高度评价。当你放手让学生去实践时你会发现学生不一样的思维火花，他们将在共同完成任务的过程中成就精彩。

【案例回放】

各自为政，枯燥乏味

在第一次教学时，我按照一贯的教学模式处理：

在教完制作圣诞贺卡的步骤后，让学生谈论自己的制作过程，发现学生的思维被固定了，都是和书本上的制作过程一样。

I make my card like this：

First, ...

Next, ...

Then, ...

Finally, ...

在拓展环节，我选用了Good Old Mum的绘本，让学生读完绘本后小组合作复述故事。这个环节并没有很好地体现First, Next, Then, Finally这四个词的用途，学生也没有合作的必要，合作学习流于形式。

最后在总结First, Next, Then, Finally这四个词的用途时，并没有让学生在实际情景中体会并运用这四个词。

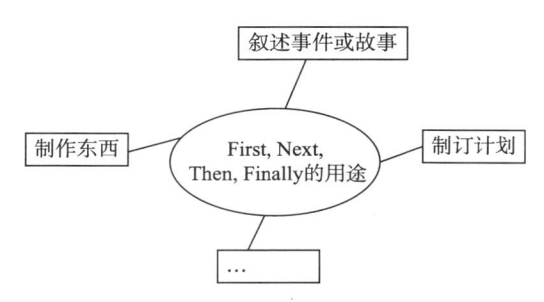

```
制作东西 — First, Next, Then, Finally的用途 — 制订计划
         叙述事件或故事
         ...
```

教学过程中明显感觉气氛不活跃,学生的能力也并没有提高。

同伴合作,互助共赢

经过名师的指导后,我"融研于学"重新设计教学活动,以提高学生语言运用的能力:

让学生思考不适合使用 First, Next, Then, Finally 这四个词的情况,初步让学生感知这四个词的用法,而不是用生硬的中文告诉学生。

学生在观看 PPT 后,小组讨论,能准确选出 introduce a country 和 describe an animal 这两种情况不适合使用 First, Next, Then, Finally 这四个词。

在教授圣诞贺卡的制作步骤时,我打乱了书上的步骤,在教完四个词组后,让学生小组合作,按照自己的制作顺序说一说。学生讨论的积极性很高,都想说出与其他同学不一样的制作过程。如:

S1：I make my card like this：First，I fold a card. Next，I write the message. Then，I draw a picture.Finally，I write my name.

S2：I make my card like this：First，I fold a card. Next，I write the message. Then，I write my name. Finally，I draw a picture.

在拓展环节，我设计了 Play and guess 的活动。

学生四人小组，根据信封上的事情给小纸条排顺序。读一读纸条上的句子，在句子前加上 First，Next，Then，Finally。不会读的单词可以问老师。接着小组成员各拿 1～2 张纸条，先举 First，Next，Then，Finally 的牌子，再读句子，并配上动作。其他同学猜一猜他们小组在做什么。有的活动生词较多，学生会主动寻求教师的帮助。有的活动步骤较多，小组成员会集体讨论使用哪个词比较合适。在这一活动中，学生必须与其他小组成员合作，在其他小组表演时还要注意倾听，积极思考。

有个小组拿到设计海报的信封，里面只有四个句子，很快分配一人一句，先后顺序也安排好了。大家都很认真地读自己的句子。其中，一个学生拿到了"＿＿＿＿，we design（设计）the paper."这个句子，其中有个生词 design，他不会读。于是向同组的其他同学求助，大家看了看都不会，于是猜了起来。我很好奇地站在他们不远处听。他们猜了几个读音后，在最后两个字母的读音上犯了难，因为两个字母的发音都很奇怪。有个组员提议字母 g,n 都读，发出"梗"的音。其他组员不同意说太难听了，我忍不住笑了起来。他们看了看我，用眼神求助我。于是，我提议要不只读一个字母的发音呢。最后，他们一致觉得只读"n"的发音比较好听，我笑着点点头，他们很激动。

还有个拿到打扫教室信封的小组，里面有六个句子，大家傻了眼，看看其他组有四个句子的，还有五个句子的。这时一个组员提议，大家先排顺序再分配句子。大家根据平时打扫卫生的经验把一个一个句子摆好后,开始讨论加哪个词。有组员提议多用几次"Next",也有组员提议多用几次"Then"。这时一个组员得意地说:"哈哈,我翻过书了,确定地告诉你们,可以多用几次'Then'。"同时,把书翻到"order and say"板块,指着杨玲说的话。小伙伴们佩服地看着他,竖起了大拇指。

在猜完所有的活动后,我又设计了一个开放性的小组活动。学生根据板书的这些活动为圣诞派对制订计划。由于活动较多,学生很自然地多次使用"Then"这个单词。

因为设计的导学活动充分考虑到与学生的生活相结合、以提高学生的语用能力的目标,所以,在教学时学生能全员积极参与,在合作中主动学习。学生能在不同的场景中正确使用"First,Next,Then,Finally"这四个词。听课教师对于这节课的评价也很高。

【案例反思】

反思上述两个教学案例,我认为第二个案例体现了新课标的要求,提高了学生的合作意识和语用能力。同时,教师的专业水平也得到了提高。

1. 突出以生为本,激发学习潜能

郭思乐教授提出了"生本教育"的理念,就是"一切为了学生,高度尊重学生,全面依靠学生"。这种理念其实就是强调学生不只是教学的对象,还是教学的资源、学习的主体;教师不只是知识信息的传递者,还是课堂上不同信息的接受者、倾听者、处理者;教学不只是预设计划的执行,更是师生、生生相互作用的过程。生本教育关注的中心是学生的学,把教师的教还原为引导学生学习和为学生学习服务。这就意味着以知识记忆为核心的教学模式向学生意义生成、基本素质建构和创新能力养成为核心的学习模式转换。

在本案例中,我设计的拓展环节中的活动名称和具体步骤都来源于学生。通过课后的交流,搜集和圣诞有关的活动以及学生会说的步骤。在小组活动时,给予充裕的时间和空间让学生进行思考、探究、交流。出现的生词或已经遗忘的单词可以由活动小组成员帮助提示。教师在活动中还关注到了学生在学习过程中情感、态度、思维等方面的表现。教师要抓住学生的闪光点,如单词"Then"的多次使用,或适当地启发学生,引导学生分享彼此的思考和结果,培养学生的创新能力。

2. 同伴互助合作，激励主动学习

《义务教育英语课程标准（2011年版）》在内容标准中要求学生"积极与他人合作，共同完成学习任务；遇到问题主动向老师或同学请教；在课堂交流中，注意倾听，积极思考"。英语教学的目的是培养学生初步运用英语进行交际的能力。而实现这一目的的关键在于师生、生生之间的互动作用，尤其是英语课堂教学中生生之间的合作学习。因此，采用小组合作学习的教学形式，将大班化整为零，以点带面，开展以组为单位的交际活动，能够调动学生的积极性和竞争性，发挥他们的互助精神，培养他们的参与意识，进而增强集体的荣誉感，并取得良好的教学效果。

在本案例中，我采用了四人小组的合作形式。在活动前给出提示明确活动流程和小组成员的职责。小组成员都要参与读句子排序，拿1～2张纸条，举牌子，读句子，并配上动作。教师在小组合作活动过程中，对学生进行适当的指导和维持正常的课堂秩序。合作学习是学生的一种学习方式，也是教师教学的一种组织形式，学生的合作与教师的参与、指导是分不开的。教师不能忽视自己在小组合作学习中的作用，让课堂教学沦为"放羊式"活动。教师是合作者、参与者、开发者，学生是需要点燃的火把。因此，学生在展开合作学习的时候，教师切不可"袖手旁观"，要不断地巡视，维持正常的课堂秩序，并对学生在合作中出现的各种问题进行有效的指导，对开展合作活动顺利的小组进行及时的表扬，对已经完成任务的小组进行检查，等等。这些都是非常重要的，能避免"无效合作"场面的出现，使学生的合作学习更有效。

3. 善于及时反思，提高教学水平

联合国教科文组织明确指出："教学同其他职业一样，是一种'学习'的职业，从业者在职业生涯中，自始至终都要有机会定期更新和补充他们的知识、技能和能力。"在听了名师的指导后我深受启发：在课堂教学中，要以学生为本，要讲究科学，还要讲究创新。教师只有不断学习，不断更新知识结构，成为终身学习者，才能不断提升教育教学能力和其他相关能力。

本案例在第一次上完课后我进行了反思，学习了"以生为本"和"小组合作"的教学理念，对学生的实际情况进行反思。新的教学设计建立在对过去经验、教训和现代教育理念、教学条件反思的基础上，并结合了我的个人课题。

互助合作学习是在新课程理念下学生的一种重要学习方式。课堂教学中，学生是学习的主体，教师在进行教学设计时，要有意识地设计能让学生互助合作的活动。互助合作学习能调动学生学习的积极性,培养学生勤思、善学的良好习惯,引导学生把书本知识内化为自身知识。学生能从中品尝到学习的愉悦,并乐于帮助别人。在提高学习能力的同时,学生们增进了同学友谊,学会了合作,实现了互助共赢。学生在课堂上的表现也送给教师"惊喜"连连。这样的课堂氛围带给学生的是快乐,留给学生的是智慧,带给老师的是幸福,留给老师的是回味。

参考文献

[1] 中华人民共和国教育部.义务教育英语课程标准(2011年版)[S].北京:北京师范大学出版社,2012.

[2] 陈静波.义务教育课程标准(2011年版)案例式解读小学英语[M].北京:教育科学出版社,2012.

[3] 赵国忠.英语教学最需要什么[M].南京:南京大学出版社,2011.

(作者:唐洁)

(本节编写:田田)

第六章　活动小研究

第一节　我们的"活动小研究"

1. "活动"教研美

我校除了日常开展各类学科和跨学科融合等内容的竞赛、展示、交流活动，还将俱乐部活动的样态引入小课题的研究。所有的活动设计，均是从学生全面发展出发，通过活动，实现培养兴趣、释放激情、挖掘潜能、张扬个性、全面发展的教育目标。从真正意义上落实校本化的素质教育，提升学生的核心素养。长平路小学的"活动小研究"分为课外阅读、生活数学、英语节庆、心育活动、阳光体育、未来科学和综合实践七大系列。

> **课外阅读活动**：这是丰富学生精神生活、积累写作素材、提高学生思想境界的活动载体。在长小，学生课外阅读活动得到高度重视，我们积极倡导"与好书相伴、与美文同行"的思想，努力践行"爱读书，会读书，读好书"的活动宗旨，开展了"小小朗读者""小小配图者""书中人物秀""好书推荐卡""百米阅读墙""课外阅读赛"系列阅读活动，帮助学生养成良好的读书习惯。

"小小朗读者"：每学期各年级选出四本好书，各班利用晨会、午读、语文阅读课等时间，广泛开展"小小朗读者"活动。学期中各班主任选择出自同一本书的同一个片段，学生自我推荐参与，朗读后由班上同学投票，前两名的"小小朗读者"参加学校评选。每周通过红领巾广播的形式，进行朗读评选。全校学生投票，由大队部下发选票，每天一个年级，选票当天下发，结果在周一晨会上公布。

"小小配图者"：根据学校推广阅读计划安排，选择一个你最喜欢的情节或精彩片段来绘制插画。各班首先在班级内进行评选,推选5份优秀作品参与校级评选。

"书中人物秀":每年六一儿童节,各班学生选择一本书,在书中选择自己喜欢的人物,充分发挥自己的奇思妙想,把自己装扮成书中人物的形象。孩子们用自己的方式诠释着对于阅读的理解,释放着自己从阅读中获得的快乐!

"好书推荐卡":同学们广泛收集读书资料,精心设计版面,创作出一幅幅内容丰富、形式多样的"好书推荐卡"。他们通过精心的设计、绘制,尽情体验着阅读带来的快乐与收获,充分展现着阅读带来的智慧和才气。一幅幅精美的"好书推荐卡"展现在学校橱窗和各班智美秀展板上,形成了我校读书活动中一道道亮丽的风景线。

"百米阅读墙":在学校小操场设置了"百米阅读墙",每月更换学生的手抄报作品,为学生提供一个展示学习和阅读成果的平台。

"课外阅读赛":语文教研组提供初赛试题,由各班组织学生在规定的时间内,以闭卷的形式独立完成。每班推荐5名初赛优胜者参加校级复赛,最后评选出校级特等奖、一等奖、二等奖若干,进行表彰。

> **生活数学活动:**这是启迪学生数学思维,激发学生学习数学兴趣的活动,让学生通过生活数学系列活动,真正走进数学、感受数学、喜欢数学,感受数学与生活的密切联系,体会数学的独特魅力,从而提升数学素养,获得积极的数学学习情感体验。我校开展的生活数学小活动有"生活与数学小报评比""生活计算小能手比拼""解决生活中的数学问题大PK"等。

"生活与数学小报评比":学生寻找与生活相关的数学内容,独立完成报面排版,书写内容。各班首先在班级内进行评选,评选优秀作品5份送至教导处,由校长室、大队部、数学教师共同评选,评选出特等奖、一等奖、二等奖若干,进行表彰。

"生活计算小能手比拼":各班在初赛的基础上,择优选取前5名参加校级决赛,优胜学生被授予"生活计算小能手"称号。

"解决生活中的数学问题大PK":一、二年级购买商品,兑换人民币;三、四年级推测旅行距离,巧当导游;五、六年级模拟存款取钱,计算汇率。让每一个学生真正走进数学,喜欢数学,在数学学习中得到快乐。

> **英语节庆活动**：目的是激发学生学习英语的兴趣，促进学生和谐发展，营造一个充满快乐的英语学习氛围，充分挖掘每个学生学习英语的潜质，力争使每个孩子人人参与，让英语节庆活动成为每个孩子的节日，让每个孩子从轻松愉快的活动中感受英语、应用英语、体验学习英语的快乐，让每个孩子在活动中找到自信，让英语走进每个孩子的心中。长平路小学的英语节庆小活动有"复活节绘彩蛋""万圣节巧装扮""感恩节制贺卡""圣诞节唱歌曲"等。

"**复活节绘彩蛋**"：学生发挥自己的想象力和创造力，彩绘出属于自己的复活蛋。选择一个地点，在选好的地点藏好复活节彩蛋，等待勇敢的小朋友凭借智慧去寻找"宝藏"。通过参与一系列精彩的游戏，学生可以获取丰富的奖品，感受英语节庆的快乐。

"**万圣节巧装扮**"：万圣节前一个星期，学生开始制作各种道具，如奇装异服、鬼脸、蜘蛛、魔鬼项链、各种脸谱、南瓜灯、女巫披风等，并利用这些作品装饰班级。活动当天早上，学生们装扮好进入校园，校园内老师也戴上面具，互相问候"Happy Halloween"。大课间时间播放万圣节音乐，各班互赠礼物，一起拉圈，跳舞狂欢。

"**感恩节制贺卡**"：各班学生制作感恩卡片，在感恩节送给父母、老师或同学，表达感恩之心意。

"**圣诞节唱歌曲**"：圣诞节前各班选择一首圣诞歌曲，利用课余时间学唱歌曲，圣诞节时分年级向全校师生展示。

> **心育活动**：这是通过开展以培育学生同伴交往能力为目的的各类心育游戏活动，树立学生集体意识，发展善于与同学、老师交往，以及开朗、合群、自立的健康人格，提升自主参与各种活动的能力，让学生学会遵守规则、换位思考、尊重他人。学校根据不同年龄段学生身心发展的规律开设心育活动课程，力求让孩子们在体验中感悟，在感悟中成长。长平路小学的心育小活动有"沙盘游戏""撰写心育小论文""心灵对话"等。

"**沙盘游戏**"：每周三下午部分学生参加"沙盘游戏"团体心理辅导活动。了解沙盘、沙具及沙盘游戏创作的规则，共同创作团体沙盘游戏作品。学生根据自己的喜好选择或调整一个物件，制作完成后，全体成员进行讨论，交流自己摆放每个物件的意图、对其他人摆放物件的感受以及各自对作品主题的命名。最后，大家共同协商讨论，为本次团体沙盘游戏作品确立主题。

"撰写心育小论文"：学生撰写体现在其成长中经常遇到的情绪、交往、性格、适应、学习、青春期等方面的问题。当遇到这些问题时，本人当时是怎么想的，怎么做的，结果如何，有哪些方法值得推广和借鉴，有哪些教训需要汲取，等等。联系具体的生活实际，把自己的真实感受和调适方法写出来。每班评选优秀作品3份参加校级评选。

"心灵对话"：是师生围坐在一起，就大家关心或疑惑的问题进行面对面的师生、生生间的沟通与交流。大家一起分享快乐，一起释疑解惑，同时畅所欲言，打破藩篱。就是从学生中发现问题、收集问题，根据学生的认知特点、成长规律，根据学生的需求、喜好，设计或生成不同的主题对话。通过师生间的敞开心扉、实话实说、同伴互助等形式，让大家有话想说就说。"心灵对话"活动旨在了解和引导及帮助学生解决在学习、生活中遇到的各种困难，使学生享受生活、享受学习；旨在帮助和指导学生解决在社会、家庭及自身成长过程中遇到的各种困惑，使学生认识自我、悦纳自我，更主动发展。

阳光体育活动：我校以育人为目标，认真组织开展以"每一天锻炼一小时，健康工作五十年，幸福生活一辈子"为主题的阳光体育系列小活动。培养学生拼搏向上、公平竞争、追求发展的精神，促使学生养成主动参加体育锻炼的习惯，不断提高学生的思想道德素质、礼貌礼仪素质和身体健康素质，推动和谐向上的校园文化建设。长平路小学的阳光体育小活动有"班级足球联赛""小飞桐体育节"等。

"班级足球联赛"：四、五、六年级均成立班级足球队，每学期开展一次校级班级足球联赛。联赛采用循环赛制，分三个组别，以比赛总积分确定联赛名次。足球联赛结束每个组别选出第一名，年级组各评出一名最佳球员进行表彰。

"小飞桐体育节"：我校的体育节分为春季和秋季。春季运动会是综合性运动会，包含跑、跳、投的比赛。秋季是单项体育比赛，包括迎面接力、跳绳、踢毽子等。

未来科学活动：未来科学系列活动提供可探索的学习环境，引发学生的好奇心，锻炼孩子善于思考，喜欢观察，帮助他们丰富知识，增长见识，同时培养孩子的动手能力、对事物的理解能力和分析能力。我校的未来科学小活动有"机器人编程""科学模型制作""科学幻想画"等。

"机器人编程"：让学生利用开源式的 ARDUINO 编写机器人小程序、制作机器人，深入了解人工智能相关领域科技。通过初步接触编程语言和算法，并以可视化编程软件（Alice 或 Scratch）为工具，让学生可以快速熟悉编程。

"科学模型制作"：利用寒暑假让学生设计并制作科学模型，开学后展览并评选出优秀作品。

"科学幻想画"：定期在全校组织"畅想未来"的活动。孩子们展开想象，纷纷投入科幻画的创作。用手中的画笔描绘出一幅幅"对未来科学发展的畅想和展望"的画。活动开展时间为一周，优秀作品评奖并展出。

> **综合实践活动**：学生三年级至五年级共研究六个专题，每个主题学生可以从文学、科学、历史、艺术角度去选题探索，学校相应成立教师辅导团队。学生每学期利用一个月研究一个课题，根据研究课题的数量评比出小学士、小硕士、小博士。长平路小学的综合实践小活动有"读树、探桥、问水"等。

"读树、探桥、问水"活动：学生根据不同年级，围绕着读树、问水和探桥这三大主题，分解出自己小团队感兴趣的小课题进行合作研究。学生走上街头对路上行人进行采访，走进图书馆查阅海量资料，聚到一起共同讨论研究发现，制作研究小卡片。学校专门为优秀的小团队颁发证书和奖品。

2. 典型课题概述

小学英语口语交际探悟性学习的实践与探索

家长们说：孩子学了几年英语了，要么不愿开口，要么一张口就瞎说，我们应该怎么办？老师们的声音：孩子们都学了两年的英语了，平时在家里也不愿张口说英语，在学校里上课发言也不是很积极，应该建议家长们找个好点的培训机构锻炼一下。日常的教学经验告诉我们，英语口语交际的学习和实践能力不是自然生成的，而是经过有意识的培养形成的。国家课程改革明确提出了要改变学生的学习方式，倡导以"主动参与、乐于探究、交流合作"为主要特征的学习方式。探究性学习不是接受式学习，也不是被动式学习。它重在引导学生探究，并使学生逐步学会探究，从而优化英语口语交际能力。

陈静老师的课题研究的是关于小学高年级学生在英语口语交际上"探悟性学习"导学片段如何预设，以及有效实施的重点策略。陈老师收集小学高年级精彩的"探悟性研究"的英语课堂导学片段，并对其进行评析、反思。首先在课前弄清学生的认知基础,了解学生的兴趣,激起学生的探悟欲望。在课堂教学中营造和谐的探悟氛围,注重学生的探悟过程。在实践中,陈老师注重不断优化学生的探悟策略,努力做到在角色分配时,让口语交际能力较强的学生扮演说话较多的角色,让口语交际能力较弱的学生扮演说话较少的角色,减轻了能力较弱学生的压力,使之愿意扮演有一定难度的角色;小组活动时,强调学生的分工合作,小组成员互相帮助,共同进步;课堂表演时,让学生做好道具准备,配合动作和肢体语言,运用自己的语言。

在科学教学中培养小学生收集和分析信息能力的课例研究

搜集证据是科学探究活动过程中的重要一环。要搜集证据,需要探究者具备一定的收集和处理信息的能力。本研究试图从小学科学课堂教学的实际出发,分析小学科学探究活动对学生收集和整理信息能力的基本要求,并根据对学生收集和处理信息能力现状的分析,提出在小学科学课堂教学中有效培养和提高学生收集、处理信息能力的策略。

胡祥海老师在课题研究的过程中发现,对收集和处理信息能力有着决定性影响的观察能力、思维能力、表达能力的高低,是受学生年龄和生理条件的限制的,科学课教学大纲对各年级的教学目标也是不同的。因此,学生收集和处理信息的能力也应该根据学生的年龄特点分层培养。首先,要教给学生方法,加强对学生进行收集和处理信息技能的专项培训;其次,是强化训练,通过抓住典型课例培养学生收集和处理信息的能力;最后,还要端正态度,注重培养学生尊重事实的科学精神。

小学高年级学生课外阅读常见误区及有效对策的实践研究

语文课程标准明确指出,"培养学生广泛的阅读兴趣,扩大阅读面,增加阅读量,提倡少做题、多读书、好读书、读整本书……小学生的课外阅读量要达到150万字,背诵优秀诗文160篇(段)"。而小学高年级的学生整天都在忙碌,但大多是忙着完成作业、应付考试,也有的学生将空余时间用在了上网、游戏里。他们的阅读误区在哪里?该怎样及时发现学生在课外阅读时的问题,并最大限度地予以指正呢?

胥玥老师通过问卷调查,深切感受到学生在课外阅读中产生的常见误区来自应试思想负面影响干扰、轻视课外阅读观念束缚、影视网络动感节目吸引、部分老师家长陋习渗透、少数学生意志薄弱等原因,所以,很多学生在课外阅读中就表现出只读同题学生范文、粗看个别名著情节、偶阅绘本童话寓言、虎头蛇尾浅览书刊等行为。由此,引发深思:如何才能指导学生更好地进行课外阅读,让他们正确面对纷繁复杂而又丰富多彩的阅读世界,博览群书、开阔视野、发掘潜力,丰富知识储备,从而使他们的课外阅读千帆竞发。胥玥老师就如何指导小学高年级学生进行课外阅读进行深入研究,总结出以下对策:帮助学生树立热爱阅读受益终生的观念;教师要加强对课外阅读的指导;构建书香班级阅读文化的特色;重视家庭亲子阅读活动的开展;巧用发展性评价提升阅读水平。

中年级小学生个性化小组循环日记的指导策略

如何提高小学生写作能力,这是个永不过时的话题,是每一个小学语文教师都必须重视的问题。本研究从留心观察、确立中心、精雕细节等几个方面探讨了提高小学生日记写作能力的策略。通过这几个方面,指导中年级小学生写好个性化小组循环日记,调动学生写作的积极性,激发学生的创新潜能,培养学生学习和探究的主动性,锻炼学生的创新思维能力与实践能力,从而达到提高习作能力的目的。

江园老师就指导中年级小学生写好个性化小组循环日记进行了一系列的实践,并反思得出以下策略:留心观察,选好素材;确立中心,写出初稿;精雕细节,彰显个性;认真修改,提升质量;强化指导,注重讲评;听说读写,悟为核心;多元评价,激励发展;积极争取,家长协助。

疏导"社交焦虑"儿童阳光交往的个案研究

儿童是社会发展的后续力量,儿童身心发展因此成为社会进步的重要一环,而人际交往是儿童心理健康发展的必要前提。

联合国教科文组织之"国际 21 世纪教育委员会"在报告《学习——内在财富》中提出了新的教育理念:"学会求知、学会做事、学会共处、学会做人"。《中小学健康教育指导纲要》将"学会加入同伴群体的技能,能够与人友好相处"列为重要培养目标。其中,培养孩子的交往能力起着至关重要的作用。所以,儿童社交焦虑必须引起足够的重视。

田田老师通过心理测量表与跟踪观察的方式,在找准小学低年段儿童在同伴交往中出现的交往焦虑、人际关系不和谐、社交退缩、沉默寡言、自我意识扭曲等行为特征的基础上,进一步研究造成儿童在同伴交往中产生社交焦虑的主要成因,不断树立教师群体的新型教育理念,探索出可操作的转化"社交焦虑"儿童行为促其与同伴阳光交往的有效策略,据此评析辅导策略对个案儿童由"社交焦虑"向"阳光交往"转化的心理治疗作用,旨在达到促进儿童积极向上、友善相处、阳光交往、合作学习的目的。

疏导"心理孤儿""阳光锻炼、健康身心"的策略研究

侍孝廉老师的课题在现代先进教育理论与新课程理念的指导下,依据小学体育与健康课程标准,针对目前在心理上出现孤僻倾向儿童日益增加的现象,遵照"健康第一"的指导思想,通过体育课堂或者课外的体育活动,改善儿童因多种原因造成的心理孤僻类倾向。让学生在身体健康发展的同时,保持一颗乐观积极的童心,让他们能快乐和谐地学习和交往,有一个愉快的童年。

侍老师总结出体育教学改善"心理孤儿"心理健康的有效策略:开展阳光体育锻炼,激发"心理孤儿"上进欲望;教师真诚耐心引导,帮助"心理孤儿"重树自信;发挥群体活动效应,善导"心理孤儿"重回集体;营造和谐宽松氛围,促进"心理孤儿"友善交际。

在实施"阳光锻炼、健康身心"教学策略并进行一段时间的观察研究和引导后,发现实验班级中孤僻倾向儿童的状况有了较明显改善。通过一系列的体育活动,孤僻倾向儿童能在活动中重新审视自己的优缺点,重新树立信心,勇敢地面对困难。而且体育活动带来的点滴改变,又延伸到这些儿童其他的日常学习和生活中。这说明,"阳光锻炼、健康身心"的教学策略是行之有效的。对于有孤僻倾向的儿童而言,阳光快乐的体育活动是他们乐于接受并愿意参与的。相信只要持之以恒,孤僻倾向儿童的情况还会有更大的改善。

小学足球技能与意志力同培养的策略研究

杨志彬老师的课题在现代先进教育理论与新课程理念的指导下,紧密结合我校足球特色,在足球训练中,通过"各种形式的足球技能教学,培养学生的意志力"的策略研究,探索"技能"和"意志"共培养的策略与规律,寻求有效的教学方法,为"个性化足球教学"与"校园特色构建"的有机结合提供实证性案例,同时促进小学生"阳光精神"与体育素养的逐步提升。

在课题研究过程中,杨老师通过不断实践,总结出足球技能与意志力同培养

的有效策略；不断强化学生集体荣誉感教育；多种活动结合增强意志力训练；加强训练协调性的灵活与技巧；组织多形式训练增加技能培训；教师做到言传身教起榜样作用。

我校小学生在足球训练中技能与意志力有了较明显的提高。校足球队的队员们经过一年来的不断努力，对足球的畏难态度有了明显的转变，意志水平有了显著的提高，学生身体形态的各项指标都由原来的"中下"变为"中"，由"较低"发展为"正常"。而且，反映学生身体素质的坐位体前屈、25 米往返跑等指标也由最初的"合格"转为"良好"，在实验前后，学生的身体形态与素质发生了可喜的质的变化。

小学生跨文化英语"礼仪交际"口语失误的成因与对策研究

徐品芳老师的课题主要针对中国小学生在英语学习中存在的下述问题：由于对外国文化了解的局限性，跨文化意识比较薄弱，不熟悉英语国家的社会文化背景、生活方式、风土人情，学生在学习礼节性交际口语时产生了一些错误的说法和表达方式。本课题拟通过对其成因及对策的研究，探索出解决这些问题的有效策略，着重培养学生的跨文化意识，深入理解英语文化的内涵意义，真正认识并掌握英语自身的语言规律及其表达习惯，提高小学生口头运用英语的能力，激发他们学习英语的兴趣，增强他们大胆自信交流的勇气和信心。

徐老师得出的重点对策有：创设开放的课堂语境，让学生感受乐说英语的氛围；营造和谐的师生关系，让学生焕发积极的情感状态；巧用机智的纠错策略，让学生增加改进失误的机会；开展丰富的课外活动，让学生体验交际英语的喜悦；采取激励的评价方式，让学生提高运用英语的能力；介绍西方国家的文化，让学生逐步了解英语口语表达的规则。

通过课题的研究徐老师发现，实验班的学生在各种活动和考试中已经反映出他们对英语交际中礼节性口语及句子结构和语法的掌握程度有明显提高，和对照班之间拉开了一定的差距。他们的自信心得到了很大提高，他们不再是做题的工具，学的英语也不再是"哑巴英语"。学生参与课堂教学的程度也提高了，他们不再是学习的"被动客体"，而开始成为学习的"主人"，并由此产生了内在的推动力。多种途径的多向交流，加深了他们对知识的理解，学习的积极性明显提高，从对学习的外在兴趣，转化为内在的动力，进而促进了学习成绩的提高。

（本节编写：唐洁）

第二节 "活动小研究"过程掠影

1. 读书交流

做好理论学习工作。为体现"活动教研美",我校相继组织各课题组老师学习《小活动 大德育》《班主任心育活动36例》《怎样开展学习心理健康教育活动》《小学综合实践活动》《英语教育活动设计与实践》《主题式环境教育活动集》《学校开展科普活动的实践模式》等著作,学后交流心得、分享体会,使老师们的教育理论水平逐步提升,课题的指导理念得以明确,课题的研究能力得以提高。

学好文献检索方法。在研究的问题初步确定以后,就需要及时收集两方面的信息:一方面要收集直到现在为止有没有同样或同类的课题已经完成或正在进行,这些研究成果达到了怎样的水平。我校在推进基于网络的校本研究、打造教师专业发展平台的探索中,形成相应的工作机制。学校创办教科研网站,利用网络平台,构建教师交流群,有助于培养一支合作共进的教师团队。通过组织教师进行与小课题相关的文献检索学习,就如何利用万方数据平台对在知识检索中找到、拿到的资源如何管理和使用进行了讲解,并就如何对某一知识点的研究趋势、新兴热点以及多个知识点的相关研究进行对比分析,对如何进行论文选题、文献收集与相关引用进行深入的了解。教师学会了在选题立项过程中如何通过文献检索发现创新点并找准研究方向,如何高效管理调研得到的文献并快速查找,以及如何使用搜集文献所需素材和工具,如何利用数字化学习与研究平台 E-Study 等。同时,我校图书馆也不断加强图书资源建设和服务水平,采用多元化服务为广大师生提供更优质的学术数据资源,进一步提高我校数字资源利用的广度与深度。

搞好读书交流活动。教师的理论学习,是学习前人认识实践、改造实践的方式方法,学习前人对于经验所作的系统总结和表达。我校在教师小课题校本研修过程中定期开展教师小论坛和读书沙龙活动。教师轮流汇报读书心得与教学反思。教师学习完理论知识后会在研究过程中,把理论和实践、学习和行动结合起来,把学习成果转化为研究成果。转化的关键就是进行"反思"。反思不是一次又一次单调重复地进行的,实践是不断发展的,教师必须不断学习,才能进行有效反思。老师们在反思中往往能够总结经验,找出不足,提出新的设想,以备后续使用。这样的反复研讨和交流,使教师关注课堂上的每一个细节,珍惜每一节课,心中常念常想着教室里学生们的学习感受;也使教师们注重学习,善于沟通,贴近学生,钻研教材,用学到的知识解决教学实际中的新问题。

2. 专家访谈

专家的指导和引领是教师在教科研探索道路上的重要推进力量,只有合理充分地利用现有的"专家资源",与专家进行对话,充分发挥教育专家在教科研中的引领作用,教师在教科研道路上才能实现更快、更好的发展。

这里的"教育专家",主要指教育科研人员、教研人员和大学教师等专业研究人员,还包括资深的专家型教师,如特级教师、学科带头人等。相对于普通的中小学一线教师,专业研究人员的长处在于具有较为系统的教育理论、研究方法素养,视野比较开阔,拥有的信息量比较大,即所谓在"登高望远"方面具有一定的优势。而专家型教师的长处主要在于实践经验丰富,在理论联系实际的结合运用上具有明显的优势。专业引领的实质,是理论、经验对实践的指导,理论、经验与实践的对话,理论、经验与实践关系的重建。因此,专业引领可以有效地提高教师研究的水平,促进教师专业发展。专业引领也不是专家一方的单向信息传输,而是专家与教师的双向信息传递和共振。教师充分主动地投入研究和实践,发挥每个人的创造性;指导者适时点拨即兴发挥,充分施展其聪明才智。这是一种建立在合作基础上的优势互补,通过互相交流、互相启发、互相碰撞产生思想火花,双方共同成长。我校的活动小研究中,专家指引要达到以下三个目标。

一是让专家成为小课题的精心设计者。在教师活动小课题研究的设计阶段,教育专家的周密论证和悉心指导可以为项目"开好头",避免走弯路。在小课题研究开展的启动阶段,我校聘请专家、本集团名师及省、市、区科研、教研专家代表对教师小课题的意义、价值以及可行性进行了周密详细的论证。

二是让专家成为小课题的积极推动者。教育专家特有的专业资源优势,是教师活动小课题发展的必备条件。专家是先进教育理念的传播者,是研究项目科学发展的引路人。但是专家不应成为学校研究者的替代者,而应成为学校研究人员智慧迸发的助推器。在教师小课题研究中,教育专家的研究思路、研究方法、工作方式给我校的教师带来很多启发。

三是让专家全面参与小课题研究实践。在教师活动小课题研究的推进中,专家组开发理论学习资料,参与前期调研,进行分析。从理论到实践,从观念到行为,教育专家们细致、系统、全面地服务于参与教师小课题的研究,不仅为研究提供了理论支持,更全面参与了研究实践。

小课题俱乐部专家引领的形式,促使教师在掌握国家课程政策和课程标准下,在充分了解学生发展特点和现实需要基础上尝试自己做小课题,在共同研讨中,实现专家、教师、学生、文本等的多层面对话,促进教师自身的专业成长。

3. 典型引路

在学校大课题的引领下,我校40周岁以内的教师们申报了30多个校级小课题。蒋庆玲老师参与了其中一个心育小课题的研究。3年多的时间里完成了一系列创新研究工作。

刚接受任务时,蒋老师就确定了9位热爱教育事业、关爱学生心理发展的老师参加课题组。这9位老师包括班主任、科学教师、体育教师及大队辅导员。他们很快开展了第一次课题组活动,活动中,他们讨论并认真填写了长平娃《小课题研究俱乐部特色团队填报表》,确定了"团队定位、团队理念、团队愿景、团队行动、阶段安排、成果显现、团队口号"。

接着课题组老师就开展了第二次课题组俱乐部活动,讨论并组建了"长平娃心理课题题库"。

2012年1月,课题组老师开始组织三年级至六年级学生撰写心理小论文。他们共提交各类论文200多篇,获江苏省中小学生心理论文比赛一、二、三等奖100多篇。5月份,课程组老师通力合作把部分获奖论文编成《长平娃成长心语(二)》。

6月,课题组老师把《撰写最美长平娃心理健康专题小报的通知》发给三年级至五年级的学生,要求孩子们利用假期完成。9月份开学后,他们就开展了班级小报的评比,10月份,开展了学校评比,评选出30份最美小报。

2012年10月,课程组配合学校联合家长为三年级的同学集体过十岁生日。同学们和家长一起动手,制作创意新衣,走特别的T台秀,展示了长平娃的风采。

2013年六一儿童节,课题组老师倡议举行校园爱心义卖活动,孩子们卖出的不仅仅是闲置的物品,更是献出了他们的爱心。这个活动连续举办3年,已经成为学校的"六一"传统项目。

2013年的中秋节和2014年的端午节,在课题组老师建议下,我校开展了中秋文化周、端午文化周的系列活动。全校同学人人画月饼,绘龙舟,描彩蛋,能工巧匠们还忙着动手制作龙舟,各班级还开展了颂诗词、讲故事的班队活动。这一系列活动不但让孩子们了解了中国的传统文化,还提高了他们搜集资料、构思作品、制作创新的能力。

2014学年,紧扣青奥会主题,在课题组老师的精心筹备下,学校开展了丰富多彩的迎接青奥盛会体育文化活动。我们组织全校同学给外国小朋友写信,介绍南京的历史,展现南京的美景,邀请各国小朋友前来参加南京青奥会;我们还联合南京苏豪集团,以南京青奥会小小外交官的身份代表南京的青少年给各国元首写信,寄礼物,真诚邀请他们来南京参加这一全世界瞩目的盛会。学生们给很多国家元首写信,赠送精美的礼物。12月份,他们还组织四、五年级同学参与了12·13国家公祭日的纪念活动,前事不忘后事之师,铭记历史,守望和平。

2015年5月,课题组老师策划了"红五月读书节"。邀请作家进校园,开展诗文朗诵、美文欣赏、最美人物展示等活动。同学们还自制书签,寻找书中最美的人物做成读书卡,写成读书笔记。

以上是心育活动课题组老师配合校长室、德育处、大队部开展的一系列培养能力、促进长平娃身心健康的活动。这些老师都是有心人,他们会及时发现长平娃的情绪变化、心理问题,有针对性地运用专业知识解决问题,并及时记录下来,写成案例或论文,屡屡获奖。

江老师在三年级的教学中,发现班上有一位同学情绪很不稳定,动不动就大吼大叫,和同学不能和平相处,江老师不仅有针对性地进行私下教育,还利用班队会联合全班同学帮助他,并且写成课例《自控——没有什么难的》,获得江苏省"行知杯"论文评比二等奖。

张老师刚接手一年级,发现一年级小朋友不适应小学生活,她就利用班会课给孩子们上了一堂生动有趣的活动课"我上一年级了"。结果这个活动设计获南京市首届"健心杯"教学设计比赛三等奖。

汤老师在班主任工作中发现班上一个孩子因为口吃感到自卑,不愿意与人交流,她就利用心理学原理对这位孩子进行疏导并帮助他克服口吃的毛病,让他先听后读自己喜欢的小故事,先小声读再大声朗读,经过一个时期的训练,曾经口吃的孩子被评为"朗读之星"。她的这个教育案例《阳光朗读我能行!——疏导一位口吃儿童评为朗读之星的教育案例》获得2014年度南京市教科所案例评比一等奖。

丁老师发现每天家长接送小学生上学放学的现象特别严重,她以综合实践活动课"小学生上学放学接送情况的调查研究"为例带领同学们开展调查写调查报告,她所写的案例《插芯片"会问"让调查"升级"》获得2014年度南京市教科所案例评比一等奖。

大队辅导员刘老师也是一位体育老师,在教学工作中,遇到一位只爱看书不爱运动的小胖墩,她以积极的心态、激励的语言、自身的行为教育并影响了这位小胖墩,最终小胖墩被评为"文武双全"小能手。刘静老师的《我被评为"文武双全"的小能手了!——疏导一位"小胖墩"积极参加"阳光体育"锻炼的教育案例》获得2013年度"行知杯"案例评比一等奖。

胥老师在教学过程中发现六年级的同学面临毕业,情绪有所波动,感情有些失落,就及时和同学们谈心,引导他们正确理解友谊,用积极的心态面对分别,上了一堂成功的心理辅导课"明天也要做伴",这个活动方案在南京市优秀心理辅导活动课方案评选中获三等奖。

倪老师的《语文点心灯,释放正能量——疏导一年级负面心理儿童转化策略的初探》获得2013年度江苏省"师陶杯"论文评比二等奖,李长燕老师的《别让表扬变了味——谈"过度辩证效应"下的学生表扬》和李慧老师的《老师妈妈,我喜欢学习啦!——疏导一位"厌学儿童"转化的教育案例》也均获各类各级奖项。

(本节编写:唐洁)

第三节 "活动小研究"精彩叙事

叙事一:抱团游戏

【案例背景】

当今体育游戏教学是体育教师教学的一项重要的教学方法。团队和合作是两个密不可分的矛盾体。当下众多学生缺少合作精神和团结互助品质,不懂得互相帮助,缺少集体荣誉感,俗话说"物以类聚,人以群分"。每个人的存在都不是单纯个体,而是作为社会群体中的一个分子而存在。每一个学生都生活在这样一个群体中,个人的表现都与这个集体相关。作为小学生,游戏在他们的生活中是重要的组成部分,提高学生的学习兴趣也是一项重要的任务。在体育教学中,希望通过抱团的运动形式来从小培养学生集体意识,明白雁不离队的道理,从而为小学生体育游戏教学搭建稳固的脚手架。

【案例描述】

"同学们,这一节课,我们做一个小集体的运动,我们增加一点难度,不做两人三足游戏,做三人四足游戏,你们有没有信心完成?"我说。

"有。"同学们齐声说。

学生玩过最多的是三人两足游戏,人数多了,难度增加,危险系数也增加,这一次我增加了一个人,虽然在难度上增加了,但同时对学生的考验也是增加的,更能体现出这个游戏中出现的问题。我对学生随机进行了分组,没有让他们自由组合搭配。

"同学们,下面你们把腿绑上,我们就要进行游戏了。"我说。

同学们都摩拳擦掌,都想争个第一。

"准备好了吗?"我说。

"好了。"同学们齐声说。

一声令下,同学们都拔腿就走,可是当迈出去第一步时就出现了问题,不少同学都乱了,一乱大家都急,还有同学走了一段距离在原地打转了,不过有一些同学很顺利,很快速地到达终点。在游戏中我主要听到了两种声音:一种是催促,责怪自己的同伴,"你快点啊,走啊,出脚啊"。还有一种是很有节奏感的拍子"一二,一二,一二……"。两种不同的声音,两种不同的结果。

"同学们,看看自己,看看别的同学,有的人不能完成,有的人则很顺利地完成了。"话还没有说完,下面就有学生说:"老师,我不要和他们一组。"听到这个我首先觉得不惊讶,好像都是在意料之中的事情。其次我感到一种责任,如何才能改变这样一种状况呢?

"其实每一组我们都可以做得很好,你们也看到了,随机分组的,还是有不少组能够很快速顺利地完成游戏的。虽然我们一组只有三个人,但这三个人就是一个整体,是一个人,我们不能把同伴还看成一个一个的个体,那些成功的同学就是能够把三个人变成一个人,抱团成一个人的运动,所以你们要清楚地明白团队合作的意思,如何把这样一个品质带到更多的地方,带到更远的地方,才是你们要做的。"我平和地和他们说。

"老师,我们重新再来一次吧,这一次我们一定会比上一次好的。"一个同学说。

"好,那我们就重新再来一次,准备好了吗? 开始!"我说。

这一次我看到的是一个一个小团队进行着运动,他们整齐快速的步伐,洪亮的节拍"一二一二一二……"响彻在校园里。

小学体育课堂中体育游戏对小学生来说是一个非常重要的教学手段,同时也是一个锻炼学生的重要方法。在体育课上我会经常安排一些集体游戏,既让他们在身体上得到运动和锻炼,也让他们明白通过集体游戏是要培养他们的团队意识与集体荣誉感。齐心协力过大河这个集体游戏就是考验他们这方面的能力的。

"同学们,今天我们的内容是做游戏。"我说。话音刚落,学生们就开心地又蹦又跳。

"玩游戏唉,玩游戏唉。"学生们很激动。

"好了,安静,下面听我把游戏的规则说一下,大家仔细听。这次比赛分成8人一组,随机分配,8名同学成一路纵队站在起点线后面,第一位同学手拿两个体操垫,后面7个同学都是拿一个体操垫,通过传递的形式过河到对面的终点,其间不能有任何人掉落到垫子下面,否则就'淹死'了。提示大家,第一个人负责放垫子,最后一个人负责收垫子,中间的人负责传垫子。大家听明白了没有?"我详细地说清楚游戏规则与要求,并做了示范。

"听清楚了!"学生们很兴奋。

"好,那我们开始吧!"我说。

游戏开始后,状况百出,掉落到垫子下面的,互相催促的,还夹杂着责怪声。"你快一点啊,慢死了。"有的学生说。

游戏结束,开始的兴奋已经没有了,很多同学都在议论,责怪自己的队友为什么那么慢,各种牢骚都有。

"安静,游戏结束了,情况大家也看到了,整个过程老师都没有说什么,让你们自己来做的,即使过程很乱,我也没有打断大家,你们有没有想想,为什么会出现这样的状况?一个很好的集体游戏运动为什么会变成这样?为什么听到的都是你们抱怨自己的队友呢?"我说。

这时学生都安静下来了,似乎在反思些什么,这时下面有学生在说:"我们可以商量一下,然后分工合作,这样就能赢。"

听到这个我心里有一丝欣慰,紧接着我说:"同学们,体育游戏是为了让大家高兴,让大家能够得到锻炼,为什么会选择这个游戏,而不是每一个分开来玩的游戏,你们有没有想过,为的就是让你们能在游戏过程中,无论是大团队还是小团队都能够紧紧地抱在一起进行运动,每个团队都要有集体荣誉感,都要有责任感,你们是一个集体,这才是你们需要去做的。"

听到这些,学生似乎明白了些什么,脸上不悦的表情也没有了,从脸上看出了大家的斗志,团队不在乎大小,两个人也是团队,一百个人也是团队,没有团队意识,没有责任感,即使是两个人的团队也不一定能够做成什么事情,有了团队与合作意识,即使一百一万个人的团队也能把事情做好。

【案例反思】

1. 精心设计,在体育游戏中搭建合作学习的"脚手架"

在体育教学中,单纯对学生进行知识传授,反复的练习只会让学生产生枯燥、厌学的情绪,体育游戏教学是在"玩"的过程中让学生得到知识的学习、兴趣和体质的提高。而体育游戏的方法很多,如何创设良好的学习情境至关重要,所以在体育游戏教学中多创设有团队意识的游戏,让学生在"玩"游戏过程中得到运动,感受团队与合作。要能从体育游戏中培养小学生理性思考,学会举一反三才是最终的目标。

2. 寓教于玩,在体育游戏中培养小学生的"团队精神"

《体育与健康课程标准》中提出"健康第一,快乐体育"的体育理念。玩是小学生的天性,体育游戏是把"玩"与"教"有效结合为一体。当下我国高度重视体育,大力提倡全民健身,因此,体育游戏对体育教师上好体育课颇为重要。

3. 雁不离队,让学生在"抱团游戏"体验中育合作素养

体育教学过程中,有些东西通过直白的话说出来,不能够表达出深层次的意思,这时候我们可以通过仿生学的原理来表达,也许能够达到事半功倍的效果。大雁南飞的故事,一只筷子很容易掰断、一把筷子就很难掰断的道理,通过这样的故事、道理来和小学生交流,也许比我们说一堆大道理容易理解和效果明显。

4. 生本课堂,以"团队游戏"促学生兴趣与技能同培养

生本课堂是以学生为主体,让学生主动、自主学习的过程。教学中要让学生能够生动活泼、主动发展,对学生应该有充分的教学民主。良好的师生关系首先表现为互相尊重、理解和信任,其次表现为民主。

生本课堂的师生间是平等和相互关心。雁不离队,抱团运动既要让学生与学生之间抱团运动,也要促进老师与学生之间抱团行动,让学生能够既快乐地学习了,也掌握了技能,将两者有机融合在一起才是最理想的体育游戏教学,才能真正为小学生合作学习搭建稳固的"脚手架"。

(作者:杨志彬,本案例荣获 2016 年度南京市优秀教育案例评比二等奖)

叙事二:为你点亮温暖内心的光源

早在还未接触心理咨询领域那会儿,就知道自闭症儿童被称为"星星的孩

子"。三年前招收新生时，小H的爷爷拿着诊断书找到我们办公室，希望学校能接纳患有轻度自闭症的小H。经过商量和入学观察，小H得到了随班就读的机会。直到一年前，在我成为国家级心理咨询师，并深入儿童心理健康教育领域进行研究时，小H进入了我的视野。通过观察，我发现小H是个极其安静的孩子，最严重的表现是不能积极、阳光地与人交往。于是，我尝试用心育游戏疗法，帮助小H进行自我疗愈，致力于提高个案儿童的同伴社会交往能力。

"不要，不要，不要……"

时光倒回到三年级开学的第一周，我带着职业的使命感走进了4班的教室，决心帮助患有轻度自闭症的小H走出交往障碍的困境。

"这学期，老师要在你们年级开设阳光心育社团。有谁来报名呀？"我带着微笑向孩子们做着宣传。有几个孩子高高举起了小手，我一边观察一边向小H的座位移动，期盼能与他进行眼神交流的同时与他搭上话。可惜，小H很快意识到我是冲着他去的，立即低下了头。"先分散他的注意力，缓解一下他的压力"，在选定了他座位后面的一个孩子后，仍然没死心的我在小H面前停下了脚步。刚准备开口，就被小H那一连串的"不要，不要，不要"给噎了回来。我俯下身体，试图握着他不停摆动的双手，他却把头埋得更低，眼睛始终盯着桌面。孩子的万般窘迫和慌张，深深震撼了我。小H的表现是典型自闭症儿童的社交障碍。

在走出教室的那一刻，我深深地自责："我太自信了，孩子可能被我吓着了。"于是我悻悻地回头望了一眼小H，却撞到了他那清澈的眼神，刹那间，我的心中燃起了一团火……这是希望的火苗。

"我参与了吗？"

第二天的课间，我又来到4班教室，独自坐在位子上的小H正在埋头认真地写着习字册。我轻轻抚摸他的肩膀说："你字写得真好！"这是我试图消除与小H之间距离的开场白。他没有抬头，也没有退缩，停下的笔尖说明他在听我说。我抓紧机会："老师的社团还缺一个人，你可以来吗？"还没等他开口，我就拉着昨天选的那个孩子："你跟他一起来，我们的社团就是老师带着大家一起做很多好玩的游戏。""是呀，你来吧。我陪你！"在旁边这位"小暖男"的邀请下，小H用他的沉默表示了接受，但他的目光始终跟我没有交集。

第一次活动的"破冰游戏",对小 H 是极大的考验。当我介绍游戏方法时,紧挨着我坐的小 H 接连说了 3 个:"没有我,没有我,没有我!"有了前面的经验,我并没有意外:"好的,不着急,你先坐在这里看我们,等你想参加的时候,就告诉我。"我边说边用温和的眼神化解了另外几个孩子表示惊奇的目光。简单介绍完自己后,其他孩子在我的指导下完成破冰游戏。起初,小 H 就是一个面带微笑的观众,当进行到第三轮时,我看到他的身体开始随着我们的音乐微微摆动,嘴角轻轻上扬,眼神渐渐发亮。我趁机抓起他的小手,拉着他一起加入队伍。要知道,简单快乐的游戏不会带给儿童紧迫感,这对小 H 也不例外。虽然他是在我的"半推半就"下完成了游戏,可在结束点评时,我给每个孩子参与活动时的表现点赞:"今天的游戏,大家都参与得很好,相信你们一定从游戏中感受到了快乐。同学们来自三年级不同的班级,在游戏之前,我们都不是特别熟悉,通过游戏,我们不仅相互知道了姓名,还找到了有共同喜好的新朋友。特别感谢小 H 的加入,因为有了你,我们才是一个完整的团队!"

下课铃响起时,我边跟孩子们道别,边整理桌面的物品。忽然,一只小手伸过来,是小 H。他拉着我的手低着头问:"我参与了吗?"那只小手软软的、暖暖的。我蹲下身体,努力地寻找着他的目光,然后坚定地看向他:"当然参与了,而且克服了自己一开始的紧张,谢谢你对老师的信任!"我用紧握的双手回馈他,因为,我有信心带领他找到温暖自己的光源。

"那我选哪一支?"

第二次活动,我希望孩子们合作画出一棵大树。按照要求,孩子们在笔筒里各自选择一支画笔,再进行填涂树干和树枝的分工,最后每人用手指蘸取一种颜色点出树叶。在大家的欢呼声中活动开始了,我仍然紧挨着小 H 坐。仿佛是知道我要问他一样,还没等我开口,小 H 就摆着手说:"我不会画,我不会画!"我很快调整自己的心态:"急不得,给他时间,自我疗愈需要慢慢来。"于是,我轻抚着他的头:"嗯,就像上次一样,你想加入的时候就告诉我。"其余的孩子从我事先准备的两套画笔中争先恐后地选着,有人果断选择了最粗的,有人果断选择了最细的。选完后,我们并没有立即去填涂,而是由每个孩子说说选择的理由。有的说选择粗的是因为便于涂很粗的树干,有的则说选择细的是可以涂好树枝。我及时给孩子们点赞:"大家在领到任务时就想到了团队合作,真好!"

话音刚落,我的衣角就被扯了一下,小 H 突然开口了:"那我选哪一支?"望着笔筒里最后的那支笔,迎着小 H"求助"的目光,我轻轻抓起他的小手靠过去:"这支就是你的呀!老师是按人数准备好的,这支就是为你准备的。"接下来的时光就像一幅画——午后的阳光投射到桌面,孩子们根据各自的分工趴在 0 号图纸的不同角落七手八脚地给大树涂色,用手指点上各自喜欢的颜色做树叶。有的在相互商量,有的甚至在相互埋怨,但每个人的脸上都洋溢着欢乐,小 H 身在其中,一点也看不出他的特别。活动结束的总结是由孩子们逐个介绍自己树叶的颜色,有红色的、有绿色的、有黄色的,还有五彩色的,轮到小 H 时,他眯着眼笑着说:"这些蓝色的,是我的!"说完,还凑到我身边又说了一遍,每个字都很清楚,每个字都充满了自信。那一刻,我们的目光又一次有了交集。

尽管是初秋,小 H 心里那棵同伴交往的小树却开始发芽了!

"等待是值得的!"

小 H 在社团里的表现越来越好,不仅能主动参加游戏,偶尔还会与小伙伴聊上两句。在校园里见到我,也会主动打招呼。任课教师也反馈说他上课时也会偶尔举起手发言。我满心欢喜,在征得家长的同意后,决定带领小 H 进入沙盘游戏的世界,帮助他释放自我,发挥自己的修复、疗愈能力,寻找到自信的光源。

然而,在前几轮的个体沙盘游戏中,小 H 的表现令我担忧。长达一个小时的面询中,他每次都只摆放一个品种的小汽车,有时是 3 辆,有时是 4 辆,然后就一直在玩这些小汽车,不断重复着排队开出去的动作。如此单一的物件、单调空洞的"画面"、毫无变化的过程让我的心在挣扎着,但是专业知识告诉我,沙盘游戏最大的优势就在于它不是或不仅仅是理解心理的工具,而是修复心理的工具。治疗师不需要做太多的引导,更无须自以为是地指点,求助者会自发地把某些恐惧的事件(情绪)表现出来,并因此进行情绪的处理。我最大的任务是能够给求助者安全的环境,治疗师内心淡定是环境安全的指标之一。所以,我决心等待。于是,我就在一旁静静地观察着小 H,从不去干扰他,如果他看向我,我就用一个淡淡的微笑示意他:"我就在这里,我会一直陪着你!"奇怪的是,每一次小 H 与小汽车玩耍的过程中整个人是非常开心的,而且嘴唇还在微微开合。当我告诉他面询时间到了的时候,他没有显出丝毫的不悦,问他下次还要不要来时,他会用非常诚恳的目光看向我,十分果断地说:"要!"

终于,在第三次面询结束时我忍不住问小 H:"老师看到你玩小汽车时非常开心，你是在跟它们玩游戏吗？"小伙子神态平静地回答我："我是在跟它们说话！""说些什么？"我追问，答案却是小 H 带着害羞的笑，一溜烟跑出了咨询室。我望着他远去的背影，却没有往日的惆怅，因为，他的世界里不单只有他自己，他与小汽车的交谈，正表明了他在释放自己与伙伴交往的情感。我所要做的，就是给他提供一个安全的、护持的环境，给他一个释放自我的空间，帮助他进行自我修正。

"等待是值得的！"在第五次沙盘制作中，小 H 在玩了 30 分钟后，突然走到木架前，选了几座房子、若干小人和一座桥摆进了沙盘，接着又玩了 20 分钟。结束后，我给小 H 的作品拍照做记录，惊喜地发现了那座象征着孩子与外界形成连接的桥。尽管它与周边的物件没有必然的联系，尽管整个作品有些杂乱，但是我看到他开始走出了自我封闭的世界，看到他在一点点积蓄自我疗愈的力量。

"那个笑着的人就是我！"

就这样，在持续平等的、接纳的、信任的环境中，小 H 渐渐卸下了防备。为摆满食物的餐桌配上几把椅子、在大树上放上一只小鸟、在小河边放上贝壳……经历了两个月的个体沙盘，当我再一次邀请他加入团体沙盘游戏时，小 H 已经能完全融入主题，与伙伴一起按照事先商定好的主题，配合着展现他们心中的世界。每次课程结束，我都会请孩子们分别介绍自己选择的沙具是什么，交流选择过程中所想到的事情。虽然说得没有其他小伙伴流利，但小 H 也都在参与，如果小伙伴记不清自己拿放物件的顺序时，他还能够主动提醒。

最令我感动的是，有一次，我们制作"春游"这个主题，当我请大家分享在这幅"画"中有没有他们自己时，大家都表示没有，只有小 H 一个人坚定地指着一罐旺仔牛奶说："这里有我！那个笑着的人就是我！"我看看小 H，再看看罐子上的头像。我拉起小 H 的手："别说，这双明亮的大眼睛和月牙一样的嘴角，和咱们小 H 真是像极了！"孩子，就这样笑吧，就用这样的笑容点亮你内心温暖的光源！

又是一个阳光明媚的午后，正在操场护导的我看着远处嬉戏的孩子们。正在这时，一只暖暖的小手握住了我的手，是小 H。我俯下身体看向他："怎么啦？"迎来一双清澈的眼睛："我来找你去上课！"他边说边把我往活动室拉。我轻轻地拽住他："老师还要护导，这会儿是午休后的活动时间，你先去操场上找小伙伴玩一会儿，等上课铃响了，我们再一起去。好吗？""那好吧！"小 H 带着灿烂的笑容向操场跑去,跟小伙伴们玩起了"撕名牌"游戏。人群中,他的身影"闪闪发光"!

  我们的社团活动还在继续,小 H 的表现一次比一次主动,一次比一次融入;小 H 的沙盘游戏治疗还在继续,他的作品一次比一次丰富,一次比一次充满情感;我们的故事也还在继续,而我也在这样的陪伴中,不断认清自己,不断调整自己,不断成长自己。感谢小 H,让我们彼此遇见!

(作者:田田,本案例荣获 2017 年度南京市优秀教育案例评比一等奖)

(本节编写:田田)

第三篇
"小课题俱乐部管理叙事"

小研究,从零散逐步走向系统化,从浮光掠影逐步走向持续"深耕",从"教师研究""儿童探究"逐渐走向师生家长组成共同体的协同研究,都需要正确的引导、多方面的协调、规范化的管理。

我们的"小课题档袋案",

我们的"五自管理",

我们的"八个一成果"……

长平路小学创生出一系列精彩的"小课题俱乐部"的管理故事,其中有经验、有制度、有智慧、有热情、有执着。教育的理想之光,照亮着小课题俱乐部的步步前行!

第七章 小课题的制度管理

第一节 我们的"小课题档案袋"

一、我们的"小课题档案袋"管理

有效收集整理教科研课题研究材料是做好研究工作的前提和保障。许多教师做课题,由于平时不注意收集整理材料和开展研究活动,只凭一份课题方案和一些学习资料作参考,致使课题的结题工作无法进行,进而要求延期或放弃课题研究。这种教科研态度,带来很多负面影响。我校从 2012 年开始推行为教科研规划课题建立小课题档案袋的做法,实践证明,通过推行"小课题档案袋"管理办法,促使教师注重课题研究过程性材料收集和整理,能引领教师逐步学会做好课题。

1. 小课题档案袋管理办法的要求及意义

小课题档案袋管理办法就是要求课题研究教师所做的课题必须建立一个档案袋。档案袋内必须有如下六方面材料:(1)课题研究方案和制度;(2)课题研究学习材料;(3)课题实践课教案(含评课稿);(4)课题研究相关论文及案例(要求原创的)和课题研究的成果及凭证(含发表论文、获奖证书、数据报表等);(5)课题研究活动凭证(含课题研讨和展示活动的音像资料、活动报道等);(6)课题研究记载册。其中课题研究记载册主要是记录课题研究过程活动的一系列表格,含有:(1)课题申报表;(2)课题立项文件;(3)课题研究工作计划表;(4)课题开题论证记录表;(5)课题研究参阅资料一览表;(6)课题研究活动概况记录一览表;(7)课题成果目录;(8)课题研究报告摘要;(9)课题研究课记录表;(10)课题成果鉴定记录表;(11)课题组内研讨活动及会议记录;(12)课题外出学习活动及体会。

小课题档案袋管理办法还要求每位课题研究教师每学期至少上交两篇课题实践课教案,上交一篇课题相关论文或案例,并且要求每个课题负责人必须建立课题电子稿档案袋(六个文件夹即以上六方面材料),以备检查之用。

课题研究教师要按课题档案袋要求收集资料,而且要经常开展"课题档案袋"交流研讨活动,这样才能使教师明了怎样做课题,才能真正让课题档案材料展现教师的研究过程。课题调研是我校教科研部门开展教科研活动的一项常规化、制度化工作。主要包括检查课题档案袋和指导课题研究。它主要是由市、区教科室牵头组织,学科教研员主持,针对每年在市、区立项的教科研规划课题而进行的调研指导活动。一方面是为了了解教科研立项课题的研究进展情况;另一方面是为了督促、指导教师有效深入地开展课题研究,把课题研究与课程改革紧密联系起来,促进教师教科研水平的提高。

2. 开展检查小课题档案袋的调研活动,使教师学会做好课题

为了加强课题研究的过程管理,推行课题档案袋管理制度,要求每个市、区立项课题,必须建立一个档案袋(电子稿档案袋也可以)。课题负责人必须提供课题档案袋以备检查。由于课题档案袋管理制度提出的要求明确,承担课题研究的教师收集和汇编的课题材料也逐渐规范。在调研中我们发现许多教师不但能把自己的课题档案材料汇编成几个电子文稿的文件夹,还将材料做成博客和网页,以供检查之用。由于用电子稿收集课题材料,有时检查者即使来不及看完材料,还可以把电子档案材料复制到U盘中,以后抽空再看。在课题档案材料的检查中我们还发现有些研究范围较大的学校主干课题,建立的课题档案袋电子稿和文稿都很多,而且课题材料中原创的成分特别多,如课题实践课教案、课题相关论文及案例等。对此我们在检查中都给予了充分的肯定。课题档案材料检查的目的是为了教师能注重课题研究的过程工作,是为了让教师明确课题研究必须做的几项工作,也是为了让教师学会做好课题。因为有了建立课题档案袋这一制度,许多教师才领会了课题研究的四大要领:要重视课题研究的学习准备工作;要重视上好课题实践课;要认真撰写课题相关论文和案例;要注重积累课题研究的成果。总之,要让学习与研究引领教师自身教科研水平的提升。实行课题档案管理制度,促进了我校教师课题研究的深入开展,课题成果

的获奖率明显提高。

3. 开展课题档案袋交流研讨活动,使教师学会研究课题

课题档案袋交流研讨活动是推行课题档案袋制度的一项重要工作。通常参加对象主要是课题中心组成员,研讨会开始先由课题负责人汇报课题研究的进展情况,包括课题研究做了哪些前期准备工作。如学习了哪些课题相关理论,开展了哪些课题研究活动,积累了哪些课题档案材料,研究过程中还存在哪些问题和困惑,对今后继续开展研究有何想法和建议等。课题负责人要求如实汇报课题开展研究情况和课题档案材料收集情况。教师汇报之后,分别由骨干教师就自己联系的课题进行指导性发言。发言人能利用优秀的课题档案材料作典型,为与会教师提供颇有示范意义的课题档案管理范例,并进行课题材料收集指导,强调课题材料的收集重点在以下方面:课题相关学习资料、课题实践课的典型教案、原创的课题研究相关论文及案例、课题研究成果材料。在交流研讨中,学科教研员还能结合所听的课题实践课,展开互动式的指导。由于学科教研员在调研之前做了较为充分的准备,这种指导的针对性、有效性和科学性显得尤为明显,往往能为课题负责人今后开展继续研究指点迷津,起到很好的引导与促进作用。研讨过程中课题负责人可及时提出自己的研究困惑,让全体与会人员做出回答。如有些教师会说出自己需要哪些研究资料或需要多少研究经费,这时校长会很快给予答复。许多教师在课题研究及材料收集的研讨会中,将自己的电子档案资料收集的经验与同伴们交流,特别是如何收集课题的学习资料、如何撰写课题相关论文和案例、如何用数码相机或手机收集课题的活动凭证资料等经验,使与会的教师受益很大。总之,课题档案袋交流研讨活动成了解决问题的有效机会,使中小学教师从中学会了研究课题。

4. 开展小课题档案袋评比活动,促使课题研究氛围和质量提升

为了全面规范我校教科研工作,进一步有效实施"小课题档案袋"管理办法,交流各校课题管理经验,提高教科研课题研究效益,我校教科室定期组织和举行省市区教科研规划立项课题档案袋材料评比活动。教科室组织相关专家,参照市、区教科室制定的《"小课题档案袋"评比参考标准》,将符合要求参评的若干个课题的"课题档案袋"进行了集体奖项和个人单项奖的分类评审。这样的评选活动,使参与课题研究的教师进一步明确了课题研究必须做的几项工作,使广大教师明白了课题研究与撰写科研论文的不同在于它的计划性、实践性和过程性。课题研究需要严谨的科研态度与科研方法,特别是要从课题的选题、课题方案的

落实、课题的学习准备、课题实践课的教学、课题的汇报、课题相关论文撰写、课题成果材料积累、课题研究报告拟写这八个方面来做好工作,而课题档案袋管理办法能与这八个方面的工作有机结合,促使教师学会做好课题。由于推行课题档案管理办法,我校大部分教师近年来课题研究提供的课题档案袋材料充分翔实:课题学习的文献资料对应有效;课题实践课教案典型且能体现课题理念;课题相关论文有原创性和推广性;课题实践反思案例有真实性和感染力;课题实践活动的现场材料鲜活翔实;课题成果凭证有档次和说服力;课题研究记载记录及时详细。

我校60多名教师,100%参与校本研训,90%的教师参与课题研究,15%个人立项承担科研课题,中青年骨干教师(中级职称)申报课题研究的比率占研究总数的75%。教师的课题研究能以课题档案袋管理办法的要求为依据,努力按照课题档案袋的规范要求去实施课题研究管理,使课题结题率和获奖率明显提高。近年来取得了较好的成效,市级结题课题的获奖率达60%,其中一、二等奖的比率达40%。

总之,小课题档案袋管理办法是包含了档案袋的建立要求、调研检查、研讨交流和评比开展这四方面的管理规范。它是一项有效进行科研课题管理的举措,是引领教师做实做强课题的重要措施,值得推广应用。

二、我校的教科研"档案袋制度"

我们的教科研档案袋制度是受"档案袋伴我学"(英文称 Learning With Portfolio,简称 LP 项目)的影响而制定的。

在"档案袋伴我学"项目中,档案袋是一种载体或介质,是一种支持学生学习的平台和手段,是记录、存储、展示学生学习过程和学习成果的空间,是促进学生复杂的学习和发展过程的记录。

我们在学校的教科研管理中引入档案袋的管理方式,是希望通过为教师记录下教科研档案的形式,提高教师研究的意识,记录下教师学习、研究、实践、反思的过程,力求融培训、教研、科研为一体,促进教师的专业化自我发展。

我们的教科研档案主要有八个方面内容,简称"八个一"。要求教师在一个课题的研究阶段要完成以下八项内容:

"八个一"
1. 申报一个校(含市、区)级小(个人)课题
2. 写出一个微型调查分析(或报告)
3. 撰写一个体现新课标的教学设计(含课件)
4. 上好一节校级(含)以上的课题研究课
5. 总结一个区级(含)以上获奖教育教学案例
6. 撰写一篇区级(含)以上获奖的教研论文
7. 总结一篇"蕴含教育理念"(或"小课题助我成长")的教育叙事(或教育随笔)
8. 写好一个校级(含)以上获奖的个案(或小课题)研究报告

我们采取各种措施、举办各类有针对性的专题培训活动,促进40周岁以内的每位教师学会总结并提升"八个一"成果的质量,分三期(例如"十二五"期间我们要求教师分为2013—2015年)达标。我们依托"小课题俱乐部",由教(科)研专家与名、特、优师分别举办"八个一"成果总结讲座;每周一为校本研究日,学校教科研顾问开展个别指导与面询;每周二、四区语、数教研员分别来校指导一次;每月小团队专题活动一次;每半月安排1~2名优秀成果获得者介绍撰写经验;每半年召开一次特色团队成果汇报会等。

我们还成立了校级专家组进行指导与把关,创建团队协作组攻关,开通校园网站选登"八个一"成果精品示例,邀请优秀教师谈经验(如语文词语理解低、中、高同异谈),利用书吧、网页、微博,交流分享心得,探讨成果总结技法,倡导同年级、同学科、新老教师互助合作;校长、主任与团队小组长发短信及时提醒、助人研究,变管理者为服务者,等等。学校还为小课题俱乐部购买了几十本教科研方法(其中大多为"八个一"成果总结)类型的书籍、杂志供教师们借阅,教科室与信息中心还检索、转发了不少优秀成果总结的电子稿供老师们学习、借鉴。

"八个一"档案袋管理制度,使得教师们承担的校级小课题和区市级个人课题的结题工作变得"水到渠成"。

(本节编写:李婷)

第二节 "小课题"的制度管理

一、小课题俱乐部的制度管理的作用

小课题俱乐部通过制度管理，促进了教师的发展、学生的发展、学校的发展，具体有以下四个方面的作用。

1. 追求"课题研究"的新发展

从面向全体教师的问卷调查中，我们分析归纳出学校校本研修的三个现状：一是教师课题研究"大而空泛、枯燥无趣、被动低效"的问题亟待解决；二是"加快教师专业化成长的步伐"，期盼"传统校本研修方式的创新"；三是培育"学生核心素养"呼唤"教师人文素质提升的研究"需要加强。

为此，我们树立了"研而不乐则枯，乐而不研则浅"的观点，明确"汇小课题做大课题"的研究思路，以丰富多样、有趣可行的俱乐部活动为载体，开始酝酿创办教师"小课题俱乐部"，经过专家组论证，2011年年底，被批准为省级"十二五"规划重点课题。由此，全体长小人正式开始了"教师'小课题俱乐部'校本研修方式的创新研究"。

2. 提升"课题研究"的新品质

我们本着关注教学中的真问题、研究方向的草根性、教师参与的主动性、研究问题的微观性、课题研究的灵活性等原则，探索教师校本研修方式的创新之路，实现了校本研修的组织变革和管理优化，实现了校本研修中教师能力的提升，也因此得到了以下三点体会：

体会1 贯彻"五结合"，做精"小课题"。分别是校本培训与校本教研相结合、校本教研与校本科研相结合、个人课题与学校课题相结合、团队建设与校本建设相结合、自我发展与助人发展相结合，群策群力，发挥集体智慧，整体推进。

体会2 强化"五突出"，建设"小团队"。即突出小、实、新、短、用。

体会3 办好"俱乐部"，形成"小亮点"。未来我们小课题俱乐部的快乐、深度研修是"走自觉发展、'自身造血'之路"。主要包括五方面内容：一是研究目标与人生价值相统一；二是研究内容规定性要求与个体性需求相结合；三是研究形

式规模化与个体研修相协调；四是研究渠道与方式多样化；五是研究运作与管理科学化。以此激发教师研修的内在动力和积极性，促进每位教师专业化自我发展"小亮点"的更多形成。

3. 实现"课题研究"的新生成

(1) 推进校本研修方式普及

如今我校的小课题研究已逐渐形成常态，氛围越来越浓，参与人数明显增多，教师的积极性、主动性日益提升。调查数据显示，我校小课题研究俱乐部在潜移默化中改变着教师，带给每位教师不同方面的变化。

在69位参加小课题研究俱乐部的教师中，37.1%的人认为小课题研究对其最主要的影响是教育理念的转变，23.7%的人感受是教学行为的变化，31.8%的人选择反思能力的提高，还有7.4%的人认为最明显的是同伴间交流质量的提升。每位教师参与课题研究的体会是不同的，带来的变化也各有侧重，但可以确定的是小课题研究影响着每一位参与的教师，教师不再是专业研究成果的"消费者"，不再是依赖习惯和经验的"教书匠"。原本的"教书匠"正迈步走在"研究者"的道路上。

(2) 提高课题研究质量

俱乐部活动与多样化运作成为我校教师校本研修方式的"融合剂"。近几年来，我校100%的教师参与过丰富多彩的小课题"俱乐部"活动与"多样化"的研究活动，100%的教师课堂教学、教学设计、开研究课及其中的某一两项成果总结均有了长进。

(3) 促进教师专业成长

"问题"就是小课题研究的出发点，老师们确定好研究点之后，各团队开始有意识地记录平时自己教学中发现的问题。同时约定每个月，团队成员间要互听至少一节课，通过团队智慧去发现自己看不到的问题。并将发现的问题及时记录下来，利用小课题俱乐部活动的时间一起研究、探讨、总结，并积极撰写案例、论文。

教师的问题意识增强，教学姿态不断改变，教学研究更加灵活，今天"教、研、写"一体化已经成为长小教科研的常态项目。在教学、听课、评课过程中发现的问题，成为小课题研究的对象，通过集体备课拟定出对策，又在教学、听课中去领会、感受，试验对策的效果，再通过研究讨论加以改进，解决一个问题之后，又开始另一个小课题研究……

正如苏霍姆林斯基所说:"如果想让教师的劳动能够给教师一些乐趣,使每天上课不致变成一种单调乏味的义务,那就应当引导每一位教师走上从事一些研究的这条幸福道路。"

二、小课题俱乐部的管理制度

为了促进小课题俱乐部活动的扎实开展,我们制定了六大制度:《南京市长平路小学"小课题研究俱乐部"章程》《长平路小学校本教研评价制度》《长平路小学校内研究课管理办法》《长平路小学教师外出培训细则》《长平路小学师徒结对考核方法》和《长平路小学学生小课题研究指南》。

1.《南京市长平路小学"小课题研究俱乐部"章程》

我们出台了《南京市长平路小学"小课题研究俱乐部"章程》。提出,俱乐部是自愿性的教师组织,全校教师都可以向俱乐部提出加入申请,在填写申请表格、由俱乐部工作人员登记造册后,统一发放会员证,即成为俱乐部会员。

俱乐部成员享有三大权利:参加俱乐部有关活动;对俱乐部工作提出建议及合理要求;俱乐部活动中有平等的交流言论权。俱乐部成员须履行三大义务:积极参与俱乐部组织的活动;尊重组织者,尊重其他会员,收集教育、教学中出现的热点和难点,在俱乐部中研讨,集思广益,融会贯通;自觉维护俱乐部声誉和形象,不在任何公共场所发布有损俱乐部声誉的言论。为小课题研究俱乐部的发展做出突出业绩和贡献的会员,俱乐部会视情形给予奖励,并记入俱乐部诚信档案。

小课题研究俱乐部活动主要围绕以下内容展开:

一是探讨热点焦点问题,实现思想交流、观点碰撞,以历练师德修养;二是积极开展教育研究,研讨学校德育、班级管理、学生教育等的共性、个性问题;三是积极开展教学研究,探索新课程下的课堂教学问题,提高课堂教学水平;四是积极开展课题研究,掌握科学研究的基本方法和手段,不断提高科研水平;五是积极组织成果共享,创造合作、分享与支持的氛围,提高成果影响力;六是邀请知名专家开讲座,不断开阔教育、教学、科研的视野;七是积极与各兄弟学校开展教育教学交流活动;八是开展其他有助于青年教师健康成长的活动。

小课题研究俱乐部的活动方式主要有以下六种:

一是研讨式。确定研讨主题,围绕主题充分探讨,畅所欲言。参加者既是提问者,也是问题的解答者。二是汇报式。在会员中选择某一方面取得较好成绩者向全体会员做经验汇报,并展开研究。三是观摩式。观摩教育活动、课堂教学、课题研究并组织观摩后的研讨活动。四是论坛式。确定论坛主题,围绕主题充分发表意见,加深对某一问题的认识。五是咨询式。就教育实践中的疑难问题,会员间或邀请非会员进行咨询活动。六是报告式。聘请校内外具有丰富教学经验的特级教师、学科带头人、教育教学理论研究者、课改之星、某方面具有特长的教师等做主题报告,会员和专家之间围绕主题展开研讨。

2.《长平路小学校本教研评价制度》

我们还制定了《长平路小学校本教研评价制度》。建立教师个人成长档案,通过个人成长档案来反映教师的成长和发展情况,为评价提供可靠依据。采取自我评价、学生和家长评价(学生评价占5%、家长评价占5%)、同事评价(占20%)、学校评价(占70%)相结合的方式。除教师的自我评价之外,其余四项评价结果均按不同比值,与教师的绩效奖励挂钩。《校本教研评价制度》以解决教师教育教学实际问题为本。将新课程校本教研评价作为指导此项工作的重要依据,避免伪科学、伪实效的研究形式,强调在理论指导下行动的真研究。校本教研评价目的是在对教师的教研工作进行综合评价的基础上,激励教师去反思自身的教学实践活动,帮助其明确自己在校本教研活动中的优势与不足,以提高教师的校本教研能力,激发教师研究小课题的热情。

3.《长平路小学校内研究课管理办法》

学校特制定校内研究课管理办法,旨在给每位教师搭建锻炼自我、展示自我、交流学习的平台,实现教师间资源共享,共同提高、共同发展。开展扎实的课堂教学教研活动,通过校内研究课、青年教师汇报课两种方式,促进教师教育教学理念的进一步更新,树立关注学生学习兴趣、学生自主学习过程、学生学习方式的转变、教学过程的优化、提升课堂教学效果的教学理念,在全校形成良好的教研氛围。立足于课堂教学,着眼于学生的自主学习、探究学习和合作学习,通过组内教研、集体备课、顾问指导等方式,努力探索出更有效、更适合我校学情,突出我校至美教育特色的教学方式和学习方式。同时,在研讨和课堂教学的实践中,不断提升教师的专业素质和学生学习效率。长平路小学校内研究课要做到以下六个方面:

一是切实转变师生角色。积极落实"以生为本"的理念,努力做到精讲多练,把课堂学习的权力还给学生,每节课必须确保足够的课堂训练时间,把学习时间和空间还给学生。关注学生课前预习的质量。

二是确立恰当的教学目标和学生学习目标。教学目标和学生学习目标既体现课程标准,又符合学生实际。

三是优化教法和学法。教师要研读教材,把握教学目标,大胆创新、取舍得当、收放自如;引导学生自主学习、乐于学习。

四是关注课堂教学过程中学生的合作学习、探究学习和交流讨论学习的质量。

五是关注课堂中学生学与思的结合,关注学生课堂训练的难度和梯度。

六是丰富教学手段,充分发挥多媒体辅助教学的优势。

长平路小学校内研究课分为校内教研课和青年教师汇报课两种。

(1) 校内教研课

授课教师:以年级或教研组为单位,每学期组内由一人做代表上校内教研课,每学期人选不得重复,直至组内一个循环为止(50岁以上教师不参与)。

授课内容:上课内容、人选由组内讨论决定,由教导处安排各组上课时间,相关内容由教导处制表后在学校网站公布。

研讨要求:校内教研课要在年级(教研)组集体备课的基础上,由上课人执笔备出教案,至少经过组内一次试上修改后,方可正式上教研课。由组长负责通知分管主任参与集体备课、试上、修改讨论的相应过程。教研过程要求组内成员全员全程参与。

上课时间:校内教研课时间初定在各学科教研活动时间(区教研活动为双周,校教研活动时间为单周)。

参与要求:校内教研课面向全校教师,本学科教师无特殊情况必须参加,其他学科教师可有选择参加。

活动总结:教研课完成后,各组需上交教研活动记录表一份、教研课教案一份(包括纸质和电子稿)、校园网报道稿一份(包含集体备课照片、上课照片、研讨照片各一张,报道稿不少于400字)。

(2) 青年教师汇报课

授课教师:工作五年内青年教师每学期上一次汇报课。

备课要求:由个人请教教学顾问或名师工作室特级教师指导备课、试上、修改。年级(教研)组应积极给予支持和配合,参与听课、提出修改意见。青年教师的课至少经过一次试上修改后,方可正式作为汇报课开讲。

上课时间:定在周三下午集体备课时间。

参与要求:面向全校教师,本学科教师无特殊情况必须参加,其他学科教师可有选择性参加。

活动总结:汇报课完成后,需上交教案一份(包括纸质和电子稿)、上课小结一份(包括纸质和电子稿,电子稿配备课、上课、听课照片各一张)。

4.《长平路小学学生小课题研究指南》

为扎实开展学生小课题研究,我们首先制定了"长平路小学学生小课题研究框架"。对学生小课题研究提出六个方面的具体要求:一是要有一个开题仪式;二是每学期一个月研究一个课题,学生三到五年级研究六个专题;三是每个研究结束要有结题证书;四是根据研究课题的数量评比出"研究小先锋";五是学校目前开设五个主题:读树、问水、探桥、品城、研船;六是每个主题学生可以从文学、科学、历史、艺术角度去选题探索,学校成立相应的教师辅导团队。

在此基础上,我们出台了《长平路小学学生小课题研究指南》,对于怎样选题、怎样研究、怎样展示都统一规划。

例如选题,建议学生可以根据学校的主题从文学、科学、历史、艺术四个方面思考想研究的问题。文学:学生可以从文学角度展开对树、水、桥的研究,可以研究相关的古诗词,可以找寻相关的美文,等等;科学:从科学的角度研究树、水、桥的性质、结构、原理,等等;历史:从历史角度研究树、水、桥的文化、发展,等等;艺术:从艺术的角度发现树、水、桥的美,欣赏树、水、桥的美,分享树、水、桥的美,创造树、水、桥的美。

再如研究,指导学生从我的质疑、我的探索、我的发现、我的收获、我的推荐、我的追问六个板块展开研究。我的质疑:发现了什么问题,有什么疑惑或困惑;我的探索:利用什么研究方法(如文献法、实验法、观察法等),研究了哪些方面;我的发现:取得了什么初步结论;我的收获:结合实例研究得出什么结论或对现象的解释思考、建议;我的推荐:将自己的研究成果和有价值的发现,介绍并推荐给小伙伴;我的追问:从理性上写出几点反思、启示或追问。

又如展示,要求学生通过"四微"(微报告、微叙事、微绘本、微微课)方式展示自己的研究收获。微报告:可以是小调查、小案例、小论文、小研究报告(说清楚在什么背景下展开研究,要解决什么问题,达到了什么目的,客观真实地提出合理可行的参考建议、解决方案等);微叙事:将问题的解决过程像讲故事一样叙述出来,从理性上写清认识、结论或反思;微绘本:将研究的过程用绘本的形式呈现出来,注重连环性、阶段性;微微课:将研究的过程用小视频的形式展现出来,重点呈现问题解决的过程和结论。

三、小课题俱乐部制度管理的实施

1. 制定小课题俱乐部活动章程

我校从 2008 年秋季开始创办教师"小课题俱乐部",出台了《南京市长平路小学"小课题研究俱乐部"章程》,几经修改并于 2012 年定稿。在总则中,我们明确提出三条:

第一条,本俱乐部定名为:南京市长平路小学"教师小课题研究俱乐部"(简称"小课题俱乐部")。

第二条,本俱乐部由致力于我校教科研课题研究的教师自愿联合发起成立。

第三条,本俱乐部的宗旨是:推进个性化素质教育,深化有特色课程改革,逐步形成一支教科研骨干力量,促进教师专业化的主动自我发展,为办好让人民满意的学校,不断作出新贡献。具体地说,创新"教师培训、教研、科研、管理"一体化的校本研修方式,树立先进的教育理念,创造浓厚的学习氛围,加快教育信息传递,促进长小全体教师内强个体素质,外树整体形象,人人参与基于问题解决的校本化教科研课题的研究,坚持在实践中探索、在困惑中学习、在研讨中反思、在领悟中创新。

2. 建立小课题俱乐部活动组织

"小课题俱乐部"是教师以小课题研究为纽带的草根性的非制度化的社团组织。小课题俱乐部的管理形式是"松散"的,但又与教科室工作相融合,它的活动更注重面对全体,更为轻松自由。我们努力在硬件和软件上对小课题俱乐部进行优化、改善、升级,打造校本研修新样态。首先,我们创设了良好的活动环境。学校选择了相对安静、环境清雅的地点作为小课题俱乐部的活动场所。其次,我们梳理了常见的教师研修活动方式。再次,我们研究出教师小课题俱乐部校本研修发展目标分类。

"小课题俱乐部"是以课堂教学存在的突出问题和学校发展的实际需要为选题范围,以我校教师作为研究的主要力量,通过一定的研究程序取得研究成果,并且将研究成果应用于改进学校教育教学实践的研究活动。通过研究,达到促进教师个人与社团组织群体专业化成长,学生主动、健康、个性化、可持续发展,学校办学特色与教育教学质量均相应提升的目的。正是如此严谨、有趣,形式多样的小课题俱乐部研究,给了我们一些寓工作于生活、在工作中交朋友的新思路。"和喜欢的人干喜欢的事情"。通过小课题俱乐部,彼此熟悉甚至志同道合的教师聚集在一起,各抒己见,畅所欲言,能最大限度地发挥教学环境中教学研究的潜能。

小课题研究俱乐部有自己的组织机构,有两个部门共五个组:小课题委员会、活动中心组、宣传组、资料组和专家组,每次俱乐部活动由活动中心组、宣传组和资料组全程组织俱乐部活动,包括场所安排、活动筹划、活动主持,成果的总结。

小课题委员会:俱乐部的咨询与协调机构。由学校领导和专家组成,其职责是:协调俱乐部有关各方的关系、听取俱乐部活动中心组的汇报和成员的想法、对俱乐部的组织活动提供建议和活动经费、参与俱乐部的各项重大决定。委员会主任:李婷,委员会副主任:田田。

活动中心组:俱乐部的核心机构。其主要职责是:组织俱乐部的各类常规活动、起草俱乐部的相关文件、向委员会汇报各项工作。活动中心组组长:丁一丹,组员:李慧、胥玥、唐洁。

宣传组:隶属于活动中心组,协助中心组有效开展活动,主要负责小课题研究的简报、网页设计等宣传工作。宣传组组长:李长燕,组员:潘宁、刘静。

资料组:也隶属于活动中心组,主要为学校课题和个人课题提供资料库,本组各位负责人要收集和小课题研究有关的杂志、报纸、网络检索的资料,形成我校特色教科研资料库。资料组组长:丁邦建,组员:江园、杨志彬、沈维文。

专家组:由众位省、市、区教科研权威专家组成,定期和不定期来我校进行指导。专家组成员:朱世伟、宋宁、金连平、徐瑞泰等。

3. 发展小课题俱乐部各级会员

小课题俱乐部实行会员制。申请加入本俱乐部的会员,必须具备以下三个条件:热爱教育事业,爱校爱生;拥护并能遵守本俱乐部的章程;有志于开展基于问题解决的教育、教学、管理等方面的小课题研究,乐于与他人合作并共享研究成果。会员入会的程序是:向俱乐部管理委员会申请——填写俱乐部会员入会简表——提供必要的个人资料,经审核通过——由俱乐部管理委员会登记入会。

4. 开展小课题俱乐部系列活动

本着关注教育教学中的真问题、扎根实践的草根性、教师非强制性参与的主动性、研究过程短平快的微观性、课题研究成果的灵活性，我们不走大路走小路，通过"小课题""小项目""小团队""小讲坛""小沙龙"五种方法，开展了"小课题俱乐部"校本研修方式的创新实践。

（1）校级小课题

自 2011 年 9 月起，我校首先启动了校级"小课题"的申报工作，我们先拟出 30 多个参考选题：如"小学低年级阅读教学'图式板书增效'的课例研究""中年级小学生计算题高频率错误类型、成因及对策的研究""小学高年级英语自主互助型教学模式的课例研究""小学音乐欣赏教学中激活想象力的案例研究"等。这些突出课堂、微观、现场、行动、应用研究的小课题，深受教师们欢迎，全校 40 岁以下的中青年教师甚至个别老教师纷纷行动，开始着手申报。学校会在选题前对教师进行培训，如：宣讲申报简表填写要求、校园网选登申报表填写示例等。教师们结合自己的教育教学实际，在参考选题中选取或自定研究课题，填写选题意向表，申报并推进小课题研究。

（2）主题小项目

我校小课题俱乐部的主题小项目是指为实现课题研究中的特定具体目标，以任务为中心开展的研究活动。聚焦课堂教学，选择与小课题相应的教学内容，深入钻研磨课例，是常态主题小项目。课前磨教学设计，课中磨导学策略，课后磨成败得失，总结具有典型意义的教学案例及教后反思，驱动常态教学改进。

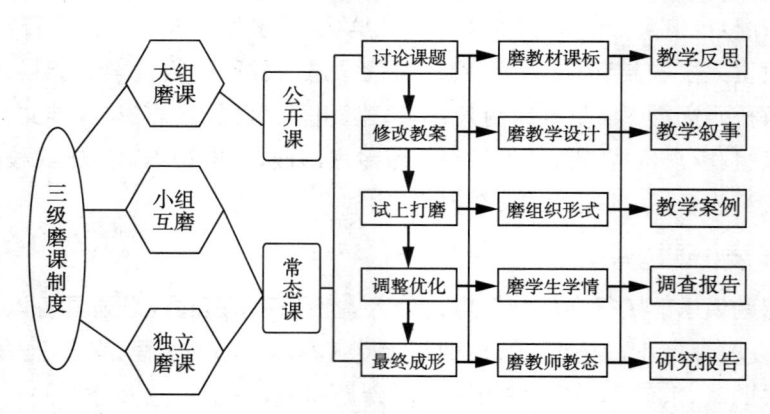

```
                      ┌─ 讨论课题 ─→ 磨教材课标 ─→ 教学反思
              ┌─ 公开课 ─┤
       ┌─ 大组磨课 ─┤      ├─ 修改教案 ─→ 磨教学设计 ─→ 教学叙事
       │          │      │
三级磨课制度 ─┼─ 小组互磨 ─┤      ├─ 试上打磨 ─→ 磨组织形式 ─→ 教学案例
       │          │      │
       └─ 独立磨课 ─┤ 常态课 ─┤ 调整优化 ─→ 磨学生学情 ─→ 调查报告
                      │
                      └─ 最终成形 ─→ 磨教师教态 ─→ 研究报告
```

例如：六语组（六年级语文组的简称，下同）四名教师同备、轮上、互听、共研课，再推举一人在全校上《负荆请罪》；低数小团队教师围绕"点错成金"探索资源开发策略；英语小团队教师共研自主与合作学法及导法的高招；李老师与别校老师"同课异教"语文课《蜗牛的奖杯》，虞老师与区教研员分别上语文课《小草与大树》的第一、二课时,这样的跨校"同课异教研讨"更深化了研究;体育组的四位青年教师在外聘教学顾问张老师的帮助下,将磨课活动纳入常规教研活动中,每周三的上午都主动承担或参与磨课活动。我校各学科教师通过实践已初步形成"教研写"一体化三级磨课制度(见示意图)。

校级以上公开课,全教研组参与;校内每月两次的教学问诊课,备课组为单位相互磨课,大组评议、打分。不同层次的磨课,使得教师间的合作交流更加默契。围绕主题小项目,根据自己的教学实践与反思,结合项目组老师的建议而写出的案例和论文,质量明显上升。

(3) 互助小团队

我们在关注教师个体专业成长的同时,倡导组建教师互助小团队,促使教师群体成长。自2011年9月起,结合岗位工作,本着自愿与需要相结合的原则,我们建立了14个各种类型的教师合作小团队,为老师的学习研讨、教师专业化成长提供了平台。每个小团队5人左右,一名组长。大部分教师每人参加一个小团队,少数教师可自愿参加两个小团队。团队成员们讨论《小课题研究俱乐部特色团队填报表》,确定"团队定位,团队理念,团队愿景,团队行动,阶段安排,成果显现,团队口号"等。

(4) 至美小讲坛

围绕我校"至美教育"的办学特色,小课题俱乐部每学期隔周开展"至美小讲坛"活动,提供机会让每位教师在全体教职工面前轮流做5分钟的"专题演讲",教师们讲述自己的课题研究小故事,谈论自己对"至美教育"的理解,总结自己课题研究的经验与不足,点赞身边教师研究中的闪光点……"至美小讲坛"活动求真、务实,深受老师们的喜爱。

范老师在"小课题,如影随行"演讲中,这样说道:"1993年踏上工作岗位的我,总满足于学生考试成绩在年级中的暂时领先。五年后,当校长问取得了哪些成绩时哑口无言。从此我积极要求加入学校的课题组,迈出了课题研究的第一步。"当走进小课题研究这一领域之后,"从那时起至今,小课题研究对我来说,真是如影随行。我研究课标、学生、课堂、教材、方法……思考逐步成为一种习惯,研究不再高深莫测。"2012年年底,她光荣地获得区语文学科带头人称号。她的故事也鼓舞了许多青年教师。青年教师也为自己立下了五年或三年发展规划。自2012年起,有一批青年教师在省市区的论文、基本功、公开课比赛中相继获奖。

（5）研讨小沙龙

在小课题俱乐部中,最受大家欢迎的当属研讨小沙龙了。参与者志趣相投,欢聚一堂,无拘无束。为了给老师们提供更放松的研讨形式,我们创立了网络和实体两种研讨小沙龙。

我校先后建立了小课题俱乐部研究 QQ 群、微信圈等便于教师沟通的网络研讨小沙龙平台。例如,我校语数外小团队,为本团队建立了学习共享系统。每位成员都有自己的个人博客,并且都链接在负责人的博客上,形成了圈子。圈子便于团队内成员共同交流学习经验、方法、内容与心得;在网络学习 QQ 群中,各小团队还鼓励每位成员每周提出一个问题,建立"个人问题库",经过筛选,进而建立"小团队问题库"。

实体小沙龙会根据不同时期教师的不同需求举办。2011 年至今小课题俱乐部成立了"教育叙事研究小沙龙"——集中力量着重解决教师教学过程中的具体问题;"一课研究坊"——为着力进行课例研究的教师搭建平台;"静海班主任工作站"——为班主任开展班级管理研究提供场所;"学术咖啡室"——请专家为部分教师进行学术理论提高的专题指导;"青年教师成长小沙龙"——为 30 岁以下教师的快速成长建立平台。

5. 表彰小课题俱乐部优秀成果

学校每年都专设资金用于表彰小课题俱乐部中的优秀会员。2018 年 1 月,学校还专门评出了学校的首批"科研之星"(田田、丁邦建、李长燕、秦雯、胥玥、杨志彬、沈维文),这七位当选者均是学校小课题俱乐部的优质会员。

（本节编写：李婷）

第三节　制度管理促师生研究的精彩叙事

一、制度管理促进教师的研究

"教师专业发展隐含着对教师的三个基本看法:教师即专业人员,教师即发展中个体,教师即学习者与探究者。"教师专业成长的核心目标在于形成专业能力和专业品质,因此,要进一步促进教师专业成长,就必须更好地促进教师多研究,我校一套完善的制度管理在促进教师个人研究、教师团队发展上,都起到了积极推动的作用。

(一) 小课题制度管理促进教师个体发展

"小课题俱乐部"是我校近年来颇受老师们喜爱的研讨模式,《南京市长平路小学"小课题俱乐部"章程》指出,小课题研究俱乐部活动要围绕八个方面展开,其中第八条提出,活动还可以是其他有助于青年教师健康成长的活动。针对此条制度内容,学校给青年教师提供平台,先后开展了一系列岗位练兵活动,为教师的教育教学能力、教育科研能力、教育教学成果提供展示和交流的平台。因为学校的发展离不开教师,教师的发展离不开研究,研究水平提升的有效途径是岗位练兵。为了岗位练兵有实效性和延续性,学校一直努力地把这些有效的活动定位下来,形成一种专业发展制度,开辟许多平台助力教师成长,设立了两年一届的评选活动、一年一届的展示活动。为积极推进中青年教师快速成长,加快骨干教师、学科带头人的培养,在该制度的引领下,我校涌现出一批教科研能力强的学科骨干。

比如以"十佳青年教师"评选活动和"学科带头人计划"为契机,我校以"小课题俱乐部"为载体,在小课题俱乐部的制度之下,激励青年教师进行教研科研。我校的年轻英语教师唐洁老师就是在小课题俱乐部的活动中,不断得到磨炼和成长。与很多青年教师一样,唐老师也有过迷茫时期。那时的她已经工作有一定的时间了,在课堂教学、教学设计和课件制作等教学基本功方面积累了一定的经验。但因为缺少练兵的平台,她的专业成长似乎停滞不前了。那一段时间,她很苦恼,不知自己将来的学科专业将如何更好地发展。就在那时,学校成立了"小课题俱乐部",唐老师作为其中一名核心成员,积极参与到学校校级小课题的研究中去。她结合自己平时在教学中所遇到的困惑,个人展开了"小学英语教学中同伴互助策略的研究"(校级课题)研究。在一年的研究中,唐老师围绕着该课题,通过问卷调查、案例分析、总结论文等形式撰写了相关系列文章,积极探索英语教学中同伴互助学习的策略。这些文章因为有了真真切切的研究,在省、市、区等各级比赛中脱颖而出,纷纷获奖。在区里进行的优秀青年教师评选中,唐洁老师通过小课题研究所积累的论文、案例、调查研究报告等,成为评比中不可缺少的重要材料。正是因为积极投身于教研、科研且成果丰硕,唐老师在区里一众优秀教师中过五关斩六将，最终被评为"鼓楼区优秀青年教师"、"鼓楼区学科带头人"。唐洁老师非常感激学校所创设的小课题俱乐部，是俱乐部的研究推动了她个人的教学和科研，也是小课题这一制度不断鞭策着她进行课题研究、不断地撰写与之相关的文章，将教研与科研相结合，才使得她更快地进步，有了更多的积累，使其在专业道路上比同龄人前行得更快更远。

像唐洁老师这样，在小课题俱乐部这一章程的驱动下快速成长的老师还有丁一丹老师和李慧老师，她们都得益于校级小课题的研究，分别成为我区综合实践学科带头人和语文学科带头人。

（二）小课题制度管理促进教师团队发展

"校本研究常常体现为一种集体协作，体现为研究者相互之间的合作，是靠团体的力量来从事研究活动，最终达到研究目的。在研究中，研究者之间实际上构成的是一个研究共同体，彼此进行民主平等的合作。"我校始终坚持"研、教、训"一体化的校本教研模式，要求教师在校本教研中以课堂教学实际问题为轴心，以学科研究活动为操作平台，实现教师的合作性智慧发展与共享。

我校的《长平路小学校内研究课管理办法》制度，通过建立和实施系统、科学、细化、量化的教研制度，努力打造具有实力和饱含思想的校本教研教师队伍。在教学研究过程中，重点探索教学规律，着力建构新型的综合性教研模式：一级设置年级备课组和学科教研组，实行"集体备课——师徒结对"教研模式；二级设置中心教研组和课题组，实行"专题学习——课题研究"教研模式。为科学评价教师形成教师专业发展综合考评制度，建立以促进教师专业发展的多元化的综合考评制度。

磨课是以提升教师的教学素养为目标，利用集体备课开展集体性的推敲教学设计、提升教学行为的校本教研活动。围绕备课组的课题研究，在教学设计中寻找解决研究问题的途径。通过多种磨课形式搭建教师成长的舞台，例如：语文组开展的"同课异构"，聘请特级教师和本校青年教师江园老师执教同一节课《识字8》，分享不同的教学思路。

刚刚接到这一任务，年轻的江老师十分忐忑不安，一是担心自己吃不透教材，找不准方法，无法完成这一任务；二是思想包袱很重，毕竟是和特级教师执教这一课，她很担心自己上不好。同年级的组长倪巍老师是江老师的师父，她知道了小江老师的顾虑之后，为徒儿打气，鼓励她不要害怕，这节课不是她一个人的课,而是整个年级组的课,大家会一起为她出谋划策,帮助她备课、磨课,绝不会让她孤军奋战。有了倪老师的这番话,江老师才从心里消除了种种不安和担心。学校还特别聘请了我校低段的教学顾问邱老师为江老师磨课。邱老师给江老师分析了课文,并进行了初步的教学设计。进行第一次试上的时候,低年级组的所有语文老师都到场听课。试上结束后,大家围坐在一起对这节课进行讨论。首先由江老师将这节课的设计意图说给大家听,之后请参与听课的老师各抒己见,说说自己听课的感受。最后由邱老师对这节课进行点评并提出改进意见。谦虚好学的江老师将大家的意见一一记录在笔记本上,还不太明白的地方她又用红笔做了批注,等会议结束后再请教本年级组的老师。那一天的讨论进行到很晚,天色已黑,但办公室里灯火通明,谁都没有抱怨,年级组的倪老师、杨老师、汤老师一一为她解答,讲到还不明白的地方,就模拟师生演给江老师看。第二次试上,学校要求全体语文组老师参与全程听课,要求所有语文老师在听完课之后围绕我校的大课题研究,对江老师的这节识字课进行点评,完成课堂评价表,并且要写上自己的听课感受。当天,在教导处秦主任的主持下,将全校23位语文老师的听课意见整理归纳,投影在大屏幕上,最后提出还需改进的几点意见:1.低年级的语文课堂要整体把握,不可以太细碎。2.教师的课堂语言要简洁明了,提问要清晰。3.结合我校提出的"至美课堂",学生的生长点这节课要有所体现,比如学生是否能通过教师的点拨,学会主动认识带有"包"的其他汉字,并且了解意思,知道如何使用。这一次的集体教研使思路更加清晰了,江老师一一记录下来,与邱老师及年级组成员探讨这三个问题如何在下一次的课堂中呈现。就这样,又经过一次试教,江老师的课已经非常成熟了,最后在青年教师汇报课展示上获取称赞声一片,也得到了特级教师的肯定。一节成功的展示课汇集了众人的力量和智慧,课后,江老师上交了自己最后一稿的教案,还有一份自己从磨课到正式上课的小结,小结里包括她上课的照片、一次次磨课的照片及自己点滴的感受,虽然在这些内容中我们看到了一位年轻教师在磨课中的艰辛,但结果也再次让她品尝到了成功的喜悦。

　　学校的校内研究课管理办法让越来越多的青年教师在磨课的道路上,历经千辛万苦,见到美丽的彩虹,在专业教学路上得到质的蜕变。

　　为了让我校的14个课题小团队能凝聚在一起更好地发展,小课题档案袋管理制度的制定使团队成员找到了方向,大家共同研究,共同发展。

　　"自主互动ABC组"的组员有陈静、唐洁、程涛、许岚、王茜、冯静、徐倩七位老师。自"小课题档案袋管理制度"出台后,在组长陈静老师的带领下,大家先探讨各自针对教学中的疑难或是想探寻的问题,制定出校级小课题的研究内容,确定校级课题。其次根据课题中所指定的每个阶段的研究节点,结合制度中的"八个一",填写相应的内容。自从有了这样的"档案袋"后,组员们研究课题的兴趣变浓了,"档案袋"就像一根无形的鞭子,在鞭策着组内每位老师,对照里面的内容查漏补缺,督促着每一位老师主动地研究课题。它就像老师的一本"成长手册",记录着每一位教师在科研道路上留下的足迹,见证着课题的一步步成熟。就这样,我校的"听说读写结构群一组""听说读写结构群二组""点错成金数学组""善思乐探数学组""才艺童星组""快乐足球组""提高课堂实效音体美综合组""E技优促组""小小探索者""长平娃小课题指导组"在这一制度的监督下,都能齐头并进地开展校级、区级、市级课题研究,课题研究变得顺畅起来。

于个人与学校而言,学校建立的"档案袋"制度帮助教师更全面地了解自己,明确自己所处的成长阶段和进一步努力的方向。管理制度中的"评优""发表""奖励"等规定都激励着教师,让教师产生工作动力,教师的教育教学成果得到展示,必然激活教师的内心世界,让他们产生持续动力,投入到教研教学的研究中,去创造新的业绩。因此,引领教师突破成长瓶颈就必须以教师专业发展目标规划为向导,以学校管理制度为保障,确定形成学校层面的一系列发展管理制度,有效促进教师的专业成长。

二、制度管理促进学生的研究

成立"学生小课题俱乐部"之初,我们尝试在学校的小社团推广小课题研究。学生在教师的帮助下独立从事某项课题研究。研究要求学生必须自己提出问题,确定研究课题,设计研究方案,收集、整理、分析资料,撰写研究报告。为了扎实开展学生小课题研究,我们严格执行《长平路小学学生小课题研究框架》,根据制度规定,我们成立了相关的教师辅导团队,并着手从四个角度进行研究。

围绕着一、二年级"读树"这一主题,辅导老师丁老师在班里进行了一番征集课题的活动,她请学生回去后先思考自己想要提出什么样的问题。第二天,她依据学生提出的问题在黑板上设计了一个"思维导图"。透过图,我们发现学生提出了很多有意思的小课题,比如:一(3)班的小叶同学很爱观察,她结合自己平时的发现,提出问题——为什么每片树叶的形状都不一样呢?于是她们小组形成了"形态各异的树叶"为主的课题。二(1)班的成同学质疑马路边的梧桐树真的放出很多氧气吗,为此形成"大氧吧的探究"课题。二(4)班的吴同学和肖同学都有过敏性鼻炎,他们俩非常想知道怎么控制过敏性鼻炎,于是在他们的提议下形成了"南京地区儿童过敏性鼻炎情况调查"。三、四年级学生的研究主题为"问水",三(3)班的李同学想到了爸爸夏天把啤酒放在冷藏柜,而没有放进冷冻柜,于是他提出为什么啤酒不能放在冷冻柜,而形成"奇怪的水"的课题。还有四(3)班的丁同学联想到平时吞咽的"口水",进而引发思考:人的口水到底健不健康?于是,他们进行了"口水的秘密"的课题研究。五、六年级学生有的对身边的金川河产生了探索的兴趣,五(2)班的刘同学、李同学、张同学想了解河水为什么会这么绿,水资源如何被污染的等问题,从而形成了"我是保护金川河小卫士"的课题。

因为这些小课题都是学生自由选定的,所以做起来特别投入、认真。有了选题,接下来的问题便是如何进行研究。细细研读《长平路小学学生小课题研究指南》之后,我们发现研究变得有计划了。

如"我用扑克来搭桥"小课题组,在胥老师带领小组讨论后,确立了以下2项活动内容:1. 如何做好一个扑克桥;2. 做一个牢固的扑克桥,需要哪些技巧。在师生点评阶段,学生们提出这2项活动还只是目标,不够具体,像第一个活动,应具体到怎么调查、怎么记录等。课题的确立还只是研究的开始,接下来学生就要具体细化自己的研究流程。在小社团内,学生自由组合成若干个小组,选择自己最感兴趣的小课题进行探究。

下面是学生对扑克搭桥进行调查研究的体验过程：

第一阶段通过小组集中讨论，上网查阅了关于桥的结构和形状的文献，小组讨论得出初步方案：用拱圈两端固结于桥墩，结构最为刚劲，变形小，桥面可以用纸折成波浪形（越细越好），这样承重能力很高，再把题中的形状设计成大三角形，就能承受两个人加十本数学书的重量。

第二阶段小组集中，一起动手搭建，不断验证，不断总结，推翻了之前"三角形"结构的想法，把总体的形状设定成了同样稳固也便于搭建的梯形，这次果然成功了，效果十分显著。

第三阶段根据小组的研究成果，撰写小课题研究报告。

在小课题研究指南的指导下，学生的研究有了这么具体的体验过程，研究不再是纸上谈兵，而是亲身的实践，具体的多样化的体验。

再比如我们抓住学校绿化美化的契机，实施了"校园植物研究"课题。

学校栽种了近百种花草苗木，丰富的研究资源就在学生身边。为了引导学生参与到校园植物研究中来，我们实行了花草苗木的认领制度。每个班级承包一处绿地或花园，每个小组认领一片草坪或几棵树木，不到一周的时间，学生就给每种植物挂上了标识牌，每到下课，学生们就三个一群、五个一伙地欣赏着、认识着。进一步探究的时机已成熟，我们又指导学生对认领的植物进行长期观察，撰写观察日记；指导学生制作植物标本、设计树叶粘贴画；引导学生尝试着在班里自己种养植物……贴近学生生活的课题研究给了学生一双灵巧的手，给了学生一双发现的眼睛,给了学生众多创造的灵感。校园植物研究 1 组的成员们爱好画画,于是他们用简笔画把石榴树发芽——抽枝——开花——结果——落叶的生长过程一幅幅记录下来;校园植物研究 2 组的同学动手能力强,他们选择用各种树叶创作出一幅幅意境深远的图画;校园植物研究 3 组的学生还制作出了一件件精美的植物标本……

冬天到了,四(3)班的学生在窗台上养了一盆盆水栽蒜苗,室外寒风凛冽,蒜苗绿意融融,春意盎然。每到下课,总会看到学生们围在窗台前,观察着蒜苗的生长情况。

王同学拿直尺测量蒜苗的高度,或用数据、或用图标、或用图画,有模有样地记录下来;高同学给小蒜苗浇水;陈同学观察蒜苗根的生长;杨同学还趴在蒜苗上,闻一闻蒜苗的清香,发出一阵阵感慨……一周多时间,学生们养的蒜苗已经窜高到近 10 厘米,他们的观察记录也记了满满十几张。"今天,小蒜苗已经长到 5 厘米高了,比昨天长高了 2 厘米……""一夜之间,盘子里的水就被小蒜苗喝光了,蒜苗的根盘绕在一起,成了一个整体,我终于知道'根深叶茂、根深蒂固'的含义了……""虽然是冬天,大地一片萧条肃杀,但是蓬勃旺盛的小蒜苗却让我看到了一个个鲜活的生命……"再如,利用身边随处可见的碎布头、旧挂历、塑料纸等废旧物品,动手裁剪、粘贴、缝补、美化,做出一个个样式美观、实用大方的低碳环保手提袋;利用身边的废旧玩具、瓶瓶罐罐、纸箱纸盒等废弃物,装上电池、灯泡、集成电路、小马达,做成一件件能发光、能出声、会动的科技作品……

制定出的管理制度在教师对学生进行指导上给出了明确的指示:一是教给学生发散性的、批判性的、探索性的思维方式,有意识地培养学生的思辨能力;二是构建一个开放的学习环境,给学生以足够空间,允许学生形成自己的看法,按自己的方式去研究;三是给做出大胆假设,探索各方面问题的学生以鼓励和必要的支持。学生的小课题研究是一种探求新知的活动,其本质在于发展和提高学生的探究能力、创新能力。通过以上事例,我们欣喜地发现学生的能力在变强,一切都在探索中寻求,将以往的被动变为主动的探究性学习和寻求真理的过程,引导和增强每位学生参与小课题研究的主动性、积极性,激发了小组团队的学习动力,使研究成果真正成为凝聚每一位学生智慧的结晶。

(本节编写:李慧)

第八章 小课题的过程管理

第一节 我们的"五自管理"

一、"五自"过程管理简述

教师专业发展在很大程度上依赖于学校的教学活动和校本研修,这已成为教育界和校长们的共识。如何创新校本研修形式、丰富校本研修内容,形成有特点的校本研修活动和方式,使校本研修贴近教师教学、结合学校实际,是当前校本研修中值得探索的问题。小课题研究改变了一部分教师的教学模式和研究态度,但在教学实践中,学校管理模式上仍然存在一些不足,教师对于小课题研究还存在畏难情绪。因此,有必要改革和创新管理模式,推进小课题研究的实施和发展。

1. 目标激励式

为提高教师开展小课题研究的积极性,学校借助目标激励机制,一方面可以通过建立科研专项基金,用于奖励教科研;把科研工作业绩纳入教师评优评先和晋职的主要内容,鼓励教师以极高的热情投入到教育科研中。另一方面,应将科研目标具体化,将科研组织整体目标分解为教师个人目标,增强教师开展小课题研究的使命感和成就感,从而推动教育科研的发展。

2. 问题导向式

小课题研究以解决教学实际问题为目的。因此,小课题研究立项和目标的建立结合了教学实践。在教学过程中,教师始终处于教学情境中,会不断产生问题,而科研管理的最终目的是帮助教师提高思考、探索、研究问题的能力和素养,使教师真正把教育科研作为一种工作方式,真正实现"在研究中工作,在工作中研究"。

3. 专家引领式

专家的参与是科研工作的源头活水。开发研究专业人员的人力资源,是开展小课题研究强有力的专业支持与保障。学校采取"走出去""请进来"和"坐下来"的办法来实施专家引领。"走出去"是指组织教师到先进地区和学校学习,借鉴他人的成功经验;"请进来"是指邀请专家做报告或现场指导;"坐下来"是指在校收听、收看专家讲座的音像资料,或利用网络平台与专家进行对话和交流等。

4. 小组合作式

教师的个人力量是有限的,而教师的群体参与不仅能提高科研的效率和质量,而且有利于科研成果的应用和推广。为进一步提高课题研究的效果,学校应鼓励课题研究人员进行讲解和展示,并将课题研究成员的数量作为科研成果的一项评定标准,使科研成果能快速反馈于教学实践。为保证科研成果转化的效果,则吸收成员的人数不宜过多,以 2~3 人为佳,学校建立相应的科研加入和退出机制,避免出现弄虚作假的情况。

5. 研训一体式

为进一步提高教师的教学能力和专业素养,建立一支高水平的教育科研队伍,学校应要求参与骨干培训的教师必须完成一个小课题研究,才能顺利结业。培训的过程实质上也是研究的过程,通过研训一体化,将培训内容转化为教师研究的内容,既增强培训效果,又增强教师的教科研水平,达到一举多得的目的。

6. 自主反思式

小课题研究不是一蹴而就的,而是一个循序渐进、不断完善的过程。小课题研究结题后,教师还应不断地反思课题研究中存在的不足,并不断地进行优化和完善,从而形成持续改进的良好局面。学校应大力支持和提倡自主反思式科研行为,并针对已完成的小课题进行定期回顾和评价,对应用效果不佳的课题要求进行重新论证和研究,以提高教师改善课题成果的自觉性,不断提高课题研究结论的适用范围和应用效果。

二、教师"五自"过程管理的操作

1. 自我规划——阶段研究任务划分

自2012年起,我校教师就明确了科研在教育教学中的地位。以科研为导向,精心预设个人发展目标,将教师小课题研究周期由一年改为两年。两年的研究周期里,教师如何合理安排研究进度,需要进行自我规划。这里的自我规划,是指将各阶段研究工作按照一定的时间节点进行科学划分。教师在制定规划的过程中,按照个人的发展规划,精心设计研修方案,科学安排研修时间,精心筛选学习材料,争取在研究中提升,在研究中教学,在研究中反思。

2. 自觉推进——借助"手册"进行任务驱动

如何将各阶段规划任务落实到日常工作中,引导教师按步骤自觉推进并能按时完成阶段任务,需要借助一定的管理工具来驱动。近年来,我们根据个人课题研究周期及阶段任务划分,研制并推行《小课题俱乐部章程》,指导教师自觉推进个人课题研究进程(见附表)。

	研究时间	研究内容建议:制订计划、文献研究等
研究记事		
研究反思	如教育故事、案例反思、研究日记等	
阶段成果	如文献综述等	
研究附件	如文献目录、学习心得等	

我校以校本教研为依托,以教科研为先导,以课题研究为引领,以落实课堂教学为抓手,以课堂效率的提高为突破,以师生的发展为出发点和落脚点,不断探索教育教学规律,教师由"传授型""经验型"逐渐向"科研型""学者型"转变。

3. 自行调整——适时调整研究进度

与集体课题类似,教师课题在推进过程中,需要适时调整研究进度及研究内容。例如,课题"小学语文高年级阅读课堂的常见问题及有效对策"在第二阶段研究中,对照研究目标及研究内容,发现目前还存在一些问题:课例不够丰富、阶段成果较少。这就导致策略不够明晰,主要表现为:就课论课的情况较多,材料比较零散,不能上升到策略的高度。为此,教师应适当调整研究进度:① 积累、收集更多具有典型意义的课例,发现其中本质性、具有普遍意义的规律;② 强化策略意识、成果意识,从课例呈现的直观感性材料中总结、提升出教材资源开发的策略,形成最终的成果,使得下一阶段的研究目标更加清晰。

4. 自主提炼 ——关注阶段成果的形成与积累

教师在个人课题研究中,往往缺乏成果意识,忽视阶段成果的提炼与积累。很多教师常常是到结题时才有所意识,造成总结的成果缺少说服力。因此,我们积极为教师创造条件,搭建舞台,引导教师在实践中得到锻炼,开展"推门课""年级研讨课"等多种活动,本着真诚帮助教师队伍进步的态度,进行听课、评课、同题议课等,倡导教师在各阶段的研究中自主提炼阶段性成果,这样,高质量的最终成果便能够水到渠成。

5. 自省反思 ——课题研究的理性思考与延伸

在教师小课题研究中,教师的得与失、成功与困惑,都能在自省反思中获得新的理解。我们引导教师对研究过程、形成的结论以及获得的成果进行深入反思,更加理性地认识所研究的问题,个人课题研究进入了更具意义的境界。以"教材二次开发"研究为例,研究者探索出许多开发策略之后,做出如下的反思:在充分尊重教材的基础上,对教材进行合理调整,还原知识的生活原态是必要的,这种调整应在充分尊重和理解教材意图的基础上理性、慎重地进行;课堂教学的成功与否,最终应落实在课堂教学效益上。

(本节编写:田田)

第二节 小课题的过程管理

在加强学生小课题研究的过程管理中,我们研制了既便于搜集资料,又能切实反映研究过程,还能贯穿评价的《学生小课题研究管理手册》(以下简称《手册》)。《手册》分为教师填写和学生填写两个版块。由教师填写的过程记录,主要记录学生在小课题研究中的各种表现和活动,如"学生活动过程与表现记载表、课题指导目标与计划表、课题指导内容与过程记录表",切实做到重视学生活动过程的评价,以学生的活动过程作为评价对象,不仅仅针对活动的结果以及他们所得出的结论。即使最后的研究结果未达到预期甚至是失败了,指导教师依然从学生获得了宝贵经验的角度来进行评价。针对学生的版块则包括"长平娃探问卡、长平娃小课题论证表、课题分解单、研究计划表、采访记录、小调查报告、小研究报告",这样在研究的三个阶段可以进行任务驱动式的、过程性的研究记录,并以活页资料的方式装入学校为每个研究小团队准备的"风琴式文件夹"中,成为名副其实的"项目研究档案袋"。

一、过程管理的价值和意义

学校进行课题研究存在种种不容乐观的现象:一是搞教科研目的就是为了装点门面,好像有了级别较高的立项课题,别人就会认为他们走上了"科研兴校"的道路,学校的品位就提高了。说到底,大部分这样的课题都没有研究自己的教育教学实践。二是课题研究从一开始就造假。无论实验方案、结题报告、研究成果还是佐证资料,通通都是东拼西凑抄来的,说的是永远正确的废话,很少有自己的思考。三是课题研究是个筐,什么东西都往里面装。研究周期快到了,于是大家一起动手,齐心协力,把只要能和该课题"沾一点亲,带一点故"的东西都往上靠。最后,加上专业化的装帧,成果不但"漂亮",而且"丰硕"。常态教学与课题研究"两张皮",严重困扰着大家。作为提升教师专业素养、引领学校可持续发展有效途径的课题研究难道是这样的吗?当然不是。

开展课题研究,无论是大课题、宽面积的实验研究,还是小课题、窄面积的实验研究,都涉及内部诸因素、外部诸条件。内部诸因素与外部诸条件以及发展过程与阶段性不会是一样的,经常出现不均衡现象,这就必然呈现出课题研究过程的交错状态,也是过程管理的价值所在。

1. 转变教师课题研究"大而空泛、枯燥无趣、被动低效"的现状

课题研究的质量体现在研究过程中,其效益要通过规范研究过程来实现,通过过程管理,加强质量监控,不断反思和改进提高课题研究质量。

针对教师个人课题的研究存在选题大,概念模糊;内容多,缺乏重点;措施少,操作困难等"被动应付、无趣低效"的诸多问题,我校强调团队精神和同伴互助,为教师之间进行信息交流、经验分享、专业提升和专题研究,组建合乎教师现

状、具有社团活动特点、贴近教育教学的应用型小课题研究俱乐部提供了有效的平台,将教师面临的教育问题转化为研究课题,展开探讨交流,以改进和完善工作为目的,初步形成了具有校本特色的课题研究过程管理模式,从而为长平路小学培植起一种教学研究的文化。

2. 探寻提升儿童问题解决能力的多种途径和有效操作流程

立足儿童本位,构建以学生为主体,教师及部分家长辅助参与的儿童"小课题俱乐部",也因为草根化的过程管理,进一步优化了课题研究的组织形式:成立了选题论证部、申报立项部、调查分析部、过程实施部、结题验收部、推广应用部等六个部门。培育了我校学生问题解决能力发展的基本样式:研究由学生自己做队长,增设"疑问解码箱"、"换学分活动"等,以儿童兴趣为主导,以问题解决为主题,以常用研究方法(技能)的体验学习为主线,制定活动的基本要求,达成"活动公约",探索儿童可操作的运行机制。探索出我校长平娃小课题研究的有效操作流程:将儿童"小课题俱乐部"研究分为三个阶段:进入情境提出问题阶段;开展研究和实施阶段;成果总结交流分享阶段。尤其是在实施阶段,指导学生查阅文献资料,获取课题间接信息;指导学生选择合适的研究方法,获取课题直接信息;指导学生分析研究资料等。从理论与实践相结合的层面,提炼出独具特色的、适合本校学生特点的、提高问题解决能力的多种途径,操作流程与有效策略。

二、课题研究过程管理的具体内容

课题研究基本程序主要包括制定课题研究方案、研究课题开题、实施课题研究和课题研究总结四个阶段。这就要求我们必须以现代管理科学的原理为依据,树立全面质量管理的基本理念,采取有效形式,对课题研究过程实行规范化管理等全面质量管理,努力提高课题的研究质量。

(一) 四个规定动作

1. 确定好研究过程

①选题→②文献综述→③形成假设→④选择研究方法→⑤对变量进行分类→⑥选择被试→⑦制定研究方案→⑧实施研究→⑨资料收集和整理→⑩得出结论→⑪撰写科研报告。

2. 制定好研究方案

在课题研究方案中,根据研究任务,拟定明确、清晰、可行的研究思路,规定了研究范围和目标,规划了研究步骤,预先较好地解决了上述问题,课题组就可以依据研究方案有计划、有系统地进行研究。

3. 明确好研究分工

课题研究是在课题主持人负责下课题组成员的分工协作研究,既有集中,又有分工协作,研究成果是课题组通力合作的结果。因而,研究分工要明确,阶段研究任务的完成要有时间和质量上的约束,要通过研讨,集思广益,使得每一项子问题的研究品质达到要求。

4. 留存好研究资料

在课题研究过程中生成的与研究对象、研究内容、研究过程相关的为揭示课题实质的材料,专人负责收集建档归类,对资料进行整理分析。

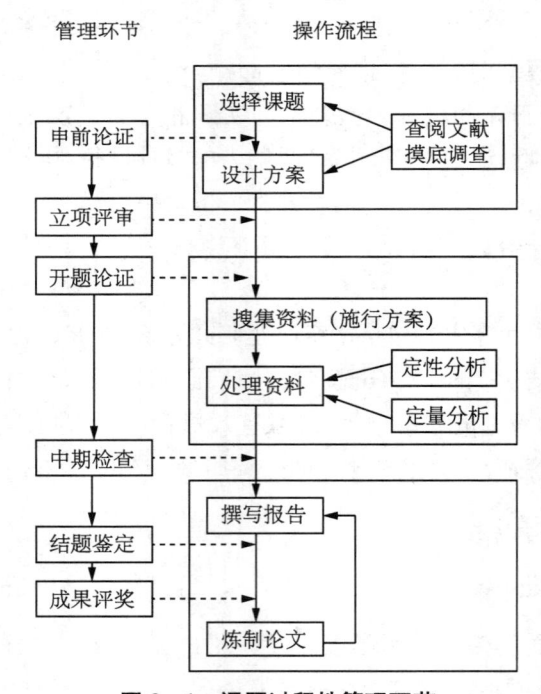

图 8-1 课题过程性管理环节

（二）三项具体措施

1. 建立组织，加强管理

学校要成立课题管理领导小组，由校长担任组长，从宏观上指导课题实验研究工作的开展；教务处（教研室）负责课题实施的各项具体工作；注重发挥教研组、备课组在课题实验研究中的积极作用。

2. 完善制度，狠抓质量

学校要制定"课题申报立项""实验过程管理""研究成果考评""科研成果奖励"等制度，制定课题研究工作职责。

课题研究的管理应做到"十要"和"六有"。"十要"：组织要健全；制度要完善；主题要鲜明；过程要翔实；材料要规范；方法要恰当；选材要精当；成果要实用；论证要严谨；表述要简明。"六有"：① 有课题方案；② 有过程的指导和管理（阶段计划）；③ 有阶段检查；④ 有阶段小结；⑤ 有效果评估；⑥ 有实验报告或总结论文。

课题研究的管理要求做到"三查""四坚持"。"三查"：调查、检查、测查；"四坚持"：坚持做好教科研活动记录、学期课题研究小结、课题研究管理工作学年研讨会、课题研究中期检查与评估。

3. 注重过程，落实到位

健全教科室对各课题组的过程管理机制，对各课题组日常工作实行全方位管理。课题实验研究有基本流程：教师申报研究课题→审定课题实验方案→组织实施课题研究→鉴定实验研究成果→总结推广研究成果；理论学习制度要健全（要求教师自觉学习教育理论，特别是与选题联系密切的业务内容，做好学习笔记，交流心得体会）；阶段工作有记录（骨干教师要有课题讲座或典型案例交流，及时整理各种资料，积累运用经验和信息）；各项工作开展有督促检查（坚持每周教研活动的开展，做到内容有落实、时间有保障、形式要多样）；材料归档工作做到及时、规范，真正起到教研教改的"导航"作用。

（三）四方面常规工作

1. 依学期或学年的进程来制定课题研究管理常规

期初：分析问题，制订计划；期中：检查了解研究进展、计划实施的情况；期末：对实验进行检测、统计，撰写报告或总结。

2. 从课题研究项目、环节制定常规管理

按课题研究基本程序进行。如，如何立项、开题论证、跟踪了解、实践反馈、总结成果、鉴定评估、推广表彰。

3. 课题研究资料的管理

（1）计划性资料：课题申报表、课题论证书、立项通知书、实验方案、研究人员登记表等；

（2）基础性资料：开题报告、研究计划、问卷调查（学生情况、家庭状况、家长素养、教师素质、学生兴趣等）、课研规章制度；

（3）过程性资料：阶段计划、教案、课例、活动方案、分析记录、家长反应；

（4）专题性资料：专题讲座、报告，专题活动等；

（5）效果性资料：学生水平、身心等方面的发展变化等；

（6）总结性资料：教师论文、课题组总结等。

4. 课题研究宣传的管理

（1）抓方向（明确当前教科研的目标）；

（2）抓舆论（积极宣传课研成果，调动教师的积极性、主动性、创造性，形成浓厚的研究氛围）；

（3）抓队伍的建设（培养教科研的骨干教师及积极分子）；

（4）抓领导自身带动（带头参与课研、带头实验）。

（四）课题研究各阶段的管理工作

1. 立项管理

为推动教育的发展，各个教育行政部门所属的教育科研机构，通常在一定的计划周期发布《教育科研选题意向》。也可以在此之外定题，并提出实验方案，建立课题小组、说明实验条件与经费来源，按要求填表，经行政主管单位领导签署意见后，向教育科研部门申请立项。

2. 开题管理

课题研究立项之后，课题负责人要进一步修改完善实验方案、健全组织、制订实验计划、明确分工与工作步骤。在此基础上，首先组织课题论证活动。课题论证既是对现代教育技术实验课题的深入探讨，又是课题组成员内部统一思想、统一认识的过程。课题论证一般应同课题组成员培训结合进行，即围绕课题选

择一些理论文章认真地学习,请相关电教专家、学者讲授专业知识与科学研究和实验方法,请实际工作者介绍情况、参加课题论证。

课题论证是课题研究成败的中心环节。批准立项的部门首先要关注课题论证。通常的做法是:派人参加课题论证会,或听取关于课题论证情况的汇报,审阅课题组上报的课题论证报告,在确认课题论证可行的情况下,批准开题。课题组在接到准予开题的通知之后,方可按计划启动课题研究,以确保实验的周期和科学性。

3. 中期评估管理

课题研究进行一段时间(例如实验期过半或三分之一后),要进行中期评估。中期评估首先在课题组内部逐级进行,并写出中期评估报告。随后由项目批准部门派出专门小组前往现场,听取汇报并实地考察进行中期评估。

中期评估主要是审视实验方案可行性、总结实施情况,找出并分析存在的问题,说明调整意见。其中最重要的是确认实验是否有游离目标的现象;实验数据资料的积累是否按照规范化的要求进行,以确保其科学性,从而使课题研究更加准确、充实和完善。

中期评估首先由课题组做出合格、基本合格或不合格的自我评价,批准立项的行政业务部门设立的评估小组要对课题研究做出最后的评价,并提出指导性意见。评价合格的课题研究要继续按计划进行;不合格者采取措施,进行必要的调整。经过一段时间的补救工作之后,由评估小组复检确认合格后,再按原计划继续进行实验。

4. 后期攻坚管理

课题研究过程按时间划分已过三分之二者为实验后期,实验后期接近收获期。所谓"攻坚",主要指实验课题关键性问题的突破和实验研究要形成理论与物质成果。这时,课题负责人应就实验要素(变量关系)进行系统分析与成果预测,并进行实验研究的理论准备,确定结题的工作要点与步骤。

此时,批准立项的行政业务部门应对课题研究后期攻坚给予指导。通常的做法是进行普查或典型抽样调查,在此基础上,召开课题研究经验交流会,请专家在会议上针对普遍性问题提出指导意见,或深入个别课题单位视察具体指导。同时,就整理分析资料、开展研究形成成果问题进行培训。

5. 总结评价管理

课题研究按计划完成之后应由课题组自下而上进行总结,按规定格式详尽真实地写出实验研究报告,并总结出实验成果和自我评价。

实验研究成果有实验报告、研究报告、论文、专著、软件、硬件等多种形式。实验成果必须问世。凡在省市以上正式报刊上发表的实验或研究报告、论文,正式出版的专著,在省市以上广播电台、电视台播出或在一定范围内使用的软件和经专家鉴定走向市场的硬件,称为问世成果,方能成为课题研究成果。

课题组确认已经完成课题实验任务之后,应向批准立项的行政业务部门提出结题申请。有关部门派出专门小组亲临现场听取汇报、检查工作,或由专人审阅实验报告,酌情认定可以结题,或者不同意结题。可否结题应由具有一定资格的三人以上的人员组成的小组审定。

被认定可以结题的研究课题,至此完成课题研究任务。此后,教育行政部门通常按计划年度,多则五年少则两三年进行一次教育科研成果评奖,有的电教部门单独或同教育科研部门联合,举办课题研究成果评奖。"成果评奖"以批准立项的科研成果为主,包含未经立项、自行实验的优秀成果和"滚动课题"成果。评奖以成果的社会价值、学术水平高低为基准,划分若干类别、等级,可分别颁发证书和奖金、奖品,它是对课题研究的最终评价。

(本节编写:田田)

第三节 "过程管理"促师生研究的精彩叙事

一、过程管理促进教师的研究

自 2011 年 9 月起,我校首先启动了校级"小课题"的申报工作,我们先拟出 30 多个参考选题,如"小学低年级阅读教学'图式板书增效'的课例研究""中年级小学生计算题高频率错误类型、成因及对策的研究""小学高年级英语自主互助型教学模式的课例研究""小学音乐欣赏教学中激活想象力的案例研究"等。这些突出课堂、微观、现场、行动、应用研究的小课题,深受教师们欢迎,全校 40 岁以下的中青年教师甚至个别老教师纷纷行动,开始着手申报。学校会在选题前对教师进行培训,如宣讲申报简表填写要求、校园网选登申报表填写示例、指导教师对某一领域的教育教学实践进行反思,引导并从中发现问题。教师们结合自己的教育教学实际,在参考选题中选取或自定研究课题,填写选题意向表,提出并推进小课题研究。

例如青年教师胥玥申报时,她最初的想法来自课外阅读教学时的困惑:高年级学生只读字少图多的绘本题材、钟情于童话科幻题材、沉迷于武侠的世界,以及为了应付课堂练写而读作文书籍等。在小课题俱乐部交流活动中,她提出的这一问题引起了高年级语文小团队教师们的共鸣。交谈切磋中,大家发现小学高年级学生在课外阅读时出现的常见误区,通过调查研究,有针对性地找出学生产生误区的主要原因。她参与了学校为教师组织的"问题合作小组",邀请了同学科能发现问题、教龄长的骨干教师,达成"伙伴互助"的效果,同时邀请同学科的3年以内教龄的教师,以研究的真实情境让教师获得最直观的体验。她开展了"小学语文高年级阅读课堂的常见问题及有效对策"的研究,最后以课外阅读课《夏洛的网》为例,将自己的设想付诸行动,撰写的研究论文获得南京市教科所评比一等奖,课题组成员的专业实践能力也有了快速的提高。

我校已进行了两期申报,每一期都采用了两种启动模式(申报机制):自主性申报模式(即"自动模式",这主要适用于教科研素质较高的老师);指导性申报模式(即"推进模式",俱乐部骨干教师和外请专家确定课题大的研究方向,拟出参考选题,指导教师对某一领域的教育教学实践进行反思,并从中发现问题,提出并推进小课题研究)。

在选择好小课题,填写好申报表后立即采用设计问卷、课堂观察、个别交谈、小组座谈等多种调查方法,我们开展了"小驿站"式的培训。

例如推广刘君老师围绕区级课题设计问卷(每道题均写清设计意图)的样卷,老师们学习后,在11月底全部完成问卷设计,12月中旬全部做好答卷数据汇总的工作。再以课堂教学观察为例,11月中旬,"小团队"老师深入课堂,分别从"老师提问次数、学生反应、学生举手人数、参与讨论、质疑、回答对错、是否链接生活"等不同切入点,设计观察简表、听课记录、梳理问题、分析成因、提出对策建议。

12月下旬都陆续写出相应的调查报告,为改进教学提供科学依据。在具体研究过程中,小课题研究活动以课堂作为课题研究的主阵地,实实在在地从教学实践中获取经验,寻求教学规律,提升教学理论,构建"实践操作—提升经验—理论学习"的科研方式,从而真正放大课题研究的过程性作用,使课题研究过程促进教师教学的改进。目前已经完成我校第一期和第二期"小课题"的结题工作。

我们在关注教师个体专业成长的同时，不忘倡导组建教师小团队，促使教师群体成长。自2011年9月起，结合岗位工作，本着自愿与需要相结合的原则，依托俱乐部这个大组织在内部建立了14个各种类型的教师合作小团队，为我们老师的学习研讨、教师专业化成长提供了平台。每个小团队5人左右，一名组长。大部分教师每人参加一个小团队，少数教师自愿可参加两个小团队。团队成员们讨论《小课题研究俱乐部特色团队填报表》，确定"团队定位，团队理念，团队愿景，团队行动，阶段安排，成果显现，团队口号"。

"善思乐探数学"小团队是我校众小团队中的一支精英。该团队理念是：突出强调以学生为主体、教师为主导的，以"乐学善思"为核心的创新实践，探索学生、教师达到快乐指导与学习、善于思考的实施方案与途径，使彼此之间相互影响、相互促进，从而最终构成一个和谐发展的整体，以实现"乐学"与"善思"二者之间的和谐并存。该团队的老师经常进行"同课异构"的活动，他们首先在反复研读教材的基础上，确定相同的课程内容，由每一位教师根据自己对教材的不同理解、不同的策略选择、不同的资源选用，进行独具个性的教学设计，再回到教研组内交流汇报，分析、反思，吸取他人之长，进行二度整合设计，最后向小团队所有成员展示，并选定专人进行点评。

除此之外，他们还利用集体备课等时间，聚在一起讨论教学中遇到的各种问题，共同商议教研、科研中遇到的问题。这种开放式教学研究活动，大大增进了彼此之间的团结与合作，以集体力量来完成好各项工作任务。比如：张老师的"自悟的规律真有用！——小学数学〈找规律〉返璞归真的教学案例"、丁老师的教学案例"求异思维让'做中学'绽放精彩——小学数学'梯形面积计算'的教学案例及反思"、翁老师的教研课"面积的变化"、程老师的教研课"公倍数与最小公倍数"、尹老师的教研课"简单的小数加减"都在团队活动中进行了交流，团队成员就这些问题都提出了自己的见解和看法，互相学习借鉴。有关论文案例撰写后又经过教科研顾问的指导，收获颇多。

学校每学期还举办一次"小课题俱乐部创新研讨会"，为教师小团队提供了一个实践与展示的舞台。通过设立有针对性的奖项，研讨会发挥着对日常教研的引导与评价作用。以第一届为例，十几位教师代表各自的小团队进行了展示，10名教师作为教师代表做典型经验介绍，随之诞生了多份精美的课件，几十份凝聚着教师策略化课题研究成果的小课题研究档案等。在小课题小团队研究的交流和思想碰撞中,所有教师都受到了一次自我学习、向他人学习、合作学习的震撼式教育,形成了以小团队形式促进教师专业化自我发展的大众化研究氛围。

在不同形式不同主题的沙龙活动中,老教师的教学经验得以让众人分享,中年教师的深入钻研得以弘扬,年轻教师蓬勃的朝气与改革的锐气得以彰显,经过与大家的分享交流,教师们更关注课堂上的每一个细节和学生们的学习感受,也更注重学习,善于沟通,贴近学生,钻研教材,优化了教学。

二、过程管理促进学生小课题的研究

"让抱大的孩子自己走路吧!"这曾是许多老师的期待。学生在研究的过程中,像教师一样注重及时反思,不断总结和改进,效果必然更好。反思,作为一种批判性的思维方式,更有助于学生关键能力的养成。

这是一个参加了小课题研究的孩子在小课题俱乐部启动仪式上的演讲:

我们小组研究的题目是"长江大桥封桥后我校家住桥北师生往返家校的调查研究"。

当时选这个题目的原因很简单,我们的学校就在长江大桥脚下,我们中间有很多同学就住在桥北,长江大桥是我们最便捷的交通路线。大桥封桥后,家住桥北的同学们如何"八仙过海各显神通"来上学就是我们的探究主题。我们上网查阅各大媒体的新闻和地图,了解大桥封桥后,桥北与老下关的各条线路以及人们的反馈。身为高年级学生,本以为网络检索手到擒来,没想到网上关于长江大桥的信息多如牛毛,为了筛选出我们需要的有效信息,我们小组的李梦圆、程路捷等人还特意请教了老师,有了专业技术支撑,我们的资料搜索十分顺利。

之后,我们小组共同制定了调查问卷,打算了解家住桥北的师生和路边的行人的过江方式和过江感受。然而,当真的拿着问卷走上街头的时候,我们有过胆怯,有过退缩,有过犯难。但再难,也难不过团结一致的我们。在问卷调查时,我们站在路边,手里拿着一沓问卷,望着路上来去匆匆的行人,虽然心中打鼓,但我们最终还是肩并着肩手牵着手走上前去……

在调查研究的过程中,我们小组的每位成员都得到了很好的锻炼,对于即将毕业的我们而言,这是宝贵的一课。通过学生小研究活动,我们收获的是面对困难绝不退缩的勇气,是亲自实践互助合作的智慧,是勇敢质疑力争上游的自信!在这里,我真诚地感谢学校和老师给我们提供了这么好的平台,让我们有机会锻炼自己、展示自己,也很希望有更多的同学加入我们,一起进行学生小研究,做更好的团队、更棒的自己!

2018年的寒假,我们学校就有24个小队的同学做了一次了不起的尝试,他们根据不同年级,分别围绕"树""水""桥"的主题,分解出自己小队感兴趣的小课题进行合作研究,都收获了满满的果实,真的很棒!

南京是著名的"六朝古都",文化悠远、人杰地灵。南京道路两旁那粗壮魁梧、郁郁葱葱的树也是我们城市一道特别靓丽的风景。于是,一年级的小同学围绕"树"提出了很多有意思的小问题,一起认一认"南京路边的树"、拍一拍"形态各异的树叶"、思考一下"树为什么穿上白裙""树叶只有绿色的吗"。一(1)班的王京、杨雨萱等同学一起对"奇特的树"做起了小研究,他们通过网络了解到了世界上各种神奇的树种:有爱吃肉的食人树、能食用的面包树,还有能做天然橡胶原料的橡胶树……

三、四年级的同学都很有探究精神,他们围绕"水"的主题,大胆质疑。三(2)班的刘子轩、姚培杰等同学在"'水'字的前世今生"的小研究中充分发挥了探究精神,通过合作研究,他们一起找到了"水"字诞生的时期、"水"的各种写法,还认识了好多跟水有关的汉字。四(2)班的李欣桐等同学利用寒假共同阅读了《水先生》;四(1)班的杨安怡小组的同学还开动脑筋、大胆实践,找到了很多"节约家庭用水的小妙招"……

还有五、六年级的大朋友们,根据我们长平路小学地处长江大桥脚下的特点,展开了一系列关于"桥"的研究——有的架起"爱心桥",争做敬老院小助手;有的拿起笔杆,当了小小桥梁设计师;还有的如六(1)班的同学,着手调查"关于长江大桥封闭维修期间我校江北师生上下学方式研究"和"长江大桥整修原因及大桥改造后的畅想"。

五(3)班的一位学生家长也记录下了和孩子做研究的轨迹:

根据学校制定的小课题"我做桥梁设计师"这个题目,在美术朱老师和小课题研究丁老师的建议下,我们先确定了小组成员。然后孩子们组建一个网络交流群,通过交流群沟通,明确小组成员分工,提出设想,按照小课题研究卡上步骤一步步具体实施。孩子们先通过网络查阅有关桥梁的相关资料,再分小组讨论,并在小组其他家长成员的配合下,一起带领孩子们参观了"大桥下的微博馆",了解了我们南京长江大桥从设计到施工建造的过程及有关桥梁的一些知识。通过孩子们的现场讨论,后期相关的数据及资料的查询,共用了三天的时间图文并茂地完成了小课题研究的任务。虽然过程中遇到一些困难,但在大家的努力下,孩子们感受到了合作的快乐、团队的重要性,也增进了假期里孩子们之间相互的友情!最重要的是孩子们能在课余时间学到课本外自己感兴趣的知识,既是锻炼,更是学习提高的过程。

(本节编写:丁一丹)

第九章　小课题的成果管理

第一节　我们的"八个一成果"

一、"八个一成果"

成果包括一切物化劳动和活劳动的结晶。教育科研成果是指教育科研人员（包括教师、校长、教育行政管理人员）对某个教育教学课题进行研究，通过观察、调查、实验、行动和思维等一系列研究活动，获得具有一定学术意义或实用价值的创造性结果。课题研究成果作为研究单位和研究人员课题研究活动产出的主要内容，是创新评价的主要数据形式。课题研究成果主要为人们通过对知识和科学的认识、学习，遵循一定的目标和宗旨，结合自身的经验进行科研创新，提供创新观点，创造一定的社会价值。

我校创办了"小课题俱乐部"，组建十几个特色小团队，开展各类活动，均把总结小（个人）课题的"八个一成果"作为推进结题工作与促进教师"专业化自我发展"的重要标志。"八个一成果"分别为：（1）申报一个校（含市、区）级小（个人）课题；（2）写出一个微型调查分析（或报告）；（3）撰写一个体现新课标的教学设计（含课件）；（4）上好一节校级（含）以上的课题研究课；（5）总结一个区级（含）以上获奖教育教学案例；（6）撰写一篇区级（含）以上获奖的教研论文；（7）总结一篇"蕴含教育理念"（或"小课题助我成长"）的教育叙事（或教育随笔）；（8）写好一个校级（含）以上获奖的个案（或小课题）研究报告。

二、成果管理在课题研究中的价值

课题研究成果管理是指对研究者在课题研究实践过程中经创造性劳动所获得的各种科研论文、专著,专利或新技术等智力成果进行统计、分析和归档的活动,也是课题结题后的知识产权推广应用的管理。课题研究成果管理能够让物质成果和精神成果更好地发挥作用,它的重要方式即为制定较为健全的管理模式和制度,实施奖励性的政策和措施,增强对研究成果的评价,提高教师的科研积极性。

1. 对教师而言——促进自主发展

教学与科研的关系涉及学校、教师与学生三个不同的层面,而教师是协调上下整体关系的关键所在。教师将教学科研一体化的进程贯穿于对学生的培养之中,教学与科研的关系密切,将教学和科研的心得与成果应用于人才培养模式的建设,不断改进和完善原有的教学模式,有利于产生新的教学方法,提出新的科研课题,最终形成以学生为本、以教师为主体、以学校为支撑三位一体的教学科研良性循环的发展模式。

教师通过教学为科研奠定基础的同时,科研也为教师的教学工作提供持续的知识及技能保证。教师在自己的专业领域通过一段时间的研究与探索,取得了一定的研究成果,教学研究为教师提供了新的教学理念和教学策略,教师将其更新、充实到课堂教学中。这种及时将最新的科研成果引入课堂教学的行动,使教师真正成为教育智慧的创造者。教师创造条件推广和应用其研究成果,这不仅是提高自身研究水平的必经之路,也是把"个体理论"升华为"共同理论"的必要条件。

2. 对学生而言——记录成长点滴

学生围绕身边的生活问题、学习问题所进行的解决实际问题的小课题研究,通过"我的发现、我的问题、我的探索、我的结论、我的追问"等一系列自我探究式的学习,不断进行自我反思,从学习方法到学习内容寻求更为有效的途径。这样的研究,把学习的主动权交给了学生,在帮助学生体验真正快乐学习的同时,以探究活动取得的成果来记录学生成长的过程。

3. 对学校而言——推动持续发展

学校教育科研活动为学校发展提供后劲,在解决学校当前问题的同时,提出后续努力方向,通过持续不断的科研,使学校步入良性发展的轨道。而教育科研成果则从三个维度为学校可持续发展提供了动力：一是课题研究成果为整体课程建设发挥作用提供参考；二是课题研究成果为教师课堂教学创新提供动力；三是课题研究成果为学校学科建设提供共享资源。

三、课题研究成果管理的具体内容

1. 成效管理

透视一所学校教育科研的成效，要看它在多大程度上改变了教师，在多大程度上提升了教师的专业素养；要看是否借助于科研活动，带动了教师队伍的建设，促使一批教师脱颖而出。

《全国教育科学规划课题成果鉴定评估参照标准指标（试行）》提出了具体的评估内容：科学性、创新性、规范性、难易程度、应用价值等。以我校在"十二五"期间形成的71个教师个人课题研究成果为例，教师的课题研究是在教学研究基础上进行的，与通常专家做科研的要求有一定差异，因此教师的个人课题结题倡导注意理论与实践的融合，体现基层学校教师做科研的"草根性""创新性""实用性"，更加注重课题研究成果"从课堂中来，回到课堂中去"的成效管理模式，形成了一批与研究课题一一对应的高质量的课例设计。

2. 形式管理

教师的课题研究成果的表达形式通常有五个方面，分别是教育叙事、教育案例、教育反思、教学课例、教育日志。

由于教师做科研与理论工作者的科研活动有一定的区别，教师的研究成果也应与通常意义上的理论研究成果有所差异。有学者认为，教师研究的成果具体表现为几种状况的转换：理想状况转化为现实状况，文本状态转化为实践状态，公共知识转化为个人知识。

因此，教师做科研不能仅仅展示通常意义上的成果，如公开发表论文、著作等，也应该关注教育随笔、教育叙事等非常规意义的成果形态。从具体的表达形式来看，教师展现自己的课题研究成果可以是文本形态的，也可以是实践形态的。实践形态的成果，如一堂好课、一次教学设计，这些课例是教师教育理论的探寻和教育艺术修炼的结晶，非一般论文所能替代。就文本形态的成果来说，也绝不能局限于所谓的论文，应更多地表现为有教育意义的叙事、教育案例、反思笔记、教育日志等形式。

3. 档案管理

（1）电子档案管理

除了常规的文本档案管理，近几年来，我们更加重视成果的信息管理。这是现代管理的特点和要求，也是提高管理效率和效益的重要条件。为此，我校利用办公 OA 平台，组织教科室建立科研信息库，将教师和学生已有的课题研究方面的成果录入平台，向所有教师开放，实现资源共享。同时，对正在进行的课题研究项目建立电子档案，结合科研工作 QQ 群，给出阶段性指导，实时更新研究进程，收集阶段性成果。

（2）档案袋管理

档案袋评价是 20 世纪 80 年代中期，在美国教育实践中涌现出来的一种学业成就评价方式。它是为了展示学生的学习和进步状况，把学生的具有某种特定说服力的作品或与之相关的文献汇集到一起，提供给评价者的工具。在我校的学生"小课题研究"系列活动中，项目报告档案袋成为学生小课题研究成果管理的有效载体。无论是研究初期的问题来源，还是合作过程中的队员分工情况，抑或是小团队搜集到的所有资料，甚至对下一步研究的方向思考，最终形成的小研究报告等，我们都以照片、表格、文本台账等形式为每一个学生小课题进行归档装袋。

（本节编写：田田）

第二节　小课题的成果管理

一、小课题俱乐部的成效管理

成果管理是使科学技术转化为生产力的重要环节和必要条件。而教科研能力是提高教师教育质量的有效手段。我校着力于培养和提升教师的教科研能力，注重在教学活动中不断发现问题、分析问题和解决问题，进而应用于教学实践。

下面介绍小课题俱乐部的成效管理在学校管理中的应用。

1. 目标激励，提高管理成效

我校从2008年秋季起，树立了"研而不乐则枯，乐而不研则浅"的观点，明确"汇小课题做大课题"的研究思路，以丰富多样、有趣可行的俱乐部活动为载体，创办教师"小课题俱乐部"，在多年的研究探索中取得了不俗的成绩。学校借助目标激励的机制，细化各种具体的指标，构成线性链条，具体图示为：

学校管理宗旨 ⇌(统帅/体现) 学校管理目的 ⇌(统帅/体现) 学校管理指标 ⇌(统帅/体现) 学校管理目标

在小课题俱乐部的管理过程中，我校积极调动教师的主动性、创造性、确立人的主体地位，开发人的潜能，使人更好地自我实现。我校充分发挥激励功能，建立科研专项基金，用于教师的教研培训，将教师小课题俱乐部的目标分解细化，消除教师的畏难情绪。

2. 自我规划，形成自主手册

"教师的专业成长需要长期的积累和实践锻炼，其专业化水平的提高是一个终身学习和实践的过程。"以往，教师的专业发展规划大多停留在学校对教师专业发展的规划，这都是从学校和管理者的角度出发的，并不能真正反映教师个体的意愿。因此，我校进行了大胆的尝试，放手给每位教师，结合个人的实际情况和需要，将自我规划与小课题相结合，对自己的专业成长进行规划。

结合我校"小课题"所彰显的"问题真、切口小、周期短、过程实、突出用"等特点，在明确了"基于问题解决、改进教育教学实践"的主旨，规划出阶段性目标、终结性目标，以及实现这些目标的阶段、途径和方法之后，每位教师拟出参考选题，自填选题意向表，宣讲申报简表填写要求，通过校园网选登申报表填写示例，引导40周岁以内的教师们申报了30多个校级小课题进行研究。突出课堂、微观、现场、行动、应用研究的小课题中，第五期市级个人课题结题5个、第六期市级个人课题结题3个、第七期市级个人课题结题4个、第八期个人课题市结题7个。在推进校级"小课题"研究的基础上，我校为促进教师专业化发展提供便利，培养其全新、前瞻而开阔的思维方式，实现共同的抱负，以及不断学习如何共同学习，还提出了五项修炼——自我超越、改善心智模式、建立共同愿景、团队学习和系统思考。

3. 自省反思，促进团队成长

小课题研究注重研修过程中的反思，我们要求教师定期在教师论坛和沙龙中汇报交流教师的读书笔记与教学反思,使老教师的教学经验得以吸收,中年教师的深入钻研得以弘扬,年轻教师蓬勃的朝气与改革的锐气得以彰显,形成一种团结协作的氛围,让每一位教师拥有能展示自己的机会。

从 2012 年起,我校"教师小课题俱乐部"又进一步开展小论坛、小沙龙活动,倡导教师善用反思进行专题探讨,以深化各自的小课题研究。如教学类小课题的承担教师,集中力量着重解决教师教学过程中的具体问题,通过个人反思,总结经验,最后将个人的心得分享给整个团队,使得团队共同成长。

二、小课题俱乐部的形式管理

1. 对教师而言

(1) 研训一体

基于中小学教研、培训理论与实践严重脱节,教研形式单一,针对性较弱等弊端,我校开展的小课题俱乐部机制创建研究,初步形成一种新的教研模式,即"问题驱动、研训一体、共同发展的模式",以日常教研中的真实问题的诊断和解决为驱动,将教研组、备课组全体教师构建成一个发展共同体,以日常教研活动为载体,以解决实际问题、满足教师工作需求和业务提高为宗旨,将培训融入日常教研之中,以教师群体的共同发展为直接目的。

在教师小课题俱乐部的探索过程中,我校关注的是教师自身教育教学中有意义的事件,"运用教育科学理论和先进的教育实践经验,以课堂为现场,以学生为中心,来改进教育教学行为,解决实际问题,使教育行为符合规律",是我校小课题研究的一个重点。六语组(六年级语文组的简称)四名教师同备、轮上、互听、共研课,再推举一人在全校上《负荆请罪》一课;高数小团队多名教师从不同角度上研究课,同研"善思乐探"导法;低数小团队不少教师围绕"点错成金"探索资源开发策略;英语小团队教师共研自主与合作学法及导法的高招,我校各学科教师通过实践已初步形成三级磨课制度。

(2) 品牌引领

自创办小课题俱乐部以来,我们关注教师个体的专业成长,以"先行者"为核心组建教师小团队,促使教师群体成长。教师们通过"师徒结对""榜样授课"等活动与跨学科的课堂观察活动,自然地转变态度,成员间分享交流,学会换位思考,建立沟通与合作的有效机制,激励自我和尊重他人;相互支持,相互合作,打造高效的团队共赢框架。

（3）课题联动

"教师的专业水平,即对课改的认识、态度、方法、行为、素质等决定了课改的发展前景和成效",我们必须用全面、协调、可持续的科学发展观,整体推进教育建设工程,为学生素质的全面培养、教师专业成长、学校的可持续发展提供新思路、新方法。

我校在"小课题俱乐部"的推进过程中,通过学科整合、家校合作、师师互助、师生牵手等多种方式进行科研活动,鼓励教师、学生将教育教学实践过程中的具体问题转化为研究小课题,鼓励和支持自我与他人合作,在"教、研、写一体化"过程中,使教师逐步养成撰写教学案例和研究论文,时刻进行自我反思的习惯,从而将更精、更好的教学和管理带入课堂。

（4）优化环境

我校努力在硬件和软件上对小课题俱乐部进行优化、改善、升级,升级校本研修样态,以"品牌"引领教师专业化成长的大环境。

首先,我们梳理了常见的教师研修活动方式。

正式教师研修活动	非正式教师研修活动
集体备课、说课、听课、评课	围绕教学工作的随意交谈
讨论测试命题,分析错题成因	针对个别学生的"集体会诊"
集体业务学习,传达贯彻上级指示	教学疑难问题的咨询、商讨
专题研讨活动或正式课题研究	对学校焦点问题的自由讨论
外出考察,参加学术会议或在职进修	教师自发的学术沙龙或聚会
优质课评比与研讨	围绕教师工作的网上聊天
师徒结对	教师反思性阅读,撰写教育日志
榜样授课	教师与专家或校长的平等对话
课例研究	针对特定事件的观点碰撞
……	……

其次,我们研究出教师小课题俱乐部校本研修发展的分类目标。

发展阶段	发展目标	校本研修
入职教师	适应教育教学工作	师徒结对、问题诊断、改进分享
新秀教师	提升学科教学能力	教学打磨、课例研究、提高能力
骨干教师	形成教学理念风格	教学论坛、科研实践、展示指导

续 表

发展阶段	发展目标	校本研修
成熟教师	突破高原瓶颈现象	阅读反思、拓宽视野、提升经验
年长教师	顺应自我需求提高	教学沙龙、信技培训、提升素养
后进教师	协同帮扶教育教学	跟踪指导、定期反馈、评价改进

再次,我们努力打造教师小课题俱乐部校本研修新样态。

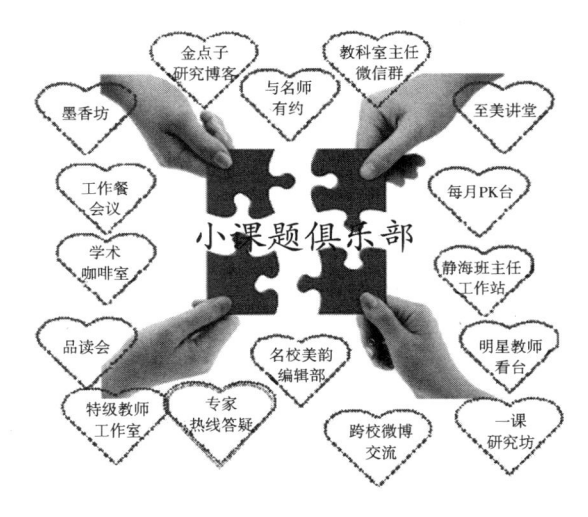

小课题俱乐部（金点子研究博客、教科室主任微信群、与名师有约、墨香坊、至美讲堂、工作餐会议、每月PK台、学术咖啡室、静海班主任工作站、品读会、名校美韵编辑部、明星教师看台、特级教师工作室、专家热线答疑、跨校微博交流、一课研究坊）

2. 对学生而言

教学活动一旦触及儿童的情感领域,必然会获得意想不到的效果。我校乘着"十三五"的东风,承办了"儿童'小课题俱乐部'提升问题解决能力的实践研究"。在潜移默化中影响儿童意识的形成,从而促进小学生的全面发展。

（1）自主选材

我校学生小课题俱乐部基于学生发展的需要,以学生的兴趣和直接经验为基础,以与学生学习生活和社会生活密切相关的各类现实性、综合性、实践性问题为内容,以研究性学习为主导学习方式,以培养学生的创新精神、实践能力及体现对知识的综合运用为主要目的,树立了科学的、以主体教育管理为指导思想的教育管理观,坚持以主题教育管理观为指导思想,发挥学生的主体性,培养具有主体性特征的学生。

在学生小课题俱乐部的活动中,孩子们可以根据学校的主题从文学、科学、历史、艺术四个方面思考想研究的问题。以 2017—2018 年为例,学校选定的主题是读树（一至二年级）、问水（三至四年级）、探桥（五至六年级）。学生可以把从个体生活、社会生活及与大自然接触中寻找到的自己感兴趣的问题,转化为活动小课题进行研究活动,充分尊重了学生的主体地位,发挥了学生的积极性、创造性。

（2）关注过程

我校学生小课题俱乐部引导学生从"我的质疑""我的探索""我的发现""我的收获""我的推荐""我的追问"六个板块展开研究,关注学生活动过程中的生成,激发和引导他们的自我发展之路。

> **我的质疑**：发现了什么问题,有什么疑惑或困惑。
> **我的探索**：利用什么研究方法（如文献法、实验法、观察法等）,研究了哪些方面。
> **我的发现**：取得了什么初步结论。
> **我的收获**：结合实例研究得出什么结论或对现象的解释、思考、建议。
> **我的推荐**：将自己的研究成果和有价值的发现,介绍并推荐给小伙伴。
> **我的追问**：从理性上写出几点反思、启示或追问。

（3）形成常态

养成良好的行为习惯是培养学生核心素养,完成立德树人根本任务的必经途径。我校学生小课题俱乐部鼓励学生在探究活动中采取"小组互助竞争管理"的模式。学生通过"四微"方式展示自己的研究收获,在体验与合作中将自助探究精神进行到底,形成探究常态化。

> **微报告**：可以是小调查、小案例、小论文、小研究报告（说清楚在什么背景下展开研究,要解决什么问题,达到了什么目的,客观具体地提出合理可行的参考建议、解决方案等）。
> **微叙事**：将问题的解决过程像讲故事一样叙述出来,从理性上写清认识、结论或反思。
> **微绘本**：将研究的过程用绘本的形式呈现出来,注重连贯性、阶段性。
> **微视课**：将研究的过程用小视频的形式展现出来,关键是问题解决的过程和结论。

三、小课题俱乐部的档案管理

1. 对教师而言

通过多年的努力探索,我校的小(或市区个人)课题研究已逐渐形成常态,氛围越来越浓,参与人数越来越多,教师的积极性、主动性日益提升。其中,创办教师"小课题俱乐部"助力研究功不可没,参与的教师尝到甜头乐开怀。

（1）教师的继续学习

小学教师继续教育是教师教育的重要组成部分,是提高全体在职教师整体素质和促进教师专业化的有效途径,也是全面实施素质教育的关键。我校充分认识到教师在职学习的重要性和紧迫性,借助"教师小课题俱乐部"这一平台,组建了多个小团队,大家共同学习、合作分享、求实创新,定期开展读书沙龙、网络研讨,交流阅读收获。课题中心组成员及时梳理在小团队活动中孕育产生的一批具有推广价值的小课题实用成果,快捷地整理成三套相应主题的小课题俱乐部成果文集。在一定程度上促使学校各学科专题性教学改革亮点增多,推动了教师总结"八个一"成果提升到新的水平。

（2）教师的获奖情况

学校教育科研工作的一个重要平台就在于课题研究,我校的课题研究带动了学校科研工作积极有效地开展,科研工作也取得了较为可喜的成绩。"十二五"期间,在小课题俱乐部的引领下,我校教师新获得区级学科带头人称号4人,获得区级青年优秀教师称号3人。这些"土专家"的培养与开展"小课题"研究有着密不可分的关系。教师撰写的论文、案例等已获得省级奖46个,市级奖103个,区级奖56个;赛课获得国家级奖1个;省级奖10个;市级奖7个;区级奖79个;其中近两年均呈上升趋势。2013年4月,我校有34位教师的"八个一"成果首批达标;2015年11月,达标人数达76人次,占教师人数的56%。

2012年我校申报立项的省级"十二五"规划重点课题"教师'小课题俱乐部'校本研修方式的创新研究"开题。2013年3月,校级第一期33个小课题结题率100%。截至2014年8月,全校40周岁以内教师参与市、区级个人课题与校级小课题研究的达91%,市级"个人课题"已结题39个。在南京市个人课题的申报立项结题评比中,2008年前我校获评只有1个,俱乐部成立后,从1个到10个,实现了获评数量上的井喷。之后的市级个人课题立项数,我校始终处于区内第一方阵,其中2008年、2012年、2013年列全区小学第一。2014年9月,我校启动第二期教师校级小课题研究,其中还包括了7名来我校交流和新分配的老师组建的"一课一研究"小团队成员。至2015年12月,38个第二期校级小课题全部参照市级个人课题标准进行评审,并顺利结题。

学校提出的"至美课堂"四要素(即美的语言、美的情境、美的生长、美的问题)的不断实践和印证,让小课题研究以校为本,立足课堂,成为围绕学科在教育教学过程中展开的研究,成为一种教学方式,这种将教育任务和研究任务合为一体的"田园式研究",不仅研究时间得到保证,还能较为多样地总结、提炼和积累经验,完成文字描述、加工和记录的过程。这也是我们"十三五"课题的研究方向。

(3) 教师的研训活动

"真正科学的东西总是简单而又深刻的。……没有大众化的、群众性的、应用性的教育科研活动,就不会有真正的中小学教育科研的春天。……不能走大路就走小路,不能做大课题就做小课题。"我校基于教师的现实问题、内在需求,建立专家顾问组,既有不定期来校的专家,也有每周或隔周或每月来一次的教(科)研顾问。为了让教师与专家零距离接触、与名师面对面交流、与新秀无保留切磋,第一,我们聘请专家、本集团名师及省、市、区科研和教研专家开设专题讲座,答疑解惑;第二,通过举办名师工作室"每月一课""教学开放日"等活动,教师与专家、顾问一起"问诊"课堂;第三,我们积极邀请进修学校教研员、专家与本校青年教师结成师徒,为教师发展提供专业支持;第四,在小课题俱乐部中,建立"领头雁"小团队(骨干教师导师制),重视随堂听课、评课,并与教师面对面进行课堂教学研究,增强与教师的信息交流和沟通,促进教师间的以老带新、互助互学,实现全体教师的共同发展。

2. 对学生而言

学校的成果管理应着眼于培养学生成为社会生活的主体,强调受教育者的主体性品质,要实现这个目的,就要求在教育和管理活动中,树立尊重学生的主体地位、发挥学生的积极性和创造性的观点。

(1) 学生的小研究

在教师"小课题俱乐部"的基础上,我校着眼儿童,通过行动、案例、个案研究与经验总结,明确教师指导"儿童小课题俱乐部"运行的角色定位和综合素质要求,进而促进教师情智交融指导儿童问题解决以及其自身专业化发展水平的相应提升。

我校根据学生的年级确定分年段的目标、能力与方法,设计出切实可行的学生小课题研究框架,并为孩子们提供了"长平路小学学生小课题研究卡",学生将课题选题、研究的方向及步骤对照着"课题研究卡"填写,自主确立研究小课题,并形成团队互助探究,共同成长。

2018年初,我校有24个学生小课题研究团队利用假期率先完成了他们的小研究。2018年3月6日上午,我校"儿童小课题俱乐部"第一届研究月活动正式启动,家长代表、学生代表、教师代表依次发言,校领导为24个学生小课题研究团队颁发"研究小先锋"奖状,以此激励更多同学参与小课题俱乐部的研究。

长平路小学学生小课题研究指南

1. 怎样选题:学生可以根据学校的主题从文学、科学、历史、艺术四个方面思考想研究的问题。

本次学校选定的主题是读树(三年级)、问水(四年级)、探桥(五年级)。

文学:学生可以从文学角度展开对树、水、桥的研究,可以研究相关的古诗词,可以找寻相关的美文章;

科学:从科学的角度研究树、水、桥的性质、结构、原理,等等;

历史:从历史角度研究树、水、桥的文化、发展等;

艺术:从艺术的角度发现树、水、桥的美,欣赏树、水、桥的美,分享树、水、桥的美,创造树、水、桥的美。

2. 怎样研究:从我的质疑、我的探索、我的发现、我的收获、我的推荐、我的追问六个板块展开研究。

我的质疑:发现了什么问题,有什么疑惑或困惑;

我的探索：利用什么研究方法(如文献法、实验法、观察法等)，研究了哪些方面；

我的发现：取得了什么初步结论；

我的收获：结合实例研究得出什么结论或对现象的解释思考、建议；

我的推荐：将自己的研究成果和有价值的发现，介绍并推荐给小伙伴；

我的追问：从理性上写出几点反思、启示或追问。

3. 怎样展示：学生通过"四微"方式展示自己的研究收获。

微报告：可以是小调查、小案例、小论文、小研究报告(说清楚是在什么背景下展开研究，要解决什么问题，达到了什么目的，客观真实地提出合理可行的参考建议、解决方案等)；

微叙事：将问题的解决过程像讲故事一样叙述出来，从理性上写清认识、结论或反思；

微绘本：将研究的过程用绘本的形式呈现出来，注重连环性、阶段性；

微微课：将研究的过程用小视频的形式展现出来，关键是问题解决的过程和结论。

长平路小学学生小课题研究框架

1. 要有一个开题模式；
2. 每学期一个月研究一个课题，学生三年级至五年级共研究六个专题；
3. 每个研究结束要有结题证书；
4. 根据研究课题的数量评比出：小学士、小硕士、小博士；
5. 学校目前可以开设六个主题：读树、问水、探桥、品茶、开船、刺绣；
6. 每个主题学生可以从文学、科学、历史、艺术角度去选题探索，学校相应成立教师指导团队。

长平路小学学生小课题研究卡

我的课题	
我的质疑	
我的探索	

第九章　小课题的成果管理　241

续　表

我的发现	
我的收获	
我的推荐	
我的追问	
我的伙伴	

（2）学生的微视频

信息化背景下的知识经济时代，优质教育、个性化教育和终身学习成为信息时代教育发展的重要特征。将微视频运用于学生探究性学习之中，可以为智能教育提供泛在的、优质的学习资源，更好地为学生提供优质的学习指导与服务。

如：六一班围绕"扑克桥"的主题，自主分为若干小组，制定"30 张扑克牌""一卷胶带""桥墩间距大于 15 cm""桥面宽于 3 cm"的规则，一起研究如何制作"最坚固的扑克桥"。各小组经过讨论设计、联合制作，拍摄了数个微视频，将扑克桥小创意推广出去，效果很好。

百合 小组视频　飞鱼 小组视频　萌哒哒 小组视频　七色花 小组视频　团结 小组视频　修远 小组视频　智能 小组视频

再如：我校在南京市教育科学"十二五"规划课题"网络环境下小学生纸塑造型创新的实践研究"中，创设条件，鼓励学生将"小制作"与"微视频"有机结合，效果很好。

我校将优秀学生纸塑作品制作成文集，并将学生拍摄的纸塑微视频制作成

相应的二维码,从而突出学程、攻克难点、展示推广。

（3）学生的随身记

经常写日记能够锻炼学生的观察和认知能力,积累写作素材,增强写作能力。我校倡导学生留心观察周围的人物、动物、植物、景物、活动等,以日记的形式记录下来。如:以研究小分队的形式走访了金川河,了解到水污染的危害性;参观了渡江胜利纪念馆,认识到幸福生活的来之不易;走进社区给垃圾做了分类,做维护环境的有心人……孩子们把点滴观察与实际行动相结合,用笔描绘愿景、记录心得……正所谓"纸上得来终觉浅,绝知此事要躬行"。

（本节编写:胥玥）

第三节　成果管理促师生研究的精彩叙事

一、小课题俱乐部的成效管理叙事

"八个一"成果总结使得教师们承担的校级小课题、区市级个人课题的结题工作变得"水到渠成"。现阶段,我们的校级小课题结题材料至少要提交四项:(1)申报表;(2)小课题研究报告;(3)相应的校级研究课(含课件);(4)相应的教学案例(××策略类"小课题"应有相应的研究论文,调查类则必须提交调查分析或报告,转化"困难生"类则必须提交"个案报告",因题而异),其中至少应有一篇在校级(含)以上评比中获奖。我校有专门的评审组(由区级教科研专家、中学高级教师三人组成)为校级成果评奖。我们体会到,有校级小课题的基础,有利于区市级"个人课题"质量的提升。

范佩蓉老师就在"小课题,如影随形"中道出了"小课题俱乐部"对教师个人专业化成长的助益,以下为她的发言内容:

> 跨出校门踏上教育工作岗位已整整20年了,一路走来,最令我快乐幸福的是——学生们健康、快乐地成长;最令我欣慰的是——学生的点滴进步;最令我有成就感、自豪感的是——学生踏上社会后能有出色表现;最令我自身成长、收获多多的是——小课题研究。是的,学生的成长,也伴随着

我的成长,我的成长离不开学生,更离不开小课题研究。

在做课题研究的同时,我也有收获,我的**教学案例《二年级的小豆豆》获得市教科所一等奖**。尝到甜头,我在平常的教学中不停地尝试,把作文教学指导植根于学生的生活中,在实践中反思,又**撰写了《三年级的买卖人》、《四年级的娃娃兵》,均获得市二等奖**。2006年,学校大课题"小学生纸塑造型实践活动的研究"正式立项为南京市"十一五"规划课题。我作为教科室主任,**忙碌于开题论证、制定对策、出版阶段简报、安排学生参与创作纸塑作品、组织教师论文和教学设计、编写《小学生纸塑造型校本读物》的校本课教材等工作中。在课题研究中,我们课题组成员采取"边研究、边推广"的办法,要求全员参与研究,认真总结阶段成果,并用于教育教学中。**

忙碌于大课题,自己的小课题也不能放松。我身先士卒,围绕大课题,开展了自己的个人课题研究。2007年,**我的个人课题"纸塑造型在中年级语文学科中的实践研究"成功立项为市级课题。我紧密结合语文教育教学实践,开展了小课题研究。**

美国著名学者波斯纳曾经提出:教师的成长＝经验＋反思。我们常对学生说"活到老,学到老",其实我们自己何尝不是呢？现代社会对老师的要求很高,不仅要掌握丰富的学科知识,还需要具有发现教学问题,并对问题进行研究,找出解决问题的策略的能力,也就是说我们不仅要做一名知识型的老师,更要做一名科研型的老师。在小课题研究过程中,我深深认识到课题研究与教学工作是相辅相成的,搞课题研究不仅不会影响教学,相反还会促进教学水平的提升,促进自身的专业成长。

....

做一名优秀的教师总要有点能拿得出手的东西。我积极要求加入学校的课题组,迈出了课题研究的第一步。**几年下来,我在区里上了许多节公开课,论文也开始陆续获奖。2005年,我获得了区优秀青年教师称号。**"宝剑锋从磨砺出,梅花香自苦寒来。"随着研究的深入,各类论文奖项纷纷而来。

范老师在四年中,共有10篇论文分获省、市各级奖项,2008、2009年连续两年被评为教科研先进个人,2010年被评为区优秀教育工作者,2012年被评为区语文学科带头人。

一个学校的成长不仅仅靠一个人,团队的力量也是不容小觑的。我校的"快乐足球组"就很好地见证了在小课题的引领下,一个团队的快速成长。

足球作为我校的特色课程,在胡祥海副校长的带领下正如火如荼地进行着。万事开头难,学校刚刚组建了足球队,遇到的问题并不少。比如找不到球员,没有专业的足球老师,没有充足的经费,等等。这可花费了胡校长不少的心思。是"小课题俱乐部"的出现,让胡校长灵机一现,他组织了学校年轻的体育教师,杨志彬、沈维文、刘静、王慧君等老师,还特别聘请了颜文君、陈星两位男女足球教练,组成了"快乐足球组"。

第一次开会,胡校长表达了组建校足球队的想法,并且要求围绕着学校的小课题,每位成员自拟一个小课题进行研究,但研究的内容必须围绕"足球"这一话题展开。一周之后,第二次会议上,胡校长请每位老师畅谈了自己课题的初步设想,并填写小课题申报表。待研究内容确定之后,便是漫长的研究过程。由于足球训练艰苦,加之每位老师有各自的教学任务,团队里难免会有个别老师有懈怠情绪。考虑到老师的不易,胡校长决定每月举行一次小课题研讨活动,在活动中推进老师的研究进度,按照"八个一成果"的要求,他还为组员制定了"成果汇总表",对照表格督促大家抓紧完成。

在研究中,沈老师遇到了课题中撰写案例的困难,组内的成员就在每月一次的研讨中帮他想办法,出谋划策,还邀请来了教科研专家朱主任、教科室主任丁一丹老师,帮他们加强理论知识的指导,为他们修改文章。仅仅有理论还不够,胡校长与学校教导处商量后,每个月推出一节足球课堂展示,邀请教研专家张铁庚老师及全校老师听课、评课,推动团队更好更快地成长。

正是在一次次的磨砺之中,我校的足球课形成了自己的特色,在我校网站的"特色课程"中"快乐足球"的"发展理念""考核机制""师资培养"等已经相当成熟。而更可喜的是,我校的男子、女子足球队在团队7位成员老师的带领下,多次在市、区比赛中荣获各级奖项。而团队里的胡校长、杨老师、沈老师、王老师、刘老师也是在省、市、区各级论文、教学竞赛比赛中屡屡获得佳绩,为我校的体育教学添上了浓墨重彩的一笔。

二、小课题俱乐部的形式管理叙事

1. 教师方面

学校教育科研工作的一个重要平台就在于课题研究,其操作模式分为六步:

发现问题确定小课题、根据课题进行教学设计和课堂教学、开展课堂观察、进行评课会诊和论文写作。通过不同教师对同一题材的个性化解读,丰富了教学设计内容,再通过集体研修教材,由骨干教师及专家引领水平、能力相对薄弱的教师,引发参与者智慧的碰撞,以便取长补短,实现教育教学资源、智慧情感资源的共享,达到提高教育教学效果的目的。我们常常就教师自身教学中的问题进行诊断、反思,其目的是帮助教师克服畏难情绪,促进教研能力发展,努力增强教学实践的合理性,促使教师向研究型、学者型迈进。

如:我校高度重视教师的继续学习,把理论学习贯穿在整个研究过程中。在"小课题俱乐部"的活动中,田田书记、丁一丹主任相继组织课题组老师学习了《校本培训教师专业发展》、《教师微型课题研究指南》、《校本研修模式与案例》、《教师怎样做小课题研究》、《名校校本研究创新力》、《和周老师一起做校本研修》、《小课题研究——教师专业成长新载体》等国内外理论著作。教科室结合这些内容的主题学习,布置老师们撰写读书心得,评比优秀的读后感,进行全校表彰。我校的尹文文、李颖、王茜、虞敏文、贡晓俊、缪丽、朱宁、叶林、杨志彬等多位青年教师的读后感情真意切,不仅就书中的内容写出自己的感想,还能结合自己在教学中的实例,理论实际相结合深刻剖析,将自己最真实的感受进行分享,他们的教育理论水平都在逐步上升,课题的指导理念也更加明确,其课题的研究能力也得以提高。

又如:我校基于教师自我发展的团队建设,推进"互助共进"的校本化研修运行方式,应对教育教学实践进行经验性与科学性的反思。在活动中,我校的"提高课堂实效音体美综合组"在组长梅玲主任的带领下,先进行团队研究(类似集体备课),启发教师要有问题意识,清楚自己在美术课堂、音乐课堂、体育课堂教学中的优势和劣势,使组员蒋惠、叶林、夏磊、邰俊仙老师明确了自己在团队中的责任(如有关材料的查阅者、与其他团队交流的代表者、某个活动的演示者,等等),保证了综合组之间进行促进式的互动,使得综合学科真正提高课堂的实效性,带给学生综合素质的提升。

2. 学生方面

著名教育学家苏霍姆林斯基说:"在人的心灵深处都有一种根深蒂固的需要,这就是希望自己是一个发现者、研究者、探究者。"在长小儿童小课题俱乐部的第一届研究月活动中,一年级的小同学围绕"树"提出了很多有意思的小问题,一起认一认"南京路边的树"、拍一拍"形态各异的树叶"、思考一下"树为什么穿上白裙""树叶只有绿色的吗"。一(1)班的王京、杨雨萱等同学一起对"奇特的树"做起了小研究,他们通过网络了解到了世界上各种神奇的树种:有爱吃肉的食人树、能食用的面包树,还有能做天然橡胶原料的橡胶树……

三、四年级的同学都很有探究精神,他们围绕"水"的主题,大胆质疑。三(2)班的刘子轩、姚培杰等同学在"'水'字的前世今生"的小研究中充分发挥了探究精神,通过合作研究,他们一起找到了"水"字诞生的时期、"水"的各种写法,还认识了好多好多跟"水"有关的汉字。四(2)班的李欣桐等同学利用寒假共同阅读了《水先生》;四(1)班的杨安怡小组的同学还开动脑筋、大胆实践,找到了很多"节约家庭用水的小妙招"……

还有五、六年级的大朋友们,根据我们长平路小学地处长江大桥脚下的特点,展开了一系列关于"桥"的疑问——有的架起"爱心桥",争做敬老院小助手;有的拿起笔杆,当了小小桥梁设计师;还有的如六(1)班的同学,着手调查"关于长江大桥封闭维修期间我校江北师生上下学方式研究"和"长江大桥整修原因及大桥改造后的畅想"。

学生的小研究全部来自身边的点点滴滴。只要有一双会发现的眼睛,有一颗积极探究的心,我们都是发现者、研究者、探究者。

三、小课题俱乐部的档案管理叙事

1. 教师方面

我校小课题俱乐部的诸多活动,均不同程度地体现了"基于脑、基于网、基于小班"的"新三基"教育理念,倡导协动左右脑,形象与抽象思维、情智同育;引导学生检索、优选、运用网络资源;迁移小班化教育理念,优化大班合作学习、发展每一个的导学技能,着力培养学生的学习力,及时扎实地推动了我校各科常态化课堂教学的迅速改进与增效。

我校师生在"小课题俱乐部"的探究过程中不断成长,这是具有学校文化磁场效应的"正能量"。学校将教师的优秀小课题、获奖论文、案例汇编成册,进而推广,以供大家学习(如图)。

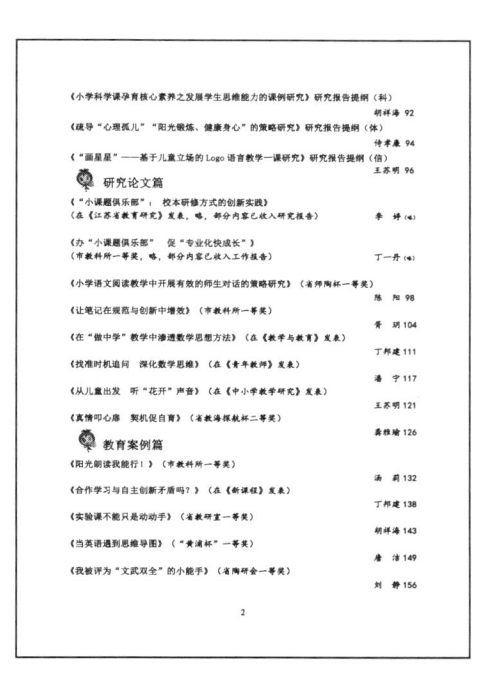

2. 学生方面

小课题俱乐部注重学习世界经合组织（OECD）等关于培育学生"核心素养"的教育理念，促进了学校个性化素质教育——至美教育特色的形成，彰显全校学生"核心素养"的"综艺成果"频传捷报：学校获区武术操、大课间活动一、二等奖；英语"自主互助 ABC"团队基于脑科学原理开展富有童趣的活动，评出几十名校级"记忆之星"；"E 技促优"团队则基于网的教育，制作课件，巧用网络资源优化白板教学、试用电子书包等；"快乐足球"团队倡导用脑踢球，几年来近 20 位足球好苗被选送省市足球队，为学校被评为首批"阳光体育运动学校"出了大力；"好童娃"团队的心理咨询员，增加了网络个别心理疏导，协助学校出了两本《成长心语》习作选；由校长牵头的"绩效管理"团队，则将校级与中层干部团结起来，探索网络绩效管理模式，并将精神奖励为主、物质奖励为辅用于管理之中……学生至善至美小童星成批涌现等。

学校还完善了"从小做起，至善至美"校训，初步研制出"美的情境、美的问题、美的语言、美的生长、专题活动五分钟"等"至美教学新模式"。

又如：学生将纸塑造型与"微视频"有机融合，利用网络平台展示自己的作品，讲解制作难点，深得同学们的欢迎。学校将优秀的学生作品整理成册，激起了学生广泛的探究热情。

　　小课题研究给我校师生的共同成长打开了一扇新的窗户。透过这扇窗户，让教师将更多的目光投向学生，用更多的时间去思考学生的学习，也让学生更乐于去尝试改变自己的学习行为，更多地欣赏到许多不曾看到的美丽景色，愿我们在小课题研究之路上快乐成长，收获成功的喜悦。

（本节编写：胥玥）

第四篇
小课题俱乐部"理论"叙事

"小课题俱乐部"是一个什么样的组织?
"小课题俱乐部"主要以什么样的方式展开活动?
"小课题俱乐部"具有什么样的价值追求?
"小课题俱乐部"锻造什么样的精神气质?
"小课题俱乐部"有些什么样的人文关怀?

这些问题的应答,都涉及很多的教育教学理论。长平路小学的老师们认真学习理论,努力思考当下教育现状,尽力付诸校本行动,着力推进"小课题俱乐部"的建设。讲述着自己的"理论"探索的叙事,其实,也是他们自己的思想与智慧成长的故事。虽然不那么准确、高深与完美,但是,"小课题俱乐部"中的他们,毕竟在"理论"的绿色森林中,留下了一串串脚印。

这一串串脚印是美的,是向着美的追寻……

第十章　小课题俱乐部的组织形态
——"学习共同体"的理论观照

第一节　我们一起研究

案例一：巧用"结伴效应"，构建年级学习共同体

"结伴效应"是指两个人或几个人结伴从事相同的一项活动时（并不进行竞赛）相互之间会产生刺激作用，提高活动效率。"结伴效应"的关键是"合作与同行"。

一个人的能力是有限的，只有大家团结在一起，朝着一个共同的目标一起努力，才能发挥更大作用，这就是团队的作用。学校的年级组就是一个小团队，我们在学校年级组建设中充分考虑到团队的建设特点，运用"结伴效应"，逐渐形成了具有长平路小学特色的团队建设模式——学习共同体。

在构建年级学习共同体的过程中，我们发现，年级组内老师的男女性别、年龄层次、个体性格、学科特点、业务水平各不相同，好像工地上的建筑材料，有沉默坚韧的"钢筋"，有性格突变的"水泥"，还有顽固不化的"石子"，怎样让不同特质的人在年级组内互相协作，形成团队凝聚力，引起我们的思考。

美国社会心理学家费斯汀格认为：团队凝聚力是使团体成员停留在团体内的合力，也就是一种人际吸引力。好像我们在玩"流星球"时，流星球就是围绕手这个中心转，不会丢失，手就是中心点。团队凝聚力的中心点是什么？就是一个团队对所有成员的吸引力。团队凝聚力不仅是维持团队存在的必要条件，而且

对团队潜能的发挥有重要作用。一个团队如果失去了凝聚力,就不可能完成组织赋予的任务,本身也就失去了存在的条件。

学校管理,就要创造各种条件,把"钢筋""水泥""石子"搅拌起来形成强大的"混凝土",充分运用"结伴效应",铸造出一个个富有个性、团结协作、朝气蓬勃的年级学习共同体,主要要做到以下三点:

一是核心人物慎重选择。每个年级组都有一个核心领袖人物,那就是年级组长。他具体负责整个年级的事务管理,既要协调完成学校布置的各项工作,又要帮助处理同年级的家校问题,还要负责教研活动的安排,更要处理好组内老师的人际关系。三年级组长倪老师,不仅把组内的事情安排得妥妥帖帖,还经常会超前工作。去年,组内的缪老师休婚假,缪老师在校长室请完假前脚刚走,倪老师后脚就到了。"校长,缪老师的课我们组内其他老师帮她代,我都安排好了,临时找老师代半个月课不好找,再说,哪有我们自己老师代课好呢?"学校还没有安排,倪老师已经把事情做好了,像这样的组长故事我们还有很多。目前我校的六位年级组长,个个都像小太阳,充满正能量。

二是混合编队激发活力。我校在年级安排时,采用的是混合编排,把全校所有老师根据所教年级平均分成六个大组,即一个年级组中有任教该年级所有学科的老师和一名校级领导(对于担任几个年级学科的老师,编入其中一个年级组),办公室不在一起,但是开展活动时是一个团队。原来的以语数英学科为主体的年级组,开展活动时,综合学科的老师容易被边缘化,现在学科混编组开展活动时,所有学科的老师都参与进来,根据"结伴效应",人员增加,老师们工作的积极性与高效性要远远大于原来的分组方式。年级组长是这个团队的首领,同时也是该年级组的学校管理负责人,当年级组需要学校"支援"时,可以直接向联系人反映,实现学校管理的扁平化。

三是常规工作逐月考核。"结伴效应"的核心是"合作与同行"。我校年级团队建设实行目标管理,依据团队建设的规律,为年级组制定统一的规则,并赋予老师们统一的行动,使年级组团队朝着高效、正能量的方向前进。我们把出勤、听课、教学评比、基本功训练、家长评教等学校的各项常规工作制定成统一的评分细则,采用逐月考核的办法,由每位老师的业绩分汇总成年级组的总分,每月公布。每学期根据评分情况选出领先的两个年级团队,进行表彰。在实施中,我们发现,学校各项活动参与度不仅数量在上升,质量也在提高。例如校内听课,以前老师们以听同学科校级研究课为主,现在老师们不仅同学科听还跨学科听校级研究课,此外年级内还随堂互相听课。老师们从学生出发,研究教材、研究教法、研究学法的氛围越发浓郁。

领导,就是要带领他的人们,从现在的地方,去他们还没有去过的地方(美国前国务卿基辛格)。

希望通过学校的不断努力,打造出一个个高效优质的年级学习共同体,在向上攀登的途中,叙述着我们的美丽故事。

案例二:注重"同僚性",打造研修学习共同体

什么是同僚性呢?美国教育学家立特尔指出:教师之间的关系性称之为同僚性。教师之间应具有怎样的关系?在学校工作中,教师应拥有共同愿景,形成相互交谈、商讨、教学、被教、帮助、被帮助、鼓励、被鼓励的关系。教师之间关系的改善,即同僚性的改善,是学校解开教师"单打独斗、各自为战"困局,形成良好教师文化,打造校本研修共同体的金钥匙。

长平路小学非常注重开展同僚性的集体教学研修活动,主要形式有教学沙龙、专题研讨、集体备课、观课议课等。以下就是一次观课议课活动。

张老师执教的课文是一篇说明文《紫花地丁与蚂蚁》。张老师在上节课曾带领儿童走出校门去实地探究,这堂课就是从询问儿童的观察体验开始的。儿童们一个接一个抢着回答:我是在运动场发现的,我是在墙角里发现的,我是在石板下发现的,等等。即便话语一样,但每一个儿童的体验各不相同。老师和同学都在分享着发现的快乐。

各自发现的状况大体讲完之后,张老师在黑板上张贴了五张放大的照片,都是在校园里拍摄下来的花朵的照片。儿童们详细地讨论是谁发现了这些照片里的紫花地丁的,它是怎样一种样子。"发现了果实""发现了蚂蚁""发现了旁边的蚂蚁巢"……儿童们接二连三地发言。他们通过自身的观察与体验,印证了课文中描述的果实与蚂蚁的情形。

于是,张老师把课文中第七行和第十一行的文字、照片打在屏幕上,让全体同学一边思考每一句话在描写什么,一边朗读课文的这一部分。老师在揭示课文这一段的描写时,儿童们就在喃喃细语道:"啊,在课文的这段话里原来已经写着呢!"品味着当中的每一个词汇。

张老师直截了当地问道:"紫花地丁与蚂蚁是好伙伴吗?"儿童们的回答是精彩的:"第一段并没有写是好伙伴。""好坏与否要从第二段才开始写到。""发现好坏与否是一种学习,因此,在这里还没有写到。""尽管没有写到好坏与否,但写了'白球冠'。""想想'白球冠',就可以明白是否是好伙伴了"……发言接连不断。听着这些发言,我惊叹于这堂课超出了我一开始就油然而生的那种预感——低年级教学的难点。

话锋突然一转,张老师一边说着:"蚂蚁在干什么,想想看,蚂蚁做了什么事情?"一边在黑板上挂出蚂蚁的漫画挂图和果实的漫画挂图。在果实的漫画挂图中画着裂开的"白球冠"。

"蚂蚁"的挂图一出现,整个课堂顿时活跃起来。

"哇!那个是什么?""像蜜蜂似的。"课堂里欢声一片。儿童们看着"果实"的挂图笑声朗朗地说:"橡子!""戴着帽子的橡子!"张老师"嘘",示意安静下来,利用挂图让儿童们细致地理解课文中描述的蚂蚁的动作。儿童的发言活跃起来,从课文中的蚂蚁转移到想象中的故事。几个女孩在读到蚂蚁在巢穴中吃"白球冠",再把果实丢出巢外的段落后纷纷发言,渐渐地,发言者局限于一部分儿童,三分之二的儿童则默不作声。就在这种状态之中,下课铃声响起。关于紫花地丁与蚂蚁是否是"好伙伴"的问题,只能留待下一节课讨论了。

在课后的教学研讨会上,观课老师在肯定张老师的教学设计的基础上,充分赞赏张老师与儿童们之间构筑的温情脉脉关系。低年级儿童的学习是以每一个儿童与教师之间形成的牢固关系为基础的。低年级课堂的教师必须如同扇子的骨架那样,同每一个儿童确立起牢固的关系。低年级儿童有了同老师之间的稳定的关系为基础,才能听取别的儿童的意见,同别的儿童沟通,从这一点说,张老师与儿童们之间的关系是相当理想的。

与此同时,观课老师们也提出了新的讨论话题:为什么挂图一出现,课堂里的"合作学习"的氛围会为之一变呢?

有的老师说:这或许是儿童的发言离开了教科书,也离开了儿童自身观察的经验,被卡在一部分儿童的发言上了。

也有的老师说:教师出示挂图、课堂气氛急转直下前,印证了法国哲学家阿兰(Alain)的《教育随想》中教育学家帕斯卡尔(G.Pascal)的一段话。帕斯卡尔敦促我们注意:阿兰是支持儿童中心的新教育实践的,但他严格劝诫要远离"学习即游戏的教学"和"兴趣中心的教学"。这些教学都是藐视儿童的教学。既然如此,这种教学终究会受到儿童的藐视。帕斯卡尔介绍阿兰的主张说:"必须让儿童感兴趣。不过,不应当人为地制造兴趣。""我们不应当跟在某些孩子气的行为后面,而是必须诉诸超越这种孩子气的愿望。"这真是至理名言。

……

观课议课是满足教师集体开展课堂教学观摩和评议的一种有效教研方式。大家就某一堂课进行教与学的全面观察,做好记录,课后再围绕这堂课进行民主平等的讨论,按大家认同的某一标准,找出这堂课的优点和存在的问题,供今后在教学中借鉴,这有利于教师了解什么是好课,有利于提升教师的能力和水平。我们学校坚持开展这种观课议课的校本研修活动,有效促进了教师的专业成长,促进了学校教师间同僚性教师文化的形成,从而打造出一个个具有长平路小学特色的"研修共同体"。

(本节编写:解兴华)

第二节 "学习共同体"面面观

一、学习共同体的内涵

"学习共同体"(learning community)或译为"学习社区"。在学校教育语境下,"学习共同体"是指一个由学习者及其助学者(包括教师、专家、辅导者等)共同构成的团体,他们彼此之间经常在学习过程中进行沟通、交流,分享各种学习资源,共同完成一定的学习任务,因而在成员之间形成了相互影响、相互促进的人际联系。在传统教学中,教师、学生同时在一个教室中参与教学活动,彼此之间可以很容易地进行面对面的交流,可以自然而然地形成一定的学习共同体,比如一个学习小组、一个班级,乃至一个学校,都可能成为一个学习共同体。

对学习共同体的组织学分析。学习共同体是以班级授课制为形式的基层学习组织,是按照一定的教学目的、任务和形式而加以编制的。其特征有:

组织目的性。它以完成共同教学任务为目的。

组织系统性。组织的要素必须构成一定的结构层次。

组织有序性。表现为一是组织活动的平衡性,权力分配和责任分工平衡。二是组织活动的协调性,经常协调各方面的关系,使组织成为有序状态。三是组织活动的程序性,平时活动形成一定的格式,处理偶发事件积累起特定的反应方式。以上三性集中反映为组织的适应性。

对学习共同体的班级社会学分析。学习共同体是一个以学生为主体的现代社会群体,是一个具有客观必然性的"自在之物"。现代社会的要求决定着学习共同体的教育目标、课程、活动、交往方式和社会关系结构。

对学习共同体的教育学分析。学习共同体是属于教育和管理的对象,是教师按照一定的教育目的和规律运行的"为我之物",但又蕴涵着由"对象"转化为主体的可能性,教师必须引导其自我教育、自主学习和自我管理。

对学习共同体的教育社会心理学分析。学习共同体不仅是班级授课制的基层教育组织,而且是与社会文化相贯通,以学生亚文化为特征的现代社会群体,以教学活动方式为主要特征的共同活动的主体,以直接交往为特征的人际关系系统。它是从"自在之物"(客观存在的社会群体),通过"为我之物"(按教育目的建立的教育客体)的中介发展而成的"自为之物"(自我教育的主体)。

专家们认为学习共同体具有以下本质特征:

行为主体性。它作为一种新的教育体系,不仅是教育的对象,而且是教育的主体,是教育改革的内在动力。

系统开放性。它包含在社会关系的整个体系之中,具有鲜明的社会倾向性,是一个开放的体系,对其必须顺应宏观社会的历史变革,做开放、动态、宏观的研究。

成员组织性。它具有高度的组织性,是组织起来的,拥有集体机构,以责任依从关系和情谊性关系联系在一起的个人有目的的综合体。

目标整体性。它必须对成员实施全面发展的教育,以发展学生的个性,提高学生的整体素质为终极目标。

活动整合一致性。共同活动由共同目标导向,强调分工与合作,动作相互协调,做到高度的合作性与自主性的统一。

学习共同体呈现出社会强化、信息交流等基本功能。

学习共同体的社会强化功能。建立学习共同体是满足学习者的自尊和归属需要的重要途径。在学习共同体中,学习者感到自己和其他学习者同属于一个团体,在进行共同的学习活动,遵守共同的规则,具有一致的价值取向和偏好。学习者对共同体的归属感、认同感以及从其他成员身上所得到的尊重感有利于增强学习者对共同体的参与程度,维持他们持续、努力的学习活动。

学习共同体的信息交流功能。学习者与辅导者进行交流,同时又与同伴进行交流和合作,共同建构知识、分享知识。在沟通交流中,学习者可以看到不同的信息,看到理解问题的不同角度,而这又会促使他们进一步反思自己的想法,重新组织自己的理解和思路。

二、学习共同体的学校发展效能

当前,国际上流行"构建学习共同体,促进学校发展"的学校改革。但由于人们广泛地使用"学习共同体"这个词描述教育领域中的不同教育群体,如学校委员会、学区、教育部(局)、教育专业组织等,一些专业人员担心它部分场合的使用有可能会使人们只能肤浅地理解其表面意义而忽略其深刻内涵,造成实施"学习共同体"学校改革的失败,并步入一个怪圈:最初是对改革的狂热,造成基础概念的混淆;接下来是改革中出现不可避免的难题;最后改革失败,难以实现期望的结果,最终放弃改革;满怀信心地开始新一轮的改革。

如何避免构建"学习共同体"的学校改革思想步入上述怪圈,教育专家认为,只有批判地反思其价值内涵,挖掘其核心原理,研讨其扎根于学校文化的相关措施,才能真正发挥其专业性,才能通过这种共同体,提高学校的效能。

1. 学习共同体的核心任务是确保有效学习

构建"学习共同体"的教育观念认为,正式教育的核心任务不仅仅是确保教会学生,还要保证学生的有效学习。从"教"到"学"的观念转变对学校的影响是深远的。只有教师把"确保每个学生成功"作为誓言,而不是纸面上的政治口号,才能使学校教育彻底改变。

随着学校改革的逐步推进,"学习共同体"中的每一位专业人员必须持续不断地探索有助于他们工作的三个关键问题:教师想让每个学生学什么?教师怎样知道学生学习到知识了?学习过程中学生遇到困难时,教师应该怎么做?我们且以实际的事例来区分构建"学习共同体"的学校与传统学校的不同。

这是一个每天都会发生在传统学校里的情景,一位教师很出色地教授完课本上的某单元，但发现一些学生还是没有能掌握最基本的内容。这时候教师有两种选择：可能再花些时间帮助那些没有掌握基本内容的学生；也可能继续新的教学内容。如果教师占用教学时间帮助那些没有掌握最基本内容的学生学习，那么已经掌握的学生就会很痛苦；而如果教师继续新的内容，那些原先就没掌握最基本内容的学生就会落后得更远。面对这种情况，不同的教师会有不同的解决办法：有的教师可能让这部分学困生转学简单的课程或考虑进行专门的课程教学；有的教师可能会对这部分学生降低期望，采用较低的标准；有的教师会在上课前或放学后为他们补课；还有的教师也许会彻底放弃这部分学生。

在推行"学习共同体"改革的学校中，教师意识到责任和问题之间的不协调，他们都会积极地去寻找策略和措施，以保证差生能得到额外的时间和帮助。另外，学校也会采取系统的措施和计划来解决这些问题：及时确定需要额外时间和帮助的学生名单；针对学生的实际困难提供有针对性的全面干预，而不是依靠假期的各种补习班；要求学生合理安排自己的其他时间接受额外的学习帮助。

2. 学习共同体的关键举措是创设协作文化

学校管理者认为推进构建"学习共同体"的改革必须要求教师之间的协作工作，努力促进学校内部协作文化的形成和发展，从而实现构建"学习共同体，促进学校发展"的学校改革的目的：确保每个学生成功。

尽管已经有许多证据非常有说服力地表明，教师间协作工作是最好的方式，但仍有许多学校的教师在"孤军作战"，由于对协作文化认知的不深入，甚至有些认可协同工作理念的学校也将教师的合作行为拒之门外。例如，一些学校的教师将"协作"等同于"趣味相同、意气相投"，着力构建群体的同志之情；另外一些教师则强调对学校的某些操作程序达成共识；还有一部分教师加入监督委员会，检查学校的纪律、技术、社会环境等不同方面。以上这些活动在某些方面是有用的，但没有一种能使学校形成"学习共同体"的专业性建议和对话。"学习共同体"中的有效协作是教师共同合作分析和改善课堂教学实践的过程，在此过程中，共同解决一系列问题，促进教师整体的专业发展，同时，也能提高学生的学业水平。

3. 学习共同体的有效保障是制定研讨原则

研讨的对象基于课堂。教学研讨的目的不是"教师露一手"，而在于"学习关系的创造"与"优质学习的实现"。研讨的中心不在于教材的解释与教师的技术，而是必须基于课堂中每一个儿童的学习的具体事实。

"学习共同体"要倡导民主型的研讨方式。校本研修要实现不同教师的多元声音的交响,应当设定一个人人必须发言的基准。在"学习共同体"中,校本研修的观摩者所求的不是对执教者的"建言",而是观摩者自身的"学习"交流。唯有实现了这种转型,研修才能成为每一个教师富于魅力的"合作学习"的场所,争先恐后地争当执教者的氛围才能形成。

总之,构建"学习共同体"对促进学校发展意义深远,但过程是艰辛的,需要全体教师协力工作,关注学生学习,深入理解"学习共同体"的内涵,践行"学习共同体"的有关原理。

(本节编写:解兴华)

第三节 学习共同体的校本行动

佐藤学教授提出,"学习共同体"就是要使学校成为儿童合作学习的场所,成为教师互相学习的场所,成为家长参与学校教育并互相学习的场所。这一目标主要通过课堂上学生之间的合作学习、教师之间形成开放课堂及共同成长的同僚性、家长及社会各界参与教学实践的"学习参与"的方式实现。

一、构建教师互学的学习共同体

1. 打开教室的大门

关起教室的门来上课已经成为很多教师上课的习惯了,因为很多教师在上课时把教室门关上,使教室成为一个私闭的空间,不想在同事面前暴露自己的弱点,不愿意自己的工作方式被别人指手画脚。还有,每位教师都不愿意听到别人批评自己的工作,因为每个人都尽自己最大的努力在工作着,当然希望自己所做的能得到别人百分之百的肯定。但是,教学本身就是一个不完美的艺术,谁也没办法做到尽善尽美,所以对彼此的工作大家都恪守"各人自扫门前雪,莫管他人瓦上霜"的不成文的规矩。结果,每个教师都在孤立的状态下开展自己的工作。其实每个学校都会有校内公开课,但是校内公开课通常都是年轻的教师被选来上公开课,而上了年纪的教师则专门参与提供意见、建议,而不是所有的教师都站在平等的立场上共同创造教学方式。正因为如此,才更有必要开放教室,互相观摩教学,克服这种正在日益扭曲的教师文化。

"无论是怎样的改革,学校里只要有一个教师不上公开课,要取得成功都是困难的。只有教师间彼此敞开教室的大门,每个教师都作为教育专家而共同构建一种互相促进学习的'合作性同事'关系,学校的改变才有可能。这种同事性关系一日不形成,学校的改革就一日不能成功。而这种同事性关系只有在所有教师都开放教室,互相观摩教学、互相批评时才能构建起来。只要有一个教师封闭着教室的大门,那么,想从内部进行学校改革就是不可能的。"

所以教育的成功必须有赖于打开每一间教室的大门,让课堂变成开放的、透明的、有效的。这条跟我们学校现在的教学改革是正好吻合的。我校要求上课时教室的门要打开,学校领导和教师之间都要进行推门听课。学校规定,每位老师每个学期校内听课不少于 10 节,中层不少于 20 节,校级领导不少于 30 节,这样能够互相观摩和学习,取长补短。

2. 改变研训的方式

教研活动不能只追求"做过了""做完了",大部分的教研活动往往在准备工作上倾注了大量的精力,在准备的过程中进行了多次商讨,但最终评课阶段草草了事,而且导致很多老师不愿意上教研课的根本原因在于评课阶段要评价这节课哪里上得好、哪里上得不好。评课中被很多老师指出存在的问题,像这样的评课活动,授课的人听了当然会不舒服,就不愿意再次尝试这种令人不愉快的事情,于是大家都不愿意上校内公开课了。

改变听课的态度:我校首先对听课的教师有一定的要求,教师来听课,在听课的过程中,要找老师的闪光点,找学生的闪光点,找到值得你学习的地方,三人同行,必有我师,要抱着学习的态度来听课。其次,要感谢开课的老师,不管这节课上得成功与否,他的态度和努力是值得肯定的,感谢他为我们带来了这节课。

改变备课的方式:转变观念,在校内上教研课,不是个人的事情,是整个教研组的事情,在上课之前,首先经过教研组充分的讨论,然后拟定出一套大家都认为比较合适的教学方案,这套教学方案不是固定的模板,上课教师可以根据自身情况和学生情况进行修改,它集中了教研组老师们的思想精华,最重要的是在经过激烈的讨论之后,教案已经烂熟于心,教师不必再费脑筋去记忆教案,且对课堂上可能出现的情况、教学中的重难点已经了然于胸,经过这样一番努力再去上课,我相信必然是一节精彩的课。

改变评课的要求。在评课中,我们也需要转变观念,改变一味指责别人缺点的研讨方式,研讨教学问题的目的不是对授课情况的好坏进行评价,因为对上课好坏的评价只会彼此伤害,研讨的要点应针对授课中的"困难"和"乐趣",大家共同来分享,以达到教研的目的,互相谈论这节课哪里有意思,哪里学生接受起来比较困难,学生有哪些精彩的表现,通过交谈让学生学习时的具体形象重新浮现在眼前。

这样,减轻老师上公开课的心理压力,使我校的教研活动更加生动有趣,贴近学生,让老师有再一次上校内教研课的愿望。

二、构建家校合作的学习共同体

学校、家庭、社区的教育合作是当今世界许多国家和地区学校教育改革的重要主题,我国政府颁布的《中国儿童发展纲要(2001—2010年)》也明确指出:"发挥学校、家庭、社会各自的教育优势,充分利用社会资源形成教育合力,促进学校教育、家庭教育、社区教育的一体化。"所谓"学校教育、家庭教育、社区教育的一体化",就是学校教育、家庭教育、社区教育在共同的教育目标下,相互参与、相互配合、相互补充、相互促进,形成一个有机的教育整体。任何一个环节的缺失和失控,都会导致整个教育在时间和空间上出现断裂,这就要求学校、家庭和社区各方面通力合作,统一思想,集中力量,形成一个强有力的网络,促进学生健康发展。

1. 学校和社区的互动

实践中,我校联合、协调社会各界人士共同参与教育管理。在双向互动的基础上,采取"走出去""请进来"的方式,调动社会积极因素,支持学校工作,逐步建立了让社区、家庭参与督导评估的有效机制,努力探索出督导评估的途径方法,不断完善现代学校制度建设。主要包括以下几个方面。

舆论导向:通过学习和宣传,使全体教职员工都能认识到,学校是传授先进文化、培养先进生产力后备军的阵地。学校的教育教学质量关系着广大人民群众的根本利益。学校理应接受来自社会、家庭的公正、客观的评价,这将有助于进一步提高学校的办学水平。孩子的教育不是教师一个人能解决的事情,需要家庭、社会之间多方面合作,形成教育合力,统一思想,集中力量,从而形成一个强有力的网络,促进学生健康发展。

建立制度：探索建立科学、有效、可行的管理制度。我校制定了《长平路小学家长委员会章程》《长平路小学家长委员会工作职责》等相关规章制度。本着民主推选的原则，确定家长代表。由社区内热心教育的人士、学校党政领导、教师代表、家长代表、学生代表共同组成学校校务委员会。明确职责、权利和承担的义务，定期安排活动，有计划和总结。家长委员会积极参与学校管理，为学校发展出谋划策，定期审议学校的工作计划，听取学校的工作汇报，并监督学校各项工作的开展。

激励机制：完善激励机制，制定社区、家庭对学校工作评价的细则，并使其量化，便于管理。在量化评估的基础上，每年对优秀团队、个人等给予物质奖励，并形成制度。

总之，这种以学校教育为主导，以家庭教育为基础，以社区教育为依托，多层面的、立体式的、多元化的互动合作平台为学校发展发挥了有效作用。在办学过程中，学校、家庭、社区资源的开发与利用，各项主题教育活动的开展与延伸，可以丰富学校的教育教学工作载体，为学生的全面发展提供一个健康、和谐、广阔的空间，形成家校合作的学习共同体。

2. 教师与家长的合作

现今教育学生的矛盾在于家长与老师之间相互不信任，要让家长和老师齐心协力地合作是件不容易的事情。每个人的教育观都是不同的，对于孩子的期待也各不相同，教师和家长间合作关系的建立，如果仅仅由教师单方面地向家长提出要求，或者由家长单方面地协助教师，都不能实现，只有双方各自自觉地认识到自己的责任，才能将合作变成现实。我们的做法是落实"三个参与"。

请家长参观教学：家长对于老师的不信任在于不知道自己的孩子在学校的具体情况，所以请家长到学校来参观学校的课堂就显得很有必要。我校在每个班级每一学年都举办"家长开放日"活动，而且在某些重大的节日活动中也邀请家长一起参加，很多家长走进课堂陪孩子一起听一节课，让家长找到了自己曾经的学生时代的感觉。家长看到老师的课讲得绘声绘色，形式多样，课堂上学生表现积极，回答问题很踊跃，学习积极性和主动性都有效地调动起来，还有什么不放心的呢。家长们通过"班级开放日"的活动也更理解老师了，我相信家长和老师以后的合作会更愉快。

请家长参与教学：孩子的教育是家长和老师共同的责任。学校和家庭，是最完美的教育共同体，教育孩子，在学校靠老师的言传身教，在家里靠家长的以身

作则,让家长进课堂开"微讲座活动"拉近了家长与学校和老师的距离,也拉近了家长与孩子的距离。家长参与教学要做好以下三点:

一是加强家长参与制度的形成。学校成立校务委员会,积极参与学校管理,定期审议学校的工作计划,听取学校的工作汇报,并监督学校各项工作的开展。

二是创造教师与家长、家长与家长交流的平台。通过博客、校园网站、QQ群、家校互动短信平台等,加强学校与家长的交流。一方面,因工作繁忙而无法直面学校的家长,可以用网络来掌握学校的教育动态;另一方面,家长们也可以通过平台进行经验交流,实现优质资源共享。

三是加强家长参与能力提升的服务。并非每个家长都有较高的教育素养和教育能力,因此,学校主动承担起提高"家长参与能力"的指导和培训,举办家长学校,让感兴趣的家长参加,提高家长参与教育教学活动的能力。

请家长参与班级日常管理:主要做到两个落实。第一,制度落实。家长委员会实行集体议事制度,每学期举行1～2次例会,听取班主任老师关于班级工作情况的通报,研究家长委员会工作,制订计划。第二,内容落实。每学期举办形式多样的活动,如参观活动、开放日和开放课活动、绿色家庭教育论坛活动等,使家长了解学校、了解学生,促进班级建设。

让家长亲历教育、了解教育,调动了家长参与学校、班级建设的积极性,吸纳家长的合理化建议,接受社会的评议与监督,在学校、家庭、社会之间建立长期、有效的沟通反馈机制,实现了教育服务社会、服务家庭、服务民生、服务未来的宗旨。这样的活动不仅拉近了家长与孩子的关系,更让家长能贴近学校、贴近教师、贴近学生,家校携手,共同关注学生成长。

三、构建学生合作的学习共同体

"孩子是由一百种组成的。孩子有一百种语言,一百只手,一百个想法,一百种思考、游戏、说话的方式。一百种,总是一百种倾听、惊奇和爱的方式。"这是意大利教育家罗里斯·马拉多奇所写的一首诗,这是写给孩子的,也是写给成人世界和学校的。孩子从来都不会只有一种,就如同没有两片完全相同的叶子一样。有"问题行为"的孩子常常把我们的教育梦想重新拖进现实,会让我们对自己的能力产生怀疑。教师要走向专业上的成熟,要转变看待孩子的视角。

1. 善于多元化观察,用心发现学生的独特美

首先,我们需要用多元化的视角观察孩子,看待孩子的时候要全面、客观,看到

他们各个方面的特点。有的孩子虽然有些调皮却非常机灵,思考问题很深刻;有的孩子学习成绩可能不太突出,但是很有爱心,关心班级和其他小伙伴;还有些孩子不喜欢说话,但是心灵手巧,手工绘画有模有样。雕刻家罗丹的话掷地有声:世界上从来不缺少美,缺少的只是发现美的眼睛。思想家韩愈也叹息:千里马常有,而伯乐不常有。可以说每一个人都是平凡的,但每个平凡的人都有奇特之处。我们用一双善于发现"美"的眼睛去观察,就不禁会惊叹:原来,好孩子在这里。

其次,要用发展中的视角去观察孩子,学生当下的表现是发展过程中的一个阶段,如果抱有这样的态度,就可以避免因为学生当下的表现不令人满意而对他灰心,或者因为学生犯了一次错误,就给他贴上标签。不能以学生过去的经历决定孩子的现在,更不能决定孩子的将来,要相信孩子成长的可能性和可塑性。

2. 引导平等化交流、学会倾听别人的发言

合作学习共同体的基础是每个人都是平等的。人与人之间团结互助,互相信任,互相尊重,每个人都能看到其他人的优势,并通过各种方法向其他人学习。同时,自己也处于开放状态,也成为其他人学习的参照。但是孩子进行合作学习最困难的一点在于孩子往往以自我为中心,不会倾听别人的发言。

要想让孩子养成倾听的习惯,那么教师自身要学会倾听,学会倾听每一个孩子的心声,要培养互相倾听的习惯,除了教师成为倾听者之外,别无他法。在课堂上言传身教地鼓励好的欣赏行为,在和人交流的过程中注意体态,这是给同伴最好的礼物。例如,非常专心地看着发言者,身体前倾、微笑、点头,等等,如果孩子自信不足,可以这样鼓励:没有问题、试一试,回答错了也没有关系,比以前好多了,你再试一试,等等。好的鼓励行为可以促进孩子参与,防止歧视,调节气氛,化解冲突,创造一个安全、和谐的学习环境。

在多人组成的课堂空间中,只有互相尊重、互相信任才能产生互相倾听的关系。"倾听"一词的本意是接收他人的语言,是一种被动的动作,但是倾听代表了对对方观点的关注、同感与共鸣,会使对方产生一种信任感和依赖感。因此良好的倾听可以拉近人与人的距离,而且,通过倾听,一方能够在另一方观点的基础上去思考,从而将学习和合作引向更高的层次。

3. 开展小课题研究,趣办俱乐部加强合作

团队合作学习是以合作学习小组为基本形式,利用教学中动态因素之间的互动,促进学生的学习,以团体的成绩为评价标准,共同达成教学目标的教学活动。我校开展了学生小课题研究,主要采取俱乐部形式,便于学生间进行交流,

有助于学生掌握与人沟通的技巧,获得解决问题的能力。在小团队的合作中,学生学会倾听、学会参与、学会鉴别、学会判断,在互评互鉴中,进一步拓展、升华问题解决的主题,使问题解决的活动更具创造性,更加回味无穷。

(本节编写:潘宁)

第四节　小课题俱乐部研学共同体

苏霍姆林斯基说过:"如果想让教师的劳动能够给教师一些乐趣,使每天上课不致变成一种单调乏味的义务,那就应当引导每一位教师走上从事一些研究的这条幸福道路。"实践证明,小课题研究是适合教师日常开展的研究方式。

长平路小学的"小课题俱乐部"是教师以小课题研究为纽带组织起来的非制度化组织,全校教师都可以申请加入小课题俱乐部,成为正式会员;根据需要,俱乐部可以邀请校外名师、专家为名誉会员。它的活动更注重面向全体,更为轻松自由。在俱乐部,彼此熟悉、志同道合的教师聚集在一起,各抒己见,畅所欲言,能最大限度地激发教学研究的潜能。

一、组建小课题研究的学习共同体

我校基于小课题研究的学习共同体的组建形式多种多样,来自不同学科组、年级组、性别、年龄等成员自由组合,可在不同的学习共同体中呈现不同的特色,产生不同的效果。其基本形式有以下三类。

一是以同一学科年级组组建的学习共同体。同一学科年级组的学习共同体,即我们通常所说的年级备课组,因其教学内容一致、遇到的问题相似、学生群体相似度较高的特点,开展基于教育教学的小课题研究时,目标更明确,针对性更强,实效性更高。

二是以同一学科跨年级组组建的学习共同体。这是针对小学科组组建的团队由于每年级授课教师可能只有一人或两人,不利于开展小课题研究,而同一学科跨年级组组建的学习共同体,人数可有三人以上,不同年级教师成员可以互相分享教育教学经验。

三是以跨学科组建的学习共同体。这类学习共同体在开展综合性的小课题研究中起着积极作用，成员教师之间在知识结构、智慧水平、思维方式、认知风格、教学内容处理、教学方法选择、教学整体设计等方面存在一定差异，这种差异本身就是一种宝贵的群体资源。教师在开展基于校本小课题研究过程中，集体知识的增加和个体知识的增加就相互影响、互相促进，实现能力和经验的互补、思维和智慧的碰撞。

二、建立小课题俱乐部的活动形式

从所建立小课题俱乐部的成员的教学经历来看，从教 2 年到 30 年的都有，有初生牛犊不怕虎的年轻新秀，也有在教坛上挥洒自如的老将。

从工作研究来看，有从没发表过一篇获奖论文的，也有在市级论文评选中获得一、二等奖的，多数没有独立做过专项小课题研究。面对这么一支不整齐的队伍，怎么来设计俱乐部的活动形式？

经过反复思考，多方索取经验，活动形式锁定为"1＋2"的活动形式。

"1"是指学校大课题组的活动，隔周一次，集体学习，集体研讨，大课题组的活动形式更有层次，更有共性，更前沿，更利于达成共识。

"2"是指学习共同体的小团队中的 2 人以上，自发寻找时间交流，小组的交流更随机、具体、平等、直接、实效，能更好地发挥每个人学习研究的内驱力和骨干教师的带头作用。

这种"1＋2"的组织形式，能使每个成员既有大的隶属关系，又有小的归属感，针对不同的问题可以在不同的场合交流解决。

三、确立小课题俱乐部的发展方向

着眼点。教学是一种高度创造性的劳动，是教师们永远说不完的话题。教学是教师心目中最高雅的艺术。因此，我们的"小课题俱乐部"，从教学实践着眼，围绕典型教学案例深入剖析、研究问题，在思想碰撞中升华教育思想和专业能力。

生长点。教师要走出发展的"高原期"，要树立终身学习的理念，既要学习教育理论，又要掌握教育技能，"小课题俱乐部"为大家提供了发展的平台。

契合点。合作不仅仅是一种学习方式,也是现代教师素养的一种表现。"小课题俱乐部"发展了教师的合作意识,合作改变了教师彼此之间的孤立与封闭现状,形成平等、合作的共同体,创设了交流、合作、研究的氛围。

支撑点。教育研究是教师教育素养转化为教学效果的中介与桥梁,成功的教师一定是研究型、专家型教师。"小课题俱乐部"中的教师,不仅具备丰富的教学经验,还具有对教学实践的思考和深层探究的工作品质,能够不断学习先进的教育思想,不断更新自己的知识,在实践中学习、发展和提升。

四、确定小课题俱乐部的团队原则

"小课题俱乐部"确定了教师发展的三大原则:主体性、交往性和实践性。

主体性。"小课题俱乐部"中的教师,发展应是一个自主学习、自主超越的过程,是自主提高与更新的过程。发展源于教师内在的需要和意向,有效的发展必须确保教师的深度参与,确保教师有机会自我决策、自我反思、自主探究,从而实现自我超越。

交往性。"小课题俱乐部"中的教师,彼此是其专业发展的主要资源。教师只有打开自我,参与共同体的对话和互动,接受"重要他人"的影响,才能在专业上有反思(反思自己的教学行为)、有扩充(扩充自己的教育教学领域),才能引发认知冲突和达到认知平衡。

实践性。"小课题俱乐部"中的教师,能够在交往对话中实践自身的专业成长,同伴互助、经验分享、课例研究、专业共同体、合作行动研究,已经成了我校教师专业发展的策略。

"小课题俱乐部"中的教师,在活动中体现出和谐与平等,在交流中体现出真诚与真实,在工作推进中体现出坚持与坚守,在设计环节中体现出高效和实效,从而提升小课题俱乐部的团队精神和工作文化——做"真"的教育,做"实"的研究,用"真""实"的点点滴滴,沉淀我们的思想,发展我们的专业,从而实现我们在实践中研究,在研究中探索,在探索中传递,真正达到共享、共赢、共发展的团队目标。

(本节编写:潘宁)

第十一章 小课题俱乐部的行动方式
——"探究性学习"理论观照

第一节 我们的"探究"故事

故事一:摸石头过河

寻找正确的需要!

2011年6月,学校开始动员教师申报南京市第六期个人课题。那个时候,我正在教三年级,当时觉得班上孩子的写作水平亟待提高,就想从写日记的途径中改变这种现状,于是,在学校教科研顾问的指导下,几经修改,最后定下"指导中年级小学生写好个性化小组循环日记的实践研究"这个中年级语文课题。

9月开学之后,课题要正式申报了,可这个时候我不教语文,改教科学了,我就想到底要不要继续申报呢?就算我申报成功了,以后教科学,也是没办法实施这个课题的呀!最后我想到已经付出了几个月的努力了,不如就报上去,学科不同,但道理是相通的,对今后不管教什么学科一定会有帮助,不管结果如何,至少不能让这几个月的辛苦白费了,因此我就将课题申报了上去。在接下来的日子里,我都在紧张地等待着申报结果。终于有一天接到通知,我的课题申报成功了,我开心极了!

改教科学课,立项课题怎么做?

课题申报成功了,我在难以抑制的喜悦之后很快冷静下来。因为这个时候我已经不再是语文老师,而是科学专职老师了。我陷入了两难之中:这个课题到底是做还是不做呢?如果不做,好不容易申报上的市级课题就浪费掉了;如果做,不教语文了,课题也实施不下去,还是完成不了。教科研Z主任了解到情况后,说既然已经申报成功了,那就是很不容易的事情了,劝我还是想办法把它完成。我还是坚信:学科不同,但道理是相通的,对今后不管教什么学科一定会有帮助!但怎么完成呢?这个问题让我纠结了很久。

想办法实施

在市级课题申报成功之后,我一边教着科学,一边思考着要不要将语文课题做完。这段考虑的时间里,我还是按照课题申报表进行着问卷设计。当这份问卷设计好,经过几次修改,得到Z主任的肯定并摆在我面前的时候,我下定了决心,决定还是换个方式把这个课题给做完。于是,我在当时任教科学的三(3)班做了问卷调查,让一些高年级的同学帮忙做了数据统计。这样课题的问卷调查和统计过程就搞定了。完成了这一步我还是相当激动的,觉得完成这个课题并不是一件难事,毕竟已经开了一个好头了。接下来是课题的实施过程。

由于我的课题是循环日记,可是我没有班没有学生怎么办呢?好在我把曾经任教的那个班孩子们写的循环日记留了下来,然后我又想了一个办法:在我任教科学的七个班里面试写循环日记。但是考虑到我又是科学老师的身份,所以让孩子们写的东西又不能太像语文的,加重孩子们的学习负担。那到底给他们写什么呢?

我想了很久,也收集了一些相关资料,最后我终于想出了几个能写点东西,既像科学,又像语文的擦边题目。我准备了七个本子,在每个本子的扉页写上了循环日记的备选主题:有"我是小_____"的童话故事系列、"我的发现"系列、"我的社会实践体验"系列、"我是小小发明家"系列、"未来的世界"科学幻想系列、"走进_____"人文地理系列、"回到_____"的历史回顾系列,等等。紧接着我就将这些日记本发至每个班,这样每个班每一节科学课的开始都有一位同学朗读自己所写的作品,然后以抽签的形式来决定下一位写循环日记的同学。

如此实施下来,我发现每个班的同学学习科学的兴致都挺高的,而且有了他们写的文章,以后科技创新大赛的科学小论文我就不用烦啦,并且最可喜的是我的课题实施材料有了,这样一举三得的事情让我沾沾自喜了好长一段时间。

真难呀,我不想结题了

真到做结题工作的时候,我才发现真难啊,很多东西由于我没有教语文,这个时候如果想要写出点东西来,感觉力不从心,无从下笔。于是,我就跟Z主任说:"太难了,我不结题了!"我说:"过去的这一年我没有教语文,没做什么事,没有办法,结不了题。"Z主任就不停地开导我说:要坚持做下去,只要努力去做,还是有希望结题的。这样,我又信心满满地决心做下去了,心想这一次我一定要完成,不能中途而废。可是在整理材料的时候,我发觉还是写不下去,40页纸的结题材料内容我顶多只能写两张。看到这样的情形,我倍感无奈。这一次我决定彻底放弃,不想结题了。

与同事、科研顾问交流

当我下定决心不想结题的时候,事情又有了转机。记得那是国庆放假的前一天,Z主任到学校来指导大家完成结题材料。因为一直有Z主任的关心和鼓励,而我却有着放弃的念头,所以我带着愧疚之心见了Z主任,结果Z主任又对我开导了一番,他非常信任地鼓励我一定不要放弃,说得我心里感动不已。后来Z主任还特意打电话把L老师也叫来给我打气。我们正说着话的时候,刚好J主任也来拿结题材料给Z主任指导,他也给了我热情的鼓励,说以后结题会越来越难,如果现在能坚持做完,就千万不要放弃。这时D校长又刚好经过,也真诚地鼓励我结题,告诉我这其实是一件很荣幸的事。看到领导和同事们这样关心鼓励我,我的心里说不出的感动,觉得如果不结题会辜负太多人了。而且有了大家的鼓励,我也有了很大的信心,于是我就答应下来。我决定,一定要克服困难把结题材料继续写出来。

专家引路　茅塞顿开

第二天国庆放假,我准备利用这个假期把材料弄完。没想到在我苦思冥想的时候,Z主任也在为我担心着。10月2号,这是个非常难忘的日子。早上近八点的时候,我还没有起床,就意外地接到了Z主任的电话,叫我到学校来谈课题结题的事情。等我赶到学校,发现L老师和Z主任已经在等我了,我又激动、又内疚、又感激,总之是百感交集。这天上午Z主任很用心地指导我拟了个人课题研究报告的提纲,点拨我梳理了要写的内容;L老师也给我出点子,让我觉得茅塞顿开。中午送走他们,我就趁热打铁,干脆待在学校抓紧时间去写,这一天效率很高,直到傍晚写了12页纸。接下来的几天假期我都在没日没夜地写呀写呀,最后只剩下个案报告不会写了,我完成了35页纸的内容。

终于完成了结题全套材料

到了这时又卡壳了,个案报告怎么写?怎么办?马上就要交材料了,我想:要么就交这么多好了,但是少了一个附件,我甚至都想到投机取巧地把申报表里这一项预期成果给删了。可是后来区里规定纸质材料上交可以延迟几天,这样又给了我点时间。于是,我赶紧去问教科室 Y 主任和 L 老师,她们给了我很多指导,Z 主任还把以前写的一篇个案报告拿给我做参考。我又回去加了两个夜班,最后终于完成了 20 张 A4 纸(正反打印 40 页)的全套课题结题材料,交了上去。我一下子感觉仿佛完成了一项庞大的工程,终于可以松一口气了。

探究日志

Z 主任在给我指导的过程中曾经不断地说:"因为你情况特殊,你要是能结题就是相当不错了;你要是不仅结题还得了奖,就是创造了奇迹。"结果没有出来之前,我一直很担心,觉得自己的材料太肤浅,肯定不能结题。但同时也有一丝希望,希望奇迹能够出现。终于有一天评审结果出来了,我怀着忐忑不安的心情去查询,很快就在密密麻麻的名单中发现了自己的名字——我的市级课题结题了,而且获得了三等奖!当我把这个喜讯传给教科室之后,最开心的莫过于 Z 主任了。就像一个老师指导学生写作获奖之后的喜悦。我的心情也相当激动,回想那段埋头苦干的日子,有了今天的回报,还是非常欣慰的。

回顾自己对小课题的探究之路,虽然自己的工作年限不长,但我工作在教学第一线,这一次有幸经历了个人课题的研究,收获非常大。它驱动着我"实践、研究、反思、机遇与发展"等意识的增强,加快了我"专业化成长的步伐"。我在课题研究的过程中,深入思考,积极探索。我总结了我的探究日志:首先,我写下了自己感兴趣或需要研究的话题。然后,我有目的地将这些琐碎的想法深入思考,并与科研顾问、同事交流,确定自己的主题。最后,在多方面的帮助与共同探讨下,结合研究过程,认真打磨,高质量地完成了结题报告。

教育案例《学会自控我能行——疏导一位易冲动儿童转化的教育案例》和《钱包不会是好孩子拿的吧?——正确处理班级"钱包丢失"的教育案例》分获南京市教育教学案例评比三等奖和二等奖,市级第七期个人课题"小学低年级'图式导说'激趣增效的案例研究"也通过市级评审,成功立项了。校级第一期"小课题"也完成了结题。

故事二:"封桥后"的探究

我是来自六(1)班的学生×××。今天,能代表所有参加学生小课题研究的同学站在这里,我感到万分荣幸。感谢老师和同学们给我这个机会在这里讲述我们的研究故事。

我所在的学生研究小组承担的小研究题目是"长江大桥封桥后我校家住桥北师生往返家校的调查研究"。

当时选这个题目的原因很简单,我们的学校就在长江大桥脚下,我们中间有很多同学就住在桥北,长江大桥是我们最便捷的交通路线。大桥封桥后,家住桥北的同学们如何"八仙过海各显神通"来上学就是我们的探究主题。我们上网查阅各大媒体的新闻和地图,了解大桥封桥后,桥北与老下关的各条线路以及人们的反馈。身为高年级学生,本以为网络检索手到擒来,没想到网上关于长江大桥的信息多如牛毛,为了筛选出我们需要的有效信息,我们小组的李同学、程同学等人还特意请教了老师,有了专业技术支撑,我们的资料搜索十分顺利。

之后,我们小组共同制定了调查问卷,打算了解家住桥北的师生和路边的行人的过江方式和过江感受。当然,真的拿着问卷走上街头的时候,我们有过胆怯,有过退缩,有过犯难。但再难,也难不过团结一致的我们。在问卷调查时,我们站在路边,手里拿着一沓问卷,望着路上来去匆匆的行人,虽然心中打鼓,但我们最终还是肩并着肩手牵着手走上前去……

我们小组的探究过程详见如下的研究卡。

×××小学学生小课题研究卡

我的课题	关于长江大桥封闭维修期间我校江北师生上下学方式研究
我的伙伴	龚琬晴、程路捷、李梦圆、李佳熙、时雪雅、张海鹏
我的质疑	每个小组成员对"关于长江大桥封闭维修期间我校江北师生上下学方式研究"这个课题提出自己的想法: 我们的长平路小学就在长江大桥脚下,我们很多同学、老师都会通过长江大桥,来往于浦口与下关两地。可是,2016年10月28日22:00,为南京服务了整整48载的南京长江大桥全面封闭,进行为期约27个月的维修改造。于是,问题来了,地铁、公交、轮渡、隧道和桥梁,哪个更适合我们每天过江呢?

	续 表
我的设想	我们组的成员通过在网上一起讨论以及部分成员集中讨论,提出的设想: 1. 通过对校内部分住在桥北的师生和路人进行调查,了解几种出行方式的利弊。 2. 向师生宣传我们的研究成果,帮助大家选择合理的出行方式。
我的探索	第一阶段:2016 年 10 月 17 日—10 月 30 日 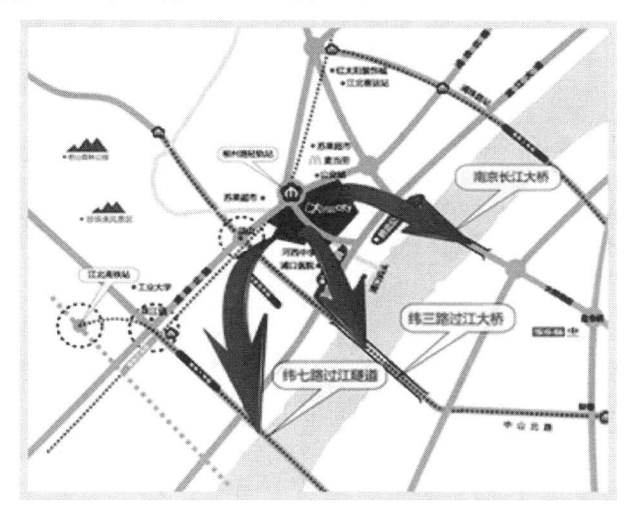 通过查阅网络、报纸的相关资料,收听、收看各种新闻,了解南京长江大桥的相关历史。继而开会进行讨论。  

续 表

| 我的探索 | 1. 资料搜集：网上查阅、报纸新闻

我们先通过上网查阅报纸新闻等资料，更深入地了解了南京长江大桥的建造历史、封闭维修的原因，以及封桥后，南京市民的出行路线等。

2. 问卷调查：设计问卷、实地调查

关于长江大桥封桥维修后出行情况的小调查
尊敬的受访者：您好！
　　我们是长平路小学五一班的学生，您看到的是一份关于长江大桥封桥维修后出行情况的调查问卷，希望能占用您几分钟的时间完成这份问卷。问卷是匿名制的，请您放心填写。题目选项无错对之分，谢谢您的帮助！
1. 长江大桥封桥维修后，您有过江的需求吗？
　A 需要　　B 不需要
2. 相比走长江大桥，封桥后，您每次过江的费用增加了（　）。
　A 5元以下　B 5-10元　C 10-20元　D 20元以上
3. 相比走长江大桥，封桥后，您每次过江的时间增加了（　）。
　A 0.5小时及以下　B 0.5-1小时　C 1-1.5小时　D 1.5小时以上
4. 封桥后，您会选择哪种交通工具过江？（可多选）
　A 公共汽车　B 私家车　C 轮渡　D 电瓶车　E 地铁　F 出租车
5. 您对长江大桥的维修改造有什么好的建议和意见呢？
　_____
　　再次感谢您的参与帮助，衷心祝您生活愉快，阖家幸福！

关于长江大桥封桥维修后出行情况的小调查
尊敬的同学：您好！
　　我们是长平路小学五一班的学生，你看到的是一份关于长江大桥封桥维修后出行情况的调查问卷，希望能占用你几分钟的时间完成这份问卷。问卷是匿名制的，请你放心填写。题目选项无错对之分，谢谢你的帮助！
1. 长江大桥封桥维修后，你有过江的需求吗？
　A 需要　　B 不需要
2. 相比走长江大桥，封桥后，你每次过江的费用增加了（　）。
　A 5元以下　B 5-10元　C 10-20元　D 20元以上
3. 相比走长江大桥，封桥后，你每次过江的时间增加了（　）。
　A 0.5小时及以下　B 0.5-1小时　C 1-1.5小时　D 1.5小时以上
4. 封桥后，你会选择哪种交通工具过江？（可多选）
　A 公共汽车　B 私家车　C 轮渡　D 电瓶车　E 地铁　F 出租车
5. 你对长江大桥的维修改造有什么好的建议和意见呢？
　_____
　　再次感谢你的参与帮助，衷心祝你生活愉快，学习进步！ |

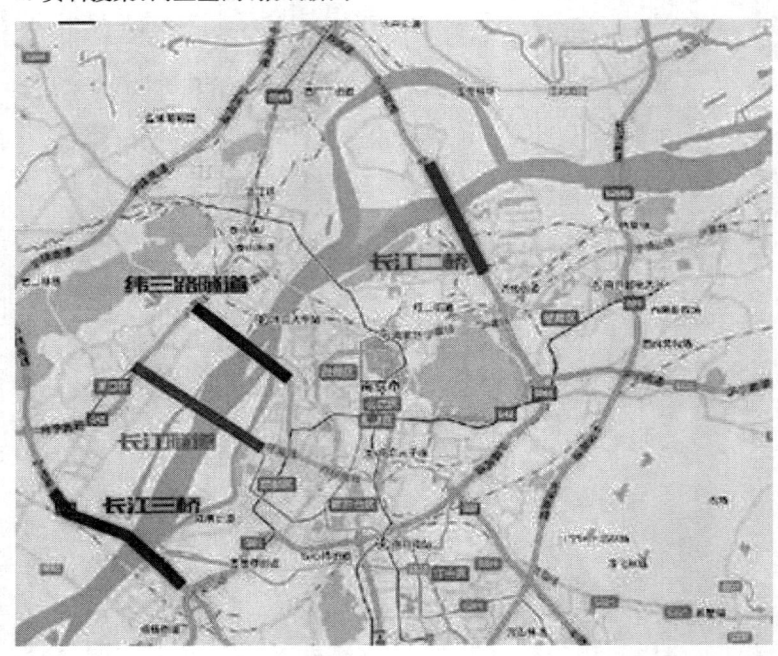

续 表

我的探索	我们学校有多少人需要过江上下学？南京长江大桥封桥后，他们怎么过江呢？相比从前，如今的过江方式在路费和时间上有哪些变化？……我们制作了调查问卷，想要解决这些疑问。 考虑高年级学生自主性更强，我们分别对学校五、六年级的同学，家住桥北的老师和路上的行人随机进行了抽查，帮助我们填写调查问卷。 **第二阶段**：2016年10月31日—11月18日 对长平路小学家住桥北的师生和周边路人进行问卷调查，了解封桥后，大家出行情况的现状。 在家长的许可和陪同下，我们上路验证出行路线。

路 线	时 间	费 用	突发状况
地铁3号线	等地铁8分钟，地铁5分钟，等公交+转车=30分钟，共计43分钟	学生票2.6元	等车、转车不方便

结论：这次体验，时间虽然节省了下来，但费用稍贵，如果几位住得近的人能"拼车"，会更加经济。

路 线	时 间	费 用	突发状况
55路公交	等车20分钟，公交61分钟，步行9分钟，共计90分钟	学生票0.8元	堵车

续 表

我的探索	结论：经过多方论证，我们认为等公交花的时间太长了，如果用手机下载"车来了"，能更精准地实时掌握公交、地铁的时间。 上班高峰期无法避免，如果能提前一些出门，道路会更通畅一些。 | 路 线 | 时 间 | 费 用 | 突发状况 | |---|---|---|---| | 私家车 | 共计37分钟 | 油费8元 | 早高峰堵车、父母没有时间接送 | 结论：家住桥北天润城，开私家车过江会很方便：从浦珠北路，通过南京扬子江隧道，经定淮门、模范马路、虎踞北路来到建宁路，也就是我们长平路小学。可是上班早高峰的堵车让人头痛，爸爸也不是天天有时间接送我。 | 路 线 | 时 间 | 费 用 | 突发状况 | |---|---|---|---| | 轮渡 | 坐576路公交到码头60分钟，轮渡10分钟，等、坐54路公交20分钟，共计90分钟 | 学生票1.8元 | 码头位置、天气 | 结论：坐轮渡的人不是特别多，原因是桥北小区的聚集地离浦口码头较远，加上大雾等天气，轮渡会停航。不过，如果不赶时间的话，坐轮渡，赏风景，也是个好选择。 **第三阶段**：2016年11月21日—12月14日 根据调查结果，设计出行路线的具体平面图，编撰综合实践报告。
我的发现	1. 如果坐公交车，用手机下载"车来了"，能更精准地实时掌握公交、地铁的时间。上班高峰期无法避免，如果能提前一些出门，道路会更通畅一些。 2. 如果不赶时间的话，坐轮渡，赏风景，也是个好选择。 3. 开私家车过江相对来说会很方便，可是上班早高峰的堵车让人头痛，需要提早走，避开高峰。
我的收获	1. 经过一系列的实践研究，我们搜索资料的能力得到了很大提高。我们更深刻地认识到南京长江大桥的建造历史，从前不太了解的中华人民共和国成立初期的生活风貌，从前视而不见的大桥的栏杆、路灯、桥头堡，从前不太关注的大桥结构、封桥原因，以及封桥后的路线攻略，都让我们有了大收获。 2. 通过问卷调查，我们的集体凝聚力更强了，胆子更大了。我们初步了解了大桥封闭后人们的出行现状，还学着设计路线图，在统计和构思的过程中，我们对封桥后人们的出行情况有了新的认识和规划。 3. "实践是检验真理的唯一标准。"我们在亲身验证设计路线图的过程中，得到的不仅是过江的最佳方案，更是一种精神——要亲自实践，要善于合作，要勇往直前！
我的追问	针对住在江北不同住宅小区的师生，有没有更便捷的出行方式和更精确的出行路线呢？

在调查研究的过程中，我们小组的每位成员都得到了很好的锻炼，对于即将毕业的我们而言，是宝贵的一课。通过学生小研究活动，我们收获的是面对困难绝不退缩的勇气，是亲自实践互助合作的智慧，是勇敢质疑力争上游的自信！在这里，我真诚地感谢学校和老师给我们提供了这么好的平台，让我们有机会锻炼自己、展示自己，也很希望有更多的同学加入我们，一起进行学生小研究，做更好的团队、更棒的自己！

（本节编写：丁邦建）

第二节 "探究性学习"的理性思考

一、什么是探究性学习？

探究性学习，是新课程倡导的一种学习方式，运用探究性学习方法能让学生从探究中主动获取知识，应用知识，解决问题。但并不是所有的问题都适合探究性学习模式，我们应该根据学生的认知基础选择是否用探究性学习方法，才能达到真正意义上的探究。

（一）探究性学习的定义与内涵

探究性学习指学生在学科领域内或现实生活情境中选取某个问题作为突破点，通过质疑发现问题、调查研究、分析研讨、解决问题、表达与交流等探究学习活动，获得知识，掌握方法。

探究性学习是一种学生学习方式的根本改变，学生由过去主要听从教师讲授，从学科的概念、规律开始学习的方式变为学生通过各种事实来发现概念和规律的方式。这种学习方式的中心是针对问题的探究活动，当学生面临各种让他们困惑的问题的时候，就要做出各种猜测，要想法寻找问题的答案，在解决问题的时候，要对问题进行推理、分析，找出解决问题的方向，然后通过观察、实验来收集事实，也可以通过其他方式（如检索、查阅文献、资料等）得到资料，通过对获得的资料进行归纳、比较、统计分析，形成对问题的解释。最后通过讨论和交流，进一步澄清事实，发现新的问题，对问题进行更深入的研究。

探究式学习作为一种学习方式，不同于科学家的探究活动。与科学家的探究过程的主要区别在于，探究性学习必须满足学生在短时期内学到学科的基本知识和学科的结构，所以过程要被简化。比如，提出问题这个环节，在大部分的教学活动中，都是由教师提出问题，或由教材提出问题。在获取事实这个环节，常常是由教师和教材来确定研究方法、步骤、所用材料等，这样就省去了学生设计实验的环节。探究性学习中也要给学生提供进行完整科学探究活动的机会，这样的活动虽然要用更多的时间，但对学生体验科学家的探究过程是非常必要的。

探究性学习的最终目的是要学生掌握科学研究的方法，如果不亲自参与探究，学生就无法理解科学探究的艰难，无法体会科学家在科学研究中可能遇到的各种问题，以及科学家怎样通过一次一次的尝试来解决问题。参与探究可以帮助学生领悟科学的本质。

（二）探究性学习特点

1. 探究性学习的自主性

探究性学习要求在教学过程中把学生作为活动的主体，立足于学生的学，以学生的主体活动为中心来展开教学过程。学生在积极主动地参与教学活动过程中以自己的经验和知识探究性学习为基础，经过积极的探索和发现、亲身的体验与实践，以自己的方式将知识纳入自己的认知结构，并尝试用学过的知识解决新问题。教师在这个过程中只是一个组织者、指导者和参与者。探究性学习方式有利于学生主体意识和主体能力的形成与发展，有利于塑造学生独立的人格品质，有利于培养学生的自主性。

2. 探究性学习的实践性

探究性学习是以学生的主体实践活动为主线展开教学过程的。学生借助一定的手段，运用多种感官，通过自己的主体活动，在做中学，使得学生的实践活动贯穿于学习活动的始终。探究性学习特别强调学生的感知、操作和语言等外部的实践活动，强调学生的直接经验和间接经验的交融、统一，使认知活动建立在实践活动的基础之上，用学习主体的实践活动促进学习者的发展。

3. 探究性学习的过程性

探究性学习追求学习过程和学习结果的和谐统一，探究性学习非常注重学习过程中潜在的教育因素，它强调尽可能地让学生经历一个完整的知识发现、形成、应用和发展的过程，让学生尽可能地像科学家那样，发现问题，解决问题,经历一个完整的科学研究过程,体验发现知识、再创知识的创新过程。

4. 探究性学习的开放性

探究性学习的目标是很灵活的,没有像知识灌输式学习目标那样的明确具体的要求和水平。探究性学习在内容上是开放的,在探究结果的要求上也是开放的。探究性学习打破了传统教学在统一规定下的教学模式,为学生提供了大胆创新、实现自我超越的学习环境。学生在探究学习的过程中,能够大胆地怀疑,提出问题,探讨解决问题的方案,对不同的结果进行分析,培养创新意识和创造能力。

(三) 探究性学习实施策略

1. 探究性学习的基本模式

探究性学习的课程实施模式很多,其中比较典型的有"动手做"学习模式和情境探索学习模式。

(1) "动手做"学习模式

"动手做"(Hands-on)是一种实施科学教育的模式。其特点是教师通过设置适当的活动和任务探究性学习,使学生投入到真实的情境中,在亲自动手操作的实践过程中学习知识,掌握科学的思维方法,培养对科学的积极态度。

"动手做"强调通过做科学来学习科学。这种模式的基本程序是:提出问题——动手做实验(实践)——观察记录——解释讨论——得出结论——表达陈述。在这一过程中,学生通过亲自参加活动而学习,他们亲自动手做实验(实践),并为理解实验(实践)所带来的东西而进行讨论。教师可以根据学生的提问或者进行实验(实践)的某些情况而提出建议。在美国,大部分动手做活动和课程都是整合到具体学科中,这些动手做的活动为学生提供了多样化的学习方式,使学生在真实世界中通过亲手操作的活动来学习知识。在法国的《小学科学教学动手做活动指南》中,还列出了"动手做"模式的实施要点。

(2) 情境探索学习模式

情境探索学习模式的核心思想有两点:

① 为不同类型学习者设置适合于他们知识水平和心理特点的特定情境,引导他们进行积极的探索,并在探索过程中自主地选择适当的辅导内容和辅导方式。

② 通过在一系列精心设计的情境中进行探索,学习者不仅获得基本知识和

基本技能,而且掌握有效学习的方法,发展创新意识和实践能力。

通过将各种不同的情境和相应的探索活动有机结合起来,就可以实现多样化的情境探索学习。它能够充分发挥学生的学习主动性和创造性,使学生自主地获取知识,并在获得知识的同时,发展解决问题的能力和学习能力。可以有效地转变"教师讲、学生听"的传统教学模式,使教师从"知识传授者"转变为"知识探索指导者"。

2. 探究性学习的基本策略

教育工作者从实践中总结出开展探究性学习的一些基本策略。

（1）创设探究情境

创设科学探究的情境,让学生发现并提出问题。探究以问题为导向,问题的提出源于仔细的观察,学生可以是课外随意的观察,也可以是对教师提供的背景材料的观察。教师提供的背景材料常常具有指向性和探究的可能性,如果能激起学生的认知心理冲突,更能诱发学生发现问题并提出问题,激发求知欲,增强学习动机。

精心设计教学程序,让学生全体参与到探究过程中来。学生作为探究过程的主体,其主体性贯穿于发现并提出问题、提出假说并预期结果、实验证实或证伪、解读数据并交流成果的探究全过程；体现在主动参与概念的形成、原理的建立、问题的解决和知识结构的构建等知识发生的全过程。探究的主过程要明确体现科学方法这一主线。

（2）展示探究过程

结合相关教育内容,强调知识发生的过程,及时剖析科学探究的规范过程,挖掘其中的探究要素,潜移默化地引导学生开展探究活动,使学生在探究过程中掌握探究的基本方法。

（3）关注思维品质

探究式学习过程中的思维品质极为重要。引导探究过程时,应针对探究过程的每一节点,对思维品质的不同层面进行针对性培养。

狠抓"发现问题"环节,突出思维的敏锐性。探究从问题开始。发现问题的能力与个人知识积淀有关,更取决于思维的敏锐性。为提高学生思维的敏锐性,除创设引入探究时的问题情境外,还可以利用探究过程中出现的意外现象进行原因分析和反复实验查证,或利用课文中涉及的内容,不失时机地补充一些课外知识(经常是科学史中的实例),使学生受到思维敏锐性的培养。

探究性学习鼓励提出多种假说,培养思维的批判性和创造性。科学的发展源于怀疑的态度,没有思维的批判性,就不会有创新。要在探究的过程中鼓励和引导学生从多个角度去审视现象、问题,多维认识客观世界,从而"发现"新的科学规律。探究过程中,不同学生提出的假设可能是不同的,即使是看似荒谬的假设,只要有独到的理由,就应当鼓励。

指导实验(实践)设计,培养思维的启发性和创造性。在实验(实践)设计的环节上,最需要培养思维的启发性和创造性。实验(实践)设计能力的提高不是一蹴而就的,应循序渐进。以教材中的学生实验为依托,分析实验(实践)设计的基本过程,对学生的思维过程具有启发性。

强调运用思维的概括性去总结规律。探究式学习过程中教师应尽量提供不同的实验(实践)材料让学生由此及彼、由特殊到一般地总结规律。

3. 探究性学习要注意的问题

在教学过程中开展探究性学习,应注意以下几点:

(1) 在各科目中都可以开展探究性学习

探究性学习是一种强调学生自主积极投身其中的学习方式,在各个科目中均应大力提倡。不仅在小学科学、中学科学(物理、化学、生物)科目中,而且在语文、数学、英语、历史、地理、艺术(音乐、美术)学习中,均应倡导探究式的学习方式。探究性学习是各科课程教学研究的共同课题。

(2) 不同学段对探究水平有不同的要求

小学低年级学生的科学探究活动主要是以系统的观察、对常见物体的摆弄及测量为基础,对物体及其属性进行检验和定性描述(物体的性质、这些性质随时间的变化、当物质相互作用时所发生的变化),从事分组和分类的活动,思考这些物体之间的共同之处和不同之处,以及对自然现象进行观察和跟踪记录。随着年龄的增长,学生可以设计和完成简单的实验来探究科学问题。到了四年级,许多学生已经可以接受科学实验的概念了。学生要学会使用简单的设备和工具(如尺子、温度计、钟表、天平、弹簧秤、放大镜等)收集数据,并学会以口头方式、图示方式或书面方式报告和交流研究过程和研究结果。

小学阶段的重点是培养观察能力、描述能力以及根据观察结果进行解释说明的能力。应该鼓励年幼的儿童谈论和画出他们的所见、所闻、所想。年龄大的学生应该学会记日志,使用仪器并记录他们的观察结果和测量结果。对于小学生来说,应该强调科学探究的经验和对假设的思考,不要过分强调科学术语的使用、科学结论和信息的记忆。

（3）与多媒体互联网等现代技术相结合

有条件的地方和学校在指导学生开展探究时，可以从几个方面运用多媒体和互联网等现代技术。一方面，学生可以从互联网上寻找信息和资料为自己的探究服务；另一方面，学生可以运用某些计算机软件对数据进行处理。此外，我国的许多网站中出现了"基于互联网的探究性学习"，学生可以在互联网上注册，选择探究课题，申请指导教师，在开展探究的过程中学生随时通过互联网记录下自己的进展情况，由网站安排的指导教师随时对学生的探究计划和行动进行质询与指导。

（4）应以形成性评价为主

探究性学习的评价旨在通过评价促进学生探究水平的不断发展和提高。从评价方法来看，学生的探究素质往往难以通过纸笔测验来加以评价，因为纸笔测验中无法显示出探究素质的水平。因此宜采用档案袋的方法来评价，或直接给学生一个探究任务，根据他们的实际表现来加以评价。

从评价的内容来看，重点应放在学生在探究过程中表现出来的对探究过程和方法的理解，对探究本质的把握，不能把是否探究出结论或结论是否正确作为唯一或最主要的评价指标。

（本节编写：丁邦建）

第三节 探究性学习的教改行动

1. 探究性学习从哪里来？

在目标的制定上，美国倡导"基于设计的学习"和"以问题为中心的学习"，其目的在于培养学生的自主学习的兴趣与能力，包括学会与人合作，自主决策，搜集资料解决问题的技能等，从而使学生的个性得到健全的发展。1988年，美国国家教育经济中心制定的"应用学习"领域课程目标规定了五大要素和九大能力。

五大要素为：问题解决、交流的手段与技巧、信息手段与技巧、学习与自我管理手段与技巧、与他人合作的手段与技巧。

九大能力为:搜集、分析、整理信息,交流思想与信息,安排与组织资源,与他人共同工作和从事集体工作,解决问题,使用数学思想和技巧,使用技术,随时根据需求进行学与教,理解和设计(生产)系统。

随着时代的进步、社会的发展,新时代的课堂教学必须更加儿童化、生本化。所谓教学儿童化,就是教师要研究儿童年龄特征,体察儿童兴趣爱好,用儿童的心灵去感受,用儿童的眼睛去观察,用儿童的实践去体验,用儿童的视角去分析。要站在教者的高度指导学生,又要蹲下身体,用学生乐于接受的教学方式引导他们开展实践活动。

因此,探究性的活动目标的规划要尊重学生的兴趣爱好和已有经验,要考虑学生的终身发展需要、社会发展的需要以及科学技术发展的需要。活动以学生为主体,鼓励学生自主选择和主动探究,把学生的需要、动机和兴趣置于核心地位,让学生自己从生活和社会现实中提出问题,选择和决定活动的主题,把活动的主动权交给学生,让他们发扬主人翁的精神。

我校校本活动课的内容涉及广泛,包括社会生活、劳动技术、信息科学、文化环境等各种知识和技能,教师可以根据学生的兴趣,体察学生的生活,根据学生的内在需要设计活动内容。

如我校地处南京长江大桥脚下,于是因地制宜地为学生量身打造"探桥"为主题的校本活动,学生见证了大桥封桥维修的过程,切身体验到过江大桥的重要性,教师因势利导,鼓励他们对"桥"问题进行了一系列讨论,确定了数个小问题进行探究,锻炼学生在问题情境中善于提出自己的观点,初步养成从事探究活动的态度,发展探究问题的初步能力。

2. 探究性学习需要共同参与

探究性学习的实施涉及政府、社区、家庭、学校等方方面面,单纯由学校实施有一定的难度,必须以区域为单位进行整体推进。"区域整体推进是指以县(区)为单位,用创新的理念,全方位的视野,在区域内全面实施探究性学习,建构富有区域特色和时代气息,具有推广价值的运作模式,以促进研究性学习在本区域内的发展。"

观念上,我们要摆脱"应试教育"课程观的束缚,改变教科书作为唯一课程资源的思想,重视校外图书馆、博物馆、展览馆、科技馆、历史遗迹、敬老院、革命圣地和自然资源以及电脑网络等课程资源。

2011年6月,经国务院同意,教育部颁布的《基础教育课程改革纲要(试行)》在深刻分析当前我国基础教育存在的弊端和问题的基础上,旗帜鲜明地提出:"改变课程过于注重知识传授的倾向,强调形成积极主动的学习态度,使获得基础知识与基本技能的过程,同时成为学会学习和形成正确价值观的过程。"另外,还要重视发挥教研、科研机构对学生开展研究性学习的指导作用,加强教师培训,聘请兼职指导教师,及时发现和总结学校、教师在实践中的成功经验,组织区域性的、校际的经验交流活动。

比如,可以充分利用和发挥家长及社会的资源,让教师指导学生、家长、社会网络志愿者,参与创编学生的"E 网纸塑造型"的校本"学材"。

我校申报的南京市教育科学"十二五"规划课题"网络环境下小学生纸塑造型创新的实践研究"的研究中,以教师与学生合作编写的《趣味纸编情境画》为学材,联系阅读课中的内容,巧妙地运用纸条编织制作出文章中的人物、动物、花草等情境;家长和学生一起编写的《天真可爱的猫》,让家长走进课堂,亲身示范讲解衍纸画的制作方法;组织学生走进社区,一起剪窗花、做花灯等。

3. 探究性学习以挖掘创新潜能为原则

探究性学习是在素质教育和创新思想观念下催生出的一种全新的教学方式,它以学生的发展为本,突显学生的学,强调学生的探究和创新,培养学生更适应生活实际,动手实践和解决实际问题的能力更强。如何有效地挖掘学生的创新潜能,激发其好奇心,丰富其想象力,形成质疑之习惯,升华求异之思维,是我们不断努力的目标。

我校以陶行知的创造教育理论、皮亚杰的认知发展理论以及加德纳多元智能理论为理论基础,构建儿童创造教育课程的基本框架,逐步形成了集观念、原则、目标、策略为一体的课程框架,并在实践中不断完善,使其更为科学,更符合儿童发展的需要,更具有实践意义。以"从小做起,至善至美"的校训为指导,以健康自信、诚实合作、好奇好问、大胆想象、乐于创造为目标,为学生创设信任、平等、自由、和谐的人文环境,开设全面、丰富的课程内容,充分重视学生的活动,在活动中努力调动他们的积极性,通过丰富多彩的活动开发学生的创造潜能。我校根据学生的特点,充分发挥学校自身的传统优势和当地课程资源的作用,构建有地区性文化特点和学校特色的研究性学习内容,形成本校探究性学习的特色。

4. 探究性学习是以儿童真实体验为原则的课程整合

课程整合是当今世界课程改革的主要趋势,教育部 2001 年颁布的《基础教育课程改革纲要》中就指出,"要改变课程结构过于强调学科本位、科目过多和缺乏整合的现状……以适应不同地区和学生发展的需求,体现课程结构的均衡性、综合性和选择性"。

当前,课程整合进行得如火如荼:清华附小的1＋X课程探索,重庆谢家湾小学"小梅花"课程体系,北京十一学校亦庄实验小学的全课程探索,常州的5所小学试点"全课程"改革探索,除了国内热,国外学校也青睐"全课程"……其目的都是为了顺应儿童的生命成长,为了打破老师的学科思维局限,使教师以学生发展为中心研究教材,根据学生需要,自主地、创生性地使用、开发教材。

在实践上,我们主张以国家课程"科学"、"道德与法制"、"综合实践活动"等为主体,将地方课程"环境教育"、"安全教育"、"民族团结"等相关内容,通过删减、融合、增补、重组,形成以自主性、体验性、开放性、生成性为主要特征"主题模块"实施教学。

整合后的课程称为主题课程,属于综合课程范畴。主题课程在学习空间上,体现课堂学习与课外学习的有机结合;在学习内容上,体现自然、社会、人文领域与学科课程内容的综合;在学习方式上,体现实践性学习、研究性学习、合作性学习、体验性学习等多种学习方式的综合。同时,我校注重学生的真实体验,充分利用校内外其他资源,以学校为核心,形成学校与校外场所、机构、人员的良性的相互支持关系,为学生的学习和发展提供充分有效的条件。

课程统筹中,学校大胆探索,归纳总结了"方案制定课"、"方法指导课"、"科学探究课"、"动手操作课"、"展示交流课"五种课型,尝试适合本校实际的时间安排方案,每周三下午安排半天,便于学生有时间、有场所、有指导地就一个主题,从选题、组成课题组,到制订、交流实施计划,一气呵成。我校的整合课程关注学生的发展,把学生的真实体验放在重要位置,关注学生的需求与兴趣,提高学生综合运用知识解决实际问题的能力。

5. 探究性学习重在教师观念转变

《中小学综合实践活动课程指导纲要》指出,探究性学习是"在教师指导下,根据实际需要,对活动的目标与内容、组织与方法、过程与步骤等做出动态调整,使活动不断深化"。教师要转变观念,引导学生从日常生活、社会生活和与大自然的接触中提出具有教育意义的活动主题,使学生获得关于自我、社会、自然的真实体验,建立学习与生活的有机联系,要避免仅从学科知识体系出发进行活动设计。"学生在教师指导下"说明探究性学习是学校正常教育的部分,不同于学生自发的、个体的探究活动;教师是学生探究性学习过程的组织者、指导者、帮助者,学生是探究性学习的主体。

从自然、社会、生活中选择和确定专题,指出了探究性学习这门课程的学习内容和范围,"进行研究"说明探究性学习这门课程的学习方式。研究意味着探索和创造,要研究就必然要学习新知,运用已知,突破已知并进行创新。因此,进行探究的过程就是一个学习、运用已有的知识,创造新知识的过程。研究对人具有显著的发展功能,在研究的过程中使自己的潜能得到了充分的发挥;研究使人深刻地认识事理,更加具有主体性,对与研究内容相关的背景知识有了深刻认识,从而容易产生新的观点,得出新的结论。探究性学习的核心活动是课题研究或项目探究活动。

"获取知识、应用知识、解决问题"说明了探究性学习这门课程的目标。获取知识是一种主动学习知识的状态,目的是让学生在探究性学习的过程中掌握获取知识的技能;应用知识就是要求学生将新知识应用到实践中去,它是一个对所获取的新知识加以巩固的过程;解决问题就是要求学生将获取到的知识技能,运用于实践去探索问题的答案,在这一过程中要求学生必须突破已知进行创造。因此,探究性学习这门课程的终极目标是培养学生的创新精神和实践能力。

6. 探究性学习强调过程参与

探究是一种本能,儿童天生就是探究者。在儿童来到学校之前,探究一直自发地开展着。学校的任务就是要激发学生的自主探究欲望,强调学生的过程参与。探究性学习对学生所从事的研究过程不做统一的、规范的要求,但要求学生必须全员参与、全过程参与。

我校的探究性学习,就是学生在教师的指导下,主动发现问题,以一种类似科学研究的方法对问题进行分析和研究,从而解决问题、获得知识;教师鼓励学生去进行个人意义的建构,同时认识到必须引导学生建构起一种被社会广泛接受的意义或知识。

我校在实行探究性学习的过程中,教师的指导不是将学生的研究引向已有的结论,而是提供信息、启发思维、补充知识、介绍方法和线索,学生在合作学习中学会质疑、探究和创新。值得强调的是,无论哪种提出问题的方式,学生都有在全年级甚至全校选择教师和研究主题的权利。我校的学生在"快乐周三"会自主选择自己喜欢的活动主题进行学习,做到了全体参与、自主探究、快乐进步。

(本节编写:胥玥)

第十二章　小课题俱乐部的价值取向
——"问题解决能力"的理论观照

第一节　我们的"班级种植区"

种植活动　发现问题

课间活动时间,我正在"班级种植区"给植物浇水,这时候,几位同学走进种植区,小渠也在其中。

同学们挨个走到自己小组种植的植物槽前浇水,小渠一路走过去,旁边的油菜、麦苗、菠菜生机勃勃,可是走到自己的种植槽前发现里面空空如也,像一头茂密的头发中单单少了一簇,秃子一样,显得特别难看。

周围同学问小渠:"小渠,你的种植槽里怎么还是黑土啊?"小渠很尴尬,她其实已经播种了,只是没有动静,只好沉默点头。小渠的好朋友小傅在边上说:"小渠,这样下去,过了这个季节就种不出来了。"同学们走开了,只有小渠一人在种植槽前琢磨:"怎么还不发芽啊?"一会儿上课的铃声响了,同学们纷纷离开,小渠慌慌张张地浇了点水,可能她觉得浇点水有助于种子快点发芽吧。

小渠离开后,我到她的种植槽前看了看,从土壤的潮湿程度来看似乎不缺水。我知道,小渠在种植的过程中遇到了种子没能正常发芽的问题,我没有问她,看看她怎么办。

问题探究　尝试解决

第二天,小渠又来到了"班级种植区",她蹲在种植槽前,瞪大眼睛仔细搜寻,似乎想早点看到种子发的芽,从她的表情来看,我知道她又失望了。

这时候,小傅走了过来,好奇地问:"小渠,干吗呢?"

小渠用手指了指种植槽中的泥土:"我在看我的种子,不知道它怎么还不发芽?"

小傅:"是不是水浇得不够啊?"

小渠叹了口气:"可能是吧?可是我这几天天天浇水,照理说水分肯定是充足的。"

小傅:"水浇足了,那就是这几天温度不符合种子的发芽要求!"

小渠眼前一亮:"哎,你不说还真有这种可能。这些天虽然白天温度很高,但夜里温度并不高。"小渠好像又想到了什么:"那你知道怎么给种子保暖呢?我们总不能给它生火烤吧?"说到这,小渠禁不住笑了起来。

看到我在旁边,小傅拉着小渠:"走,我们问老师去。"

面对他们的问题,我没有着急告诉他们答案,而是反问他们:"你们平时冷怎么办?"

"穿衣服啊!"小傅不假思索地回答道。

"对,给它们穿衣服!你真聪明。"

没等我说完,小傅已经跑了:"我们去给种子找衣服去。"不一会儿,小傅和小渠就回来了,每人手里拎了一个黑色的垃圾袋。"老师,我们捡的这些树叶可以给种子当衣服吗?"我打开袋子看了看,袋子里的叶子都是去年的落叶,都变成碎片了,盖在土上正好,便冲他们点了点头。

不愤不启　雪中送炭

又过了几天,我在"班级种植区"又见到了小傅和小渠,他们站在种植槽前,面前的黑土还是那样,小渠手里拿着洒水壶却并没有洒水,没精打采地愣在那里。一旁的小傅在旁边安慰道:"放心吧,快了,快了。"小渠看了看小傅,勉强从嘴角挤出点笑容,张了张嘴,想说什么,又把话咽了下去。看来,他们遇到的问题不小。

在小渠拿着水壶准备要离开的时候,我叫住了她:"小渠,你等一下。"说着我就走到了他们班的种植槽前,小傅和小渠也走到了我旁边,于是我就问他们:"找到种不好的原因了吗?"

小渠望着我,摇了摇头:"老师,我不知道。"

看着他们失魂落魄的样子,我笑着对他们说:"我们一起来找找,好不好?"

我一边拿着铲子在土壤里翻了翻,看看土壤里的情况,一边问道:"你们种的是什么啊?"

"西瓜。"

"直接用的西瓜籽?"

小渠点点头。

我停止了挖土,笑了笑:"小渠,西瓜直接种种子很难发芽的。"

"为什么呢?"小傅在旁边也疑惑不解。

我从土里拿出一粒瓜子:"你们看,西瓜种皮坚硬,吸水困难,所以也就不容易发芽了。"

"那怎么办?"小傅和小渠不约而同地问道。

我猜他们肯定会这样问,于是顿了顿:"这个嘛,我也不是太清楚,要不我们今天一起回去查资料怎么样?"

"好的!"小渠又恢复了原来的生机。

实证研究　解决问题

第二天,我正在清除杂草,小渠和小傅带着一帮同学叽叽喳喳地来到班级种植区。还没等我开口,小渠就大声地对我说:"老师,今天我带了一大堆的瓜子。"

"很好。那关于西瓜发芽的资料你们还找过了?"

小傅举着手里的水桶说:"嗯,需要人工催芽,西瓜种子如果用温水泡一泡,发芽的效果就更好了。"

"哦? 这么神奇?"我一脸惊奇。

小傅放下手里的小水桶,小渠一边拿出西瓜种子一边说:"西瓜种子皮太厚了,种进土里不容易发芽,所以我们要帮它一把。"

"先来用 2 份开水兑一份凉水,看下温度,54℃,可以了,泡半个小时。"没想到水桶里还有一个温度计。

我用手碰了下桶里的水:"好烫,种子不会煮熟了吧?"

"不会,温度高一点可以缩短浸种的时间。"小渠这时候开始用手搅动水里的西瓜种子。

"小渠,我可以搅拌吗?""我也想!""我也要!"周围的同学纷纷想体验一把。

"你们轮流来吧。"小渠站起身来,把位置让给了其他同学。同学们围在一起，看着西瓜种子在桶里面旋转。

"这样就好了吗？"我想看看小渠还有什么招数。

"还早着呢！"小渠胸有成竹，挺沉得住气，"放学后，我们再来。"

放学后，同学们如约而至，来到植物区，小渠热情地招呼大家过来："同学们，种子泡完澡啦，下面我们要给种子搓背了，像我这样将种子在清水中反复揉搓，洗去种子表面的黏质物，有利于种子发芽。"小渠边说边示范。同学们兴高采烈地做起来。

"小渠，为什么种子浸泡完之后还要洗啊？"旁边一个戴眼镜的同学问。

"因为种子表面有一层黏性物质，如果不清洗，会影响芽的生长。"。

"就像我们洗澡把身上的灰洗掉一样。"一个胖乎乎的男同学说。

"用湿布包裹好自己的种子，然后装进这个尼龙袋里随身携带，回家每隔10个小时要用温水给种子清洗一遍。"小傅给每个同学发了一块作业本大小的小毛巾和一个塑料袋，看来他们是有备而来。

看同学把包好种子的湿毛巾放入袋子准备走时，我追问道："这是带回家自己种吗？"

小渠一拍脑袋："差点忘了，记得两天后将种子带到学校来。"

又是两天过去了，我刚走进校园，小渠就跑到我旁边，兴奋地对我说："老师，你看，西瓜种子发芽了！"果不其然，棕色的西瓜壳裂开了，探出一点点嫩绿。

"走，种西瓜去！"我们直奔植物区而去。

小渠用铲子掀开土壤，小傅小心翼翼地将出芽的种子放进去。

"老师，这样就可以有西瓜吃了吗？"小渠问。

"嗯，快了。我们再细心照料它一个半月就可以吃上西瓜啦。"

"有西瓜吃啦！有西瓜吃啦！"小傅在一旁叫道，仿佛西瓜就在眼前一般。

科学课程标准指出，科学课程必须建立在满足学生发展需要和已有经验的基础上，提供他们能直接参与的各种科学探究活动，让他们自己提出问题、解决问题，比单纯的讲授训练更有效。

儿童需要感到他们在做的事是有趣和愉快的，才会接受。一旦激发起孩子的探究热情，他们更容易将注意力集中在老师想要的方向。在这一阶段，学生问题来源是种植过程中发现的，他们对这一问题特别感兴趣，乐于去观察研究。

面对问题，教师在这过程中并不急于把简单的知识传授给学生，而是引导学生先仔细观察。利用学生所学的种子发芽需要条件的知识去分析问题产生的决定性原因。活动的开放性特征能够更大程度上让儿童根据自己内心的需要积极参与探究学习,教学重点放在"体验"与"参与"。允许学生建构自己的认知,支持学生确定自己特定的学习目标。

在此过程中,学生只有亲身体验才能真正发现和建构知识,在解决现实种植问题的过程中发展批判与反思能力,促进学生实践能力的发展:还有哪些植物的种子也像西瓜一样需要催芽呢?需要催芽的种子都有什么共同之处?哪些措施可以提高催芽效果?学生又会产生新的问题继续探究。

(本节编写:李长燕)

第二节 提高"问题解决"能力的校本行动

问题解决的学习是一种高级的学习,有其自身的特点和规律,体现了以学为主、协同发展的理念,是教育领域一直关注的问题。学生问题解决能力是个人运用认知去直面并解决真实的与跨学科情境相关问题的能力。

一、学的问题

问题解决与学习具有内在的联系,个体在解决某种问题时,常常会感到无从下手,其原因之一在于缺乏解决该问题的具体的知识和技能。研究表明,不同类型的问题解决过程中都存在着一定程度的学习。

1. 学会质疑提问

爱因斯坦说:"不是我更聪明,而是我跟问题待的时间更长。"提出问题是人类创造思维的开始,是问题解决的前奏曲,是智慧和灵感的发源地,是发现真理的第一步。因此,培养学生的问题解决能力,首先要重视发现问题和提出问题。建构主义认为,学习者要想完成对所学知识的意义建构,即达到对该知识所反映事物的性质、规律以及该事物与其他事物之间联系的深刻理解,最好的办法是让学习者到现实世界的真实环境中去感受、去体验(即通过获取直接经验来学习),而不是仅仅聆听别人(例如教师)关于这种经验的介绍和讲解。

区综合实践学科带头人丁一丹老师在组织学生进行"小学生上学放学接送情况的调查研究"活动时发现：学生在经历了选题指导课方案设计等环节之后，研究活动进入"瓶颈"期，学生在采访活动中表现出了提问"无力""无法""无度"等情况。教师认为这主要原因是学生的创新精神和实践能力不强，应该让学生成为活动真正的主人，在综合实践活动课程这一空间里形成自己的研究和解决问题的能力。于是，教师从"会问"的角度带领学生进行了实验探索，并形成了以下反思：

一是搭建"抛锚"支架，提高"会问"能力。 实践发现，在现实教学中，一旦某类事件或问题被确定了，整个教学内容和教学进程也就被确定了（就像轮船被锚固定一样）。在课前的体验活动中，通过学生的体验日记反馈，我迅速发现了孩子"不会问"的问题。将"如何设计采访问题"作为采访指导课的主题。

"抛锚"式教学的真谛，不是把现成的知识教给学生，而是在学生学习知识的过程中向他们提供援助和搭建脚手架。学生"提出问题"，需要思考和勇气。"在教师的指导下"更是综合实践活动课程的前提条件。正确处理好学生的自主实践与教师有效指导的关系是综合实践活动过程中首要的和基本的要求。离开了教师的指导，学生的学习可能会多走弯路，可能会困难重重，可能会陷入僵局，甚至可能会半途而废。因此，在综合实践活动实施中，要善于创设或寻找吸引学生的问题情境，细节一中老师的引导就是基于学生的现实困难，指导学生提高抓问题的要害、重点和实施，最终使学生具有提出有价值问题的能力。

二是提倡"合作"互动，碰撞"解疑"火花。 有这样一段耳熟能详的话：你有一个苹果，我有一个苹果，他有一个苹果，相互交换后，每人还是一个苹果；你有一种思想，我有一种思想，他有一种思想，相互交流后，就会有多种思想产生。在本节课中，我分别进行了两次小组深度合作。

小组活动1	小组活动2
请组长带领组员针对主题，每人至少提出1~2个问题，再做记录，并评出本组3个星级问题。 要求： （1）采访问题和研究主题相关吗？ （2）采访问题表达通顺吗？	1. 请大家根据同学们的意见，再次思考自己的主题和表达，认真修改自己的采访问题。 2. 选择一个最适合采访的问题写在纸条上，贴在黑板相应主题旁。

古语有云："授之以鱼，不如授之以渔。"综合实践活动的实施过程，实际上是

一个向学生提供操作机会的过程。教师在前一个主题活动中,要求学生及时做好活动记录、感受和体验记录,以作为最有价值的原始资料。大致分为规范记录价值信息的"资料卡"、捕捉转瞬即逝灵感的"灵感卡"、记录活动亲历感悟的"体验卡"、下载网络有价值信息的"网络卡"。在后一个主题活动中,学生会自主完成相关活动。

我们在进行综合实践活动的实施流程指导的同时,要使学生意识到整个活动的完成是一个系统的、富有创意和挑战性的合作工程;要使学生知道合作学习的作用、个体在合作学习中的角色和注意事项。活动中的合作交往不局限于课堂,也不局限于师生、生生之间。一项研究课题、一次社会服务或劳动实践,常常需要多人合作、多组合作、社会多方人员共同参与。大家彼此合作,感受到集体的力量和团结互助的心理气氛。所以,在交流中大家才能碰撞出更多的"探问"之火花。

也许,孩子们做的事情没有什么了不起,但是如果我们这样坚持做,相信 1+1 总有一天一定会大于 2 的。

三是插入"芯片"会问,调查"升级"增效。杜威的"教育即生活"以及斯宾塞的"教育要为儿童的完满生活做准备"告诉我们:儿童教学的内容要生活化,要贴近生活经验;要把儿童感兴趣的一些事物作为教学内容,激发其求知欲;且教学内容要与儿童的真实情景相互动,让他们在生活中学习与发展。

在孩子成长的过程中,养成教育的重要性,这不仅仅只靠学校教育,社会教育和家庭教育不应被忽视和弱化,社会教育、家庭教育和学校教育才是教育的全部。家长作为孩子的第一监护人,一定要知道自己的责任和义务,要深刻认识到家庭教育的重要性。我们要学会用辩证法的观点。一分为二辩证地总结出接送的优缺点,这样我们就能够得出科学、客观、合理的解决问题的方法,从而促进自己的成长。

关注小学生上、下学接送问题是中国传统家庭文化的一种体现,再加上交通以及社会安全问题,家长接送孩子是一个理智现实措施。但是,堵塞交通和抢着背孩子书包等,就暴露出家长公民素质和教育素质的欠缺,如果家长有这种意识和觉悟,尤其是自觉习惯,接送孩子不会造成拥堵,最起码也会避免严重拥堵。而有些家长抢背孩子书包说明父母教育孩子自立自强意识的缺失,所以,我们的家长决不能因私爱而代替了孩子应该承担的责任,家长应该多注意孩子独立意识以及行为习惯的培养。

孩子们在一次又一次活动中,越问越聪明,越说越流利,越做手越巧,越……越……,正如孔夫子所说:"吾听吾忘,吾见吾记,吾做吾悟"。老师和学生在共同学习中享受无穷的乐趣。

2. 享受师生对话

20世纪末,我国学者提出教学本质是"人"与"人"在实践中的交往,教育教学在交往互动中,通过心灵融合与对话实现。教学本身就是一个对话的过程,它应该通过对话观照学生语言认知和言语表征能力的提升,重视学生在对话过程中生成的情感体验。

在"至美课堂"中,我们开始认识到课堂教学中的对话活动不再是教师的"独白",课堂有效教学需要教师、学生共同参与对话,形成"共鸣"。然而,对于如何解决课堂中出现的教学问题,教师普遍采用单一的问答式,或一连串的问题链一问一答,整个课堂波澜不惊,平淡无味,学生主体性不能得到很好的激发,课堂缺少了应有的趣味。由此可见,要让课堂趣味十足、师生对话有效,教师课堂问题的呈现需有精心思考。首先是教师要为师生对话确立课堂问题的构建性框架,问题的设置必须提纲挈领,形成有利于师生对话的空间;其次是核心问题的设置,让师生的对话空间相对较大且自由,而次要问题的设置又使得教学重点放在引导学生探究深层次的内容和情感上。

在我校交流期间,陈阳老师参加了学校第二期教师个人小课题研究。她在"小学语文阅读教学中开展有效的师生对话的策略研究"中的课堂教学案例,阐述了在师生对话中解决主要问题与次要问题的过程,她认为:"对话"彰显了语文阅读教学的本质,它是高效课堂的关键。语文阅读课堂教学效率的高低,往往取决于对话过程的有效程度。在实际教学中,教师应率先与文本进行充分的对话,做到心中有"话",在此基础上营造一个民主、宽松的对话氛围。课堂中教师还应该做一名耐心的等待者、有效的引领者、灵活的调控者,并辅助于智慧的点拨,最大限度地引领学生在对话中生成知识,在交流中体验情感,在共享中彰显个性,让"有效对话"走进语文课堂,使阅读教学更精彩,使学生的语文素养得以提升。

基于这样的观点,陈老师通过教学实践,总结出"师生对话"的四大"法宝":

一是课前悉心预设,优选话题——有效对话的切入点,包括关注学情和立足文本。

二是营造和谐氛围,滋养对话——有效对话的支撑点,包括教师延迟评判,同伴参与对话和抓住错误资源,巧妙点亮对话。

三是更新教育观念,丰富形式——有效对话的兴趣点,包括转变对话方式和创设鲜活情境。

四是自我诊断反思,提升对话——有效对话的生长点,包括巧抓重点,开掘对话的深度和善捕难点,拓宽对话的广度。

苏教版第六册《荷花》是一篇优美的散文,作者以优美、细腻的笔触描写了荷花的姿态以及旺盛的生命力。上课时教师为了让学生感受作者笔下荷花旺盛的生命力,于是设计了这样的问题:"冒是什么意思?从冒中感受到了什么?……"教师如果抛出这样没有温度的问题,课堂的氛围只能是一潭死水,沉寂一会,也许会有学生来解答问题,但可以肯定的是这样的问题剥夺了学生入情入境地去体悟的机会,更谈不上带领学生去感受散文的美。有一位教师是这样设计的:"同学们这句话里的冒是什么意思,你们能不能给它换个字呢?""长。""你们说得真好,但是这里的冒究竟是怎样的长?同学们可以在小组里相互做做动作。"(学生小组活动,课堂气氛活泼,学生参与度高)汇报时学生纷纷举手:"冒是很用劲地长。""冒不是一般地长,是要通过努力才能长出来的,也体会出了荷花身上旺盛的生命力。"……

课堂上的提问不等同于对话,真正的对话是有生命的,是从儿童的认知出发,并以促进儿童的发展为根本目的的。

3.利用错题资源

教学过程是学生认识和发展的过程,学生由不懂到懂、从不会到会,说错话、做错事是正常的,尊重儿童的天性,尊重儿童生活的独特价值,蹲下来与儿童平等对话是当前教育界的呼声。可深入课堂,不难发现,我们的课堂存在着许多不如意的地方,在当前的教学中,还有很多老师追求的课堂效果是对答如流、滴水不漏、天衣无缝,稍有闪失便自责不已,对错误"唯恐避之不及"。课堂教学中对学生回答的问题或扮演,有些教师总是设法使之不出一点差错,特别是在公开课的教学中,即便是一些容易产生典型错误的稍有难度的题目,教者也有高招使学生按教师设计的正确方法去解决,这样就掩盖了错误的暴露及纠错过程。

长期任教低年级的侯晓瑾老师认为:一年级的小同学在课堂中是不可能不出错的。她还认为追求真实自然,敢于"暴露"意料之外的情况,课堂再现的是师生原生态的生活情景,抓住错误问题的原因、类型、特点加以分析研究也是一种很好的教学资源,孩子们在错误中也能成长。

当学生在课堂上出错或产生问题时,教师要有容错的气度,尊重、理解、宽容出错的学生,不斥责、挖苦学生,蹲下身来,从学生的视角看待这些错误,让学生坦诚说出自己的想法,耐心听他们的表述,不轻易否定学生的答案,尊重学生的思维成果,让学生在讨论与思考中自己发现错误并改正,与学生一起经历挫折,不断鼓励,在这样的课堂上学生没有答错题被老师斥责的忧虑,更没有被同学耻笑的苦恼,他们在宽松的气氛中学习,思维活跃,敢说、敢做,敢问。让每个学生都能自始至终情绪高昂地参与整个学习过程,感受学习的快乐,对学生的认知和创造具有极佳的激励作用。因此,教师要允许学生出错。

在教学一年级下册"两位数加整十数、一位数(不进位)"时,侯老师主要让学生在摆小棒、拨计数器的活动中感知计算的方法,在此基础上抽象出"相同数位相加"的算法。其实,很多学生已经会算这类不进位的加法了,用学生的话说就是:个位加个位,十位加十位。

因此,在练习时,大部分学生能正确地进行计算。一些基础较差的学生就遇到了难题,如"想想做做"第1题的第二组习题:50+34和5+34,这组题将整十数和一位数放到前面,这给他们的计算带来了许多麻烦。为了给基础较差的学生多一些学习机会,我请一名所谓的"差生"起来回答,她毫不犹豫地说:"50+34=84,5+34=84"。教室里顿时响起了笑声。这位学生立即涨红了脸,悄悄地低下了头。面对这种情况,教师不能简单地对学生说"你错了",挖掘学生错误中的积极因素,不仅能保护学生的自尊和学习积极性,而且有利于学生大胆思考。于是,我微笑着说:"咦?这两道加法算式的加数不完全相同,为什么它们的和却是相同的呢?"这个学生思考了一会,说:"我算错了!"

师:那么你觉得哪儿不对劲呢?

生:5+34,这个5应该加4,和是39。

师:为什么5要加4而不是加3呢?

生:5在个位上,4也在个位上。

师:哦,原来这个5表示5个一,和4个一合起来是9个一,再和3个十合起来是39。你分析得真有道理!你们觉得呢?

这时,其他小朋友都对她竖起了大拇指。

其实,一些学困生在课堂上出差错是常见的现象,我们在教学过程中巧妙利用这些错误资源,不仅能增强他们学习数学的信心,还能给其他学生起到加深印象的作用,一举两得。

在教学中,教师应该不断引导学生在反思中发现自己学习中的不足,帮助学生分析错误原因，找出正确的解题方法。使学生在教师的正确引导及鼓励下，敢于正视错误，增强战胜困难、学好数学的信心。学生获得数学知识本来就应该是在不断的探索中进行的，在这个过程中，学生的思维方法是各不相同的，因此，出现偏差和错误是很正常的，关键在于教师如何利用错误这一资源。引导学生从不同角度审视问题，让学生在纠正错误的过程中，自主地发现问题、解决问题，深化对知识的理解和掌握，培养学生的发现意识及思辨能力。

二、教的问题

我们认为，提升儿童问题解决能力是在过去积累的基础上进行拓展深化。它呼唤教师要提升人文素质，即教师要从"学科教学"转向"学科教育"。

这就要求教师首先转化课程观，从传统的以学科为中心转向以核心素养为中心，从传统的以知识为中心转向以能力为中心，从传统的以教师为中心转向以学生为中心。在平凡但不平淡的教育现实场景中潜心发现问题、分析问题、解决问题，在这个过程中就能形成观察教育、审视教育的心理动因。对于习以为常的教育现象多问几个"为什么"，形成随时对任何事物都进行教育思考的习惯。

1. 教材研究指向问题解决

华东师范大学终身教授钟启泉先生关于教材使用曾有深刻的阐释："教师究竟是'教教材'还是'用教材教'，这是区分新旧教学的分水岭。"并进一步指出："教师的'教材研究'，实际上是指教师在深刻理解教材本质的基础上，思考如何借助教材使学习者掌握某种能力（关于自然、社会、文化的知识、技能和态度），从而思考怎样的教学设计。"

丁邦建老师将五年级"平面图形面积的计算"——"平行四边形面积的计算""三角形面积的计算""梯形面积的计算"这三个教学内容整合起来，进行了统筹安排，在"做中学"教学过程中，就渗透"转化"的数学思想方法进行了实践探索：

一是立足数学本质，重视做中体验。 丁老师认为：数学概念、命题、规律、定理、性质、公式、法则等明显地写在教材中，是"有形"的知识，我们都看得见，而数学思想方法却隐含在这些知识的背后，是"无形"的、"默会"的知识，这就需要将知识背后的数学思想方法挖掘出来，使其显性化、明朗化，并有效渗透到数学学习的过程中。"做中学"不仅仅是一种学习的能力，更是一种生活的能力。要想把数学课堂中的"做中学"做得精致、高效，这不是一蹴而就的，而是一个长期的过程，需要我们去不断完善和探索，需要学生在做中体验的同时，教师适时地点拨。

二是把握问题解决，理性实践合作。"问题"是数学的心脏，数学问题的解决过程，实质是命题的不断变换和数学思想反复运用的过程，数学问题的步步转化无不遵循数学思想指示的方向。数学的基本素养，并不能简单地依靠那些抽象的、割裂儿童生活的、通过演绎而获得的符号、命题与习题来实现，必须让儿童体验到：学数学，并不等于记数字、背数学、练数学，更应该是"做数学"。因为"听过会忘"，"看能记住"，"做才理解"。基于以上认识，教师应该在自己的教学工作中应用动手"做"数学（下称"做中学"）理念进行教学，应该让儿童"做中学"，而形成经验，认识数学价值，总结数学的规律，提高数学素养。在教学中应突出数学思想在解题中的指导作用，展示数学思想的应用过程。

如丁老师在"三角形面积的计算"中的学片段：

小组活动：利用手中的学具，求出手中的任一三角形纸片的面积。活动后不久，有的学生像发现新大陆一样，迫不及待地举起手。"老师，我发现两个完全一样的锐角三角形能拼成一个平行四边形。"（一边说一边演示）

师：这有什么用呢？

另一名小组成员补充："我们会求平行四边形的面积，用求出的面积除以2就得到一个锐角三角形的面积。"

师：方法不错，但如果是直角三角形、钝角三角形呢？

生：两个完全一样的直角三角形、两个完全一样的钝角三角形都能拼成一个平行四边形（说着动起手演示起来，如下图），只要用平行四边形的面积除以2就可以了。

生：既然两个完全一样的三角形都能拼成一个平行四边形，那么三角形的面积就是底×高÷2。

"我只用一个三角形也能剪拼成平行四边形。"又有一个学生一边说一边演示："把三角形的这个顶点折到它的对边（折痕即中位线），沿折痕剪开，翻下来就拼成了一个平行四边形，平行四边形的底就是三角形的底，平行四边形的高只有三角形高的一半,所以三角形的面积就是底×高÷2。"

话音刚落,同学们不禁同时发出了啧啧的赞叹声。

师:大家用不同的方法找到了三角形的面积计算公式,想一想,你们的方法有相似的地方吗?

学生们交头接耳,一位同学站了起来:虽然有的是用两个三角形拼成的,有的是对折、裁开的,但他们最后都拼成了平行四边形(或长方形)。

师:为什么都要拼成平行四边形(或长方形)呢?

生:因为我们已经会求平行四边形(或长方形)的面积了。

师:这就是把未知——

生:"转化"成已知。

在这一次的学习活动中,由于有了一定的经验,学生就能从已有的活动经验出发,用类似的办法解决新问题;当遇到新矛盾之后,他们不得不另辟新径,这时他们的思维意识依然是想把三角形"转化"成会求面积的图形,这种意识就证明了上一节课老师点拨的那一句话:"把要求面积的图形变'转化'会求面积的图形"已经成为他们解决问题的指导思想。为进一步加深这一方法在同学们脑海中的印象,教师在最后安排了一个小结,智慧地引导学生自己总结出"把未知'转化'成已知"。

三是学会总结反思,倡导自主探究,总结归纳数学思想,反思增强应用意识。由于教材是按知识发展系统编排的,数学思想方法是采用蕴含的方式融于数学知识体系中。因而,其教学是零散而不系统的。这就要求我们倡导学生课堂中的自主探究后小结、单元小结或总复习时及时归纳,使数学思想纳入已有的系统网络,逐步完善实现迁移。要引导学生经常反思在概念、定理、性质、公式、法则、解题等的教学中所包含的数学思想方法,帮助学生理解基本概念、巩固基础知识、优化解题过程、感悟数学思想,进而培养数学思维能力。

2. 学情分析定位问题解决

学情分析是教师日常实践中产生的话语,它是教学活动的基本环节,也是教学设计的起点。通过教学前的学情分析,教师可以全面了解学生,为教学内容的取舍、教学方法的选择以及教学起点的确定等指明基本方向。然而,当下"学情分析"中存在着经验主义、主观主义与形式主义比较严重的状况,直接带来在备课中很少对学情进行深度分析的问题。

于是,我们要求教师在日常教学活动中,有目的、有计划地对教育对象、教育现象或教育过程进行观察。在课堂上,多注意观察学生在学习过程中各种外在的行为表现及其学习情绪、学习态度等的自然流露;在课下,教师要经常与学生进行交流和沟通,了解学生的学习情况和学习态度。教师必须明白,通过教育观察主要试图收集什么信息、解决什么问题。

学校在青年教师说课比赛中将"学情分析"纳入评分项,以"解决学生会学问题"为目的,要求教师重点分析学生对学习方法的认识,分析学生的心理状态、理解能力、学习兴趣。

杨志彬老师在体育课"单跳双落"分析学情时发现:**水平一的学生的共同特点是活泼好动,集中注意力时间短,自我约束差,但模仿能力强,好奇心强。**杨老师在分析时找准了问题所在,因此,在教学设计中利用小型爬行垫设置"跳房子""拼图接力"等多组游戏,注意使学生真正地融入本课,调动他们的积极性,使之缺点变为优点,更好地学习好本课教学内容作为教学手段考虑的出发点,实现"以学定教"。

刘君老师在教授语文课《海底世界》一文分析学情时发现:**三年级学生年龄比较小,见识少,再加上海底世界对于他们来说比较陌生,大部分学生根本没看到大海。要想感受海底世界的景色奇异、物产丰富就更不容易了。**刘老师在分析时找准了问题所在,因此,在教学中充分运用多媒体,出示影像资料,用声音和实景为学生展示真实的、动态的海底世界,帮助学生理解课文,感受情境。

陈阳老师在研究阅读课的师生对话时也首先关注学情,她提出:教师在精心备课、挖掘教材的同时,还应该思考:如果学生已经知道了,自己该怎么办;如果学生知之甚少,自己又该怎么办。**关注学生拿到这篇课文时哪些内容自己能读懂,哪些内容会感到困惑不解。一切以学生为本,激活学生的潜能,为实现促进学生发展的教学目标而努力。**

3. 情境设计聚焦问题解决

"学习力是未来唯一持久的竞争力。"在众多学习力要素中,就小学生而言,最基本的也是最重要的莫过于学习兴趣。教学设计中的"创设情境"就是激发学生的学习兴趣,唤起学生对知识的渴求,使学生在学习过程中始终伴随着一种积极的情感体验,调动他们的学习策略和机智,从而根据获得的有关知识对发现的新问题采用新的策略,寻求问题的答案。

因此，在打造长小"至美课堂"的实践中，我们将"创设美的情境"提到了首要位置，要求教师在教学设计中从四个维度思考并创设"情境"，在激发学生学习兴趣的同时培养问题解决能力：

一是创设真实的生活情境。学生在家庭、学校和社会中的生活，是学生经验系统中最亲切、最直接的部分，创设这些情境，学生熟悉且有兴趣。

二是创设有趣的故事情境。小学生年龄小，生活经验和知识积累都比较单薄，而虚拟的童话世界、卡通形象是他们所喜欢的，也是他们通过想象能够理解和体验的。

三是创设有思考价值的问题情境。在教学中，我们可以从儿童的生活实际出发，先创设一个问题情境，以比较现实或有趣的问题，引起学生的思考，在问题解决的过程中出现新的知识点，让学生带着明确的目的去了解新知识，形成新技能，反过来再解决原先的问题。

四是创设亲身参与的活动情境。学生边活动边思考，在问题解决的同时，思维也得到了训练。

翁璟老师在"小学高年级数学'创设生活情境，结合生活实践'的课例研究"中提出：情境创设要具有问题性和学科性。**数学教学要不断唤起学生的好奇心、质疑、批判和探究的意识，恰当地引导学生提出问题，并以问题驱动教学。有价值的教学情境一定是内含问题的情境和富有挑战性的情境。只有这样的情境才能有效地引发学生的思考。**

有教授指出，"情境可以激发探索和创造。情境往往并不直接揭示所学的数学内容，而需要学生基于自己的实践和思考，从中提炼数学信息。因此，学生的许多富有创造的想法可以从情境中引发出来，在不断的探索和交流中，数学思想得以渐渐突显。"因此，要激发学生的探索和创造，需要提供给学生一个"问题场"，好的情境无疑起到了"场"的作用。学科性是教学情境的本质属性，利用学科自身的内容和特征来生发情境是挖掘学科自身魅力的内在要求。

因此，翁老师在教学"圆的认识"时，在课前用电脑动画显示：小熊坐在一辆车轮是正方形的车子上颠簸，并设问："小熊舒服吗，为什么？"学生凭借生活经验提出车轮应该是圆形的。经过新知学习后，接着再用动画显示"小熊坐在一辆车轮是圆形但是车轴不在圆心上的车上颠簸"，设问："车轮已经改成圆形的，为什么小熊还是不舒服？"学生依据刚刚所学的知识很容易想到，要使汽车不上下颠簸，必须使车轴至车轮的距离处处相等，因此车轴必须装在圆心处。最后用动画显示小熊坐在平稳的车轮上高兴地行驶。这个问题情景具有强烈的趣味性,让学生在笑声中巩固了所学的知识,并体验到了知识运用在实际生活中的成功感。

(本节编写:田田)

第三节 小课题俱乐部的"问题解决"

一、问题解决能力与小课题俱乐部的关系

联合国教科文组织曾提出"学会求知、学会做事、学会共同生活、学会自我发展、学会适应改变"等五大关键能力。《全面深化课程改革落实立德树人根本任务的意见》也将关键能力归纳为我国学生的"学习、交往、创新、实践"四个方面。

1. 提升问题解决能力是培育儿童"核心素养与关键能力"的可行抓手

从学生关键能力培养而言,针对我校原生家庭整体知识结构偏低,导致学生问题解决能力弱化的现状,探索以"提升儿童问题解决能力"为宗旨的学生小课题研究,形成学校学生问题解决能力发展的操作模式,从理论与实践相结合的层面形成学校独具特色的、适合本校学生核心素养培育的策略,这是"培育小学生核心素养与关键能力"的突破点与可行抓手,既有利于促进学生当前与终身的发展,又能驱动教师的专业水平提升,最终推动学校至美教育的特色文化建设。

儿童"小课题俱乐部"将儿童日常现实与网络生活、学习、交往与心理调适中遇到的问题或困惑,转化为有价值、切口小、内容实、周期短、操作易、见效快的小课题,通过自己为主、他人助力的快乐研究,探寻"分析与解决问题"的密码,增强社会适应性。提升"问题解决能力",走向自我教育,是终身受益、未来人才需要的关键能力,儿童喜欢、家长欢迎、教师认可,接地气,又实用。

我们运用"小课题俱乐部"这一有趣载体,充分发挥阵地功能,紧扣时代背景,不断丰富活动内涵,创新活动模式,为少年儿童的健康成长创造良好条件,促进少年儿童综合素质的提升,这种"玩中研"创新型的学习方式也是师生家长喜欢的好方式,有助于促进学校、教师、学生的共同成长。

在解决问题的过程中,教师努力营造轻松、和谐的生活情境,激发学生的合作

兴趣,让大家进行表达与交流,有意识地培养解决问题能力;在解决问题的过程中,学生学会如何制定目标,激发对学习的热情,养成良好的学习习惯,具有爱心、责任心,树立自信、自立、自尊,并学会自我控制和团结合作。学校因地制宜地为学生"量身打造"喜闻乐见又切实可行的校本活动,从而使学生得益。这种进行学习、体验、发展实践能力的校本研究形式,不仅能够切实提升儿童的解决问题能力,促进教师转化科研思路,而且将学生核心素养培育真正落到了校本之路上。

2."小课题俱乐部"研修是提升教师"问题解决能力"的乐研载体

教师教学研究的方式过去往往模仿专业理论工作者的研究方式,以理论研究为主,按照研究规则,遵照学术标准,重在描述解释教学现象,建构教学理论,落脚点在研究上。而现在许多脚踏实地、兢兢业业从事一线教学的教师选择研究方式,无意于追求宏大的理论建构,而是从自身教学实践中发现问题,然后通过反思或者分析解决这些问题,落脚点在教学,落脚点在学生,是为了教学而研究,是为了学生的发展而研究。

基于传统校本研修方式创新的"教师小课题俱乐部",其基本特征是:以校为本,强调立足学校(本校)为基地,解决学校教育教学活动中的问题为任务,开展主动、可行、有趣、有效的研究。在长平路小学的"教师小课题俱乐部"里,每一个参与研究的教师都是教学研究的主体。借助"教师小课题俱乐部"这一载体,我们融校本教研、培训、科研等一体化动作,将传统的校本研修方式,变被动无趣为主动有趣,推进基于学校、为了学校的校本研究,达到促进教师个人与社团组织群体专业化成长水平提升的目的。

二、教师研究的"问题解决":从问题到课题

传统教学中,教师先向学生讲授概念、原理,然后运用所学的概念、原理去解决一些问题。但新课程改革则以相反的理念和思路来设计教学,即基于问题的教学,提倡"在问题解决中学习",强调把所学的知识与一定的真实任务情境挂钩。

在当今的教育教学中,随着课程改革的推进和学生个体的变化,教师时常会遇到各种各样的疑难或困境。如教师的设想、计划与实际效果之间的差距;教育教学情境中不同价值取向间的冲突与对立;教学中的两难情境;不同的人或群体对待同一教育教学行为的不同看法等。如果教师能够敏锐地捕捉到教学情境中的各种现象,在习以为常的教学现场或教育活动中发现不寻常的因素,就可以找

到许多值得研究的问题。

"真正科学的东西总是简单而又深刻的。没有大众化的、群众性的、应用性的教育科研活动，就不会有真正的中小学教育科研的春天。不能走大路就走小路，不能做大课题就做小课题。"

"十二五"期间，我们倡导找准来自教育实践的校本实际"真问题"，鼓励教师人人都做小课题。

以语文学科为例，在语文教学中三个年段的老师们在交流教学反思时，均发现我校学生在"读"的能力方面亟待加强，于是大家在"小课题俱乐部"里开展了专题讨论，决定以各自角度分别开展"小学低年级'巧用插图导读促说'的课例研究""'扣词句，深读悟'的课例研究""小学高年级学生课外阅读常见误区及有效对策的实践研究""小语三年级'结合学生资源，优化阅读教学'的策略研究""小学生课内外阅读衔接的案例研究——以长小某教学班为例的""小学阅读课堂词语教学的常见误区及其有效对策""五年级学生阅读答题能力培养的策略研究""小学低年段绘本阅读策略指导初探"等既有专题，又能显出教师教学观念个性化的"个人小课题"。

数学组的教师们则是以"错题"为研究专题，分别开展了"小学高年级学生数学预习的常见错误及有效对策""小学四年级数学计算题常错类型及成因研究""小学中年级数学作业常见错例分析研究""小学数学'错点'变'亮点'增效教学的细节研究""小学生'数学错题集'的有效利用""一年级数学错题资源利用研究"等个性化研究。

综合组的教师们将儿童学习生活中的身心健康放在了重要位置，先后围绕同伴交往、合作学习、自我探究等方面开展了"低年级小学生中'被同伴拒绝儿童'的心理归因及对策研究""积极性的师源性心理影响优化学生心理素养的个案研究""疏导一位'说谎'儿童转化的个案研究""疏导'社交焦虑'儿童阳光交往的个案研究""引导外来务工子女优势带动劣势成长的个案研究""小学生'生活作文心理活动细节'的指导策略研究""基于核心素养的小学综合实践活动的课例研究""'品社'课小学生'怕问忌探'的成因及对策研究""在科学教学中培养小学生收集和分析信息的课例研究""信息课小组合作学习组织与运行的研究""小学中年级'心育小练笔'的指导策略""指导小学生信息技术课堂'伙伴互助'学习的实践研究""疏导'心理孤儿''阳光锻炼''健康身心'的策略研究""小学足球技能与意志力同培养的策略研究"等课题研究。

以上只是长平路小学"教师小课题俱乐部"中部分具有代表性的教师个人小课题。"十二五"期间,"教师小课题俱乐部"顺利结题的71个小课题均是通过追问教学中的困惑、调查教育现象、实施课堂观察、开展听课评课所发现的,具有切口小、低起点、周期短、实效强等特质的"真问题"。教师个人研究从小问题着手的优点在于:项目研究内容涉及面集中,容易把握;研究的问题往往以小见大,见微知著,细小处能够折射出大问题;研究可聚焦标题内容,进行深度挖掘;研究小问题更能锻炼深入探究、追问实践的态度和思想方法。

教师在教育实践中不断留心观察,在与他人交往中反思实践、升华经验,在文献学习中拓宽视野,就会在现实教育情境中发现许多值得研究的教育问题。这些问题都是进行课题研究的基础,但真正由问题转化为课题,还需要进行综合考察,考虑自己所提出的问题是否是"真问题",具有怎样的研究价值,是否能解决个人和学校教育中的困难。对于在一线从事教学的教师来说,并非所有问题都能经过自己的研究得到解决,但总有一些问题可以改善,教师研究问题可以从能够改变的地方开始。

刘良华老师认为教师可以改变的地方至少有四个领域:一是课程问题。经过课程改革,教师参与课程开发的程度越来越高,这为教师开发校本课程提供了前提条件。二是教学问题。教师可以围绕"有效教学"做大量的研究。三是管理问题。教师尤其是班主任,在工作中会遇到大量的学生管理问题。四是德育问题。德育是育人的首要问题。

有时候我们"发现"的问题可能只是"值得"研究的问题,这个问题是否适合自己?是否可以完成?仍然需要结合选择研究问题的原则进一步确证,进一步聚焦,缩小问题范围,将宽泛的问题明确化、一般的问题特定化。在此基础上,界定与问题相关的关键概念,通过恰当的方式表达出来,成为既有价值又可研究的课题。

以张园老师的南京市第四期个人课题"小学高年级生活作文心理活动细节指导有效策略的研究"为例:研究者缩小研究范围,首先将学生的年段"限定"为高年段,这样学生的能力和行为特征都会有更加特定的表现;研究者进而对习作的类别也进行了"限定",具体指向了"生活作文"的范畴,使得研究的样本资料更具针对性;更可贵的是,研究者以"指导策略"将研究的角度细化到"心理活动细节"方面。这样的课题,实现了研究的可行性,所能达到的深度和实际价值就大大增加。

再如"校本研修"已经成为研究的热点,如果从环境或者情境方面增加"网络环境下"的限定,就会成为值得研究的新课题。

胥玥老师的南京市第八期个人课题"纸塑造型'小制作'与'微视频'有机融合的案例研究"就是以跨学科素养或生活素养为目标,引导学生以"小制作"与"微视频"相结合的方式,培养学生的合作、交往、信息素养、创造性、批判性思维,问题解决、技术创新能力等素质,在活动中增添更多的知识性、趣味性、思想性。让学生在玩中学、学中乐的过程中实现培养创新精神与实践能力为重点。

学生能在"小制作"与"微视频"的交流学习中获得多方位、多层次的训练。通过综合实践活动中二者有机融合的策略研究,让学生获得解决问题的方法的同时,尽可能地得到潜能的激发、方法的领悟、思维的启迪、情感的熏陶,使他们有更广阔的思维空间和自学机会,这对增强他们的核心素养和学习能力都起到了积极作用。

"独学而无友,则孤陋而寡闻。"教师应该是专业社群中的一员,随着新课程改革的逐步推进和教师自身发展的需求,迫切需要教师走出画地为牢、孤军奋战的局面,组建专业社群,通过社群成员间的互相切磋、彼此反馈,将教师个人的力量融合起来,实现教师的共同发展。

我校的"教师小课题俱乐部"就是一个进行与教师个人课题研究相关的各类愉悦活动的团体和场所,是长平路小学教师以小课题研究为纽带的社团组织。它开展的是一种非制度化的研究,始终关注教学中的真问题、研究方向的草根性、教师参与的主动性、研究问题的微观性、课题研究的灵活性,它以自愿参加为基础,被纳入学校日常工作之中,关心和注重每一位教师的自身成长与团体的共同进步,并促进学校的和谐发展,学生的健康成长。

在这样一个以教师共同发展为目标的专业社群组织中,通过创新"面对真问题、展开真行动、获得真发展"的实践研修方式,把教师的被动研究转变为主动研究,把解决教学实践中的问题作为研究目的。

老师们通过围绕教学工作的随意交谈、针对班级管理中个别学生的"集体会诊"、教学疑难问题的咨询商讨、对学校焦点问题的自由讨论、教师自发的学术沙龙或聚会、围绕教师工作的网上聊天、教师反思性阅读并撰写专业日志、教师与专家或校长的平等对话、针对特定事件的观点碰撞等一系列卓有成效的"非正式教师研修活动",开展"接地气"的研究。

在教学、听课、评课过程中发现的问题,成为小课题研究的对象,通过集体备课拟定出对策,又在教学、听课中去领会、感受、试验对策的效果,再通过研究讨论加以改进,解决一个问题之后,又开始另一个小课题研究……教师们带着一定的目标参与研究,并带来了一系列的教育教学效益,从中能比较及时地体验到乐趣与成就感,从而更积极地参与"小课题"研究活动,产生更大的内驱力从事教育科研,改进教育教学实践工作。

这是一种具有学校文化磁场效应而释放出来的"正能量",难怪教师们感同身受地认为:"校级小课题研究"真是大众化教师专业成长的"助推器"。

在具体的研究过程中,小课题研究活动将课堂作为课题研究的主阵地,实实在在地从教学实践中获取经验,探寻教学规律,提升教学理论,构建"实践操作——提升经验——理论学习"的科研方式,从而真正放大课题研究的过程性作用。

在整个校本研修过程中反思是贯穿始终的,我们要求老师定期在教师论坛和沙龙中汇报交流自己的读书笔记与教学反思。使老教师的教学经验得以分享,中年教师的深入钻研得以弘扬,年轻教师蓬勃的朝气与改革的锐气得以彰显,形成一种团结协作的氛围,让每一位教师拥有展示自己的机会。老师们在反思中往往能够总结经验,找出不足,提出新的设想。这样的反复交流,促使教师关注课堂上的每一个细节,珍惜每一节课,心中常念常想着教室里学生们的学习感受;也使教师们注重学习,善于沟通,贴近学生,钻研教材,优化了教学。

从 2012 年起,小课题俱乐部又进一步开展小论坛、小沙龙活动,倡导教师善用反思专题探讨,以深化各自的小课题研究。如教学类小课题的承担教师,集中力量着重解决教师教学过程中的具体问题。在活动中,各小团队针对学科教学中的问题,先进行团队研究(类似集体备课),启发教师要有问题意识,清楚自己教育教学的优势和劣势,明确自己在团队中的责任(如有关材料的查阅者、与其他团队交流的代表者、某个活动的演示者,等等),保证了成员间进行促进式的互动,并在互动过程中挖掘并调整内隐的实践性知识。在每周三的教育叙事反思轮讲中,讲者与听者都会有收获,各得其所,促进了反思共成长。

三、学生研究的"问题解决":"探问箱"与"小研究"

爱因斯坦认为:"提出一个问题往往比解决一个问题更重要。"杨振宁持几乎相同的见解,他说"问题提得好,等于创造完成了一半"。通过提出问题、探索问题、解决问题来深化知识,进一步学习,这样,才能使"死"的知识"活"起来,才能缩短学校学习与社会实际之间的差距,培养出来的人才适应实际、适应社会的需要。

基于以上名家的观点，我们在开展"'儿童小课题俱乐部'提升问题解决能力的实践研究"初期，就在全校学生中广泛收集儿童关于"学习、生活、交往"等方面的疑难问题，以帮助儿童从自身学习、生活、自然、社会中去自主选择和确定研究主题，"长平娃探问箱"因此应运而生。

1. 从五花八门的原生态问题到分年段主题式问题

学校大课题实施团队教师精心设计了"长平娃探问卡"，并发放给928名在校学生。活动动员大会上，指导教师向全校学生做了细致的填写说明，学生代表展示了学校特别制作的"探问箱"。中高年级的学生以自组团队的形式填写卡片，低年级的学生则在自主思考的基础上与家长进行讨论后再进行填写。预定投卡的日子当天，孩子争先恐后地"挤"到"探问箱"前，将自己对学习、生活和伙伴交往中遇到的疑问投入箱内，也怀着一颗期盼的心，希望自己提出的问题可以被选中，成为"儿童小课题俱乐部"研究的小课题。学校的大队干部对所有卡片进行了统计和梳理，共回收到511张有效探问卡，我们从中初选了100个原生态的问题，以此为基础进行分类，产生首轮学生小课题研究方向。例如：交往类问题——

疑　问
人为什么要有朋友？
姓名在伙伴交往中的作用
怎样辨别好朋友和坏朋友？
为什么只能和学习好的同学交朋友？
朋友应该做什么？
我们该怎样选择伙伴？
朋友之间为什么要隐藏秘密？
在伙伴与其他同学发生冲突时，我该不该站出来？
为什么会被别人瞧不起？
怎样广结好友
我们该以和善的态度对待恶人吗？
面临升学，如何让小学的友谊长久？
如何在不"得罪"同学的前提下管理好班级纪律
坏学生也可以交朋友吗？
如果和好朋友疏远了，怎么办？
如何化解伙伴之间的误会？

续表

疑　问
我的朋友"背叛"了我,怎么办?
好朋友在我背后说我坏话,要不要分手?
遇到一个公主病朋友,我该怎么办?
怎样辨别友谊的真假?
有同学早恋,我该制止还是该加入?
朋友之间可以有善意的谎言吗?
如何拒绝一个不喜欢的人?
好朋友的标准是什么?
被同学间的小团体排挤怎么办?
如何拒绝同学的不合理要求?
男生与女生格格不入,怎么办?
为什么和最亲近的好朋友也会发生矛盾?
为什么幼儿园的同学不认识我了?
朋友是不是越多越好?
儿童交往的一般规律是什么?
怎样让小伙伴永远信任我?
怎样和好朋友一起进步?
为什么交朋友基本上是以性别来区分的?
如何安慰伤心的小伙伴?
如何让伙伴信任我?
交朋友时避免胆怯的好办法?
对别人大方是优点还是缺点?
如何与意见有分歧的同伴达成共识?
生病了就不能跟同学们玩吗?

在对这100个初选问题进行分析的时候,我们再次清晰地认识到:学生小课题研究是学生自主进行的综合性学习活动,它是基于学生的直接经验,紧密贴近学生自身的学习生活与社会生活,由学生自己实践和探索的研究。学生小课题研究是在日常生活的问题解决的实践过程中进行的,有来自课内学习的拓展。如:为什么要提倡预习?如何提高背诵课文的效率和质量?如何提高写字速度?遇到不会的题怎么办?也有来自生活中的细心观察,如:风从哪里来?为什么我们习惯用右手做事?除了打游戏手机还有哪些妙用?为什么有白天和黑夜?为

什么铅笔头总是断掉?为什么江水会出现漩涡?长江隧道是怎么建造出来的?人为什么每天要睡觉?还有来自同伴交往中的疑惑,如:遇到不文明行为时,小学生应该怎么做?人为什么要有朋友?在伙伴与其他同学发生冲突时,我该不该站出来?面临升学,如何让小学的友谊长久?朋友之间可以有善意的谎言吗?如何拒绝同学的不合理要求?如何安慰伤心的小伙伴?如何与意见有分歧的同伴达成共识?

面对这些看似零散的、五花八门的问题,我们进一步理清思路:学生小课题研究是通过对与主题紧密联系的自然、社会、自我三维度的整体关注,必须围绕研究主题进行多向度分解。于是,我们决定将这些问题保存在"探问箱"中,在首轮研究中,采用分年段主题式研究,即在学生提交的问题中,找出一个维度的研究方向,根据学生年段不同,确定不同的研究主题,但在研究课题的产生上仍然是以学生为主体,由学生自主生成。

2. 用儿童最本真的思维擦亮小研究的火花

长平娃小课题俱乐部倡导的是"全员参加、全程设计"。学校对一年级至六年级的学生小课题研究进行整体规划、梯度设计,力争学生人人参与。学校大课题经过研讨,研究者们结合学校办学特色和校本课程导向,将首轮研究方向确立为学生们最喜爱的自然生活方面,研究主题则是低年段研究"读树"主题、中年段研究"问水"主题、高年段研究"探桥"主题。

在研究课题产生的方式上,13位指导教师则是带领学生以开展"思维导图"活动的方式产生出115个问题,最终拟定24个实施研究的小专题。

"读树"主题

指导教师	学生提出的问题	最终研究的小课题
侯晓瑾	为什么树有年轮呢? 冬天为什么有的树叶没变黄? 为什么有的树冬天不落叶? 为什么有的树大有的树小? 为什么树叶有的圆有的长? 为什么有的树不结果子?	1. 南京路边的树 2. 奇特的树

续 表

指导教师	学生提出的问题	最终研究的小课题
江 园	为什么所有树叶不一样？	1. 树为什么会落叶？ 2. "树"字的由来
	为什么树有光合作用？	
	为什么夏天也会落叶？	
	为什么树砍了还会再长？	
	为什么树会枯萎？	
	什么树最长寿？	
	树最高能长多高？	
	为什么树有皮？	
	"树"字的结构	
	为什么有时候树会弯曲？	
杨志彬	树为什么有高有矮？	1. 树叶只有绿色的吗？ 2. 树为什么会穿上白裙？
	树的作用？	
	树叶、树皮的特性？	
	不同季节树叶的特性？	
	树干被划开后流出的液体是什么？	
	为什么有的树会长果子，有的不会？	
	为什么树叶是绿色？	
	为什么树的生长有快有慢？	
	为什么有的树会开花？	
	为什么树皮会涂成白色？	
	为什么四季树叶颜色不一样？	
刘 慧	树干上为什么会有纹路？	1. 形态各异的树叶 2. 文学中的树
	树叶为什么有脉络？	
	树叶为什么各种形状？	
	树为什么能净化空气？	
	树为什么要落叶？	
	世界上有多少种树	

"问水"主题

指导教师	学生提出的问题	最终研究的小课题
刘君	"水"字的由来 带"水"的诗 节约用水的方法 水的成分 人类治水的历史 水的味道 水的存在形态 地球总水量会增多吗? 水的作用 人对水的需求	1. 游山玩"水" 2. 透明的水都是一样的吗?
田田	人一天要用掉多少水? 哪些带有"水"的成语? 为什么人需要水? "水"字有多少种写法? "水"字可以和哪些偏旁组字? "水"字可以组多少词? "水"字的由来? 关于"水"的故事 为什么会发洪水? "水"字的演变过程及古人造字的含义 水变成冰后有什么变化? 为什么水会让金属生锈?	1. "水"字的"前世"与"今生" 2. 我是保护金川河小卫士
张园	老人、孩子能喝矿泉水吗? 纯净水真的干净吗? 饮料可口,为什么不能多喝? 多喝牛奶真的能长个子吗? 果汁有哪些营养? 小孩子为什么不能喝茶水?	1. 什么样的水最适合儿童喝? 2. 一起来读《水先生》

续 表

指导教师	学生提出的问题	最终研究的小课题
张 园	鱼儿为什么不能在污水里存活？ 农药多的菜能不能吃？ 生活污水怎么这么多？	1. 什么样的水最适合儿童喝？ 2. 一起来读《水先生》
尹文文	雨水为什么忽大忽小，甚至滴水穿石？ 海水为什么是咸的？ 井水为什么会冬暖夏凉？ 温泉的热量是从哪来的？ 人为什么会流汗？ 人悲伤或开心为什么会流泪？ 人看到美食为什么会流口水？	1. 口水的秘密 2. 节约家庭用水小妙招

"探桥"主题

指导教师	学生提出的问题	最终研究的小课题
沈维文	桥是怎么产生的？ 什么样的桥结实？ 中国字"桥"为什么这样写？ 关于桥，有哪些文学作品？ 友谊桥、爱心桥、理想桥（关于心理） 有哪些历史名桥 有哪些以"桥"命名的地名、路 如何用纸建造一个结实的桥？	1. 爱心桥：争做敬老院小助手 2. 我是名桥小读者
李长燕	为什么很多人不愿走天桥？ 如何合理改造天桥？ 中国四大名桥 网络"桥"的优点和缺点 如何合理使用网络"桥"？ 长江大桥建设背景	1. 我用扑克来搭桥 2. 探访我身边的桥

续 表

指导教师	学生提出的问题	最终研究的小课题
朱 玲	桥的种类	我做桥梁设计师
	桥的样式	
	桥的载重量	
	桥的名字的由来	
	世界桥梁之"最"	
	如何画出桥上桥下的风景	
	研究名画中的桥	
	如何用不同的美术材料表现桥	
胥 玥	桥的历史变迁	1. 长江大桥封桥后我校家住桥北师生往返家校的调查研究 2. 长江大桥整修原因及大桥改造后的展望
	设计未来天桥	
	造桥的各种材质	
	桥的各种造型	
	桥的实用价值	
	描写桥的文章和名诗	
	我用扑克来搭桥	
	桥的结构和承重原理	
	长江大桥封桥期间我校师生过桥情况调查	
丁一丹	桥为什么能承重?	
	关于桥的儿歌	
	关于桥的故事	
	制造桥的材料	
	桥有哪些历史	
	有哪些著名桥梁设计师?	探秘港珠澳大桥
	世界上的名桥	
	各个朝代的名桥	
	桥的各种用途	

3. 用5个"自主"把小问号变成感叹号

在长平娃的小课题俱乐部中，我们追求以儿童兴趣为导向，以问题解决为主题，以学习常用研究方法为主线，以实践能力与创新意识发展为主旨的工作目标。强调学生研究群体以班级为主体按照兴趣自发组团，突出让学生自由选择，让学生面对真实的生活，带着感兴趣的问题去开展研究、去参加劳动、去动手制作，学习运用信息技术手段参加各种实践活动，实现5个自主：自选课题、自组团队、自主策划、自主解决、自主表达。

（1）自选课题

我们坚持以儿童兴趣为首、儿童力所能及、兼顾教师特长的三原则，确保课题由学生提出或者至少由学生自行选择，实现学生人人研究小课题。在首批进行的24个"先锋小课题"研究时，低年级主要采用汇总问题的方式，中年级则采用改编问题的方式，高年级采用问题生成课题的方式。四年级的学生在思维碰撞时分别提出了三个与喝水相关的问题：老人、孩子能喝矿泉水吗？纯净水真的干净吗？小孩子为什么不能喝茶水？指导教师改编了问题的叙述方式，并且将切入口放在儿童本身，引导学生确立了"什么样的水适合儿童喝？"这个研究课题。

（2）自组团队

近千名学生的学校，若要使每个学生都参与到课题研究中，必须对课题进行细分，以子课题的形式将猜想一致、兴趣相投的学生组合在一起。一年级的"读树"主题中，学生提出了：冬天为什么有的树叶没变黄？为什么有的树冬天不落叶？为什么有的树大有的树小？为什么有的树不结果子？这四个类似的问题，指导教师采用了汇总的方式，将学生的问题进行归类，确立了"奇特的树"这个课题，再将以上问题作为子课题下发给学生进行自主选择，每个团队4～6名成员，学生分别从树的形状、树的果实、树的落叶情况、树叶的特性这些角度开展研究，呈现树的不同之处。

（3）自主策划

研究小团队组建后，团队成员首先要自主进行分工，并根据年段特点填写"长平娃小课题研究卡"，分别是"我的课题、我的伙伴、我的质疑、我的设想、我的探索、我的发现、我的收获、我的推荐、我的追问"9个版块，我们期望以此促进学生形成较稳定的思维模式，最终形成策划能力。

（4）自主解决

学生按照研究计划开展研究和资料搜集的工作。这期间教师做得更多的是教给研究方法、提供思路建议、进行协调和督促、组织交流等工作,让学生自己搜集资料,自己设计实验,自主调查采访,然后进行资料的分类、整理,最后形成结论。"'水'字的'前世'与'今生'"小课题是在寒假期间进行的,师生无法天天见面,指导教师便利用QQ平台建立了"空中讨论组",将小团队的4名学生及家长组织在一起,规定了每天固定的讨论时间和讨论内容,并适时对学生自己设计的调查问卷、搜集资料途径、资料整理方法以及学生自行上传阶段成果的方法进行"空中指导"。

（5）自主表达

在小课题俱乐部中,小团队对于本组研究成果与过程怎样进行展示,用什么方法表达出来,这是发挥学生创造性的最佳时机。指导教师只需要提供一些范例,教给他们一些基本方法,教师所扮演的角色是交流活动的组织者。我们发现,学生常常能使用我们意想不到的方式生动地展示他们的成果。负责研究"长江大桥封桥后我校家住桥北师生往返家校的调查研究"的彩虹小队队员们将调查到的三种出行方式用小话剧的形式表现出来,把俱乐部其他小队的成员带入了情境,产生了很好的共鸣。研究"形态各异的树叶"的小团队是二年级的小队员,稚嫩的他们则是以合作完成手抄报的方式将收集到的形态各异的树叶进行了拼贴,并将搜集到的相关资料手工抄写到报纸上。

(本节编写:田田)

第十三章 小课题俱乐部的精神气质
——"审美科学"的理论观照

第一节 我们在追求研究的"美"

案例一：校长的"至美"之问

作为校长,我也和大家一起参与了小课题俱乐部的研究活动,我对小课题俱乐部的精神气质——"审美科学"的理论也有自己的认识。

一、怎样理解"至美"

至：从一,一犹地也；不,上去；而至,下来也。至,是象形字,也是会意字,像鸟飞从高下至地也,或像射来的箭落到地上,表示到达。至的本意为到,引申指到达了极点,完全达到,又引申指极、最,还引申表示一件事已经做完,再做另一件事情。

至美,有两个含义：一是指达到美,另一个指不断追求达到最美的一种状态。

长平路小学的文化核心理念是：美美。"美美"是一种快乐的、美好的、陶醉的状态,学生在校园内美美地读、美美地想、美美地做、美美地玩；"美美"可以理解为更美,美上加美,教育的责任就是让学生更美,学校的责任就是让教师更美。

长平路小学的发展愿景：发展成百姓向往、特色鲜明、质量上乘的现代化、国际化的美美学校。

长平路小学的文化定位：平——平中见特、平中见优、平中见美，关键词是：平安、平凡、平实、平静。

平安：学生在美美的校园中平安快乐地成长。

平凡：教师在平凡的学校中，从事着平凡的教育事业，努力做出不平凡的贡献。

平实：教师在平实的教学中有所创新、有所生长。

平静：学校在平静的教育工作中时常有"平地响起一声雷"的创举。

二、怎样落实"至美课堂"

苏霍姆林斯基说："美是一种心灵的体操，它使我们精神正直、良心纯洁，情感和信念端正。"而教育中的美，更能使师生在愉快中获得知识、思辨训练中形成能力、熏陶感染中升华灵魂。"至美课堂"要求在整个课堂教学过程中渗透美。教师对教学过程要精心设计，巧妙构思，合理安排，通过美的教学过程把美传达给学生，使学生欣赏到自然的美丽，感受到学习的美好，体验到学习的乐趣，使学生喜欢上课和喜欢各门学科，从而变被动学习为主动学习。课堂是学生学习知识的主要阵地，当我们把阵地建设得美了，当然更能提高学习效率。

1. "至美课堂"首先要创设**"美的情境"**

教师在教学过程中要将知识性和趣味性融为一体。既不能呆板地进行说教，也不应简单地追求优美有趣的情境而实际与知识无关，要让学生在情境中学习，在兴趣中学到知识，提升学生的学习兴趣。在课堂教学中创设一种"境"，追求一个"情"。要用真情实感去处理教材，要用多个情感去设计教法，用诗一样的情感去组织教育活动，必要时刻还应来点煽情。这样一个美的课堂，使我们的教学不再枯燥无味，使我们的课堂充满情和趣，使学生在美的享受中愉快学习，让学生在学习知识中感受美、审视美、关注美、表达美和创造美。

2. "至美课堂"还要重视**"美的问题"**

教育心理学告诉我们：学生的思维过程往往从问题开始。古语云：学起于思，思源于疑。因此在教学过程中，教师精心设计问题，能点燃学生思维的火花，激发他们的求知欲望，同时为他们解决疑难问题提供桥梁和阶梯，引导他们一步步登上知识的殿堂。善问、巧问是语文教师重要的课堂教学技能之一。爱因斯坦对自己卓越的创造才能做了这样的解释:"我并没有什么特殊才能,我只不过喜欢刨根问底追究问题罢了。"这说明问题教学对学生的成长乃至成材举足轻重。

提问不仅可以激发学生的学习兴趣,启发思维,而且好的提问还可以触发学生潜在的创造能力,因为问题问得巧妙,学生会受教师问题的激发而在学习过程中产生新的问题,在对新问题的发掘和解决过程中,学生的创造能力得以不断加强。这样,课堂教学也就会取得事半功倍的效果。更为重要的是,学生回答提问的过程也是教师教学效果检验的过程,教师从对不同层次接受能力的学生的提问和回答中,就可以大致判断各群体对知识的接受情况。教师根据这一情况便可以对自己教学效果做出大致的判断,并随时做出相应的调整。问题设计得形象生动,含蓄委婉,总能激起学生的无限兴趣,使他们乐于回答,而问题设计得具有层递性就像一个个小台阶,引导学生拾级而上,从而使问题得到圆满解决。

3. "至美课堂"还要体现出**"美的生长"**

杜威说:"教育即生活,教育即生长,教育即经验改造。"课堂教学中美的生长是一个持续不断的过程,是面向未来,体现为身体、知识、能力、道德等诸方面的和谐全面成长;美的生长不仅仅是学生知识的积累,更是构成人的身心的各种因素的全面改造、全面发展、全面生长。爱因斯坦曾说:"想象力比知识更重要,因为知识是有限的,而想象力是概括世界的一切……"美的生长强调教师要重视对学生问题意识和思维能力的培养,要鼓励学生质疑,激励学生发表独到见解,引导学生善于提出问题、解决问题,让学生生活在思考的课堂里,畅游在散发思维的时空中,让课堂真正成为学生向往的乐园。

4. "至美课堂"中教师还要注意有**"美的语言"**

课堂教学中教师的语言很重要,导语的设计很重要,好的开头,优美的语言可以引人入胜,可以奠定美的课堂的基础,教学环节的衔接语能使教学过程流畅自然,浑然一体。课堂小结及优美的结束语可发人深省。优美宜人的教学语言是情感与知识的完美统一,具有审美性的语言以其极强的艺术感染力,让学生心旷神怡,学生不仅从中学到丰富的知识,也能从中得到美的享受。

基于以上,我校在"至美课堂"研究中提出了"四要素一规定",即美的情境、美的问题、美的生长、美的语言这四个要素,同时每一堂课还规定应有"美的五分钟主题活动"。

三、如何在校园中开展至美教育

至美教育的落脚点在学校,如何在长平路小学开展至美教育呢?我们是从以下四个方面努力的。

(一) 创设美的校园环境

学生的审美趣味的习惯,是在优美的环境中形成的。整洁、优美的校园环境对陶冶学生美的情操,培养良好的行为习惯,有着不可估量的作用。要重视校园建设,引导学生参加美化绿化校园的工作,增强学生创造校园美的意识,培养他们创造美、珍惜美的观念与能力。从而以美的校园环境陶冶学生的情操,培养学生的个性,又以学生美的行为习惯为校园增添光彩。使学生置身于校园、教室便有一种赏心悦目、神清气爽之感,在不知不觉中受到美的陶冶。

(二) 完善美的教师形象

在学校管理中,要提高教师的审美素质,优化师德风范,要求教师在仪表风度、行为举止、待人接物等方面都体现为人师表的美德,做学生的表率,成为学生无声的美的楷模。

首先,教师不断加强自身的品德修养,要有美的人格。以完美的人格教育学生,使学生产生敬爱感、敬佩感、敬重感,潜移默化地浸润每一个学生的心灵。

其次,要求教师要有美的仪表。这是教师形象塑造的最直接的自我展示,教师要有自然、潇洒的举止,给学生以轻松舒畅的感觉,以稳重大方的姿态,给学生的踏实、可靠的印象,以整洁合适的衣着,让学生体悟朴实、整洁的真正的美。

再次,教师要有美的语言。正确运用语言是教师获得教育教学成功的重要因素之一。在教学中,教师要注意运用语音、语调、语气来表情达意,做到侃侃而谈,抑扬顿挫,悦耳动听,使学生在优美的语言环境中受到教育和启迪,同时带动学生使用美的语言。

(三) 扎根美的教学阵地

学校以教学为主,美育必须以教学过程为主要途径,充分挖掘其他学科所蕴含的美育因素。确立各学科的美育标准,并强调教师要把美育自觉地渗透到各学科的教学中去,根据学科的特点和规律,努力挖掘教材本身的审美因素,真正做到让美的内容陶冶学生情操、启迪智慧;让美的课本给学生以美的享受。采取多种形式和手段,在教学的各环节力求融入美育的教材,给学生创造美的氛围,使学生在愉悦之中获得知识。

教师还要关注各种社会渠道向学生输送审美的信息,把握学生审美情趣的变化,提高对家庭、社会审美影响的应变能力。要对学生实施自然美、社会美、艺术美、人生美等方面的全面指导,引导学生正确、全面地理解生活方式美,教育他们健康、朴素、大方,充分体现"青春美"。善于运用各种美的因素,培养学生成为审美主体,提高他们鉴别美、创造美的能力。

(四) 开展美的课外活动

在学校美育管理中,课外活动则是实现教育目标的重要渠道,也是贯彻实施素质教育的一项主要内容。学校为了活跃校园文化生活,制定并建全课外美育活动的管理制度,配备辅导教师,积极组织和开展各种类型的课外活动,充分利用课外活动时间,举办各种体育、美术、环境等项目,使学生在艺术实践中开阔视野,启迪智慧,获得知识,培养能力,健美体魄,发展艺术兴趣和个性特长,丰富精神生活,优化教育环境。

丰富多彩的课外活动是课堂教学效果的延伸和补充。学校要通过课外活动对学生进行美育熏陶,充分挖掘学生的潜能,进一步培养学生的兴趣和爱好。例如在学期中举办绘画展、书法展、歌咏比赛、体育竞赛等,成立文学、体育、绘画等类型的兴趣小组,组织学生体验看电影、读小说、赏音乐等活动。在不知不觉的欣赏过程中,由感性到理性地受到教育,这种由美感得来的教育一旦留在心上,就不会轻易逝去。

案例二:课堂教学中的"至美活动"五分钟

"美"的五分钟主题活动是我校在"至美课堂""四要素一规定"中的"一规定"内容,要求每节课中教师要设计五分钟的"至美主题活动"。

"美"的五分钟主题活动的本质追求——实现学生的自我学习与自我提升,引导学生经历"发现自我——展示自我——健全自我"的过程。在课堂中间或课堂结束前留有五分钟"美"的主题活动,以学生为主(学习主体,活动主体,时间主体),教师为辅(引导、指导、辅导);它的起点是"以学生的学为本",归宿是"以学生的发展为根"。

"美"的五分钟主题活动**展现形式**有:读写算练的结合、习作方法的运用、主题辩论的自由、合作探讨的深入、角色扮演的点拨、独立批注的静思、手脑并用的演示等。

"美"的五分钟主题活动**操作要求是:**(1)预计出现的问题:一是把课堂还给学生,并不意味着简单的"领地转让",也不意味着教师无所作为,而是向教师提出了更高的要求。二是对学生而言课堂往往是"一统就死,一放就乱"。教师要学会"封口"。要探索从"抓紧统死"到"活而不乱"的教育策略。例如规范有序的小组合作交流互动等。(2)预想目标:一是学生的学习态度实现由"被动等待"向"主动学习"转变;二是教师教学由"注入式"向"启发式"转变;三是课堂内容由"纯知识型"向"能力、情感、价值观"转变。

我们学校的课堂要体现"至美五分钟活动",在语文课、数学课、英语课……中,老师是这样做的。

一、美在感悟

新课标指出:"学生是学习的主体,语文课程必须根据学生身心发展和语文学习的特点,爱护学生的好奇心、求知欲,鼓励自主阅读、自由表达,充分激发他们的问题意识和进取精神,关注个体差异和不同学生的学习需求,积极倡导自主、合作、探究的学习方式。"学生是不同的个体,每个学生的阅读能力、阅读兴趣及阅读材料的选择都存在着一定的差异。教师在引导学生共同阅读的同时,应当注意到这种差异并尊重这种差异。据此,教师设计了"课外拓展阅读感悟卡"五分钟展示活动,引导学生在同一篇课文课内阅读的基础上,自主选择同一类的不同课外阅读文本进行阅读,以"课外拓展阅读感悟卡"的形式反馈阅读的成果。从而达到以教材主题为主线,激发学生阅读渴望,将课内阅读和课外阅读、集体阅读和自主阅读有机整合的目的。

第十三章 小课题俱乐部的精神气质 323

【课外拓展阅读感悟卡】

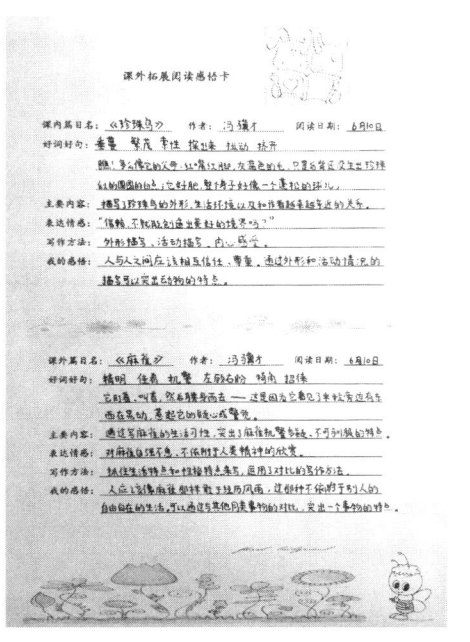

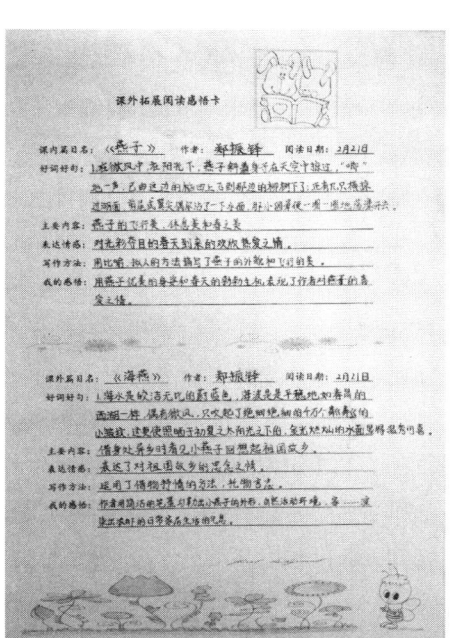

【学生读后感节选】

二、美在情境

【片段节选】

（选自我校一位老师任教苏教版第六册《平移和旋转》的新课精彩导入）

随着优美的旋律，老师播放游乐园录像引领孩子们进入游乐园参观，并请同学们跟随画面用自己的动作和声音把看到的内容表现出来。屏幕上展现出了各种游乐项目,有空中飞伞、勇敢者转盘、观缆车、激流勇进、弹射塔、滑翔索道、小木马,等等。这时同学们小脸上露出兴奋的表情,时而发出"嗖——嗖"、"哗——哗"的声音,时而举起手臂比画摇摆着,尽情地表演着。

(课件一停,老师开始与学生交流)

师:看到这么多的游乐项目,能按照它们不同的运动方式分分类吗?

生1:滑翔索道是直直地往下冲的,可以称为下滑类。

生2:我认为:空中飞伞、勇敢者转盘、小木马可以归为一类,因为它们的运动是旋转的。

师(紧接着问):其他的呢?

生2:弹射塔是向上弹射的,激流勇进是向下冲的,它们和滑翔索道的运动是直的,可以分为一类。

师:刚才你们看到了许多不同的运动方式,有像这样的(用手势表示着旋转的动作)你们能给它起个名字吗?

生(异口同声地):叫旋转。

师(接着用手势表示着平移的动作):像这样呢?

部分生(小声地):可以叫"平移"。

师(抓住时机):好的,就用你们说的来命名。(边说边板书:旋转和平移)

【精彩点评】依据《小学数学课程标准》,"平移和旋转"是小学数学知识的四大领域之一——"空间图形"中的主要内容。应该说,它是培养学生空间观念的一个较为重要的内容。

1. 美的情境,初步感知:平移和旋转这两个运动现象,学生在现实生活中或多或少都见过,只是无法用这两个专门的术语去表达而已。为此,数学课程标准也只是规定在小学阶段对平移和旋转有一个初步的认识与感知就可以了。因此,这位老师选择再现了学生生活中的平移和旋转的活动情境,引领学生一起进入游乐园参观,并请孩子跟随画面用自己的动作和声音把看到的表演出来。故有了孩子脸上兴奋的表情、嘴里形象的"嗖——嗖"、"哗——哗"的声音,还有惟妙惟肖的逼真的动作,可以说孩子是全身心投入,达到了忘我境界。这样的课堂五分钟活动设计巧妙地调动了孩子的求知欲、学习的积极性,使他们生动直观地感知、感悟平移和旋转的特点,引领孩子迈入数学殿堂之门。

2. 动作示范,促进生长:接着,老师趁热打铁,让孩子们对各种游乐项目的不同的运动方式按自己的认识分类。因为前面有着充分的感知积累,所以孩子们自然能准确分类:下滑和旋转。前面的学生表演激活了已有经验——整体感知平移和旋转,至此已接触到了平移和旋转的本质。故老师在此基础上发挥了肢体语言的灵活性,借助手势表示平移和旋转的动作,诱使孩子给这两类不同的运动方式起出了名字:平移和旋转;老师又不失时机、顺势而下地一锤定音:"好的,就用你们说的来命名。"这多么自然、水到渠成,实现了个体认识由感性认识上升到理性认识的第一次飞跃。

《小学数学课程标准》提出:数学教学活动必须建立在学生的认知发展水平和已有的知识经验基础之上。这位老师以美的的设计、美的引导,激活了学生已有的生活经验,把新知引入学生的"最近发展区",使学生在不知不觉中进入数学的知识殿堂,走上了自主学习的大舞台。让学生尽情地说,既是尊重学生,又是有效学习的需要!

三、美在唱游

针对学校高年级学生存在的看到新单词还在等待教师带读,不愿意主动尝试,刚学完的知识不容易消化记住等问题和现状,为了发挥学生的自主性、创造性,使学生从太多的限制和束缚中解脱出来,英语课中开展了"自编儿歌五分钟分享"活动。

例如:唐老师教完六个单词后,设计了限时编儿歌五分钟主题活动。先让学生学习老师编的儿歌。

Say a chant

Clap your hands, and read the sentences!
拍手读句子。

Blanket, blanket, I have a blanket.
Pot, pot, we have a pot.
You have a blanket and they have a pot.
（连读）（**d**不发音）
Let's go camping, go, go, go!

再根据所给句式,添加所学单词,配上韵律。

Let's make a new one.

限时新编小诗

_____, _____, I have a _____.
_____, _____, we have a _____.
You have a ____ and they have a ____.
Let's go camping, go, go, go!

学生们纷纷尝试自己编的儿歌,大家高兴地拍起手来控制节奏,为了使儿歌念起来顺口,有的学生换了好几次单词,有的学生为了显示自己新单词掌握得好,一连用了好几个不同的单词。如:

Stove, stove, I have a stove. Towel, towel, we have a towel.
You have a tin-opener and they have a telescope.
Let's go camping, go, go, go!

几个学生念完自编的儿歌后,其他学生仍想展示自己的儿歌,各人都想参与,抢着说,学生们听得也很开心。

儿歌的运用在小学英语教学中很广泛,因为它贴近儿童,有童趣,易懂易记,儿童们喜闻乐见。运用得好,它能活跃课堂气氛,帮助教师顺利实施教学步骤,也能使教学重点突出。自编儿歌为学习的内容服务,让学生做到有目的地编,这样不但可以加深对单词意义的理解,还能帮助记忆这些单词。

四、美在改变

美术课的魅力并不在于简单的临摹和复制,更重要的是它可以开发学生的创造力。为了让学生能创造新形象,经过反复推敲钻研,朱老师将示范和作业环节反复修改,设计了五分钟主题活动——超级"变变变"。

在课堂上朱老师示范的作品就是创造的游戏新形象——蒲公英(游戏中的威力:它身上的种子可以击打僵尸,若没打到僵尸掉到土壤里又能长成新的蒲公英)、榴梿(功能:让孩子发散思维)等。教师的示范有了新意,打开了学生的想象空间。艺术源于生活，朱老师要求学生从家中带来栽种的植物和从菜场里买来的瓜果蔬菜。

并对学生提出了切实可行的变化要求：1. 以生活中的植物为原型，为游戏创造更新颖有趣的植物作品形象。2. 可以小组合作也可以个人制作。3. 比比看哪件作品更可爱或更具"杀伤力"。因为这种开放型的活动要求，孩子们乐开了花，他们大胆想象，创造出了一件件生动有趣的作品——茄子炮、草莓炮、仙人王等。

学生创意作品见下图。

茄子炮 　　　　　　草莓炮 　　　　　　仙人王

五、美在游戏

爱玩是孩子的天性，教师可以把要学的知识合理设计成游戏，让学生在玩中学到知识。例如在教学鼠标的使用时，信息老师在简单介绍完基本的操作后让学生运行游戏软件"七巧板"，一听玩七巧板，学生们兴致盎然，个个跃跃欲试，学生在乐此不疲地玩"七巧板"游戏的过程中，"指向""单击""双击""拖动"这些鼠标的基本操作方法掌握起来就简单多了，学生的学习兴趣也更浓了。

案例三：美的展示

我们开展至美教育，是希望通过建设至美环境、开展至美活动、开发至美课程、聚焦至美课堂等路径来培育学生的至美精神，培养学生发现美、欣赏美、分享美、创造美的能力,为学生追求至善至美的人生奠定基础。

德,以育之。小学阶段的学生,不仅是长身体、长知识的时期,也是形成良好思想道德品质和文明行为习惯的时期。

中国传统文化是中华民族发展的希望,是道德教育的重要组成部分。继承传统文化,弘扬民族精神是教育工作者义不容辞的责任。在传统节日日渐缺失、西方节日渐渐盛行的今天,学校以传统文化节日,开展一系列的活动,让学生对祖国的悠久历史和传统文化有深刻的了解,进一步增强学生的民族自豪感。

元宵节闹元宵:元宵节一般都在新学期开学不久,我们会在学校开展闹元宵的活动,学校的树枝上挂满大小不一的灯笼,每个灯笼上都有一个谜语,孩子们三三两两,结伴而行,猜中灯谜还有奖品。闹元宵这天,孩子们的欢声笑语成为学校最美的声音。

端午节拼龙舟:端午节我们会开展画鸭蛋拼龙舟活动。孩子们会提前在家中准备好一个煮熟的鸭蛋,并用彩笔装饰好,放在学校准备好的龙舟模型中,满满一"龙舟"的鸭蛋,既是孩子们的美术才艺展示,也是对端午佳节的深度解读。

中秋节赏明月:中秋节前夕,我们会在全校开展中秋画明月活动,孩子们在圆形的纸盘子上画上关于月亮的故事,并配上和月亮有关的诗歌,届时在学校特制的背景墙上,挂满了孩子们制作的明月,全校孩子赏"美月"、品"美画"、吟"美诗",形成一道亮丽的风景线。

(本节编写:李婷)

第二节　至美的学校发展效能

审美教育是美学中的重要问题,是审美活动的归宿和实现。我们研究的美与学校的发展,主要是研究审美教育与学校的发展,下文的审美教育也称为美育。

一、美育的特点

审美活动提高人的审美能力,使人逐步走向自由王国。审美教育的任务便在于培养审美的人、培育审美的人生。中国现代美学开拓者蔡元培在《教育大辞书》中给"美育"下的定义是:"美育者,应用美学之理论于教育,以陶冶感情为目的者也。……与智育相辅而行,以图德育之完成者也。"当代美学家蒋孔阳就认为:"美学其实是一门关于人的科学……美学研究的任务。目的是为了艺术,但又不限于艺术。它在于提高艺术教育重量的过程中,丰富和提高了整个人生。美学的根本任务,是在整个的人生服务!"所以,审美教育是审美活动的最终目的和使命。

审美教育是一种教育活动,也是一种特殊的审美活动。从审美教育活动的手段来看,它具有形象性;从审美教育活动的心理基础来看,它具有情感性;从审美教育活动的过程来看,它具有渐进性;从审美教育活动的方式和目的来看,它具有自由性。审美教育的实现需借助直观的感性形象,它建立在人的情感的基础上,是一个渐进的、潜移默化的过程,主体在自由愉悦的审美体验中,使自己的情感得到升华、灵魂得到净化,审美教育的目的是塑造完美的人格和培育审美的人生。

1. 形象性

审美教育不同于智育、德育等活动,它是通过具体可感的美的事物和现象使人获得美感,从而进行教育活动的。不管是自然美育、生活美育还是艺术美育,都离不开直观的形象。没有了具体的、鲜明的感性形式就没有了美。审美教育的过程也是一种审美活动的过程,它离不开对美的感性观照。

审美教育从狭义讲是通过艺术手段对人们进行教育,从广义讲就是运用自然界、社会生活、物质产品和精神产品中一切美的形式给人们以耳濡目染,以达到净化人们心灵、行为、语言、体态,提高人们道德与智慧的目的。

不管是借助自然美、社会美还是艺术美,审美教育都离不开形象,都是一种通过直观可感的形象来感染人、熏陶人,以陶冶性情、变化气质、促进人的全面发展的教育方式。离开直观可感的形象,审美活动是无法进行的。教育从感性形象入手便更容易吸引人,也更容易被人们所揭示。

2. 情感性

审美教育是一种情感教育,情感是审美教育的心理基础。什么叫教育的情感性?体现在它通过具有感染力的形象激发人的情感,使人欣然接受教育,而不是通过强制性的规范和说教,或者理性的推理和逻辑来教育人这一特征上。情感具有巨大的力量,这是其他强制性措施所不能比拟的。

审美教育具有情感性,首先,同审美教育所采用方式的情感性有关。例如,诗教、乐教作为中国古代审美教育的方式,可以说是一种情感教育,这与诗、乐本身的情感性是分不开的。其次,审美教育具有情感性,还因为审美教育可以激发人们的情感。即使利用大自然进行审美教育,也同样具有情感性,因为大自然虽然无情,但是自然中的惊涛骇浪、电闪雷鸣、小桥流水、风花雪月却可以激发人们不同的审美情感,使人从中观照到自身的本质力量。再次,审美教育具有情感性,还因为审美教育可以净化人们的情感。审美教育是一种情感教育,这不仅体现在其作用的方式上,还体现在其目的上。人的情感有高尚、庸俗之分,审美教育中的情感是一种审美情感,并不是低级庸俗的情感,审美教育的目的就是陶冶美好的情感,压制庸俗的情感。

审美教育的情感性使我们认识到教育活动要充分发挥情感的积极作用,既要晓之以理,更要动之以情,以情感人的效果更胜于以理服人。

3. 渐进性

审美教育要改变人的心灵需要一个长期的过程,它是"随风潜入夜,润物细无声"的,它通过潜移默化渗透于人的心灵,不是一朝一夕可以完成的。"化"字体现了审美教育潜移默化的渐进性特征。具有无言之美的化育体现了中国古代审美教育的特色。审美教育崇尚自然而然,它使人不知不觉中受到陶冶与教育。因此,审美教育活动不是狂风暴雨式的,而是春风化雨式的,它注重耳濡目染的熏陶和感染,尽管过程缓慢,但是对人的影响却深入而持久。

4. 自由性

审美教育的根本性质和特点是其目的的自由性。自由即审美教育的方式,也是审美教育的目的。自由是人的本质特点,也是审美教育的本质特点。只有在自由状态和心境下,人才能充分发现自己,摆脱自己的有限性和规定性,体现自己的本质力量。自由一方面体现为审美教育过程中主体的能动性。在审美教育过程中,审美主体总是处于一种轻松自由的状态下,不曾被强迫,是心甘情愿地参与的。如蒋孔阳所说,审美教育"像空气一样包围着受教育者,让他不知不觉而又自觉自愿地去感受、去体会,从而心甘情愿地接受教育"。所以古人常常用风来比喻审美教育,它像风一样无影无踪,却又像风一样不可抗拒。

另一方面,自由也是审美教育的目的和结果,审美教育的结果是要培养一个人自由的心灵和自由的人生,通过审美教育,主体的心灵能够超越功利与实用,进入纯粹而审美的境界。在这一点上,美育与德育、智育不同,如王国维所说:

"德育与智育之必要，人人知之，至于美育有不得不言者……独美之为物，使人忘一己之利害，而入高尚纯洁之域，此最纯粹之快乐也。"

二、美育的功能

审美教育不仅通过情感、形象培养人的感性与理性的和谐，而且是一种综合性的、全面的教育形式。它与德育、智育互渗互补，相辅相成，促进人的全面发展。同时，审美教育还有助于人生的艺术化，能够促进审美人生的成就。

1. 培育审美心胸

审美心胸，西方美学称之为审美态度，这是审美主体进入审美活动的前提。审美态度是人对待世界的一种特殊方式，它不同于科学认识的态度和实用伦理的态度。平时我们都习惯用一种概念的眼光或者用实用的眼光看世界。在概念化和功利化的眼光中，世界永远是那么黯淡，千篇一律，缺乏生气。但是一旦你有了一个审美的态度、审美的心胸，那么在你面前，感性世界就永远是新鲜的，五彩缤纷，富有诗意，就是王羲之所说的："群籁虽参差，适我无非新。"培养审美的心胸和审美的眼光就要像伟大盲人教育家海伦·凯勒所说，"最大限度地利用每一个感官，享受世界通过大自然赋予你的几种接触方式揭示给你的快乐和美的方方面面"。

2. 培育审美能力

审美能力就是审美感性能力、审美直觉能力，也就是对无限丰富的感性世界和它的丰富意蕴的感受能力。在瞬间的审美直觉中，情景融合，生成审美意象，伴随着的就是审美的愉悦。这就是刘勰所说的："情往以赠，兴来如答。"在这种审美意象的欣赏中，在这种审美的愉悦中，体验人生的意味和情趣。

美育需要一个人的整体的文化教养为基础，需要通过直接参与审美活动的实践来施行，而且和一个人的人生经历有着内在联系。美育不应该孤立进行，不仅要十分重视受教养者直接参与审美活动、艺术活动的实践，而且应该和提高一个人整体的文化教养结合在一起来进行。同时，在美育实施过程中，要关注一个人的人生经历对他心灵的深刻影响。

3. 培养审美趣味

审美趣味是一个人的审美偏爱、审美标准、审美理想的总和。审美趣味集中体现一个人的审美观。

审美偏爱是个体审美心理的指向性,也就是对某类审美客体或某种形态、风格、题材等优先注意的心理倾向。审美偏爱的健康发展,表现为兴趣的专一性与兴趣的可塑性之间的一种张力平衡关系。

审美标准是个体在审美活动中形成的审美判断的尺度,是个体对审美客体好坏品级理解的某种参照物。审美标准的形成受到审美偏爱的影响,但更重要的是和主体的文化艺术修养以及主体的审美活动的经验有关,也和主体在艺术史、艺术鉴赏、文化背景等多方面的知识有关。

随着个体审美偏爱和审美标准的形成,个体的审美理想也逐渐形成。审美理想是个体的一种理性概念,是个体在审美活动中的追求和期待,它不仅影响着审美标准和审美偏爱,更主要的是它指导和激励主体在审美活动中奔向人性的完善。

审美趣味作为审美偏爱、审美标准、审美理想的总和,制约着一个人的审美行为。审美趣味不仅决定一个人的审美指向,而且深刻地影响着一个人每一次审美体验中意象世界的形成。而一个人在各个方面的审美趣味,作为一个整体,就形成一种审美格调,或称为审美品位。

三、美育的方式

审美教育主要通过自然教育、生活教育、艺术教育等途径进行。审美教育随时随地都可以进行。如蔡元培所说:"名山大川,人人得而游览;夕阳明月,人人得以赏玩;公园的造像,美术馆的图画,人人得而畅观。"审美教育可谓渗透在人们生活的各个方面。审美教育的基本方式可相应分为自然教育、生活教育、艺术教育。

1. 自然美育

自然界不仅是客观的存在物,还是实行审美教育的良好媒介。人们在欣赏自然的过程中,心胸会变得开阔,心灵能得到净化,最终进入物我合一的审美境界。自然美不仅是审美的对象,也是审美活动的环境。优美的自然环境不仅可以让人心情舒畅,还能陶冶人们的审美情趣。苏东坡所说的"可使食无肉,不可居无竹"便反映了自然环境对人的陶冶作用。蔡元培创办国立西湖艺术院时也选择将学校建在环境优美的西湖边,如他所说:"美育之目的,在陶冶活泼敏锐之性灵,养成高尚纯洁之人格,故为达到美育实施之艺术教育,除适当之课程外,尤应注意学校的环境,以引起学者清醇之兴趣,高尚之精神。"

2. 生活美育

生活是美的源泉,生活对人们的思想感情有直接有效的影响。生活美首先体现为人之美。人之美是生活美的核心,它包括人内在的人格精神、意志品格与外在的仪态风度、语言行为等。生活美还包括人的生活方式之美。生活美还表现和贯穿在一些集体的活动(如祭祀、节庆、郊游等)中,是寄寓于知识教育、伦理教育中的社会生活美育。另外生活中的物质产品,如高大巍峨的殿堂、精巧别致的园林,以及生活中的器皿装饰,既有实用价值,又有审美价值,它们也体现着人的本质力量,给人以美的熏陶。

3. 艺术美育

艺术源于生活,又高于生活,它是人的审美意识的集中体现,艺术美育也是审美教育的主要方式。艺术对于审美教育来说具有特别重要的意义,苏联美学家斯托洛维奇说:"人的审美教育可以通过多种途径实现,但是不能不承认,艺术是对个人目的明确地施加审美影响的基本手段,因为正是在艺术中凝聚和物化了人对世界的审美关系。"

人们认识到"人文"可以化育天下、移风易俗,所以对艺术的审美教育功能极为重视。由于艺术是情感的表达,因此,艺术是宣泄人的感情的渠道。艺术对个体来说,可以陶冶性情,美化人生。艺术带给人们的是一种生活观念和生活态度,它使人们的生活超越俗务,给人们以理性和信念,教人以艺术的态度看待人生,使人生艺术化。

各种审美教育方式之间也是互相联系的。自然美育、生活美育、艺术美育往往互相补充,互相渗透,相辅相成。自然美育可以促进人们艺术感知力和艺术创造力的发展,并影响人们的生活态度和生活情趣;同样,艺术美育可以加深人们对自然的理解,丰富人们的审美情感和日常生活,而生活美育也影响着人们对自然的态度和艺术表现。

四、美育在教育体系中的作用

现代教育的目标是培育全面发展的人。为了实现这一目标,美育是不可缺少的。蔡元培在1912年就任中华民国临时政府教育总长时发表《对于教育方针的意见》一文,其中就提出要把美育列入教育方针。蔡元培提出这一主张,是基于他对美育在教育体系中的地位和作用的深刻的认识。

1. 德育不能包括美育

过去很多人经常把美育作为实施德育的手段,这种看法是不妥当的。美育和德育有着密切联系,它们互相配合、互相补充、互相渗透,但是并不能互相代替。就性质来说,美育和德育都作用于人的精神,都有引导学生去追求人生的意义和价值的作用,都属于人文教育,但二者有区别:德育是规范性教育,在规范教育中使人获得自觉的道德意识;美育是熏陶、感发,使人在物我同一体验中超越"自我"的有限性,从而在精神上进到自由境界。这种自由境界是德育不能达到的。就社会功能来说,德育主要着眼于调整和规范社会中人与人的关系,美育主要着眼于保持人(个体)本身的精神的平衡、和谐与自由。

2. 美育培养创新人才

创新是民族进步的灵魂,我们要建设创新型国家,必须大力培养创新人才,要实现这个目标,美育有着独特的、不可替代的功能。

一是美育可以激发和强化人的创造冲动,培养和发展人的审美直觉和想象力。审美活动的核心就是创造一个意向世界,这是不可重复的"这一个",具有唯一性和一次性,这正是"创造"的本质。许多大科学家都谈到,科学研究中新的发现不是靠逻辑推论,而是靠一种直觉和想象力,这种直觉和想象力的培养,不能靠智育,要靠美育。二是美感要靠美育来培养。自然界本身一方面是有规律、有秩序的,另一方面又具有简洁、对称、和谐等形式美的特征,所以在科学活动中,科学家常常因为追求美的形式而走向真理,在科学研究中美感对于发现新的规律,创建新的理论有重要作用。

一个人要成就一番大事业、大学问,除了要有创造性外,还要有一个宽阔、平和的胸襟,这也有赖于美育。美育可以使人获得宽广、悦适的心胸和广阔的眼界,从而成为一个充满勃勃生机、明事理、有作为的人。

3. 加强美育是时代需要

如今,世界各国的经济发展出现了许多新的特点和新的趋势,这就要求我们的生产部门、流通部门、管理部门的工作人员以及各级政府官员,不仅要有经济的头脑和技术的眼光,而且要有文化的头脑和美学的眼光,加强美育是时代发展的需要。

随着社会经济的发展，商品的文化价值、审美价值逐渐超过使用价值和交换价值而成为主导价值。因此，改进商品的设计，增加商品的文化意蕴，提高商品的审美趣味和格调，就成了经济发展的大问题。我国一些产品和发达国家产品相比较缺乏竞争力，一个极重要的原因也是设计问题。生产部门、流通部门、管理部门的工作人员以及各级政府官员的文化修养和美学修养，已经或即将成为制约我国经济发展的一个瓶颈。国内许多学者认为，21世纪世界上最大的产业或者说最有发展前途的产业有两个，一个是信息产业，一个是文化产业。文化产业已经成为世界各发达国家重要的支柱产业，为了适应国际产业发展的新趋势，在学校教育中加强美育不仅十分必要，而且极其紧迫。

4. 美育伴随人的一生

从空间上讲，美育不应该只局限于讲一门课，也不应该只局限于学校范围之内，它应该是整个社会的。此外，从时间上讲，美育也不应该只局限于学校这一段，它应该伴随人的一生。人的一生分为胎儿、学龄前儿童、青少年、成年人、老年人五个阶段。在不同的阶段中，人的生活内容和生活环境有不同的特点，人的生理状况和心理状况也有不同的特点，所以美育的内容和方式也应该有所不同。

五、美育促进学生发展

美育的目标和功能不仅仅是增加受教育者的知识，更重要的是引导受教育者去追求人性的完满，引导受教育者体验人生的意味和情趣，美育应该贯穿在学校的全部教育之中。学校教育的各环节，包括课堂教学、课外活动，以及整个校园文化，都应该贯穿美育。课堂教学，不仅限于艺术类的课程，而且语文、数学、体育等课程也都应该贯穿美育。

1. 美育促使学生自由生长

青少年时期是生长、发育的时期，学校的美育要注意通过营造浓厚的文化氛围和艺术氛围，促使他们自由、活泼地成长，充满快乐、蓬勃向上。如王阳明所说："今教童子，必使其趋向鼓舞，中心喜悦，则其进自不能已。"

2. 美育促进学生审美发展

青少年时期是一个人的人生观、价值观形成的时期，所以学校的美育要注重审美趣味、审美格调、审美理想的教育。要用榜样的力量促进学生成长。例如马克思每年都把埃斯库罗斯的原著读一遍,他始终是古希腊作家的忠实读者,他恨不得把当时那些教唆工人去反对古希腊文化的卑鄙小人挥鞭赶出艺术的殿堂。

3. 美育引导学生健康向上

学校美育要加强艺术经典的教育。要引导学生在艺术经典中去寻找人生的意义,去追求更高、更深、更远的东西。艺术经典作品能感化人的心灵,唤起心灵中美好和谐的感情,可以使人精神焕发、豪情满怀,具有"润物细无声"的化育作用,从而促使学生从小立下"为中华之崛起而读书的"远大志向。

例如安德烈·塔科夫斯基在《雕刻时光》中所说,"在我孩提时代,母亲第一次建议我阅读《战争与和平》,而且于往后数年中,她常常援引书中章节片段,向我指出托尔斯泰文章的精巧和精致。《战争与和平》于是成为我的一种艺术学派、品味和艺术深度的标准。从此以后,我再也没办法阅读垃圾,它们给我以强烈的嫌恶感。"

4. 美育吸引学生探索实践

学校的美育还要有计划、有组织地带领学生更多地参与社会实践,更多地接受人类文化遗产的教育。人类文化遗产包含三个方面:人类自然遗产,如黄山、泰山、西湖等;人类物质文化遗产,如故宫、长城、颐和园、敦煌莫高窟、南京明孝陵等;还有人类口头的、非物质文化遗产,如昆曲、京剧、剪纸、木偶戏、南京云锦等。这些人类文化遗产都是对学生进行美育的最好场所,它们是培育美好、善良、高尚的灵魂的最好养料。

六、美育提升教师境界

人生境界就是一个人的人生的意义和价值。它是一个人的人生态度,包括这个人的感情、欲望、志趣、爱好、向往、追求等,是浓缩一个人的过去、现在、未来而形成的精神世界的整体。人生境界对于一个人的生活和实践有一种指引的作用。一个人有什么样的境界,就意味着他会过什么样的生活。一个人的人生可分为三个层面:日常生活的(俗务的)层面,工作的(事业的)层面,审美的(诗意的)层面。一个人的人生境界在这三个层面中都必然会实现。

教师在对学生进行审美教育的同时,也会追求自己的审美人生。那么,教师在自己的生活实践中有意识地追求审美的人生,也就是在向着最高的层面提升自己的人生境界。

审美的人生就是诗意的人生、创造的人生、爱的人生。诗意的人生就是要跳出"自我",用审美的眼光和审美的心胸看待世界,照亮万物一体的生活世界,体验它的无限意味和情趣,从而享受"现在",回到人类的精神家园。创造的人生,就是一个人的生命力和创造力高度发挥,从而使自己的人生充满意义和价值,显得五彩缤纷。教师的人生充满诗意和创造,一定会给他带来无限的喜悦,使他热爱人生,有一种拥抱一切的胸怀和对每个人以及万事万物的爱。这是爱的人生,爱的人生是感恩的人生。

(本节编写:李婷)

第三节 至美的校本行动

"兴于诗,立于礼,成于乐。"中国几千年以来秉承立德树人的优秀传统,我校围绕美育立德这一根本任务,着眼于为未来社会培养更多全面发展的人,坚守教育的理想,遵循教育的本源,立足校情、有教无类、回归本源、积极探索,培植并创造性地发展"至美教育"体系,使"至美教育"成为学校开展社会主义核心价值观教育的基石,成为学校落实立德树人、美育立德根本任务的载体,成为学校实施素质教育人才培养的新视角。

所谓"至美"是学校构建实施"悦美环境、智美课堂、趣美学生、最美教师"的一个完整的"至美教育"的美育研究实践体系,内涵丰富,体系完整,让师生在美育环境氛围中得到主动和谐发展。主要包括以下几个部分:

一、在校园文化中浸润"至美"

我校创建于1929年,坐落在扬子江畔,毗邻南京长江大桥南侧,具有89年的办学历史,校园文化积淀深厚。众所周知,文化是学校的灵魂。文化不是悬挂在半空的东西,不是静止不变的东西,更不是用于炫人耳目的东西。文化具有弥漫性,它是具体存在的,学校的文化建设应该落地生根。近年来,学校在上级领导和社会各界的大力关心支持下,上下同心,与时俱进,强化管理,深化改革,彰显"至美课堂"教育特色。学校在"至美"教育品牌的创建过程中,紧紧围绕健康第一、身心和谐、生态文明等要素，打造具有亲和力、凝聚力的学校人文生态环境，营造"以文化人、以美育人、以文养心、以美导行"的"至美"文化，用文化培植学校发展的生命力和竞争力。

1. 营造至美文化，让观念聚共识

两千多年前，孔子就认为人有五种美的德行，即"惠而不费，劳而不怨，欲而不贪，泰而不骄，威而不猛"。重视美育的育人作用，并在教育实践中加以实施，用美育使学生"心灵得到净化"，是自古有之的，并且一直延续到今天，这已经成为中华民族教育的优良传统。

"至美教育"应贯穿在学校的整个校园文化之中。对于一所学校来说，营造一种浓厚的至美文化氛围是极其重要的。在这种浓厚的美的文化氛围中，熏陶出来的学生必定和别人不一样，必定更有活力和创造力，充满勃勃生机，必定更有情趣，更热爱人生，具有更开阔的胸襟和眼界，必定有更健康的人格和高远的精神境界。

学校通过问卷调查，再向全校师生征集学校吉祥物，在众人的智慧之下，我校终于有了自己的吉祥物"平平"和"萍萍"，它们代表着我校的核心理念"美美"，做"最美的自己"。为了更好地宣传至美文化，学校还利用电子显示屏滚动播放"至美"宣传标语，发动师生开展"'至美文化'大家谈活动"，凝聚共识，进行提炼，对学校的"至美文化"进行顶层设计，并以此为奋斗目标，进一步引领学校、教师、学生发展。

2. 营造至美校园，让环境能育人

王继华教授在阐说静态校园环境文化时，曾文采飞扬地写下这么一段话："静态校园环境文化是学校和外界对话，展示精神信念的载体，它让石头唱歌，促成心灵的震撼；它让墙壁说话，书写心灵的走向；它让花草致礼，形成绵长的志趣；它让雕塑栩栩如生，成为活现理想的旗帜；它让校史馆的峥嵘岁月，成为砥砺自豪的向往。"

我校正是这样努力的，学校本着科学性原则、发展性原则、教育性原则、实践性原则，因地制宜地将核心价值观融入校园文化和特色校园建设之中，依据"至美教育"的理念，对教学楼、校史大道、小花园进行命名设计，让学校楼堂过道等成为凝固的教育；学校景观的中央是一块刻有"品似美玉，行如坚石"的校园文化石，"品似美玉"，即人要有如玉般的高尚的人格、君子的气节、优秀的品德，以及生活的理想。"坚石"亦称为"磐石"，"磐石"象征着坚韧不拔、不可动摇的顽强气节。"品似美玉,行如坚石"则希望长小全体师生都能以美玉般的德行和坚石般的顽强来要求自己、约束自己、净化自己。

学校精心打造最美心灵土壤,校训为"从小做起,至善至美";教学楼外墙体上镶嵌"长思、长美、长慧、长平、长乐、长新",体现着我校的教风和学风,这面"文化墙"成为德育、美育教育的大课堂,推动着学校的精神文明建设。同时,我校还在教学走廊放置了学生的绘画作品,陶冶学生的情操,让学生受到艺术美的感染。每间教室的墙壁上都有一块"做一片美的叶子"展板,该展板专门展示班级优秀学生的美的作业。

我校还很重视传统文化,在《关于运用传统节日弘扬民族文化的优秀传统的意见》中强调和注重民族传统文化的保护与社会伦理道德的建设。正是在这样的指导思想下,我校精心打造具有"诗美特色"的宣传墙,将学生制作的有关中秋文化的纸盘、具有年味的剪纸、制作的花灯等呈现于校园,打造诗意般的过节气氛,让学生感受传统文化的魅力。"至美文化墙"上则出示了《三字经》《弟子规》等传统礼仪的文字,使广大师生在耳濡目染中树立良好的品性,置身于美的海洋,受到美的教育、美的熏陶,得到赏心悦目的精神享受。

校园里种植了有寓意"各美其美"文化的植物园,做到春有花、夏有荫、秋有果、冬有绿,创建了令人心旷神怡的诗意校园。席勒说:"美是活的形象,美是生活与形象的统一。"学校的精神内涵通过这些形象的符号影响着全校师生,潜移默化地影响着学生的成长。良好的校园环境是一本书,环境文化建设充分发挥了美育的"以美养德""以美启真""以美引善""以美导行"的特色价值,学生可以在"多看"中产生"多问",达到"多识"并接受感染和熏陶,逐步成为广大师生的共同信念。

学校努力将环境文化打造成为学校核心价值观、美的教育的辐射源,这是任何文化课程所不能替代的。学校的一字一句、一板一刊、一墙一壁、一树一木,都飘溢着浓郁的文化气息,彰显着教育的智慧,实现校园文化的隐性教育功能。

二、在师生言行中彰显"至美"

孔子说过:"其身正,不令而行;其身不正,虽令不从。"作为学校的老师,一言一行首先应该是美的,因为教师是学生的榜样。我校的口号是"做最美的自己",口号中的"最美"不仅指教师的外表美,即衣着整洁、得体大方,还指教师要做到行为举止美,比如和学生说话时要做到口吻亲切,尤其是学生在学习上遇到困难的时候,教师的语言要做到文明。平时与学生相处时,要做到目光柔和,话语温和,举止大方,感情自然,精神饱满。学生调皮时能与他们说说悄悄话,进步时能给予鼓励,生病时给予关爱,让学生时时感受到温暖。教师对学生说话要负责,承诺要兑现,这样有利于树立教师在学生心目中的美好印象,更有利于培养学生的诚实品德。教师好似一面镜子,通过教师这面镜子,久而久之学生也会从教师身上学到四美,即"行为美""语言美""气质美""心灵美",这"四美"是各个年级学生形成德、智、体、美全面发展的良好态势的关键。学校还发起征集"教师美的语言"和"学生课堂美的语言"活动,在全体师生的热情参与和努力之下,最后确定了"教师美的语言"和"学生美的语言",供老师和同学们在课堂上使用。

教师美的语言:

语文篇:

1. 你的回答真是与众不同啊,很有创造性,老师特欣赏你这点!
2. 倾听是分享成功的好方法,他听得可认真了,会听的孩子是会学习的孩子!
3. 啊!你的课外知识真丰富,都可以成为我的老师了。
4. 你倾听得仔细,耳朵又灵,这么细微的地方你都注意到了。
5. 你是个爱动脑、会提问的好孩子,掌声送给你。
6. 你很有创见,这非常可贵,请再响亮地说一遍!
7. 你的问题很有价值,看来你读书时是用心思考的。
8. 你表达得这么清晰流畅,真棒!
9. 会提问的孩子,就是聪明的孩子!
10. 你分析问题那么透彻,老师真希望每节课都能听到你的发言。

综合篇

1. 他的动作虽然失败了但精神可贵,给他一点掌声,相信他一定能成功。
2. 同学们,你们观察老师的示范动作非常仔细和认真,所以你们学得很快也很好。
3. 研究碰到困难,别退缩,相信自己,一定能行!
4. ××同学听得最认真,第一个举起小手,请你回答!
5. 你的发言给了我们很大的启发,真谢谢你!

6. 会提问的孩子,就是聪明的孩子!
7. 你真会动脑筋,比老师想的还要好!

学生美的语言:

1. 某某同学,我想跟你比一比。
2. 我愿意把课文精彩部分给大家读一读。
3. 谢谢你给我的帮助,我听明白了。
4. 我们小组汇报完毕,请提宝贵意见。
5. 谢谢你的建议,我知道……
6. 你说得很棒,我想补充……
7. 老师,我觉得这道题是这样的。
8. 谢谢你帮我解答了这个疑问,以后我也要多读书,了解更多的知识。
9. 你的建议很好,我虚心接受。
10. 这道数学题,你用的方法是正确的,但是如果改成综合算式会更好。

美是一种感悟,也是一种体验,当学生感悟到美,并且所欣赏的美得到大家的认可,便会有积极的体验,激发起自信心,更乐于去发现美、表现美、创造美。请动作协调、姿势优美的孩子做操给大家看,请学生观察衣着得体的小朋友,让学生感知着装整洁是美,搭配协调是美;在班级的"做一片美的叶子"的展板中展示学生的优秀作业,让学生明白书写规范、卷面整洁为美……长期坚持利用一些具体的生活场景、具体的榜样让学生感知美、欣赏美,使学生潜移默化地受到影响,收到在一个美好的育人环境中学生教师之间相互熏陶之效。

三、在学校课程中锻造"至美"

1. 由点及面,打造"三位一体"课程

"整体"即最大限度地协调人性、物性、天性、心性的内在统一性,改变现有各类知识之间的生态失衡状态,形成各学科知识之间、知识与自我之间的生态整体关系。将美育与各学科相融合,通过全方位的审美力渗透建构科学教育的生态整体性、境域性和创生性。美无处不在。除音乐、美术等艺术教育以外,美育在我校其他课程和整个办学系统中,也是无处不在的。结合我校的学情,我们建构

了"三位一体"的系统课程,分别是"校园文化形象课程系统","传统的学科课程"即"传统的艺体课程,语文、数学、思品、科学课程",还有"综合美育实践课程",即"大课间、信息技术、名桥美韵、社团活动等"。这三门系统课程都是根据小学生审美心理发展的突出特点,遵循美学逻辑,充分调动学校师生全员参与。课程体系之间相互融合渗透,在不同阶段创生最适合我校自身发展的可能性,实现师生的"至善、至美与和谐人格"的发展。

2. 学科渗透,"智美课堂"现"至美"

在我校的"智美课堂"上初步研制出了"美的情境、美的问题、美的语言、美的生长、美的主题活动五分钟"的"至美教学"新模式。要求教师在备课时要把"美"真正融入渗透在学科教育中。学校根据学科的特点和规律,实践探索一套符合学校实际的课堂教学评价实施标准,即"教学情境美、教学语言美、教学艺术美、学生语言美、学生思维美、教学效益美"。

(1) 创设"美的情境"

"文章自有境,入境方觉亲。"在小学语文教材中有不少的写景抒情文,这类文章一般文字优美,字里行间洋溢着自然美好的情感,是学生感受、欣赏、积累美的语言,陶冶情操的典范之文。因此在语文教学中,我们的语文教师充分挖掘教材中美的因素,积极创设美的情境,引领学生走入情境,抵达文本内在的美境,使学生更好地品味语言美。在学校的青年教师展示课中,张园老师执教的一节三年级的《荷花》给人印象深刻。《荷花》是一篇优美的写景抒情文,课文以丰富的想象,描写了荷花的清新美丽,展现了一幅各具姿态、色彩明艳、活生生的水中荷花的画面,表达了对大自然的热爱,是学生感受美,诵读积累、陶冶情操的美文。

初读课文时,张老师创设了这样的情境:"同学们,南宋著名诗人杨万里曾经写过这样一首很美的诗,大家想读吗?"音乐声中出示古诗《晓出静慈寺送林子方》,张老师学着大诗人的模样,开始吟诵起古诗,诗在音乐中诵读着,别有一番风味。学生被张老师入情入境的朗读深深吸引住了,仿佛置身于诗中的情景。接下来张老师请学生咏读想象:"同学们,看看这首诗中描绘的是什么美景?"学生通过自读古诗,小组交流得出诗所描绘的是荷花盛开的美景。"同学们想不想再欣赏欣赏?""想!"全班异口同声。张老师顺势引导,播放荷花图片给学生们欣赏。此时的课堂变成了一个大荷花塘,各式各样的荷花映入眼帘,令人目不暇接。学生不时发出"哇,好漂亮啊!"的赞叹声。这时,张老师问道:"你能用一个词语或一句话说说你欣赏到的荷花的美吗?"学生纷纷发表自己的意见。经过上述的情境创设,张老师顺势引导学生进入今天要学习的课文:"说起看荷花最入迷的人要数叶圣陶爷爷了,他看着荷花时仿佛自己也变成荷花少女,而且在风中翩翩起舞!我们一起来欣赏叶圣陶爷爷写的《荷花》。"

结合课文内容,以诵读古诗引入,在清新舒缓的音乐中,在古诗词渲染的美好意境中开始课文内容的阅读,不仅调动了学生的兴趣,而且烘托出淡淡的书香味,渲染出静静的清新闲适的阅读环境。接下来,恰当运用多媒体教学手段,把亭亭玉立、婀娜多姿的荷花绽放的景象带到大家面前,形象、直观、生动地再现课文内容,唤起学生情感,使学生在赏心悦目中感受到大自然的美丽景色。

当然,"美的情境"不仅仅只限于语文课堂,在我校的美术、英语、品社等课堂中,我们提倡结合所学内容创设适合本节课的优美情境,让学生在"美的情境"中学习美、感受美、判断美,不断提高个人审美情趣,进而树立起正确的审美观、人生观。

(2)重视"美的问题"

何为"美的问题"? 即问题是有思考价值的,是可以提升学生的思维能力的。在实际教学过程中,教师要贴近学生的生活实际,充分挖掘身边的素材,借助信息技术,通过信息的呈现,形成问题情境,引导学生在现实的情境中发现问题,提出问题,进而解决问题。

丁一丹老师在"小学生上学放学接送情况的调查研究"一课中,通过课前调查,她发现很多学生一下子提不出问题或不知该提什么问题。于是,在课堂交流中出现了这样一幕:

一个孩子在组内问道:"你觉得家长愿意接送孩子上下学吗?"立刻引起同学们的争论,一生质疑:"有哪个家长不愿意接送孩子的,这个问题问得多余。""对啊,我们是要采访别人。这样的问法没法深入和别人交谈,不利于了解到谈话主题的更多内容。"于是,丁老师随机指导道:"其实,在我们平时提问中,还要注意用好不同的疑问词,也能起到事半功倍的效果。"

说着,便从同学提出的问题中提炼出疑问词板书在黑板上,请同学对照修改自己的问题,让问题的表达更通顺。

黑板板书

疑问词	修改前：
为什么？	你觉得家长愿意接送孩子上下学吗？（浅显）
是……吗？	
怎么样？	修改后：
哪种……？	你认为家长主要出于什么原因来接送孩子？
……	（深入）

结合学生的心理特点，丁老师通过趣味性的问题设计，使学生对"问题"产生兴趣，从而调动学生的学习兴趣，为后续研究问题、解决问题提供基础和动力。当遇到问题时，同学们会互相"补位"，互相支援。合作学习是一个相互关心、协作、建议、提醒和修正的过程，也是一个相互磨合、学习的过程。问题是打开思维的钥匙、展开合作交流的导索，有问题才有自主、创造、发现、体验。在实际的教学活动中，只有教师问得得法，问到关键，认真体会问题中美的内涵、美的因素、美的价值，让"美"满课堂，寓情于美，才能使学生在审美氛围中得到熏陶，为有效的教学增加有力的砝码。

(3) 体现"美的生长"

生长即从无到有为生，从小到大为长。我校提出的"美的生长"就是希望在不同的课上都能通过课堂学习，生智、生情、生行、长智慧、长温度、长行为。

例如：一架数字天平，天平的左右两臂上分别有 10 个等距挂钩。如何让数字天平保持平衡？两块重量卡怎么放？在课上，褚晓芳老师通过让学生动手操作做实验使学生一下子就明白——原来只要两边挂在相同的数字上就行，并让学生尝试记录这样的平衡，感受"＝"的对称性。那么 3 片怎么挂会平衡呢？比如，左边放在"6"上，右边两片怎么放？如果学生是在纸上思考 6＝□＋□，那么他有困难时就会很快放弃。而数学实验就不一样了，他有困难时，可以动手尝试！一开始，同学们也不是马上就明白其中的道理。左边挂在"6"上以后，右边挂的是"4"和"5"，不过他们马上发现天平往右边倾斜了。于是进行调整、再调整，直到平衡在实验中。最后，孩子们通过操作思考、交流等过程，发现了只要右边数字的和是 6 就会和左边的"6"保持平衡，可以用"＝"连接了。在这里，左边的"6"和右边的两卡片位置之和（如 2＋4＝6）的"6"是不同的。等式在这里表示的是"平衡"，是结果相等，具有对称性，而不是"得到"的传递之意。

生长课堂最显著的特质便是"探索"。儿童本身就是"探索者",探索是儿童的又一天性。意大利教育学家蒙塔里说,儿童是上帝派来的密探,要探索一下成人世界是一个什么样的世界。苏霍姆林斯基也说过,儿童就是一个探究者,探究是儿童的专利。生长课堂为儿童提供广阔的探索时间与空间,让他们通过观察、实验、想象、直觉、猜测、检验等独立活动,经历破土发芽长叶开花结果的自然生长,使探索真正内化为他们的一种学习意识和学习素养。

（4）拥有"美的语言"

著名教育家苏霍姆林斯基提出,"教师语言修养在很大程度上决定着学生在课堂上脑力劳动效率"。优美的课堂教学语言如春风化雨,常常能使学生如沐春风,获益匪浅。从根本上讲,课堂语言艺术是一种智慧、一种激情、一种文化,而不是单纯的技能或技巧。不管哪一节课,教师的语言美至关重要,因为教师要用语言与学生交流,一节课的始末由语言贯穿,教师的语言美能给学生做示范,使学生感受到什么是语言美,从而培养学生的语言美。

郜俊仙老师在带领班里的学生欣赏乐曲《金蛇狂舞》前,面带微笑地说:"每当端午来临,人们总会举行划龙舟比赛。你们看,选手们划得多卖力,一个个精神抖擞,神采飞扬,江面上的几条龙舟争先恐后地向我们划来了。"运用这样既生动又形象的语言来描绘,既渲染了课堂气氛,又引发了儿童的想象力。

一节课,学生注意力不集中时,或感到课堂乏味时,教师幽默的语言便能化解这一问题。同样还是郜老师的那节课,她智慧幽默的课堂语言调整了学生疲劳的状态,调剂了教学的气氛,激发了儿童的学习兴趣,让音乐学习变得快乐起来。

当欣赏完歌曲之后,郜老师要带领孩子们一起唱歌了。这时,却发现有个别儿童趁机说话,郜老师并没有"怒发冲冠",大声指责严厉批评,而是温和地提醒说:"宝贝们,这是一首齐唱歌曲,可不是一首说唱歌曲哦!"学生们听得哈哈大笑,当她望向刚刚讲话的那几个孩子,发现孩子脸红了,知道这是老师在用幽默的方式提醒自己,于是,立刻坐端正和大家一起好好唱歌。

在郜老师的音乐课堂中,我们还发现她很善于用各种激励的语言鼓励儿童。比如遇到胆小的学生,郜老师会鼓励:"你的声音犹如天使般歌唱!"还有的同学举手积极,但是真正请到他发表意见的时候,却说不出来。郜老师会安慰道:"可能有些同学还没有准备好,我相信下次课上,他会给老师一个惊喜。"

"美的语言"包括富有激情的语言美、机智幽默的语言美、激励向上的语言美、生动有趣的语言美。它要求每位教师在备课时,要精心设计自己的课堂语言,潜移默化地影响每一位学生,真正做到"润物细无声"。

(5)"美的五分钟主题活动"

这五分钟的主题活动是有针对性开展的,可以针对本节课所学的内容,也可以是这一段时间所开展的主题活动。比如,为配合"南京市汉字文化节"的活动,在语文课开始的前五分钟,我们会开展"我心中最美的汉字"活动。请一位同学为全班同学讲述一个汉字的故事。再比如,美术课结束后,教师留下五分钟时间,向全班同学推荐与之相关的美术作品,将鉴赏美由课内延伸至课外,提高学生的审美情趣。著名美学家朱光潜说:"真善美具备,人生才完美。"在"至美教育"理念指引下,遵循美育特点和学生生命成长规律,以美育课程为根本,以活动为载体,开展美育教育,让学生始终浸润在美的环境中,潜移默化地受到美的滋养,追求真善美。

参考文献

[1] 叶朗.美学原理[M].北京:北京大学出版社,2017.
[2] 宗白华.美学与意境[M].南京:江苏凤凰文艺出版社,2017.
[3] 林伟民,侯建成.活力课堂[M].南京:江苏教育出版社,2012.

(本节编写:李慧)

第四节 小课题俱乐部的"至美生活"

一、研究性的"至美生活"

1. 校本性与开放性

我校正式开展了"小课题俱乐部"的教师研修方式的创新探索,倡导教师成为小课题研究的管理者、参与者,形成一种开放的、民主的、科学的研究意识,促进自身的专业发展。我们主要采取专家或骨干引领的形式,促使教师掌握国家课程政策和课程标准,在充分了解学生发展特点和现实需要基础上尝试自己做小课题,实现个性的张扬,促进教师自身的专业成长。小课题俱乐部的研修方式是一种"融校本培训、校本教研、校本科研一体化运作"、"面对真问题、展开真行动、获得真发展"的实践研修方式。它开展的是一种非制度化的研究,具有草根性、大众性、愉悦性、微观性的特点;它以自愿为基础,被纳入学校日常工作之中,关心和注重每一位教师的自身成长与团体进步,并能促进学校的和谐发展、学生的健康成长。值得一提的是,这个俱乐部的出现,实际上是把"教师成长"定位在"教师生活"的根基之上,具有较强的现实意义。小课题俱乐部打破了传统校本研修的方式,具有开放性,教师可以以多种形式在不受限制的情况下进行自主研修,在不同阶段实现了我校师生"至善、至美与和谐人格"的发展。

2. 形式与内涵的统一

围绕核心课题的研究,我校组织教师开展全员性的小课题研究来解决实践问题。小课题俱乐部的形式是多样的,比如开展小课题坐庄式问题研究、小课题沙龙、教育科研论坛、小课题研究成果评比等活动,让课题研究有序开展。学校有43个校级小课题,在结题后优秀的小课题继续申报了市区课题研究,并取得好的成果。随着特色学校建设的深入,学校发现,如果仅停留于文化层面,而没有特色校本课程和特色教育活动作为支撑,至美教育就缺乏实践的载体。为此,学校申请了"十三五"精品课题"儿童小课题俱乐部提升问题解决能力的实践研究",并成功立项。学校面向全校学生、家长、教师广泛征集课题素材,自编校本教材《名桥美韵》;编写了《小学生综合实践》小课题考察活动成果集。我校启动了"至美课堂教学模式研究",以课堂教学为抓手,推动至美课堂教学改革。学校坚持"全面分析、定位明确、分步实施、整体推进、课题引领"的工作思路,牢固树立以学生发展为主的理念,紧紧围绕至美教育的核心要素,分层推进课堂教学改革。

3. 分享与共赢

沙龙是交流的一种有效途径,因为交流带来了智慧的分享。我们追求的智慧分享是希望能打破学科的界限,构建自由交流的平台,围绕同一研究主题,从不同的角度畅谈研究的心得和体会,让教师全面审视自我,弥补"闭门造车"的缺陷。在实施小课题研究的几年实践中,我们收获的是在广大的普通教师中建立一种教科研的氛围,确立一定的研究意识,开展一些"草根"的研究活动。而这些研究活动是我们全校教师真实的研究与行动,是我们可以分享的真智慧。学校编撰了《至美教育丛书》，定期将教师的教学点滴思考收录起来，同时也将一些优秀的案例和征文向区级以上刊物推荐，我们也围绕一个专题进行了多次组稿，例如：如何开展小课题俱乐部，其中3篇论文发表于《江苏教育研究》。我们开辟了校园博客，在博客论坛中我们开展网络教研，进行网上跟帖评课，创新了教研模式，小课题俱乐部促使学校与教师双赢，共同和谐发展。

4. 多样性与艺术性

小课题俱乐部注重学习世界经合组织等关于培育学生"核心素养"的教育理念，促进了学校个性化素质教育——至美教育特色的形成，彰显全校学生"核心素养""综艺成果"频传捷报：学校获武术操、集体舞、拉拉操、合唱等比赛区级一、二等奖；英语"自主互助ABC"团队基于脑科学原理开展富有童趣的活动，每学期都要评出几十名校级"记忆之星"；"E技促优"团队则基于网络教育，制作课件，巧用网络资源优化白板教学、试用电子书包等；"快乐足球"团队倡导用脑踢球，几年来近20位足球好苗被选送省市足球队与相关中学，为学校被评为首批"阳光体育运动学校"奠定了基础；"好童娃"团队的心理咨询员，增加了网络个别心理疏导，协助学校出了两本《成长心语》习作选；由校长牵头的"绩效管理"团队，则将校级与中层干部团结起来，探索网络绩效管理的模式，并将精神奖励为主、物质奖励为辅用于管理之中……学生"至善至美"小童星也成批涌现。

二、研究中的教师"至美生活"

美是一种抽象的概念，也是一种具体的感受。学校是一个小型的社会，里面充满了各种各样复杂的因素，只有运用各种方法激发教师感受美、鉴赏美、创造美的能力，整个课堂、校园、人际关系才会变得很和谐，所有学生和教师也才能成为全面发展的人，学校才能真正成为和谐的美的场所。我校提出的口号"做最美的自己"，希望每位教师都能在人格、语言、行为、教学艺术、智慧等诸方面体现出美。"教师小课题俱乐部"的出现，使老师们更凝聚在一起，促使我校教师在人格素养、专业素养、教学素养、科研素养上有所提升。

1. "至美讲坛"

刘淼教授指出，"教师要深刻理解自己所从事职业的特点、社会意义和道德价值，从内心激发对教师这一职业的热爱，把自己的人生价值同人民的教育事业联系在一起。"这就是教师的德行,比如善、公正和责任感。"善"是教师对待学习、工作的良知;"公正"是教师对学生表现出来的公平、公道;"责任感"意味着教师可以并准备对学生的需要采取行动。

教师优秀的品质表现为具有明确的教育目标,注重培养学生的基础能力。这就需要教师具备深厚的文化修养和仁爱、包容、宽厚等道德修养,具有尊重、理解学生人格和个性的人文情怀,形成人格的感染力,成为学生成才路上的指引者。

"教师小课题俱乐部"每隔一周的"至美小讲坛"活动,鼓励每位教师在全体教职工面前轮流做五分钟的专题演讲,讲述自己的课题研究小故事,谈论自己对"至美教育"的理解,点赞身边师德美的教师,发现他们身上的闪光点……"至美小讲坛"因为其求真务实的特性,加之所说到的内容均来自俱乐部里老师的故事,一下子就拉近了大家的距离。在我校,有一批老师默默无闻地耕耘,他们的教育故事虽不惊天地泣鬼神,但是平凡中的坚守为年轻教师做出了榜样。"至美小讲坛"就像一个正能量的传播平台,为全校教职工播放了生动的一课,为每一位教师树立了正确的价值观,令每一位老师充分认识到自己所从事的"是人类最复杂、最高级的认识和实践活动"。每一位教师受到"美的人格"熏陶,个人的素养也在不断提高。大家都能清楚地意识到作为一名教师,应具备良好的师德、高尚的人格,对学生、对学校、对社会承担责任,对国家、对民族负有使命。

2."至美合作"

古语云:独学而无友,则孤陋而寡闻。教师之间的交流与合作是教师灵感的重要来源,亦是教师专业发展的重要保证。长期以来,我国的教师思想上不够开放,"两耳不闻窗外事,一心只读圣贤书"的影响还很深远。再加上这些年来频繁的评比、评优选先及不完善的评价体系,使教师处于自我防备、自我封锁状态,同事之间的竞争日益加剧,而忽视和同伴之间的交流与合作。

自创建"教师小课题俱乐部"以来,我们不仅关注教师个体的专业成长,还不忘倡导组建教师小团队,促使教师群体成长。从2012年10月开始,小课题俱乐部陆续开展异彩纷呈的拓展活动。教师们通过"运水比赛""铺路过河""抱团取暖""无敌风火轮"等项目,在轻松、快乐的气氛中强化了合作体验;我们还通过"师徒结对""榜样授课"等活动与跨学科的课堂观察活动,自然地转变态度,成员间分享交流,学会换位思考,建立沟通与合作的有效机制,激励自我和尊重他人,相互支持,相互合作,打造高效的团队。

现在，教师们在俱乐部中互相切磋学习，最受大家欢迎的是"小沙龙"，因为参与者志趣相投，教师们相聚一堂，无拘无束。"小沙龙"有两种研讨形式：一种是网络，一种是实体。大家通过小课题俱乐部研究网、网络 QQ 群、微信等在网上交流专业知识，遇到教学中的专业疑惑，亦可通过这个小沙龙请教有经验的教师，解决问题。久而久之，在这样的研讨氛围中，教师们的整体专业素养有了很大的提升。并且，不少年轻教师也开始自觉阅读与自己学科相关的专业书籍，以便充实自己，提升专业素养，在下一次的研讨中也能为别人答疑解难。

3. "至美"的智慧生活

什么是教学智慧？《教育大辞典》是这样定义的："教师面临复杂教学情境时所表现出来的敏锐、迅速、准确的判断能力，如在处理事前难以预料、必须特殊对待的问题时，以及对待一时处于激情状态的学生时，教师所表现的能力。"现实教育中会面对很多难解决的问题，这便需要一个教师的智慧，而这种智慧主要体现在教师的教学、科研素养。

（1）"磨课"的智慧生活

教师的教育教学行为以及表现形式，是由自身思想决定的，有智慧才能启迪智慧。教师的个人教学素养体现的恰恰是教师的智慧美。我们提出"智美课堂"，期待教师懂得教学规律，了解学生学习心理，能在课堂教学中运用恰当的方法，展示高超的教学艺术，使教学充满生命力和活力。

磨课是我校小课题俱乐部的常态项目。磨课聚焦课堂教学主阵地，选择与小课题相联系的教学内容，深入钻研打磨课例。课前磨教学设计，课中磨导学策略，课后磨成败得失，总结具有典型意义的教学案例及教后反思，推动常态教学的改进。各学科教师通过实践探索，已经形成"教研写一体化"三级磨课制度。通过这样一个小团队，教师在课程理念、课程意识及课程目标上都有了明确的目标，努力为提高学生的"三基"能力服务。

（2）"教、研、写一体化"的智慧生活

教研科研不分家，在整个校本研修过程中反思是贯穿始终的，我们要求老师定期在教师论坛和沙龙中汇报交流教师的读书笔记与教学反思。使老教师的教学经验得以分享，中年教师的深入钻研得以弘扬，年轻教师蓬勃的朝气与改革的锐气得以彰显，形成一种团结协作的氛围，让每一位教师拥有能展示自己的机会。教师们在这样的团队中，思维得到发散、撞击，大家常常在讨论交流中碰撞出思维的火花,大大提高了教师的教研能力。

从2012年起,小课题俱乐部又进一步开展小论坛、小沙龙活动,倡导教师善用反思专题探讨,以深化各自的小课题研究。如教学类小课题的承担教师,集中力量着重解决教师教学过程中的具体问题。在活动中,各小团队针对学科教学中的问题,先进行团队研究(类似集体备课),启发教师要有问题意识、清楚自己教育教学的优势和劣势、明确自己在团队中的责任(如有关材料的查阅者、与其他团队交流的代表者、某个活动的演示者,等等),保证了成员间进行促进式的互动,并在互动过程中挖掘并调整内隐的实践性知识。

我校小课题俱乐部倡导"教·研·写一体化"科研模式,其操作分为六步:发现问题确定小课题、根据课题进行教学设计、实施课堂教学、开展课堂观察、进行评课会诊、进行论文写作。这样的研究很容易被一线教师接受并喜欢。通过不同教师对同一题材的个性化解读,丰富了教学设计内容,再通过集体研修教材,由骨干教师带领水平能力相对薄弱的教师,在集体研修中引发参与者智慧的碰撞,以便取长补短,实现教育教学资源、智慧情感资源的共享,达到提高教育教学效果的目的。我们常常就教师自身教学中的问题进行诊断、反思,其目的是努力提升教学实践的合理性,促使教师向研究型、学者型迈进。这种职业习惯可以是课前、课中、课后,也可以是自我或与他人合作;通过研磨常态化课例,逐步养成撰写教学案例与研究论文的良好习惯,教师可以进行自我反思,以促进专业化发展的加速。

通过"至美课堂"的四要素(即美的语言、美的情境、美的生长、美的主题活动)的不断实践和印证,让小课题研究以校为本,立足课堂,成为围绕学科在教育教学过程中展开的研究,成为一种教学方式,让"智美课堂"落地生根,让每一位教师在"小课题俱乐部"这样的研讨模式下,更加完善自己,达到"至善至美"。

三、研究中的学生"至美生活"

"十三五"期间,在"教师小课题俱乐部"成功创办的基础上,我校启动了"学生小课题俱乐部",以儿童为研究主题,探索在愉悦的成长氛围中让儿童实现自我教育的路径,使我校的"至美教育"办学特色大放异彩。

(一) 以"学生小课题俱乐部"为平台,提升学生素养美

我们运用"小课题俱乐部"这一有趣载体,充分发挥阵地功能,紧扣时代背

景,不断丰富活动内涵,创新活动模式,为少年儿童的健康成长创造良好条件,促进少年儿童综合素质的提升,这种玩中研创新型的方式也是师生和家长喜欢的好方式,有助于促进学校、教师、学生的共同成长。

1. 提升学生的科学精神素养

文化是人存在的根和魂。文化基础,重在强调能习得人文、科学等各领域的知识和技能,掌握和运用人类优秀智慧成果,涵养内在精神,追求真善美的统一,发展成为有宽厚文化基础、有更高精神追求的人。"小课题俱乐部"以综合实践课为主要研究对象,在首轮的课题研究中,有"树为什么穿'白裙'""透明的水都是一样的吗?""长江大桥整修的原因及改造后的展望"等24个学生小课题,这些小课题研究主要聚焦于学生在学习、理解、运用科学知识和技能等方面所形成的价值标准、思维方式和行为表现。具体包括理性思维、批判质疑、勇于探究等基本要点。各小组成员通过提出问题、探索问题、解决问题三个步骤,在实践研究中培养了学生探索科学知识的精神,对学生的人文积淀、人文情怀和审美情趣都有很大的促进作用。

2. 提升学生的创新实践素养

实践创新主要是指学生在日常活动、问题解决、适应挑战等方面所形成的实践能力、创新意识和行为表现。俗语说得好"眼界决定高度",我校的总体生源并不是很好,家长的总体素质并不高。如何能更好地培养在校学生的创新实践能力?"学生小课题俱乐部"给出了答案。

龚琬晴同学所承担的小研究题目是"长江大桥封桥后我校家住桥北师生往返家校的调查研究",他们组本以为网络检索手到擒来,没想到网上关于长江大桥的信息多如牛毛,为了筛选出他们需要的有效信息,小组的李梦圆、程路捷等人还特意请教了老师,才使资料搜索十分顺利。之后,小组共同制定了调查问卷,打算了解家住桥北的师生和路边的行人的过江方式与过江感受。但当真的拿着问卷走上街头的时候,他们有过胆怯,有过退缩,有过犯难。站在路边,手里拿着一沓问卷,望着路上来去匆匆的行人,虽然心中打鼓,但他们最终还是肩并着肩手牵着手走上前去……在调查研究的过程中,小组的每位成员都得到了很好的实践锻炼。对于他们每个人来说,这次调查研究提升了每位同学创新实践的能力。

3. 提升学生的责任担当素养

当前,大部分独生子女缺乏责任感,而"小课题俱乐部"却教会了学生敢于担当。比如"我做桥梁设计师"这个研究题目。在朱玲老师的建议下,孩子们组建一个网络交流群,通过交流群沟通,明确小组成员分工,提出设想,按照小课题研究卡上步骤一步步具体实施。组员们先通过网络查阅有关桥梁的相关资料,再分小组讨论,并由小组家长成员配合行动,带领孩子们参观了"大桥下的微博馆",了解了南京长江大桥从设计到施工建造的过程及有关桥梁的一些知识。通过大家的现场讨论,再经后期相关数据及资料的查询,图文并茂地完成了小课题研究的任务。

在这个过程中,组员们表示有困难,包括写文字、做调查都是相当费时费力的,对于五年级的他们来说,由于功课繁重,甚至有过想放弃的念头。常同学就有过这样的念头,但是看到组里其他成员认真的样子,他想到了自己如果临阵脱逃,那么将会影响到整组同学,于是坚持了下来,才有了今天的成果。"小课题俱乐部"强调的是小组合作精神,不是个人主义,在这样的合作探索中,它培养了学生的责任感,让学生在体验中感受担当的分量。

(二) 以"学生小课题俱乐部"为载体,提升学生能力美

"至美课堂"提倡"美的生长"。什么是"美的生长"?是学生在一节课后自己的所获、自己的所悟,是自己拥有自学的能力、解决问题的能力。我校的"学生小课题俱乐部"研究是以本校学生为主体,教师和部分家长参与辅助的社团活动,将儿童日常生活中遇到的学习、交往、心理等方面的问题或困惑,生成一个个小课题,通过自己或者他人帮助的形式,探寻问题,自己解决问题。在这样的课题研究中,我们看见了儿童的美,是独立的美,是解决能力的美。

1. 让学生自己组织研究小组

小课题研究一般是以小组合作研究的形式进行,也允许个人"单兵作战"。为此,我们要求各班成立一个研究所,研究所下辖一些研究小组,小组成员由学生自己确定,只要求他们把确定好的研究所的名称和研究小组成员的名单报给学校。开学初,学校将这一内容发布下去,结果超乎我们想象的是,这个俱乐部得到了儿童们的喜爱,每班的"小课题俱乐部"都成立了4~6个小组,俱乐部的名称五花八门,个个富有童趣。俱乐部的活动让我们惊喜地发现,很多平时看似不愿多表现自己的学生,因为这样一个平台,变得积极主动了起来,他们乐于做小课题俱乐部的主人,成为组织者。

2. 让学生自主确定研究课题

"学生小课题俱乐部"的工作正式开始了,我们针对低、中、高三个不同的年龄段,先拟定了大致研究的内容。低年段研究树,中年段研究水,高年段研究桥文化。接下来,请相关内容负责教师在班级根据所研究内容,制作思维导图,引导学生从文学、数学、科学、生活、美术等方面思考、提问,想想自己最想研究什么问题。

学生的思维是活跃的,从学生们提出的课题来看,涉及面很广,有环境保护方面的,有学习方法方面的,有动物植物方面的,也有社会热点问题方面的……并且每个课题都有研究的价值,对学生各方面能力的发展和良好行为习惯的形成起到了积极的促进作用。

比如低年级的学生有的想研究"树叶为什么会变黄?""和树有关的诗歌有哪些?",中年级关于水的问题有"水由哪些物质组成?""海水为什么是蓝色的?",高年级有"中国古代的桥有哪些?""桥的建造原理是什么?",等等。这些着眼于课堂研究、微观研究、现场研究、行动研究、应用研究的小课题深得学生的喜欢。班级汇总大家提出的课题,并面对大家进行公开展示,让每个研究小组从中选择确定自己小组的研究课题。以往主题都由教师帮忙定,现在自主权交给了学生,学生自主探究的能力得到了很大的提升。

3. 让学生自行开展研究活动

开展小课题研究方法很多,我们没有指定学生要运用哪种方法,而是给学生提供了一些研究的范例,让他们通过阅读这些范例,领悟一些研究的方法,然后根据自己的实际情况,自主选择研究的方法,自行开展研究。为此,我们组织骨干教师,大量收集了小课题研究的典型案例,进行了分析、点评,对研究的开展起到了指导作用。因此,学生在开展研究的过程中,所采用的方法就是各有特色。

如:研究树的小组,他们不但走访了园林工作者,而且在网上下载了很多有关树的资料;研究水的小组,他们选定了一条小河每天分头去观察,坚持了两个星期,然后对观察到的情况进行了分析;选择研究桥的小组,之前在《名桥美韵》一书编写的过程中走访了南京长江大桥,带上相机拍摄图片,向大桥管理处的工作人员了解大桥的历史。还有不少学生趁着寒假旅游,走访了浙江一带的小桥,拍下照片,记下桥的相关信息。

实践证明,我校开展小课题研究活动以来,学生们关心社会的责任感增强了,知识面拓宽了,思维更加活跃了,个性特长也得到了张扬。可见,引导学生开展小课题研究已经达到了唤醒学生自主选择意识、提高学生自主选择能力的目的。

参考文献

[1] 叶朗.美学原理[M].北京:北京大学出版社,2017.
[2] 李德芹.课堂,与美相遇的地方[M].上海:华东师范大学出版社,2016.
[3] 李婷."小课题俱乐部":校本研修方式的创新实践[J].江苏教育研究,2005(12A).

(本节编写:李慧)

第十四章 小课题俱乐部的人文情怀
——"暖认知"的理论观照

第一节 让研究"温暖"起来

案例一:小课题的"温暖"

2011年,经过两年的打磨,丁邦建老师研究的校级小课题"小学五年级数学教学'做中学'的指导策略研究"被立项为南京市第六期个人课题。此前,丁老师在个人课题的研究过程中也有过茫然,但是他不断地读书学习,阅读大量关于"做中学"的相关书籍。名家大师的著名言论,让丁老师有了更为深刻的认识,期刊和网上的相关文献资料,帮助丁老师与时代同步,时时了解学科前沿理论。通过广泛的阅读和与同事们交流,丁老师学到了一些好方法。但是,这些方法适合于我校的学生吗?应该怎样调整,才更适合班上的学生,并且达到更好的效果呢?在教学实践中,丁老师遇到了新的困惑和挑战。就在这时,学校领导、科研专家顾问、教科研主任和课题组的同伴纷纷给丁老师支招,正是大家"温暖"的鼓励坚定了他研究的信心,丁老师决定从课堂入手,从儿童出发,结合班级学生实际,制定具体的、切实可行的方案。

2015年,丁老师面向全区开设"分数的意义"公开课。教研员张仁进这样评价丁老师的课堂:这堂课高度体现了数学教学从儿童出发的理念。在丁老师的课堂上,我们发现了两个"看得见":一是看得见儿童,二是看得见儿童的思维,思维是数学的关键。丁老师在课堂上有正确处理好学与教、预设与生成及碰撞与应对的能力。除了将研究成果运用到课堂教学之中,丁老师撰写的论文《在"做中学"教学中渗透数学思想方法》在 2013 年《教学与教育》上发表,《合作学习与自主创新矛盾吗?》于 2013 年发表在《新课程》上。论文《小学高年级数学教学"做中学"的误区与对策研究》获 2012 年市教科所一等奖。案例《求异思维让"做中学"绽放精彩——小学数学"梯形面积计算"的教学案例及反思》和《求异思维让"做中学"绽放精彩》获市教科所二等奖。

在个人科研取得收获的基础上,丁老师还将这份"温暖"传递给学科组的同伴们。他与青年教师李颖结成师徒,在听了李颖老师的"列方程"后,指导李颖老师关注孩子的学习,联系"做中学"。李颖老师之后的"解决问题策略"一课有了很大进步,并在全区开课"平面图形",获得一致好评。除了在教学上进行指导,师徒还共享研究心得和方法。在丁老师的帮助下,李颖老师加入小课题俱乐部,个人课题"小学四年级数学课件制作增效教学的细节研究"在南京市第六期个人课题中成功立项。在研究过程中,李颖老师撰写的论文《数学符号化思想在小学教学中的渗透》获师陶杯三等奖。

师徒二人的市级个人课题均于 2016 年 12 月顺利结题。2016 年 12 月起,从未停下科研脚步的师徒二人的个人课题又先后被立项为南京市和鼓楼区第九期个人课题。在小课题的研究过程中,丁老师评上了区级学科带头人,通过了高级职称评定。李老师获得区青年教师基本功大赛二等奖。在长小,参与学校教师"小课题俱乐部"的其他教师也都在不同程度上得到了小课题的"温暖"。

案例二:俱乐部的"温暖"

2014 年,学校推荐新转岗的英语教师徐倩开设一节片内研究课。周一知道课题是四年级 Unit 6 At the snack bar, story time 板块。星期二,英语组全体教师一早便协调好时间,一起从教材解读、文本把握、组织教学等方方面面进行讨论。教学思路有了,当天晚上徐倩老师整理出了教案。星期三,教研组老师又特地围坐在一起商讨课。大家集思广益,出谋划策。周三晚上徐倩老师把大家提出的好建议都融进了教学设计中,并制作好了教学 PPT。星期四一早,徐倩老师便安排好了第一次试上的班级,还通知了学校领导和全体英语老师前来听课。约定的时间一到,老师们都来到课堂认真地听着、仔细地记着,偶尔还低声交流几句……

一堂课下来,基本完成教学任务,还挺顺畅,几位领导和英语老师课后虽然提出了异议与想法,但也肯定了课堂教学中的许多亮点。星期四下午,几位英语老师陪着徐倩老师一起对教学设计做了重新整理,甚至在细节的教学过渡语言上都反复地斟酌。忙完这一切已经是华灯初上。晚上回家后徐倩老师还要继续奋斗……

　　第二个周二,我校的教学顾问杨老师到校进行指导。杨老师亲切随和,从教学目标的定位到教学步骤的实施,以及课后操练环节的设计都进行了改变,试图让孩子们真正学会用英语做事情。在杨老师的指导下,徐倩老师又对原先的教学设计做了很大的调整。

　　周四,徐倩老师又进行了第二轮试上,下午全体英语教师又围坐在一起,出谋划策,做最后的定稿。尤其陈主任更是精益求精,对课件里的细节逐个修改。

　　第三个周二,徐倩老师又进行了最后一次试教,英语组教师聚在一起听课,课后照旧留在学校磨课,我想这就是学校的团队精神吧,每个人都能心中想着别人,想着集体。

　　周三,我们陪着徐倩老师制作板书,试装课件,做着最后的准备工作,并期待着第二天的教研活动。

　　周四早上6∶30,英语组的教师就陆陆续续来到学校。徐倩老师7∶10来到阅览室,调试课件。一切井然有序,很快进入了课堂教学。徐倩老师带着孩子们唱歌,做游戏,学习课文内容,学生表演课文故事,并在实际生活中运用句型,一节课顺利地完成了。听课教师对徐倩老师的课赞不绝口。

　　通过英语团队小组共研,这节课获得了成功。课后徐老师说,这是一次痛苦而幸福的磨炼,就像是"凤凰涅槃,浴火重生"。目前,我校各个学科已经形成了"教研共同体",为学校教研增添了一抹靓丽。

(本节编写:唐洁)

第二节　"暖认知"与学校变革

一、什么是暖认知理论

　　我们把相对较为理智的、信息驱动的加工称为"冷"认知,主要是为了把它们同那些更具动机性、更具情感色彩的"暖"认知加工区分开来。暖认知是指那些受我们愿望和情感驱动的心理加工。直到 20 世纪 80 年代后期,很多人仍然怀疑暖认知的存在,更偏向于根据信息加工的冷机制来解释那些看似暖的现象。最近,大量证据已经消除了这种疑虑,对于动机和情感能够而且确实影响人的判断的问题,正在形成一致意见(Dunning, In press; Gollwitzer & Moskowitz, 1996; Forgas, 1995; Kruglanski, 1996; Kunda, 1990)。

自 20 世纪 20 年代起,能力本位教育理念就已在西方发达国家职业教育中出现,随后迁移到基础教育中,并将思维能力置于能力的核心地位。传统的教学,将思维与情感割裂开来,把思维变成冷冰冰的过程,儿童在冷冰冰的思维训练中学习知识、技能,不能与自身、与生活融为一体,容易遗忘,难以变成真正的素养。当下,随着以经合组织为代表的国际性组织纷纷启动对"核心素养"的界定和遴选工作,"思维"看似不那么凸显,其实内嵌于"知识、能力、情感态度"之中,让思维有了"一个温暖的家"。因此,我们应该倡导:培养有温度的思维。孤立、被动、功利地获得的知识,是不完整的,只能用"冷"来进行表征,唯有我们设法去温暖它、激发它,才能使其成为"暖认知"。

近年来,发展学生核心素养进入教育研究者的视野。当代,价值多元,需要个性化发展,但是其中必有最基本的,即人人都应该达到的素养;也必有关键的,即将来能够用得上,甚至具有核心竞争力的素养。每个学校都应该在办学愿景和办学主张的引领下,将发展学生的核心素养作为办学行动的顶层设计来规划,培养自由向上、具有博爱情怀、乐于求索和学会改变的新时代学生。在生活中,道德情感总是在影响着我们的思维和行动,换言之,思维的发展与道德情感如影随形,我们在理念中不能将它们割裂开来,而应自觉地将其"联姻",并以道德情感去引领思维。在深化课程改革的今天,儿童终于能够平等地回到成人的中央,站到操场的中央。一个被关爱着的儿童,心里一定是温暖的。温暖可以融化冰冷的事物,同时温暖也是可以传递的。如何让儿童心里从小就装着温暖,与如何让孩子学会感恩是两个高度相关的话题。前者自上而下,后者自下而上;前者比后者更有儿童视角。感恩是一种自然反馈,前提是我们给了他们足够的温暖。

认知学习理论是通过研究人的认知过程来探索学习规律的学习理论。基本观点主要表现在三个方面:第一,学习是主动地形成认知结构的过程;第二,强调对学科的基本结构的学习;第三,通过主动发现形成认知结构。布鲁纳认为发现学习的作用有以下几点:一是提高智慧的潜力;二是使外来动因变成内在动机;

三是学会发现；四是有助于对所学材料保持记忆。所以，认知发现说是值得特别重视的一种学习理论。发现说强调学习的主动性，强调已有认知结构、学习内容的结构、学生独立思考等的重要作用。这些对培育现代化人才是有积极意义的。

情境认知理论(Situated Cognition)是继行为主义"刺激—反应"学习理论与认知心理学的"信息加工"学习理论后，与建构主义大约同时出现的又一个重要的研究取向。情境认知理论强调：学习的设计要以学习者为主体，内容与活动的安排要和人类社会的具体实践相联通，最好在真实的情景中，通过类似人类真实实践的方式来组织教学，同时把知识和获得与学习者的发展、身份建构等统合在一起。总之，情境认知理论的观点影响着教学系统设计与学习环境开发等多方面的教学理念，为信息技术与课程整合、计算机支持协作学习和虚拟学习共同体建设等教育技术的新领域提供了理论依据。

二、暖认知理论的主要特征

1. 暖认知是社会认知中具有动机性的认知加工过程

判断会由于动机出现偏差，因为我们选择性地获得那些支持期望结论的观点和规则，特别努力地去驳斥那些不合意的结论。不过，我们只有在成功地实现了它的合理性之后，才会得出期望的结论。我们证实期望结论的合理性的能力是受自己对现实理解限制的。

指向性目标、准确性目标和闭合性目标都通过影响相关信息的认知加工来影响判断。目标会影响哪些观点和规则将运用于即将到来的判断，也会影响人们投入判断的时间和精力的多少。由于具有不同目标的人会做出不同的判断，随着目标的改变，相同的个体会从相同的信息中得出不同的结论。目标和愿望对于判断的影响构成了"暖"认知的一面。我们的认知在其他方面也可能是"暖"的，它们可能由于我们的心境或情感而赋予了一定的色彩。

2. 暖认知是社会认知中具有情感性的认知加工过程

动机的一个亲密伙伴是情感，包括学习者在学习任务中产生的体验、情绪，以及一般心境。被内部动机驱动的个体通常会在他们所做的事情之中发现乐趣。然而太强烈的动机——或许是因为太想得到什么——将引起焦虑和其他不愉快的情绪。愉快、焦虑、兴奋、骄傲、抑郁、愤怒、内疚、厌烦等都是情感的形式。情感时常伴随着可测量的躯体反应，例如血压、心率、肌肉紧张度和一般能量水平的变化。情感还以各种方式与动机、学习以及认知相互关联。

"暖认知"这一术语被证明是相当贴切的。它不但生动说明了判断和决策会被愿望和情绪"温暖起来"的事实，而且说明了"暖"对认知过程的作用，以及通过认知所起的作用。动机和情绪对运用哪种认知策略、哪些认知结构产生影响。这些反过来会使我们的判断出现偏差。我们的判断受到自己情绪的影响。在愉快时比悲伤时用更积极的方式看待自己的财产、幸福及其他许多问题。

情绪通常影响判断，因为它在心里产生与判断有关的情绪一致的内容。当情绪起作用时，会影响判断。当确定对一个客体的喜欢程度时，我们可能问自己在思考那个客体时的感受如何。有时，当前的情感也会受其他因素如音乐或天气的影响。如果我们没有意识到情绪的实际来源，可能错误地把它归因为所判断的客体。不过，当我们认为自己的情绪不是一个客体的情感指标时，就像把情绪归因于不同来源一样，它们不再影响对那个客体的判断。情绪也可能影响对认知策略的选择：在悲伤时，我们喜欢系统的加工；相反，在高兴时，通常喜欢启发式加工；假如我们预期自己喜欢系统加工，我们则会转向系统加工。

3. 暖认知是社会认知中具有调节性的认知加工过程

动机和情绪会影响自我调节，自我调节也能在某种程度上控制个体的动机和情绪。情绪并不像动机那样容易控制，但是善于自我调节的人能够尽其所能来控制情绪。一个成功学习者的自我调节的认知过程，就是他们愿意在学习过程中尝试建设性的动机和情绪的过程。例如，为学习任务设置具体的目标，想办法把枯燥的任务变得有趣，并试图不去想那些心烦的事情。内化动机是自我调节学习中的一个非常重要的侧面。它培育了一种整体的工作理念，包括前面所提到的学习动机，也就是说，尽管有些活动并不总是有趣的或可以立即取得成效的，但是为了达到长期的目标，学习者还是会自发主动地投入这些活动（Brophy，2008；Harter，1992；McCombs，1996；R. M. Ryan, Connell & Grolnick，1992）。

从某种意义上来说，我们正在回归价值的概念：一个学生将某些行为看作获得直接或间接利益的途径。要促进内化动机的发展，需要在以下两点之间取得平衡：(1) 给学习者足够的机会进行自主体验；(2) 对学习者应该如何行事提供一些必要的指导。在某种意义上，起初成人应为期望行为提供支架，然后当学习者的行为更加轻松、频繁时，逐步减少这种支架作用。自我调节还体现在内化动机上：人们会逐渐开始重视并接受周围人所赞赏和鼓励的行为。教师和其他成年人可以通过采取一定的措施来促进学生形成内化动机,包括营造一个温和的、支持性的环境,给学生一定的自主空间,并为其获取成功提供足够的支持。

学生课堂学习是科学认知与社会认知的一体化。课堂是一个复杂的生态系统,它具有具体的物质环境和社会环境这两方面的特征。在课堂上人与人之间相互作用、相互依赖,环境与处于其中的教师、学生、学习资源、学习用具等都不断在彼此作用并相互影响。环境本身、学习活动以及每个身处其中的个体,都对学习过程与认知体验产生贡献。学生的科学认知活动与环境中的社会认知有机融合为一体。

研究者在对一个典型的课堂进行观察时,会发现一个小组的学生在参与一个合作型学习任务,另一个区域里的学生可能在彼此竞争着完成各自布置的作业,教师很可能带一帮学生进行小范围的主题对话。在课堂上,分不清是科学认知还是社会认知。这是判断课堂学习中存在暖认知加工的前提。学生课堂学习是认知、情感与意志过程的一体化,课堂是有生命活力的,每个个体都将自己独特的个人经历、特殊需要、个人天赋等带入课堂,每个个体完成学习任务的不同方式以及他们各自所喜欢的学习条件,既使课堂充满人文特征,也构成课堂丰富的资源。学生面对丰富的课堂生态体系,学习动机被激发、认知情感被提取,他们明晰一定的需求取向,并做出个性化的认知选择。情感、动机、意志都随机地参与到学习过程中且发挥重要的认知调节作用。

尽管认知加工是学生学习的核心,但认知目标是多元的,有的是指向性目标,有的是准确性目标,导致学生个体即使面对同样的认知任务,但他们的动机来源不同、强度各异,动机与情感都介入认知过程,影响认知判断,使认知具有个体倾向。同时,同伴关系、师生关系以及复杂的环境因素都介入认知过程,使认知加工过程表现出多样性,各种体验都带入学生认知结果之中。认知、情感与意志过程的一体化,使课堂学习具有鲜明的具身认知特征,表现为明显的暖认知加工过程。

课堂教学需要暖认知自觉。不管我们有没有意识到,课堂上学生的学习始终存在暖认知加工过程。事实上,学生知识学习需要暖认知加工,具身认知理论清楚地告诉我们,学生身体的全部体验都参与认知过程。正是情感过程的参与,使学生对认知活动有了选择性;正是动机的参与,使学生有了强大的认知动力。这些情感与动机,使学生能够进行积极的理性的学习决策。客观存在与学生需求决定了课堂教学中教师要强化暖认知意识,科学运用暖认知过程,促进学生获得更好的发展。

课堂上学生的学习动机往往来自对教师期望的感知,维恩斯坦指出:"教师表达低期望所采用的不同处理方式将不经意地导致学生更加确认自己对自身能力的预估,从而更加不努力,最终导致成绩差。"一个认为某学生毫无学习兴趣的教师将既不能觉察到该学生真实的兴趣,也不能在该学生表现出热情的时候做出恰当的反应,从而抑制了该学生的动机。

教师需要提高对每一个学生的期望水平,以激发他们学习的热情。另一方面还要善于利用课堂氛围。在一系列研究中,大卫·约翰逊和荣格·约翰逊引入目标结构这个概念来表示在课堂氛围中的一个关键因素,同时它也是学生动机的关键性因素。研究指出,正是通过与其他人之间的相互交流,才使得学生因为学习本身而注重学习,并且享受学习过程。

不同的目标结构将在课堂中营造出不同的学习氛围和人际关系,从而以不同的方式影响学生的学习动机。这些研究成果表明,学生的学业成绩依赖于暖认知加工,课堂教学要重视促进学生暖认知过程的展开。

当学生以相同的方式共同工作时,基本上他们是在分配性认知。他把学习任务分散在许多心理过程中,同时也吸收多种知识和观点。不同学生用工作记忆掌握了一个任务的不同部分,从整体看扩展了该群体的工作记忆容量。学生很容易从与别人分享自己的观点和思想的各种途径中受益;学生能很好地澄清、整理并向别人解释和证明自己的想法;学生往往会对所学到的知识精细化——如推断、假设制定需要回答的问题等。他们能够相互仿效对学科问题进行思考和研究的方法;他们可以发现自己思维与他人的不同以及缺陷,并能确认理解上的差异。由于同伴的支持,儿童能够在复杂的学习和推理活动中获得实践,最终能够独自运用这些技能。学生也能获得在各个学科领域中专家推进知识前沿所使用的论证技术,学生可以获得对于知识与学习性质的更复杂的认识。

显然,这种集体加工过程具有鲜明的社会认知属性,能够给学生提供积极主动的、充满活力的社会心理体验。一个暖认知的课堂需要善于利用社会心理体验动力学,努力营造一种氛围和动力,以利于更好地展开认知过程,可以通过相互作用、相互依赖,并建立共同目标来促进认知活动,共同体合作学习则是重要的组织保障。

三、暖认知理论与学校发展

（一）变革学校常规教学的"新主人"

1. 暖认知有利于培养乐观人格

乐观是一种关于未来的信念。乐观的人总是相信将来遇到的好事儿一定比坏事儿多，相信运气总在自己这一边，相信未来一定是积极的，相信生活中的不确定性其实是事情向好的方向发展的机会。乐观之所以能够建立起一个正反馈循环系统，是因为人们越是乐观，就越有可能去经历一个他们所预想的美好未来。乐观者更容易实现自己的目标，目标的实现又会让他更加乐观。快乐总是作为目标实现的一个副产品而出现，乐观者的快乐程度总是能够与时俱增。具有天生乐观的性格，只是乐观者的开端，乐观的信念使乐观者活得更好，能让乐观者表现出与众不同的行为方式，目标的不断实现将强化乐观人格的稳定。由于暖认知加工过程中，指向性目标使学生产生强烈的成就动机，学生易于满足预期的需求，不断强化学生的乐观信念，有利于学生乐观人格的形成。暖认知加工过程成为学生获得快乐体验的土壤。

我校学生的小课题研究"长江大桥封桥后我校家住桥北师生往返家校的调查研究"，需要学生上网查资料，收集各大媒体的新闻和地图，了解大桥封桥后，桥北与老下关的各条交通线路以及人们的反馈。身为高年级学生，本以为网络检索手到擒来，没想到网上关于长江大桥的信息多如牛毛，无从下手，但学生们没有放弃。为了筛选出需要的有效信息，特意请教了老师，有了专业技术支撑，学生们的资料搜索十分顺利。之后，还共同制定了调查问卷，了解家住桥北师生和路边行人的过江方式与过江感受。当学生们真的拿着问卷走上街头的时候，他们有过胆怯，有过退缩，有过犯难。但我校的学生有着乐观的人格和开朗的性格。在问卷调查时，学生们站在路边，手里拿着一沓问卷，望着路上来去匆匆的行人，肩并着肩手牵着手走上前去……

2. 暖认知有利于产生沉浸体验

克来蒙古大学的 Mike Csikszentmihalyi 教授通过深入研究发现，人们在从事具有挑战性、可掌控的任务时，会受其内在动机驱使，同时他们会经历一种独特的心理沉浸体验。

自我决定理论认为，当人们在能力、交往、自主等方面的需要得到满足时，就容易产生内在动机。受内在动机驱使而从事某种活动时,人们会表现出更强烈的兴趣、兴奋和自信,同时会发挥出更好的水平,有更出色的表现,也表现出更持久的坚持性和独特的创造性,其自尊也得到相应的提升,并且伴随着更强烈的主观幸福感体验。当人们的内在动机在觉知到的能力和自我效能感上保持相同水平时,则会体现出内在动机的优势。当人们对于如何完成任务拥有自主选择权和自我指导的机会,并且得到任务完成得很好的反馈时,其内在动机会增强。积极的反馈能够提升人们解决问题的能力知觉,从而增强人们的内在动机。

当人们从事一种可控而富有挑战性的活动,而且这种活动需要一定的技能并受内在动机所驱使时就会产生沉浸体验。为了产生沉浸体验,人们必须把握好合适的时机来完成任务,必须有明确的目的和即时的反馈。这些活动要求全神贯注,人们全身心投入其中的时候不会想起日常生活中的忧虑、挫折等。投入工作时完全忘我,而在完成此项任务后,重新出现的自我仿佛更强大了,并且由于成功地完成此项任务而使其自我意识得到增强。无疑,学生在沉浸体验中不会感到痛苦和困难,能够保持积极的情感,能够在富有挑战性的任务中产生快乐感受。

我校二年级学生在小课题"形态各异的树叶"的研究中质疑,为什么每片树叶的形状都不一样呢？在家长的帮助下,学生收集有关树叶的知识,浏览"中国环境网""中国自然科学网"等相关网站。了解树叶的各种形状、颜色变化的原因、作用、叶贴画、叶子的文化等知识。二年级的娃娃们在上网搜集资料时学会了通过读书笔记、手抄报的形式整理文字信息,及时保存这些信息,以便今后查阅。孩子们能全神贯注,花长时间搜集并整理大量的资料。之后孩子们利用一部分实物资料,发挥想象,制作出图案精美的叶贴画。学生沉浸在创作中,创作出了各种造型。

3. 暖认知有利于走向积极自我

积极自我是具有高自尊感与强自我效能感的自我,当我们积极评价自己即高自尊,并相信自己会在努力争取的目标上获得成功即高自我效能感时,我们会更健康和更幸福。

自尊来自对自我价值的评定,而自我价值又来自对自己成就、优点、品质的评价和对他人评价的感知。当人们对影响自我评价的信息进行加工时,以下若干动机造成各种不同的信息加工方式:自我提升,保持一种稳定的自我观,保持一种被社会所接受的自我观,保持一种正确的自我观。因此,人们倾向于用一种带有偏见的方式来加工信息,这种方式可以提供一种对自我的积极观点。同时人们也对信息进行一种有偏差的解释,因为这样可以使他们对自己的现在与过去的评价保持一致。另外,人们倾向于采用一种可以增加社会成员对其认可程度的方式来加工信息,当人们面对一种与自我有关的新信息时,高自尊个体会偏向一种有利于自我提升的方式来加工信息,以此来保持他们以往积极自我的形象,并希望得到别人的认可。

自我效能感与自尊的区别在于:自尊关注的是个人价值的判断,而自我效能关注的是对个人能力的判断。自尊影响着我们的情绪,相信自己能够在某些具体任务上取得成功的自我效能感则决定了在这些任务上的表现。自我效能感受到以下四种信息来源的影响:自己的成功体验、别人的替代性经验、社会劝告、当时身体和情绪上的状态。自我效能感通过认知、动机、情绪和选择加工来运作。在认知方面,高自我效能感个体在处理情境挑战时表现出拥有更多的认知资源,更富策略上的灵活性和有效性,运用长远眼光来组织他们的生活,倾向于选择对自己有利的机会,并以此来指导自己解决问题。在动机方面,高自我效能感个体会设立具有挑战性的目标;预期自己的努力会带来好的结果;把失败归结为可控制的因素而不会把失败归结为不可控制的因素;把阻碍因素看成可克服的。因此他们会坚持到底,努力达到目标。自我效能感让人们把潜在威胁看成一种可控制的挑战,以减少对潜在威胁的焦虑和消极情绪,从而调节个体的情绪体验,使人处于积极的行动状态。

暖认知学习过程亦是如此,正是动机和情感的参与,使认知过程充满成就意识,使学习者处于高自我效能感状态,进而成就积极自我,生成主体的快乐情态。

我校田老师的一次社团活动主题是"认识我自己"。当田老师宣布需要大家完成一幅自画像时,孩子们望着桌上的彩色笔和纸,似乎早有意料。然而,田老师却没有从所有孩子身上看到轻松和愉悦的表情。简单说明要求后,有几个孩子开始动手画起来。小 H 却迟迟不肯动手。田老师试着鼓励他:"画吧。老师不进行评分的。想画什么,就画什么。"小 H 用沉默表达着他的抵触情绪。田老师想起抽屉里还有一盒纸黏土,就拿出来递给小 H:"要不,你用黏土捏个自己也行呀。"转机来了……田老师通过学生画"自画像"或者"沙盘游戏",引领学生进一步认识自己,展示"内心的我"。"背后留言"体验游戏可以通过背对背的评价,让学生意识到"别人眼中的我"是什么样子,培养客观地对待他人评价的积极心态,通过他人的评价来整合和完善自我意识。

（二）找准校本课程开发的"新支点"

1. 多元化呈现

学习目标既影响着学生的认知过程，也决定着他们的学业表现。学生学习目标是多元的。就成就目标而言，一种是渴望获取额外知识或掌握新技能即掌握目标；一种是渴望在别人眼中展现自己很有能力即成绩目标。又分为想要看起来很优秀并且获得他人赞许评价的成绩—趋近目标，和希望自己看起来不那么糟糕并且不要获得令人不愉快评价的成绩—回避目标。

拥有掌握目标的学生倾向于参加能够帮助他们学习的活动，他们将注意力放在课堂上，信息加工的方式是为了促进有效的长时记忆，并且他们能从错误中学习。拥有成绩目标的学生，也许会因为任务的挑战而远离这些本来能够促进他们掌握新技能的任务。

学生社交目标的性质明显地影响着他们的课堂行为和学业表现。如果学生想要获得老师的关注和认可，他们就倾向于去争取高的分数并且用其他方式来优化他们在课堂上的表现。如果他们要寻求与同学的友好关系或考虑他人的利益，那么他们可能热切、积极地参与到诸如合作学习和同伴辅导这样的活动中。对他人利益的考虑也可能会培养掌握目标。可见，课堂学习中学生的目标需求与学习行为都是多元的。在暖认知课堂上，这是重要资源。

参照多元文化教育的观点，学生认知过程的多元呈现至少遵循以下原则：应该考虑学生的背景、经验或"学生把什么带入课堂"；应该促进不同文化间学生的对话，而不是分化他们；应该纳入整个课程之中是整合的、全面的；应该在课程开发和教学设计上都有变化。不能受到认知目标和活动的限制，而是应该扩展到课堂中的情感和精神运动学习中，促进每个学生的学习，包括影响他们所有方面的表现。学生的个性认知与多样表现是暖认知课堂的目标追求。

2. 教玩探合一

在校本课程开发上，需要尊重儿童自身的快乐而非教师想象中的快乐，儿童置身课堂学习中自然获得内在的快乐体验是乐学课堂实施的第一原则。儿童的快乐是在探究学习的过程中生成的，具体的探究任务体现了教学的目的与内容选择，儿童探究学习展开的方式则仿佛儿童自我选择的游戏。这就是教玩探合一，即儿童带着探究任务以玩的行为方式展开学习过程。

拉塞尔·L.阿克夫等学者描述的理想学习环境是："孩子们做自己选择做的

事情,做得会非常热情非常专注。有人在读书,有人在交谈,有人在玩耍。有人可能在暗室里冲印照片,有人可能在上舞蹈课、参加历史研讨班或者在木工厂做木工。有人可能在制作音乐,有人可能在学法语、生物或代数。孩子们可能坐在电脑旁边,在学校办公室里做行政工作,在下棋,在彩排演出,在参加角色扮演游戏。有个小组尽可能地兜售自己烹制的食物,打算凑齐集资购买一台新设备。在其他地方,随时可以看到学生在素描、绘画、缝制衣服、做泥作品。这些人快乐地做着事情,忙忙碌碌,在室内户外,一年四季,不管什么天气,都是如此。"这里所畅想的理想教育强调的是以学生兴趣为中心、学生自我学习与管理,具体学习方式是做中学和玩中学。

理想与现实总有差距,我们无法实现如此放任式的自由学习,但我们的课堂仍然可以在"教玩探一体"上做出努力。一是通过学习资源与学习方式的多样化,让学生获得学习的自主选择感;二是隐匿教的意图,将教学目标融入真实的实践活动之中;三是将学科知识转化为游戏活动过程,创造具有自然意义的探究空间,使经历和体验成为一种认知过程。"玩"与"探"的目的就是让学生回归自然的意义。"只有个体真正地立足自然,真正地回到真实的生活和真实的情感状态之中,并以此为基础,自然的创造力才能开展,思想才能解放,也只有在这个自然的基础上,我们才能真正面向文明。"也正是在这种自然意义的追求中,学生才能获得天性的释放和求知的满足,才能回归天真与快乐。"教玩探合一"既是乐学课堂实践方的追求,也是课堂教学的艺术境界描述。

3. 元认知解放

"反省心智"是暖认知加工的标志性心智程序之一,反省心智的思维倾向是通过明智决策与证据的优化组合追求实现目标的最大化,这种心智是思维自我控制的主要程序。反省心智依赖于元认知能力,即对自己认知过程的理解与处理能力。认知过程中,学生元认知能力是否发挥作用取决于教学过程中的师生关系。在传统的以知识传授或教师为中心的课堂上,学生的认知过程受教师的外力支配,其自身的元认知能力处于休眠状态,或者说元认知较少参与认知过程。

当暖认知加工强调向学生自主认知过程回归的时候,认知过程需要由教师的外在控制转化为学生的自我调节,需要充分解放学生的元认知能力。引导学生通过元认知调控认知过程是乐学课堂的实践取向,也是学生获得快乐学习体验的心理基础。不思考自己是如何思考的,不知道自己知道什么,意味着学生不能控制自己的信息处理过程,也就不能最大限度地利用自己的认知能力。"每当我们对思维过程和所获得的知识进行反思时,其实都在使用元认知。为了最大限度地发挥元认知的能力,我们要使自己专注于它的力量在不得已的时候,还要安排必要的训练保持专注力避免分心。"在引导学生运用元认知策略和发展学生元认知能力方面,教师应当发挥重要作用。

元认知研究表明,专家型学习者在学习时是带有目的性的引导注意力的、自我提问的,而新手则对"哪些是认知成功的必要因素"知之甚少。因此,为了促进学生的自我监控,教师可以通过以下提示来引导学生进行自我提问:"我应该在这里慢下来吗?""我能跳过这用于澄清的解释吗?""我能在我的脑子里构想出情境或信息的画面吗?""我可以做哪些不同的假设?""我现在能做出判断吗?"教师教给学生具体有效的策略并允许学生花时间来锻炼运用这些策略的技能,以促进学生元认知的发展。在这个意义上,解放学生的元认知,包括启发学生运用元认知策略自主调控认知过程,也包括教师在教学过程中促进学生元认知能力的发展。以元认知为中心的学习过程才是真正的学习者中心课堂,学生才能展开有效的暖认知,并在暖认知加工过程中获得真正的快乐。

(本节编写:唐洁)

第三节 "暖认知"的研究行动

面对素质教育的新要求、课程改革的新变化,如何真正推动教育质量的提高、学生素质的全面发展,其中一个重要的机制就是要通过提升学校来实现。在提升学校的过程中,暖认知理论的融合则关注学校的内涵发展。行为心理学认为,参与者只有明确参与的动机,才能更有效地完成参与过程,并取得较好的效果。暖认知是社会认知加工的概念表征,具身认知和理性思维的理论研究成果表明,学生在课堂上的学习总体上是暖认知加工过程。针对我校校情、学情,我们整理出暖认知理论与本校的如下关系。

一、用温暖的"动机"确定目标——坚守儿童立场

1. 动机与目标结缘,重建童年价值

暖认知是指那些受我们愿望和情感驱动的心理过程。准确性目标是找到最

好的解决方案的动机,它导致人们投入更大的精力到判断任务中,进行更复杂和精细的推理,努力搜索最可能的推理策略。

儿童究竟是容器(可以随意图画的白纸),还是站在校园中间具有灵魂的人?几十年来,我们的教育所吃的亏便是"目中无人"。我们没有关注如何去尊重儿童,没有去研究他们的心理,没有顺应其规律去教育。在学校教育中,我们理解的童年价值是学校儿童教育的核心问题,对童年价值认识的深与浅,影响着对儿童教育的重视程度。在人的一生中,童年似乎是最短暂的,如果只看数字,孩提时代所占的比例确实比成年时期少得多。可是,这似乎短暂的童年可能就是人生中最悠长的时光,成年以后,儿时的回忆往往会伴随我们的一生。

对童年价值取向的扬与弃,在一定程度上决定了儿童会度过怎样的童年,直至影响人一生的精神生活。当下,童年价值取向的主要分歧在于童年是为长大成人做准备,还是保护儿童的童心、童真和童趣,让儿童有一个金色的童年。如果把"为长大成人做准备"作为价值取向,那么就应该多学知识,多习技能,增强自律能力,尽快把儿童造就为成人的模样,这样就可以在竞争中提前胜出。夏山学校尼尔校长的办学实践就是典型的模式。本人以为这是价值取向的两个极端:一端较为功利化,另一端更是理想化,在当今社会中不可能完全舍弃某一方面。儿童最终要踏入成人社会,在儿童期学习必要的知识、技能是应该的,我们追求的是从过于功利的一端向理想的一端靠近,平衡这两个方面,在保护童心、童真、童趣的过程中帮助儿童获得全面发展和幸福成长。

相当多的证据表明,当明确了准确性目标后,人们总是在不同的思维方式之间转换。有时当我们进行这种道德或价值重建,即进行仔细的、系统的和精细的加工时,就可能获得最好的判断和实现最好的愿望。

2. 动机推理的机制,正视儿童文化

我们的判断总是会因为动机出现偏差,而选择性地获得那些支持期望结论的观点和规则,特别努力地驳斥那些不合理的结论。同时,指向性目标驱动的推理也导致积极错觉。但在某些方面,它是有利的:它能增加我们的动机、精力和面对困难任务时的毅力,最终达到自我实现。

在学校教育中,我们要认识到儿童有自己的文化,这种文化不是成人文化的幼稚版,而应有其独特的内涵。在儿童的精神世界中隐藏着儿童的全部秘密,对儿童文化的研究,就是对儿童精神世界的探索。了解、认识儿童,就必须从了解、认识儿童的精神世界入手,否则,成人永远也走不进儿童的世界,也就不能引领儿童的成长和发展。儿童有自己的逻辑、自己的规则、自己的一套特殊密码。儿童文化就是儿童作为人的生命意蕴,整体感知和反应、诗性逻辑、游戏精神是儿童文化的三个基本特征。

儿童文化中尊重具有不同动机的儿童在心理上产生的不同记忆,主要表现为对当前生活的感受和对生存理想的追求,他们是用整体的方式感觉世界并对世界做出反应。儿童文化应该是一种活动性的文化,以游戏精神为核心,游戏不仅是一种方式和活动,更是儿童生存的一种形态,游戏精神的核心是一种自由的想象和创造的精神,一种自主精神,一种平等的精神,一种过程本身就是结果的非功利性精神,这是童心、童真、童趣的真实表现;儿童文化应该是一种开放性文化,是未定型的、不成熟的、过渡性的,始终处在生长的状态,极具可塑性和再生性,在现代信息时代的背景下,儿童的文化结构更多地表现出多元和开放的状态。

当目标和愿望对于判断的影响构成了"暖"认知的一面,我们的认知在其他方面也可能是"暖的"。如果是不经过自身文化的陶冶而直接一步跨入成人文化的儿童,他们的成长过程是违背自然规律的。进入儿童文化是每一个儿童必需和必然的选择,是他们通过参与而生存、发展的必由之路。在儿童文化中渗透"暖认知",让儿童经历文化的洗礼,在各种儿童文化的相遇相激中发展,他们从中获得了知识经验,增进了智力的发展,逐步获得安定的心理、良好的感受及安全感和归属感,并让自己的心境或情感赋予一定的色彩。

3. 标准为改变态度,寻求儿童发展

哲学家大卫·休谟曾经说过,"理智是也应该是情感的奴隶"。我们有时候的判断受动机和愿望的影响未必都是好事。因此,暖认知理论对标准的考虑,是基于关注推动人们得出某个结论的指向性目标。把讨论的主题转向一个不同类型的目标。我校在教育管理中指出:儿童需要发展,这是不争的事实,但有两个问题学校必须认识清楚。

第一是儿童发展的标准。儿童发展的标准大而言之,就是德智体美劳全面发展和个性的充分发展,培养他们的"创新意识、实践能力和社会责任感"。但具体到每所学校,应该有校本化的内容,这也是学校风格特色的根本体现。长小对要培养什么样的学生、培养出来的学生有什么样的特点,进行过多轮的研讨与实践。我们觉得,对发展标准的持续不断的讨论,一方面引导着我们的办学方向,校正着我们的教育思想,有了这个标准就有了立场、有了原则;另一方面保持对这个问题的开放性探索，也有利于我们与时俱进，不断创新。

第二是儿童发展的规律。儿童的发展是个过程——人生犹如万米长跑，小学只是第一站。这第一站不能用短跑的速度去冲刺，否则很可能缺乏后劲，甚至损伤机能，破坏平衡。珍贵的"童年期"要有终身的意义，应该有科学的结构——小学是基础教育的基础，犹如"大厦的地基"，这个基础应该是全面而又深刻的。全面，意味着生长点应该多样，分布要尽可能均衡；深刻，意味着对这些生长点的认识和理解不能简单地停留在知识、技能的层面。儿童的发展应该有自主的状态，犹如树木的生长，只要给予必要的阳光、雨露和空气，生长是树木自己的事，谁也替代不了。我们要顺应儿童的天性，将要求化为需求，这样的教育才是真正的教育。

二、让积极情绪为"发现"加工——聚焦课程开发

1. 以快乐情感的体验为原则的课程开发

课程是个复杂的概念，是沟通、是轨迹、是学科、是结构、是机会、是平台、是事件、是旅程。课程又是个客观的存在，课程的理念、结构、开发都或隐或现地决定和影响着教育的状态。我校在校本建设的深化与发展中着重于儿童文化课程的开发与实施，即以儿童文化的视角对课程加以审视、改造、优化，建构有利于儿童快乐学习、全面发展的课程形态和教学实践体系。

基于对课程的理解，我们提出了课程开发的五项原则，着力处理好五个方面的关系。

一是要处理好核心知识与背景知识的关系。核心知识是知识系统中最基础、最主要的接合点和线索，能更好地帮助学生认识世界的真理和发展规律。而背景知识一般包括儿童的思维品质、感悟体验、能力方法、整体的认知框架，等等，为儿童掌握核心知识、生成新知建造丰富的知识宝藏。这两者是相互联系的，课程开发就要指向知识的广度与深度，使两者相生相长。

二是要处理好直接经验与间接经验的关系。儿童认识事物、把握世界的方式主要来自他们的形象思维和感官直觉，例如活动中的感悟、文学中的情感、音乐中的乐感，等等，这种直接经验能引领一个人整体知识和技能的发展。而间接经验往往是规范而系统的经典传承，能帮助儿童更好地进行逻辑思考，形成抽象思维。在学校的文化滋养、道德形成、活动生成等领域中，这两者是互为渗透的。

在课程开发的过程中,就要把儿童的体验、感觉、实践等直接经验与间接经验结合起来,使之相遇、交融,达到视界的融合。

三是要处理好一般发展与特殊发展的关系。一般发展从认知心理学的角度来看,是指儿童在道德的、智力的、情感的、身体的、审美的等方面的发展。仅仅关注儿童的一般发展是不够的,更要关注儿童在自己特别感兴趣的领域、活动、学科中的爱好和发展。有了这种特殊发展,儿童就会更愿意去学习、关注、谈论、展示,从中形成独特的情感体验、价值追求、思维方式和丰富的精神世界,以此推动儿童集体中的智力氛围、认知高潮达到一个新的境界。这种特殊发展势必会迁移到儿童一般发展的其他领域,带动儿童生命的全面成长。基于这样的关系,课程开发要关注培养学生的个性和兴趣特长,达到全面而有个性的和谐发展。

四是要处理好认知过程与情意过程的关系。认知过程是儿童成长的源泉,是儿童成为社会人的知识准备和桥梁,而情意过程更多地追求一种人文的关怀和意蕴生成,由情感主线贯穿其中。情意动力来自情感的激发、道德的滋养、梦幻的想象和儿童的自由,有了尊严感、价值观、理想与权利,儿童就获得了发展的潜力。伴随着情意过程的产生,认知学习才会有情境、有审美、有情感、有体验,知识才会变得有情有趣、有滋有味;而情意过程是在认知过程中生长起来的,没有认知活动,情意就像无水之塘,缺乏深度与灵动。课程开发要把这两者有机相融,使教育教学情智交汇,与学生心心相印。

五是要处理好教师主导与学生主体的关系。在课程开发过程中,教师主导与学生主体是交织在一起的。一般而言,国家课程的校本化开发中教师的主导明显一些,在校本课程的开发中学生主体会明显一些。当然,不管是教师主导在前、学生主体在后,还是学生主体在前、教师主导在后,抑或教师主导与学生主体同步展开,都要注重充分发挥师生双方的能动作用。只有当师生投入全部的知识、智慧、情感,课程开发才能焕发出生机和活力。

2.基于真实思维展开为准则的课程框架

暖认知教学模式基于学习过程的充分展开,以深度对话为主要学习形式,以积极情感和活跃思维的融合为主要特征,以网络环境下的新技术为支撑。不同的学习内容、不同的学习形式会有不同的结构体系。在教学中,我们发现儿童探究学习的内在过程,其基本流程从不同的维度,可以分为:问题情景——建立模型——解释与应用,动作阶段——映像阶段——文字符号阶段,简单结构——复杂结构,呈现问题——构思思路——发现解法——整理表达,等等。在探究学习的过程中,问题、实例、表象、安静自由的环境、思维支架的提供、点拨和激励、问题解决后"心智的极度快感"等共同作用,推动学生进行进一步的探究。

如图所示:学科文化类、活动体验类、自主建构类这三大类课程在儿童的学科、活动、兴趣等发展空间中互为影响,紧密关联。三大课程又分为六型课程门类:学科基础型建构从文化理解出发,回归儿童快乐、游戏、自由、本真的境界,在儿童视界的观照下提升对学科知识的认识和把握能力,起着核心作用;文化拓展型课程引领学生读万卷书,行万里路,起着横向延展的作用;合作探究型活动从儿童主体出发,在儿童与社会、自然、自我、成人等方面开展多种实践活动,聆听儿童有关生活世界的自主体验,有着纵向深入的功能;儿童人格体验型课程像根红线贯穿于学习和活动的全过程,成为课程的主线;自主选择型课程从儿童的特殊要求出发,为每一位儿童开设满足他们自主发展需要的课程,彰显和生成儿童独特的文化和个性,具有源泉作用;班级经营型课程则是儿童学习的背景,是儿童生活的家园。如学校 2008 年开始研究"十一五"市级课题"小学生纸塑造型的实践研究",在"十二五"期间,我校寻找生长点,巧用网络资源,选择学生自己喜欢的纸塑造型,探索纸塑造型的创新,又申报了南京市教育科学"十二五"规划课题(2015 年度)"网络环境下小学生纸塑造型创新的实践研究"。同时,组织编写校本学材《网纸共舞》,打造纸塑造型的升级版。

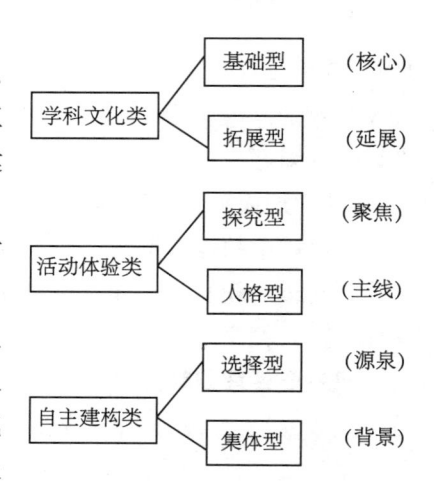

3. 由思维、道德、情感融合的课程整合

中国传统文化中非常注重"德性",长期以来,德才兼备成为人才的标准。新中国教育方针明确提出,培养德、智、体全面发展的社会主义建设者。直至今日,"立德树人"与"核心素养"一起被置于深化课程改革的基础地位。虽然"德育为首"成为教育的基本要求,但并没有成为全民共识。其实,在生活中,道德情感总在影响着我们的思维和行动,换言之,思维的发展与道德情感如影随形,我们在理念中不能将它们割裂开来,而应自觉地将其"联姻",并以道德情感去引领思维。在深化课程改革的今天,儿童终于能够平等地回到成人的中央,站到操场的中央。一个被关爱着的儿童,心里一定是温暖的。温暖可以融化冰冷的事物,同时温暖也是可以传递的。如南京主干道上有一所小学,每天早晨开展"护学伞"活动。孩子在老师和家长的关心下,带着温暖走进教室。在这里,孩子学会了礼仪、感恩、规则、珍惜生命等,家校之间有了温度。此项活动坚持了三年,乘坐不同交通工具的过客目睹此景,每每都会被温暖。"护学伞"是项目,更是课程。此时,"孝道"是否可教、靠教,已经无须回答,仅需深思。

在课程实施的过程中,我们力求做到四个层面的统整。

第一是级部层面的统整。着力按照级部学生的年龄特点整合各类课程开发,开展带有一定主题的综合活动,以落实课程体系的要求。

第二是学科层面的统整。按照基础性板块、拓展性板块、探究性板块的要求有机结合。

第三是班级层面的统整。班集体建设、班级学习、班队活动要按照课程体系的要求,结合班级特点进行整合,推进"特色班级经营工程"。

第四是教师层面的统整。我们确立了"超越学科"的课程意识,教育教学工作要从全局的高度、学生全面发展的高度出发,以学科教学为线索,全面落实课程体系的要求,最终实现学生的全学科文化类活动体验类教师学生共同发展成长。

三、学会自我"肯定"和批判性思维——追求至美境界

1. 审慎心态,践行至美课堂

"暖"字突出了以情激智、以智生情、情智交融的三重境界。第一重,教师以情传情,以尊重、关爱感染学生;学生以情促情,以信任、默契回应教师,形成殷殷的师生之爱。第二重,教师明理动情、灵动智慧、游刃有余;学生兴致盎然、趣味横生、大胆思辨,形成融融的教学之情。第三重,师生平等对话、情感交融、智慧碰撞、心心相印,形成拳拳的亲子之心。

我们从课堂教学入手,首先研究教学目标的三维一体,既"授人以鱼",教给学生扎实的学科知识,又"授人以渔",教给学生运用的技能方法,还"悟其渔识",引领学生形成独到的见识,进行创造性活动。其次研究横纵双向的立体结构,一方面尽可能地挖掘教材以外相关知识的资源,横向开放和延展;另一方面突出学科知识的问题性,形成一系列吸引人去探究的对象,纵向行进和深入。为此,我们提供广阔的知识背景,赋予知识整体的意义;连接儿童的生活经验,创造条件

让认知与生活实践发生关联;建构核心的知识胚胎,抓住知识主线、本质和核心概念,以达到"教少学多"的效果。再次研究儿童的认知方式,引入课堂的快乐元素,如"情境"——营造一种丰富的、动态的、真实的、过程性的具有探究意义的情景化设计,让学生在其间换位、移情、交融;"游戏"——解放学生的手脚、大脑和心灵,一段段情境表演、一次次动手操作、一场场情感体验,让儿童在游戏中获得愉悦和生命能量的释放;"对话"——通过儿童与文本、儿童与教师、儿童与同伴、儿童与自我的多元对话,进行议论、表述、倾听、反刍、思辨与合作,实现从已知领域到未知领域的跨越。

"暖认知教学模式"也要有一定的支持系统。

第一是小组活动的组织。小组活动要有合适的领导人,每个人都有任务,分工合作,互惠互利,要注重营造较为安静的倾听氛围,养成畅所欲言的串联习惯,认同学会小组交流的话语系统。

第二是探究场域的营造。学生需要有相对独立的学习空间和学习环境,以保证他们的探究活动更加便利,更受尊重。可以开辟一些活动场域或主题教室,让学生在一定的环境中,利用学具、模型等进行学习,使问题更加具体化,甚至可以开展一些实践的发明创新活动。

2. 指向准确,变革学习导向

学校教育就是要尊重儿童的学习权利,把教师的教学"霸权"适当下放,鼓励学生自主探究。因此我们对课堂进行进一步深化,逐步从教的课程走向学的课程,让学生真正成为课堂的主人。暖认知理论告诉我们,一旦我们做出决策,会转向一种工具心态,关注已经做出的选择,产生指向性目标。

一是探索便教利学的教学内容呈现方式。指向儿童学习的课堂,在教学内容的选择上要更贴近儿童的需要,在呈现方式上,要更贴近儿童喜欢的接受方式。我们统整了情境式、故事式、活动式、文化式等方式,善于组合,巧于联结,最大限度地提供适宜的学习途径,激发学生内在的学习动力。

二是探索以学论教的课堂教学组织方式。如"问题前置"——设计学习单,倡导学生走进课堂之前先进行个性化的自学,以打破课堂教学的封闭性,保证时间上向两端延伸,空间上向室外拓展,为学生提供更自由的学习天地;"学情分析"——了解学生原有的经验、文化、能力和知识基础,以找准课堂教学的起始点,使教学理念更具体、系统、有效地转化为实际的行动;"学习共同体"——营造开放、有序、和谐、具有主体性的学习环境,让师生在舒适而惬意的团队中相互学习、相互吸引、相互促进;"个别化指导"——直面学生差异,根据不同的学习需求、学习能力和学习基础,预设和调整教授过程,使教师成为学生的服务者、辅助者和支持者。

三是探索儿童为本的课堂教学评价方式。从"以教论教"转变为"以学论教",除了关注学生知识技能目标的达成以外,还要关注课堂上师生互动、学生自主学习、同伴合作中的行为表现、参与热情、情感体验和探究思考的过程,等等,以更好地评价教师课堂行为表现对学生"学"的价值。

3. 分享快乐,明确教师作用

曾任清华大学校长的梅贻琦教授说过"大学之大,非大厦之大,而在大师之大也",要办好一所大学,关键在大师,任何一所学校都是如此。"一支好队伍就是一所好学校"、"一个好教师就是一个好班级",碰到一个好老师是学生的幸福。怎样来判断一所学校的教师优秀不优秀呢?我校教师在"暖认知教学模式"中认识到要重点培养学生的创新意识与能力。

第一,鼓励每一个学生都有自己的看法,尤其是那些最羞怯的参与者也能得到鼓励。力促每个学生以自己独特的方式来思考共同面对的问题,再平淡无奇的观点,对学生思想的形成都可能是弥足珍贵的,要使学生获得一种独特的、有利于培养人际理解和团队意识的经验。有时候不妨适当地运用非理性的观点,鼓励那些不够积极的学生投入到偏离主题、奇谈怪论以及其他有助于打破固有思维的状态中。

第二,学会接受学生千奇百怪且与众不同的观点,接受学生所有的反应,不着痕迹地引领学生的创新表达,以激发学生对问题的新颖见解。

第三,创设解决创造性问题的环境,教给学生充分自由地商讨与合作的原则,教给学生开展游戏、情智交融的方法,让学生在学习活动中体会到内在的满足和快乐。

第四,要避免过早地草率地分析与判断,着力解释、总结学习活动的过程,助力学生解决问题能力的提升。

(本节编写:丁一丹)

第四节　暖认知理论与小课题俱乐部的关系

"十二五"期间，经过众多专家的指导，我校成功立项、优质实施并结题江苏省"十二五"规划重点课题"教师'小课题俱乐部'校本研修方式的创新研究"，小课题俱乐部在市区已具有一定知名度，并多次在市、区上研究课、观摩课、交流介绍等。"十三五"期间，我们又成功申报了江苏省教育科学规划课题"儿童'小课题俱乐部'提升问题解决能力的实践研究"，被批准为省级重点自筹课题。一个学校愿意用十年的时间，坚持在前五年研究教师小课题俱乐部，又用后五年研究学生小课题，可见我校是基于暖认知理念，以审慎心态、饱满情绪，将满腔的科研热情、爱校情感注入其中。

一、"玩中研"模式契合儿童生长节律

1. 情绪产生共鸣，启动小课题的探究

在回忆往事的时候，我们的情绪导致自己提取与情绪一致的记忆；在愉快的时候，更可能提取愉快的记忆；在悲伤的时候，更可能出现悲伤的记忆。因为提取的记忆倾向于与我们的情绪一致，判断也是如此。

充满功利的读书全无乐趣可言，考完自然不会再去读它。如此以记忆和练习为主获得的知识，在头脑中留下的印痕自然不深。如此孤立的知识，注定无法立足，很快"变冷"，注定没有活力，更谈不上创新能力的迸发。"十三五"期间创办的儿童"小课题俱乐部"是"提升儿童问题解决能力"的有趣社团与乐研载体，将儿童日常现实与网络生活，学习、交往与心理调适中遇到问题或困惑，转化为有价值、切口小、内容实、周期短、操作易、见效快的小课题，通过自己为主、他人（同学、教师、家长及其他人士等）助力的快乐研究，探寻"分析与解决问题"的密码，增强社会适应性，提升"问题解决能力"。课题研究并不神秘。成人可以搞，孩子们也能搞；美国二年级的孩子能够进行研究，中国的小学生也一定能行，关键在于教育思想的转变。

因此，我们的研究宗旨包括：一是以儿童为主体。儿童是活动的主体，设计组织活动必须适应儿童的身心发展特点，组织者要注意观察分析儿童的感受体

验,从而不断修正活动方案,改进活动的组织实施。

二是以培养儿童健康人格为目标。俱乐部活动的根本目的是促进儿童成长发展,特别是在培养儿童社会能力、积极态度、意志品质、乐观情绪等健康人格方面起到社会实践活动的独特作用。走向自我教育,是满足学生当前需求、操作性强、终身受益、未来需要的关键能力,儿童喜欢、家长欢迎、教师认可,接地气,又实用。儿童带着"渴求知识的火花""浓厚的学习兴趣""质疑的学习精神"走出校园,一边是发现,一边是对校园的眷念。正如哈佛学生,"学会的"不多,但他们随时"会学""愿学""满脑子问号"。儿童在课堂上常常乐于发现,以此为媒,与生活相连,时时处于发现状态,儿童思维发展就成为一种常态。

2. 情绪改变认知,影响判断和精加工

暖认知理论提出,情绪可以激活与情绪有关的内容和作为与判断有关信息的一种来源来影响判断。我们的判断受到自己情绪的影响。在悲伤时,我们喜欢系统的加工。相反,在高兴时,通常喜欢启发式加工;假如我们预期自己喜欢系统加工,我们则会转向系统加工。

学校开设专题讲座,报告用孩子的语言阐述了课题研究的含义,讲述了研究内容的确定与研究方法的选择,既有科学理论的浅显阐释,更有生动实例的具体说明。报告结束后,在主会场的孩子们近水楼台,纷纷提出各自的疑问:课题研究方案该怎样设计?让家长帮着搞可以吗?可以聘请您为我们的指导老师吗?……老师们不厌其烦,一一予以解答。除了专题报告外,学校还开展了一系列具有创意的活动来为孩子们树立典型,培植榜样,加强同学、班级、年级之间的交流与合作,实现以点带面,整体推进。

每月一次的学生课题研究优秀作品展评会,使孩子们在品味赏析他人成果的同时,明白了自己研究的不足,达到了自我反省、相互借鉴、取长补短的效果。"我与课题研究"征文,给了孩子们一个吐露心声的园地。孩子们或是述说研究的甘苦,或是介绍课题研究的得失……班内宣读、学校广播、宣传栏张贴,加强了同学间、年级间的交流,既是研究方法、研究经验的大交流,又是推进研究的"情感加油站"。师生经验报告会则是教师指导、学生实践经验的总结、汇报,是奉献给师生的一道"营养大餐"……

杜威说:"学习,就是要学会思维。"让学生学习处于发现的状态,他的思维很可能处于激活之中,如此高效的心理活动之后获得的知识,必然是鲜活的、可以"长期保鲜"的。如此"发现"之后,带来的很可能便是改变和创造。

3. 动机驱动心理，唤醒"自我肯定"

对于科学家来说，阅读科学杂志可重建自我肯定；对于一个信徒来说，通过祈祷可重建自我肯定；对于一个艺术爱好者来说，则可通过参加艺术展览来增强自我肯定。同样的逻辑，在小学教育中，儿童也可通过小课题研究以及参加俱乐部活动，来增强自我肯定。

着眼儿童视角、情趣、话语、意愿等，积极构建教师、学生及部分家长参与的"小课题俱乐部"，成立相应的七个部门（包括选题论证部、申报立项部、调查分析部、过程实施部、中期检查部、结题验收部、推广应用部），制定出相应的章程，分阶段对教师、学生课题研究情况进行讨论、交流、展评、审查，表彰优秀，激励全体，指出努力方向，为开展小课题研究的愉悦活动，提供载体与机制。

学生小课题研究如同上演一幕生动的活剧，同样需要一个宽阔的舞台。我校首先建起了学生课题研究的三级组织体系。学校教科室、教导处联合组建了课题管理小组，负责学生课题研究工作的全面管理；各年级组教师成立协作指导组，重点加强对班内学生的指导和班级间研究工作的协作与交流；各班内在学生选定课题的基础上，依据研究内容的相同性或相近性，成立了多人课题研究合作小组，并由学生自己聘请相关学科教师或家长、校外辅导员任指导教师。各合作小组基本做到"同组异质，异组同质"，以实现研究过程中同组的合作与异组的竞争，激励学生研究的自觉性。"学校课题管理组——年级协作指导组——班级研究合作组"三级活动网络的建立为实现对学生课题研究工作的科学管理提供了组织保障。学生课题研究内容上具有系统性，研究过程具有连续性，研究途径具有开放性，这就要求有充足的时间。为此，我校在加强课内指导的基础上，课外结合课题研究布置实践性、活动性作业，把课余时间还给学生。广阔的时空，全方位的支持与参与，为孩子们搭建起一个磨炼、展示自己的大舞台。学生乐在其中。

二、"玩中研"研修构建教师互助样式

1. 满足内需，让科研接地气

马斯洛认为，"人的行为的内驱力来自人自身的需要"。"自我实现处于需要层次系统中最高层次的需要，包括认识、审美和创造需要。它是一个人的潜能在个体发展过程中的不断展现，是个人对自身内在本性更充分的把握和认可，是朝

向个人自身中统一完整和协调的一种持续的趋向,也就是一个可能发展到的顶点。"基于自我需要的成长,是教师个体内在的一种积极发展的历程,而不是对外在压力的迎合。因此,教师自发主动参与小课题研究,是以自我发展、自我实现为本的,属于"最高层次的需要"之一。而更具有动机性和情感色彩的暖认知理论,则让我们明确:当具有准确性动机时,我们会投入更多的精力,这样会停止做出刻板印象的判断。

自 2012 年开始,我校正式开展了"小课题俱乐部"的教师研修方式的创新探索,倡导教师成为小课题研究的管理者、参与者,形成一种开放的、民主的、科学的研究意识,促进自身的专业发展。我们主要采取专家或骨干引领的形式,促使教师在掌握国家课程政策和课程标准的情况下,在充分了解学生发展特点和现实需要的基础上尝试自己做小课题,实现个性的张扬,促进教师自身的专业成长。小课题俱乐部的研修方式是一种"融校本培训、校本教研、校本科研一体化运作"、"面对真问题、展开真行动、获得真发展"的实践研修方式。它开展的是一种非制度化的研究,具有草根性、大众性、愉悦性、微观性的特点;它以自愿为基础,被纳入学校日常工作中,关心和注重每一位教师的自身成长与团体进步,并能促进学校的和谐发展,学生的健康成长。值得一提的是,这个俱乐部的出现,实际上是把"教师成长"定位在"教师生活"的根基之上,具有较强的现实意义。

2. 交互学习,建教师小团队

佐藤学认为:"要改变一所学校,需要不断开展校内教研活动,让教师敞开教室的大门,进行相互评论,除此以外别无他法。"教师是学校教育教学改革的核心与关键。如何提升教师的专业水平,促进教师专业发展,学校急需寻找新路径。中国自古以来的教育传统文化就蕴涵着团队研修的思想。例如,《论语·述而》中就记载了孔子的名言:"三人行,必有我师焉。择其善者而从之,其不善者而改之。"《礼记·学记》中也提出了"相观而善"原则,强调"独学而无友,则孤陋而寡闻"。

自创办小课题俱乐部以来,我们不仅关注教师个体的专业成长,还不忘倡导组建教师小团队,促使教师群体成长。如,学校小课题俱乐部中心组出台了南京市长平路小学教师个人承担的"十二五"校级"小课题"申报工作,提出只要你想研究真问题,那么做校级、区级、市级(含个人)小课题同样光荣。学校引导全校 40 岁以下的中青年教师结合自己的教育教学实际,精心选题,填写了申报表。各小团队先后建立了小课题俱乐部研究网、网络学习 QQ 群等便于教师沟通的网络平台。全校教师在这个平台上，对同一个问题各抒己见，交流各自的教学心得，有效地提升了教师的研究水平。

3. 展示自我，寻求自律协作

维果斯基认为："儿童通过成人指导或与能力更强的伙伴合作，会表现出潜在的发展水平，能够促使最近发展区更好地转化到现有发展水平的范围之中。""教师可以通过书面或口头的提示与暗示来提供脚手架"，以促进"现实性"向"可能性"推进。"十二五"省级课题研究期间，在第一学年（2011年9月—2012年8月）教师教育叙事轮讲的基础上，在第二学年（2012年9月—2013年8月）开始，学校每月组织两次"小课题促我成长"教科研个人交流活动，提供机会让每位教师在全体教职工面前轮流做五分钟的"专题演讲"。其目的是为了挖掘自身教育教学经历中闪光的事件，学习身边感动你我的教师榜样。要求以实践为源，围绕问题展开研究讨论，指导方法的改进和效果的改善，以此来促进教师的专业化发展。这项小课题校本研修活动求真、务实，深受老师们的喜爱。

学校每学期还举办一次"小课题俱乐部创新研讨会"，为教师提供了一个实践与展示的舞台，通过设立有针对性的奖项，研讨会发挥着对日常教研的引导与评价作用。课题中心组成员及时梳理在小团队活动中孕育产生的一批具有推广价值的小课题实用教学案例，快捷地整理成了相应主题的案例类教学论文电子版，其中有多篇均在省级、市级案例评比中获得一、二等奖。

三、"玩中研"精神打造俱乐部文化

1. 团队活动的组织，形成俱乐部的传统

以团队合作的形式开展课题研究是提高教师教学能力有效手段。小组中的很多青年教师，过去基本没有经历过真正意义的科研，小课题研究为青年教师专业发展搭建了一个学习、交流、展示、合作、研究的平台，有力地促进了青年教师的专业发展与团队精神，培养了一批青年骨干教师，取得了显著成效。李婷校长代表学校，在市区召开的经验推广会及各种市区会议上进行典型发言达数次。我们体会到，以校级小课题研究为基础，有利于区市级"个人课题"质量的提升。同时，要注重树立率先垂范意识、抢抓时机意识、成果精品意识、推广运用意识、团队共进意识，注意贯彻"五个结合"，即校本培训与校本教研相结合、校本教研与校本科研相结合、个人课题与学校课题相结合、团队建设与校本建设相结合、自我发展与助人发展相结合,从而群策群力,发挥集体智慧;整体推进,再创新的辉煌。

2. 探究场域的营造,搭建学习公共空间

在整个校本研修过程中反思是贯穿始终的,我们要求老师定期在教师论坛和沙龙中汇报交流读书笔记与教学反思。使老教师的教学经验得以吸收,中年教师的深入钻研得以弘扬,年轻教师蓬勃的朝气与改革的锐气得以彰显,形成一种团结协作的氛围,让每一位教师拥有能展示自己的机会。老师们在反思中往往能够总结经验,找出不足,提出新的设想。这样的反复沟通交流,促使教师关注课堂上的每一个细节,珍惜每一节课,心中常念常想着教室里学生们的学习感受;也使教师们注重学习,善于沟通,贴近学生,钻研教材,优化了教学。

3. 传导科研的力量,寻求决策共存模型

我们在实践中倡导开展"打井式"的研究实践,即各级课题研究不做演绎式的子课题分解,而是提供研究方向、提升研究理念,具体的研究过程则是由教师结合自己想解决的实际问题,形成若干个从"问题"衍生出来的课题研究项目组,通过自行组织、自主申报,形成研究共同体。这种"打井式"的研究到了一定的阶段以后,就"打井成河",达成了对儿童、课程、教育的深度理解,形成了一些理论性的经验和经验性的理论,再由此进行归纳、结构化处理,推进了课题研究的进一步深入。

我们的小课题俱乐部研究要成为常态,成为教师生活的一部分。未来我们小课题俱乐部的快乐、深度研修是"走自觉发展、'自身造血'之路"。主要包括五方面内容:(1) 研究目标与人生价值相统一;(2) 研究内容规定性要求与个体性需求相组合;(3) 研究形式规模化与个体研修相协调;(4) 研究渠道与方式多样化;(5) 研究运作与管理科学化。通过这五方面内容,激发教师研修的内在动力和积极性,促进每位教师专业化自我发展"小亮点"的更多形成。

(本节编写:丁一丹)

参考文献

[1] 安彩凰,等.教育情怀成就梦想——"数学名师工作室"构建教师发展共同体[M].北京:北京师范大学出版社,2017.

[2] 北京师联教育科学研究所.走进新课程——新课程的理论与实践(第一辑)通识部分[M].北京:学苑音像出版社,2004.

[3] 陈静静,等.跟随佐藤学做教育——学习共同体的愿景与行动[M].上海:华东师范大学出版社,2015.

[4] 陈伟.探究在体验中漫溯——小学生"小课题"研究成果汇编[M].成都:四川大学出版社,2014.

[5] [新加坡]陈允成.教育心理学:实践者—研究者之路[M].何洁,徐林,夏霖,译.上海:上海人民出版社,2007.

[6] 范云良.研究性课堂实践论[M].南京:江苏教育出版社,2011.

[7] 费伦猛,佘晓棠,范谊.如何做课堂微诊断:学科教师小课题研究的"5W2H"跟踪诊断案例解读[M].广州:中山大学出版社,2018.

[8] [德]哈贝马斯.认识与兴趣[M].郭官义,等,译.上海:学林出版社,1999.

[9] [美]简妮·爱丽丝·奥姆罗德.学习心理学[M].6版.汪玲,等,译.北京:中国人民大学出版社,2015.

[10] 江苏省教育厅研制并签发.江苏省义务教育综合实践活动课程纲要(2014年版)[S].南京:江苏省教育厅,2014.

[11] 教育——财富蕴藏其中:国际21世纪教育委员会报[M].联合国教科文组织总部中文科,译.北京:教育科学出版社,1996.

[12] 孔平.小学中年段:孩子成长的关键期[J].辽宁教育教研版,2017(8).

[13] [美]拉塞尔·L.阿克夫,等.21世纪的学习革命[M].杨彩霞,译.北

京:中国人民大学出版社,2010.

[14] 李臣之.综合实践活动课程开发[M].北京:人民教育出版社,2003.

[15] 李艺,钟柏昌.谈"核心素养"[J].教育研究,2015(9).

[16] 李玉平.课堂开放了怎么办[M].北京:北京师范大学出版社,2009.

[17] 梁英豪,张大均,梁迎丽.3～6年级小学生心理素质发展的现状与特点[J].心理学探新,2017,37(4).

[18] 林长焕.网络环境下的学生小课题研究[J].职教论坛,2005(2).

[19] 刘海岩.幼儿创造教育课程框架的建构及实施[J].中国教育学刊,2005(12).

[20] 刘友红.浅谈学生问题解决能力的培养[J].当代教育论坛,2011(2).

[21] 美国国家研究理事.美国科学教育标准[M].北京:科学技术文献出版社,1999.

[22] [英]内尔·诺丁斯.幸福与教育[M].龙宝新,译.北京:教育科学出版社,2011.

[23] [加]齐瓦·孔达.社会认知——洞悉人心的科学[M].周治金,朱新秤,译.北京:人民邮电出版社,2013.

[24] 乔新民.让学生在小课题研究中自由成长[J],生活教育,2011(10).

[25] 任文,李雪婷."美育"在构建和谐校园文化建设中的重要作用[J].湖北经济学院学报(人文社会科学版),2011(5).

[26] 陶行知.陶行知文集[M].南京:江苏教育出版社,2001.

[27] 王朝闻.美学概论[M].北京:人民出版社,2015.

[28] 王红,吴颖民.放慢知识的脚步,回到核心基础[J].人民教育,2015(7).

[29] [日]箱田裕司,等.认知心理学[M].宋永宁,译.上海:华东师范大学出版社,2013.

[30] 萧玲,孙双金.让情智的阳光充盈师生的心灵[J].江苏教育,2006(4).

[31] 徐长凤,钱燕.提升学生问题解决的能力[J].河北教育,2017(8).

[32] 徐美娟.支架式教学在小学信息技术"学困生"转化中的渗透[J].内蒙古教育,2014(1).

[33] 徐世贵,刘恒贺.教师怎样做小课题研究[M].重庆:西南大学出版社,2011.

[34] 许文良.完善学校管理制度促进教师专业成长[J].福建基础教育研究,2019(9).

[35] 杨辛,甘霖.美学原理[M].北京:北京大学出版社,2016.

[36] 叶浩生.具身认知的原理与应用[M].北京:商务印书馆,2017.

[37] 叶朗.美学原理[M].北京:北京大学出版社,2009.

[38] 余清波.和润于心美化于行[J].福建基础教育研究,2017(12).

[39] 袁宇.让孩子们都来做课题[M].成都:四川大学出版社,2016.

[40] 袁玥.教师微型课题研究指南[M].上海:华东师范大学出版社,2011.

[41] 张丽. 运用多元智能理论指导信息技术教学[J]. 读与写:教育教学刊,2014(7).

[42] 张擎丰.研究性学习的内容[J].上海教育科研,2001(5).

[43] 张燕. 运用信息技术"个性化"教学模式发展学生多元智能的实践研究[J]. 新课程:中学,2014(5).

[44] 郑金洲.教师如何做研究[M].上海:华东师范大学出版社,2005.

[45] 中华人民共和国教育部.中小学综合实践活动课程指导纲要[S].2017-09-25.

[46] 中华人民共和国教育部.基础教育课程改革纲要(试行)[S].2001-06-08.

[47] 中华人民共和国教育部.普通高中信息技术课程标准(实验)[M].北京:人民教育出版社,2003.

[48] 中华人民共和国教育部.关于全面深化课程改革落实立德树人根本任务的意见[Z].2014-03-30.

[49] 钟启泉,崔允漷,张华.为了中华民族的复兴,为了每位学生的发展——《基础教育课程改革纲要(试行)》解读[M].上海:华东师范大学出版社,2001.

[50] 钟启泉,张华.世界课程改革趋势研究(上卷)[M].北京:北京师范大学出版社,2001.

[51] 朱志荣.美学原理[M].上海:华东师范大学出版社,2015.

[52] 邹尚智.研究性学习理论与实践[M].北京:高等教育出版社,2003.

[53] [日]佐藤学.学习的快乐——走向对话[M].钟启泉,译.北京:教育科学出版社,2004.

[54][日]佐藤学.教师的挑战——宁静的课堂革命[M].钟启泉,陈静静,译.上海:华东师范大学出版社,2012.

[55][日]佐藤学.静悄悄的革命——课堂改变,学校就会改变[M].李季湄,译.北京:教育科学出版社,2014.

[56][日]佐藤学.学校见闻录:学习共同体的实践[M].钟启泉,译.上海:华东师范大学出版社,2014.

后　记

　　《小课题俱乐部的至美叙事》一书就要出版了,这是我校全体教师多年教育研究工作心血的结晶,是我们对学校文化建设研究的重要成果。回想在2008年之前,我校教师小课题研究参与教师仅有三人。而如今,师生的"小课题俱乐部"在长平路小学的校园里"落地、生根、开花、结果"。老师和孩子们都在用最美的姿态,播种最美的希望种子,互相成就最美的自己。在长小老师的心中,"小课题俱乐部"是共同生活的快乐家园;在长平娃心中,"小课题俱乐部"是共同成长的幸福乐园;在课题骨干心中,"小课题俱乐部"是共同发展的精神学园。

　　"小课题俱乐部"这个校本化的非制度化组织,有效地优化了校本研修方式,以润物无声的方式浸润着、影响着每一位参与的教师和学生,提高了课题研究质量,促进了教师专业成长与学生的个性发展。"小课题俱乐部"是长平路小学教师专业成长的助推器,为长平娃的"至美"人生奠基。"小课题俱乐部"指引着长小教师和学生努力做最美的自己!

　　科研需要"扎根",深入地沉下去研究,方能枝繁叶茂;科研需要"坚持",要具有钻劲、韧劲,方能开花结果;科研需要"智慧",专家的智慧、大家的智慧、团队的智慧、汇聚在一起才能迸发力量。我们想说,科研更需要"引领",需要同行的建言和鼓励,需要领导的关心和扶持,更需要专家的指导和帮助。为此,借本书出版的机会,对给予长平路小学鼓励和帮助的上级领导、教育界同仁、出版社的编辑表示最衷心的感谢!

　　感谢原省教科所所长国家督学成尚荣先生。他在百忙中参与我们的"十二五"和"十三五"两次课题申报论证会,帮助我们进一步明晰了研究的方向,提出关键性指导性修改意见,鼓励和激发我校深入开展"小课题俱乐部"的教育研究。

　　感谢省教科院彭钢主任、金连平社长、蔡守龙副主任、张晓东博士、杨孝如主任、喻小琴博士、孙向阳研究员;原市教科所肖林元所长、宋宁副所长,市教科所朱晓琥副所长、黄达成主任；鼓楼区教师发展中心的杨杰军副校长，吴青华主任，刘明静、何颖、李宗玉、陈卉老师，原鼓楼区教科所徐瑞泰所长等省、市、区的专家与顾问多次莅临学校，对我校的"小课题俱乐部：校本研修方式的创新实践"研究工作给予具体指导。特别是宋宁副所长，从《小课题俱乐部的至美叙事》一书的架构到编写再到出版，每一个步骤、每一个细节都给予了精心的指导。

还要感谢原下关区教科室朱世伟主任，自2008年起，一直陪伴我们课题组的成长。即使研究人员发生变化：校长变更、骨干调离，也阻挡不了他指导课题的热情；即使身体健康出现状况：住院治疗、子女劝阻，也停止不了他定期指导的脚步；即使研究产生瓶颈：难度加大、要求增多，也磨灭不了他精益求精的精神。朱世伟主任精心指导学校科研工作中的每个环节，培养了一批又一批中青年科研骨干，使学校的教科研工作朝气蓬勃。《小课题俱乐部的至美叙事》一书，让这段历尽艰辛的回忆永不褪色。

更要感谢长平路小学的全体师生们，他们既是小课题俱乐部的坚定支持者和忠诚实践者，也是小课题俱乐部的具体诠释者和理念支撑者。正是我们全体师生集体的教育智慧、集体的教育行为、集体的教育活动，才有力地支撑和实践小课题俱乐部的研究，成就了小课题俱乐部，他们是我校科研兴校精神的最大支持者，也是我校科研力量的源泉。尤其是本书的编写团队：田田、解兴华、胡祥海、丁一丹、丁邦建、秦雯、潘宁、李慧、李长燕、唐洁、胥玥、李婷，在12位教师的努力下，历经十个月，把学校十年来的成果汇集成册，既是对学校十年研究过程的总结，也为学校今后学生小课题的深入研究提供了范本，更是向学校建校90周年华诞的献礼。

在课题研究过程中有三位研究骨干调离长平路小学，但是他们在本课题研究中付出的努力我们也一直心存感激，他们是戴敏、徐品芳、方轶。

南京大学出版社的荣卫红编辑，在审稿和编辑中提出了许多良好的建议，使本书得以日臻完善，我们深表感谢。

此外，本书还吸取了一些专家、学者、教育同仁的研究成果和文献资料。在此，一并表示深深的谢意！对于他们对我的支持、帮助和鼓励，我将永远铭记在心。

小课题研究仍在路上，小课题俱乐部仍在美丽地成长，小课题俱乐部的至美叙事将会更加精彩！

李　婷

2018年11月1日

图书在版编目(CIP)数据

小课题俱乐部的至美叙事 / 李婷主编. —南京：南京大学出版社，2018.9
 ISBN 978-7-305-20843-0

Ⅰ.①小… Ⅱ.①李… Ⅲ.①小学教育-教育研究 Ⅳ.①G622.0

中国版本图书馆 CIP 数据核字(2018)第 189240 号

出版发行	南京大学出版社
社　　址	南京市汉口路 22 号　　邮　编 210093
出 版 人	金鑫荣
书　　名	小课题俱乐部的至美叙事
主　　编	李　婷
责任编辑	经　晶　荣卫红　　编辑热线　025-83685720
照　　排	南京紫藤制版印务中心
印　　刷	南京玉河印刷厂
开　　本	718×1000　1/16　印张 25　字数 435 千
版　　次	2018 年 9 月第 1 版　2018 年 9 月第 1 次印刷
ISBN 978-7-305-20843-0	
定　　价	88.00 元
网　　址	http://www.njupco.com
官方微博	http://weibo.com/njupco
官方微信	njupress
销售咨询	(025)83594756

* 版权所有，侵权必究
* 凡购买南大版图书，如有印装质量问题，请与所购图书销售部门联系调换